本書係「敦煌文獻系統性保護整理出版工程」項目成果

二〇二一—二〇三五年國家古籍工作規劃重點出版項目

「十四五」國家重點出版物出版規劃項目

國家古籍整理出版專項經費資助項目

敦煌文獻全集

法國國家圖書館藏敦煌文獻

榮新江　主編

第一一二冊

P.3355～P.3380v

上海古籍出版社

MANUSCRITS DE DUNHUANG CONSERVÉS À LA BIBLIOTHÈQUE NATIONALE DE FRANCE

112

P.3355 ~ P.3380v

Directeur

RONG Xinjiang

Les Éditions des Classiques Chinois, Shanghai

DUNHUANG MANUSCRIPTS IN THE BIBLIOTHÈQUE NATIONALE DE FRANCE

112

P.3355 ~ P.3380v

Editor in Chief

RONG Xinjiang

Shanghai Chinese Classics Publishing House

主　編　榮新江

編　纂　史　睿　王　楠　馮　婧　范晶晶　付　馬　陳瑞翾
沈　琛　包曉悦　李　昀　何亦凡　郝雪麗　毛秋瑾
嚴世偉　宛　盈　袁　勇　李子涵　李韞卓　忻　然
路錦昱　徐偉喆　潘雪松　闞子健
府憲展　曾曉紅　盛　潔

支持單位　北京大學敦煌學研究中心

責任編輯　張禕琛

美術編輯　王楠瑩　嚴克勤

目録

Bibliothèque nationale de France

Pelliot chinois 3355

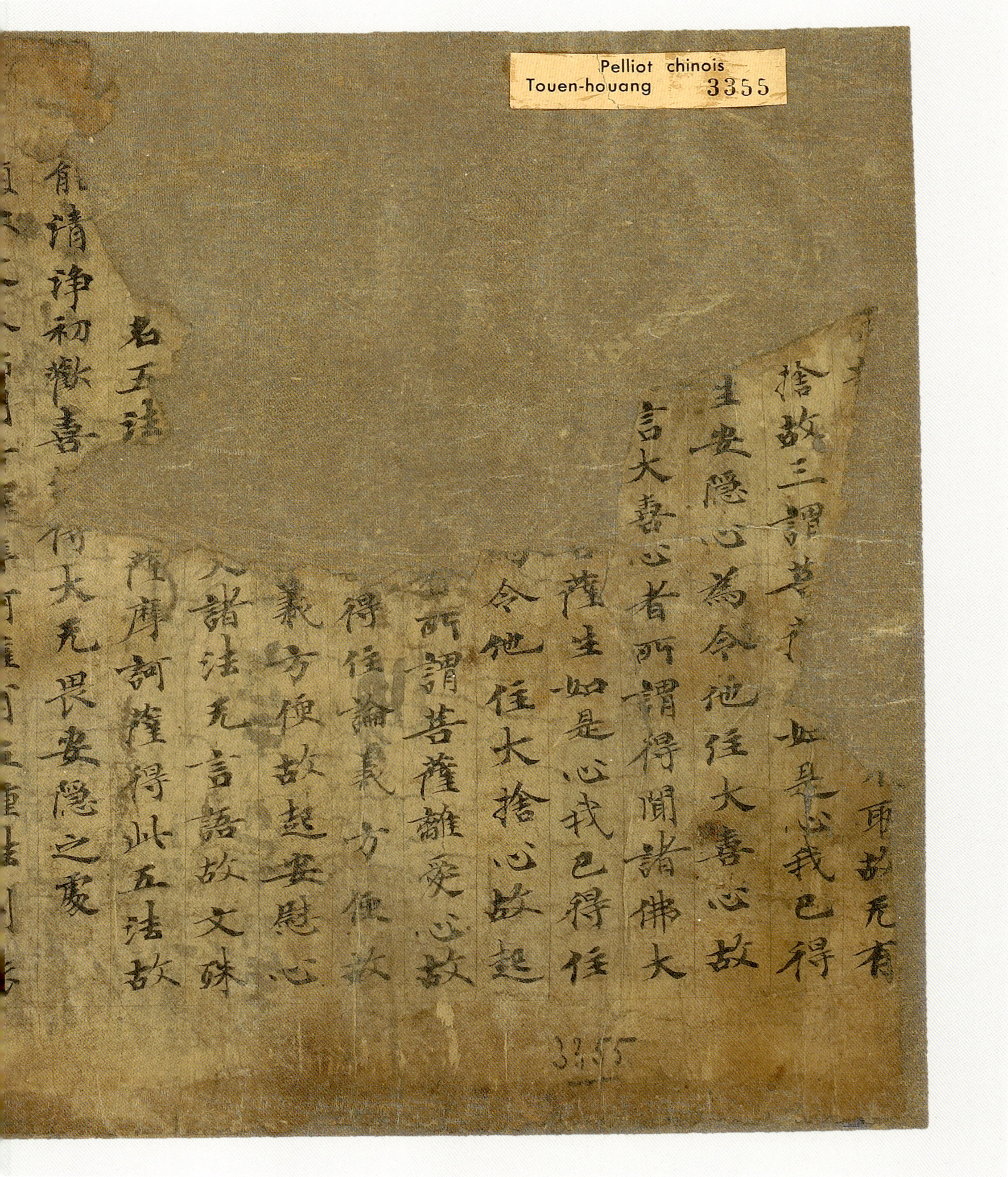

Pelliot chinois
Touen-houang 3355

[illegible]耶故无有
[illegible]捨故三謂菩[illegible] 如是心我已得
生安隱心為令他住大喜心故
言大喜心者所謂得聞諸佛大
[illegible]薩生如是心我已得住
[illegible]令他住大捨心故起
[illegible]所謂菩薩離愛心故
得住論義方便故
義方便故起安慰心
[illegible]諸法无言語故文殊
名五法 [illegible]薩摩訶薩得此五法故
能清淨初歡喜 [illegible]得大无畏安隱之處

3355

五一謂菩薩生如是心我已得住忍辱忍故生
安隱心為令他住忍辱忍故起安慰心有
言忍辱忍者謂於一切衆生不生瞋恨心故
二謂菩薩生如是心我已得住精進忍故生
安隱心為令他住精進忍故起安慰心有言
精進忍者所謂菩薩令諸衆生住不退法故
三謂菩薩生如是心我已得住禪定忍故生
安隱心為令他住禪定忍故起安慰心有言
禪定忍者所謂菩薩令諸衆生住禪枝故四
謂菩薩生如是心我已得住般若忍故生安
隱心為令他住般若忍故起安慰心有言般
若忍者所謂能令一切衆生住諸善根故五
謂菩薩生如是心我已得住不麁鑛忍故生

P.3355 信力入印法門經卷二 （11—1）

若求者所謂能令一切衆生住諸善根故五
謂菩薩生如是心我已得住不厭鑛求故生
安隱心為令他住不厭鑛求故起安慰心有
言不厭鑛求者謂於一切佛法業濡心故文
殊師利是名五法諸菩薩摩訶薩得此五法
故能清淨初歡喜地得大无畏安隱之處
復次文殊師利菩薩摩訶薩有五種法則能
清淨初歡喜地得大无畏安隱之處何等為
五一謂菩薩生如是心我已得住不悔求故
生安隱心為令他住不悔求故起安慰心有
言不悔求者所謂善作所作業故二謂菩薩
生如是心我已得住不惱惕求故生安慰心
為令他住不惱惕求故起安慰心有言不惱
惕求者所謂[illegible]一切[illegible]

得住善義故生安隱心爲令他住善義故起
安慰心有言善義者所謂教化一切衆生能
忍衆生罵辱瞋故四謂菩薩生如是心我已
得住攝受法義故生安隱心爲令他住攝受
法義故起安慰心有言攝受法義者謂信諸
法空解脫故五謂菩薩生如是心我已得住
佛三昧義故生安隱心爲令他住佛三昧義
故起安慰心有言佛三昧義者謂於一切衆
生得平等心故文殊師利是名五法諸菩薩
摩訶薩得此五法故能清淨初歡喜地得大
无畏安隱之處
復次文殊師利菩薩摩訶薩有五種法則能
清淨初歡喜地得大无畏安隱之處何等爲

P.3355 信力入印法門經卷二 （11—2）

清淨初歡喜地得大无畏安隱之處何等為
五一謂菩薩生如是心我已得住苦諦智故
生安隱心為令他住苦諦智故起安慰心有
言苦諦智者所謂諸陰不生智故二謂菩薩
生如是心我已得住集諦智故生安隱心為
令他住集諦智故起安慰心有言集諦智者
所謂斷除諸愛智故三謂菩薩生如是心我
已得住滅諦智故生安隱心為令他住滅諦
智故起安慰心有言滅諦智者謂不生諸有
无明使智故四謂菩薩生如是心我已得住
道諦智故生安隱心為令他住道諦智故起
安慰心有言道諦智者謂得諸法平等不顛
倒智故五謂菩薩生如是心我已得住觀察

[illegible]
我自心寂靜故文殊師利是名五法諸菩薩
摩訶薩得此五法故能清淨初歡喜地得大
无畏安隱之處
復次文殊師利菩薩摩訶薩有五種法則能
清淨初歡喜地得大无畏安隱之處何等為
五一謂菩薩生如是心我已得住能護他心
故生安隱心為令他住能護他心故起安慰
心有言能護他心者諸見他過不生瞋恨故
二謂菩薩生如是心我已得住善濡心故生
安隱心為令他住善濡心故起安慰心有言
善濡心者謂教化衆生不疲惓故三謂菩薩
生如是心我已得住不瞋恨心故生安隱心
為令他住不瞋恨心故起安慰心有言不瞋

為令他住不瞋恨心故起安慰心有言不瞋
恨心者謂於一切衆生不生惡心故四謂菩
薩生如是心我已得住觀察自身故生安隱
心為令他住觀察自身故起安慰心有言觀
察自身者謂觀无我故五謂菩薩生如是心
我已得住乃至无有微少煩惱故生安隱心
為令他住乃至无有微少煩惱故起安慰心
有言乃至无有微少煩惱者所謂身業善寂
静故文殊師利是名五法諸菩薩摩訶薩得
此五法故能清淨初歡喜地得大无畏安隱
之處
復次文殊師利菩薩摩訶薩有五種法則能
清淨初歡喜地得大无畏安隱之處何等為

心有言无生法忍者謂證寂滅故二謂菩薩
生如是心我已得住无滅法忍故生安隱心
為令他住无滅法忍故起安慰心有言无滅
法忍者謂證无生法忍故三謂菩薩生如是
心我已得住身念智故生安隱心為令他住
身念智故起安慰心有言身念智者謂離身
心故四謂菩薩生如是心我已得住受念智
故生安隱心為令他住受念智故起安慰心
有言受念智者謂息一切受故五謂菩薩生
如是心我已得住心念智故生安隱心為令
他住心念智故起安慰心有言心念智者所
謂觀心猶如幻故文殊師利是名五法諸菩
薩摩訶薩得此五法故能清淨初歡喜地得

P.3355　信力入印法門經卷二　（11—4）

薩摩訶薩得此五法故能清淨初歡喜地得
大无畏安隱之處
復次文殊師利菩薩摩訶薩有五種法則能
清淨初歡喜地得大无畏安隱之處何等為
五一謂菩薩生如是心我已得住法念智故
生安隱心為令他住法念智故起安慰心有
言法念智者謂如實知一切法故二謂菩薩
生如是心我已得住信根故生安隱心為令
他住信根故起安慰心有言信根者謂於一
切法中不依他故三謂菩薩生如是心我已
得住精進根故生安隱心為令他住精進根
故起安慰心有言精進根者謂如實智一切
法故四謂菩薩生如是心我已得住念根故

我已得住定根故生安隱心為令他住定根
故起安慰心有言定根者謂得心解脱故文
殊師利是名五法諸菩薩摩訶薩得此五法
故能清淨初歡喜地得大无畏安隱之處
復次文殊師利菩薩摩訶薩有五種法則能
清淨初歡喜地得大无畏安隱之處何等為

五一

五一謂菩薩生如是心我已得住慧根故生
安隱心為令他住慧根故起安慰心有言慧
根者所謂現知一切法故二謂菩薩生如是
心我已得住信力故生安隱心為令他住信
力故起安慰心有言信力者謂過一切諸魔
業故三謂菩薩生如是心我已得住智力故
生安隱心為令他住智力故起安慰心有言

P.3355 信力入印法門經卷二 （11—5）

生安隱心為令他住智力故起安慰心有言
智力者所謂遠離无智故四謂菩薩生如是
心我已得住精進力故生安隱心為令他住
精進力故起安慰心有言精進力者所謂成
就不退法故五謂菩薩生如是心我已得住
念力故生安隱心為令他住念力故起安慰
心有言念力者所謂住持一切佛法故文殊
師利是名五法諸菩薩摩訶薩得此五法故
能清淨初歡喜地得大无畏安隱之處
復次文殊師利菩薩摩訶薩有五種法則能
清淨初歡喜地得大无畏安隱之處何等為
五一謂菩薩生如是心我已得住三昧力故
生安隱心為令他住三昧力故起安慰心有

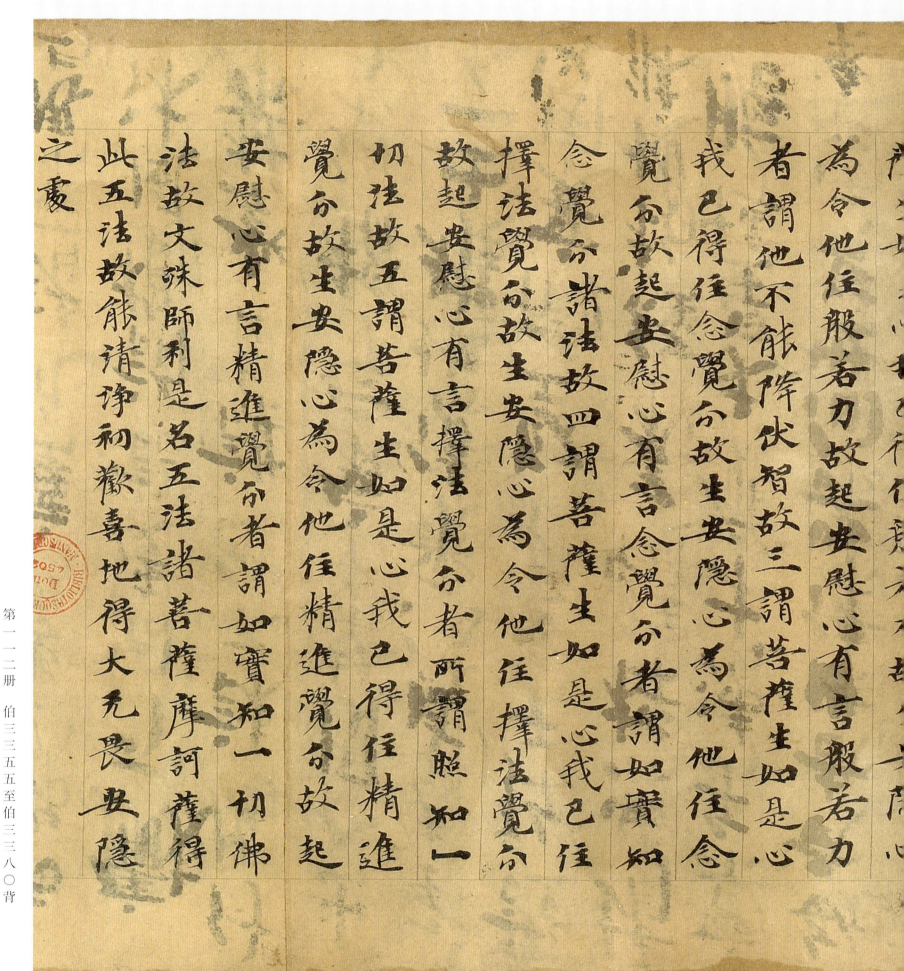

為令他住般若力故起安慰心有言般若力
者謂他不能降伏智故三謂菩薩生如是心
我已得住念覺分故生安隱心為令他住念
覺分故起安慰心有言念覺分者謂如實知
念覺分諸法故四謂菩薩生如是心我已住
擇法覺分故生安隱心為令他住擇法覺分
故起安慰心有言擇法覺分者所謂照知一
切法故五謂菩薩生如是心我已得住精進
覺分故生安隱心為令他住精進覺分故起
安慰心有言精進覺分者謂如實知一切佛
法故文殊師利是名五法諸菩薩摩訶薩得
此五法故能清淨初歡喜地得大无畏安隱
之處

P.3355　信力入印法門經卷二　（11—6）

之處
復次文殊師利菩薩摩訶薩有五種法則能
清淨初歡喜地得大无畏安隱之處何等爲
五一謂菩薩生如是心我已得住喜覺分故
生安隱心爲令他住喜覺分故起安慰心有
言喜覺分者所謂三昧三摩跋提故二謂菩
薩生如是心我已得住猗覺分故生安隱心
爲令他住猗覺分故起安慰心有言猗覺分
者謂於一切佛法善作所作故三謂菩薩生
如是心我已得住定覺分故生安隱心爲令
他住定覺分故起安慰心有言定覺分者謂
平等覺一切法故四謂菩薩生如是心我已
得住捨覺分故生安隱心爲令他住捨覺分
故起安慰心有言捨覺分者謂

五謂菩薩生如是心我已得住正見故生安
隱心為令他住正見故起安慰心有言正見
者謂入定位故文殊師利是名五法諸菩薩
摩訶薩得此五法故能清淨初歡喜地得大
无畏安隱之處
復次文殊師利菩薩摩訶薩有五種法則能
清淨初歡喜地得大无畏安隱之處何等為
五一謂菩薩生如是心我已得住正覺分故
生安隱心為令他住正覺分故起安慰心有
言正覺分者所謂遠離分別異分別廣分別
故二謂菩薩生如是心我已得住正語故生
安隱心為令他住正語故起安慰心有言正
語者謂於一切名字聲響不生諸相故三謂

P.3355　信力入印法門經卷二　（11—7）

語者謂於一切名字聲響不生諸相故三謂
菩薩生如是心我已得住正業故生安隱心
為令他住正業故起安慰心有言正業者所
謂入一切法業果報故四謂菩薩生如是心
我已得住正命故生安隱心為令他住正命
故起安慰心有言正命者所謂離諸求故五
謂菩薩生如是心我已得住正脩行故生安
隱心為令他住正脩行故起安慰心有言正
脩行者謂捨此岸到彼岸故文殊師利是名
五法諸菩薩摩訶薩得此五法故能清淨初
歡喜地得大无畏安隱之處
復次文殊師利菩薩摩訶薩有五種法則能
清淨初歡喜地得大无畏安隱之處何等為

故生安隱心為令他住檀波羅蜜故起安慰
心有言檀波羅蜜者謂善教化慳嫉衆生故
二謂菩薩生如是心我已得住尸波羅蜜故
生安隱心為令他住尸波羅蜜故起安慰心
有言尸波羅蜜者謂善教化毀禁衆生故三
謂菩薩生如是心我已得住羼提波羅蜜故
生安隱心為令他住羼提波羅蜜故起安慰
心有言羼提波羅蜜者謂善教化瞋恨衆生
故四謂菩薩生如是心我已得住毗梨耶波
羅蜜故生安隱心為令他住毗梨耶波羅蜜
故起安慰心有言毗梨耶波羅蜜者謂善教
化懈怠衆生故五謂菩薩生如是心我已得
住禪波羅蜜故生安隱心為令他住禪波羅
蜜故起安慰心有言禪波羅蜜者謂善教化

P.3355　信力入印法門經卷二　（11—8）

蜜故起安慰心有言禪波羅蜜者謂善教化
散亂衆生故文殊師利是名五法諸菩薩摩
訶薩得此五法故能清淨初歡喜地得大无
畏安隱之處
復次文殊師利菩薩摩訶薩有五種法則能
清淨初歡喜地得大无畏安隱之處何等為
五一謂菩薩生如是心我已得任般若波羅
蜜故生安隱心為令他任般若波羅蜜故起
安慰心有言般若波羅蜜者謂善教化愚癡
衆生故二謂菩薩生如是心我已得任攝受
正法式故生安隱心為令他任攝受正法式
故起安慰心有言攝受正法式者所謂攝受
諸菩薩故三謂菩薩生如是心我已得任諸

薩故為稱十方諸菩薩名而讚嘆故四謂菩
薩生如是心我已得住智功德故生安隱心
為令他住智功德故起安慰心有言智功德
者所謂與諸菩薩增上智故與衣服飲食卧
具湯藥故五謂菩薩生如是心我已得住寂
静功德故生安隱心為令他住寂静功德故
起安慰心有言寂静功德者謂入諸法平等
不生高下心故文殊師利是名五法諸菩薩
摩訶薩得此五法故能清淨初歡喜地得大
无畏安隱之處
復次文殊師利菩薩摩訶薩有五種法則能
清淨初歡喜地得大无畏安隱之處何等為
五一謂菩薩生如是心我已得住正見功德故

P.3355　信力入印法門經卷二　（11—9）

五一謂菩薩生如是心我已得住正見功德故
生安隱心為令他住正見功德故起安慰
心有言正見功德者所謂入一切法无初中
後際故二謂菩薩生如是心我已得住布施
故生安慰心為令他住布施故起安慰心有
言布施者所謂能捨一切法故三謂菩薩生
如是心我已得住持戒故生安隱心為令他
住持戒故起安慰心有言持戒者所謂不起
一切惡故四謂菩薩生如是心我已得住忍
辱故生安隱心為令他住忍辱故起安慰心
有言忍辱者所謂信謂業故五謂菩薩生如
是心我已得住精進故生安隱心為令他住
精進故起安慰心有言精進者謂入一切功

畏安隱之處
復次文殊師利菩薩摩訶薩有五種法則能
清淨初歡喜地得大无畏安隱之處何等為
五一謂菩薩生如是心我已得住禪定故生
安隱心為令他住禪定故起安慰心有言禪
定者所謂不住一切念故二謂菩薩生如是
心我已得住般若故生安隱心為令他住般
若故起安慰心有言般若者所謂現見諸法
故三謂菩薩生如是心我已得住攝取一切
如来法故生安隱心為令他住攝取一切如
来法故起安慰心有言攝取一切如来法者
謂直心攝取菩提心故四謂菩薩生如是心
我已得住如說法故生安隱心為令他住如

P.3355　信力入印法門經卷二　（11—10）

謂直心攝取菩提心故四謂菩薩生如是心
我已得住如說法故生安隱心爲令他住如
說法故起安慰心有言如說法者謂隨如来
言語智故五謂菩薩生如是心我已得住正
念故生安隱心爲令他住正念故起安慰心
有言正念者謂入諸法不忘念故文殊師利
是名五法諸菩薩摩訶薩得此五法故能清
淨初歡喜地得大无畏安隱之處
復次文殊師利菩薩摩訶薩有五種法則能
清淨初歡喜地得大无畏安隱之處何等爲
五一謂菩薩生如是心我已得住意心故生
安隱心爲令他住意心故起安慰心有言意
心者謂如實知諸法次第意故二謂菩薩生

謂成就威儀行故三謂菩薩生如是心我已
得住吉心故生安隱心爲令他住吉心故起
安慰心有言吉心者謂入義故四謂菩薩生
如是心我已得住正解脫故生安隱心爲令
他住正解脫故起安慰心有言正解脫者謂
證妙法故五謂菩薩生如是心我已得住離
煩惱心故生安隱心爲令他住離煩惱心故
起安慰心有言離煩惱心者謂悔已起諸煩
惱過故更不造作新煩惱故生善法故文殊

P.3355　信力入印法門經卷二　（11—11）

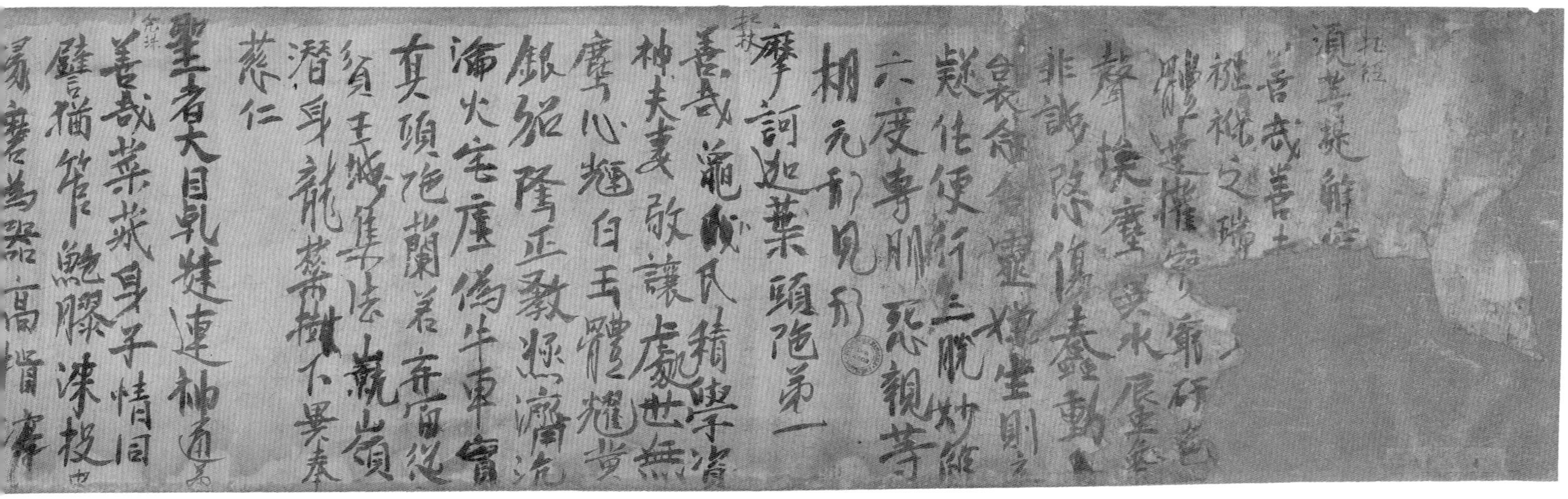

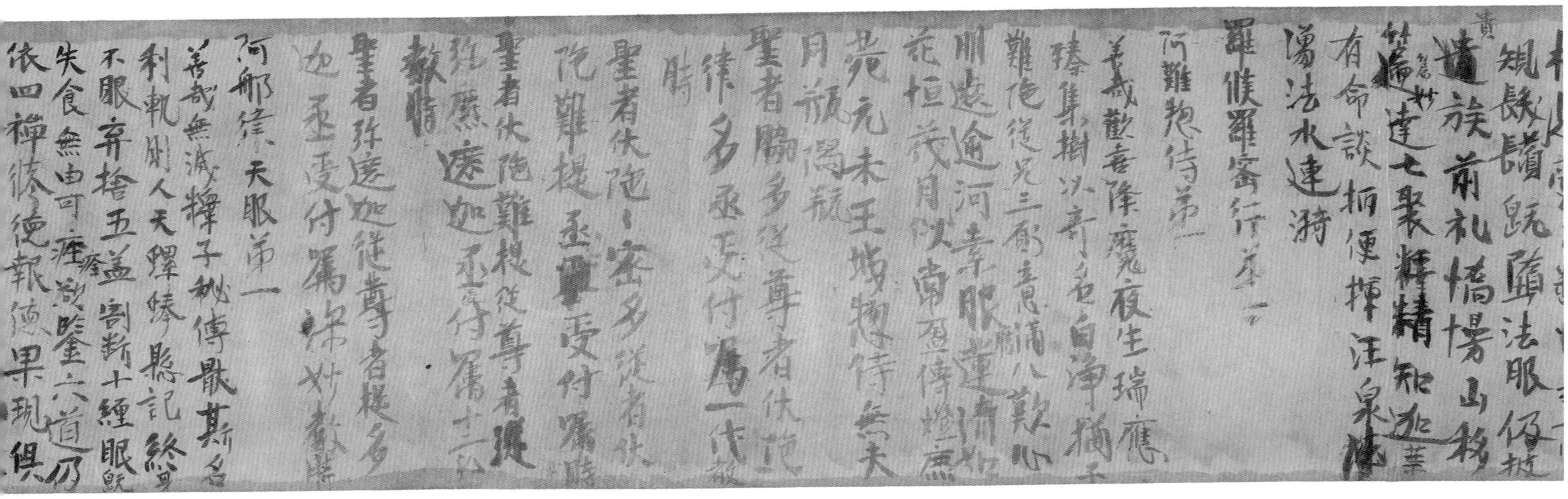

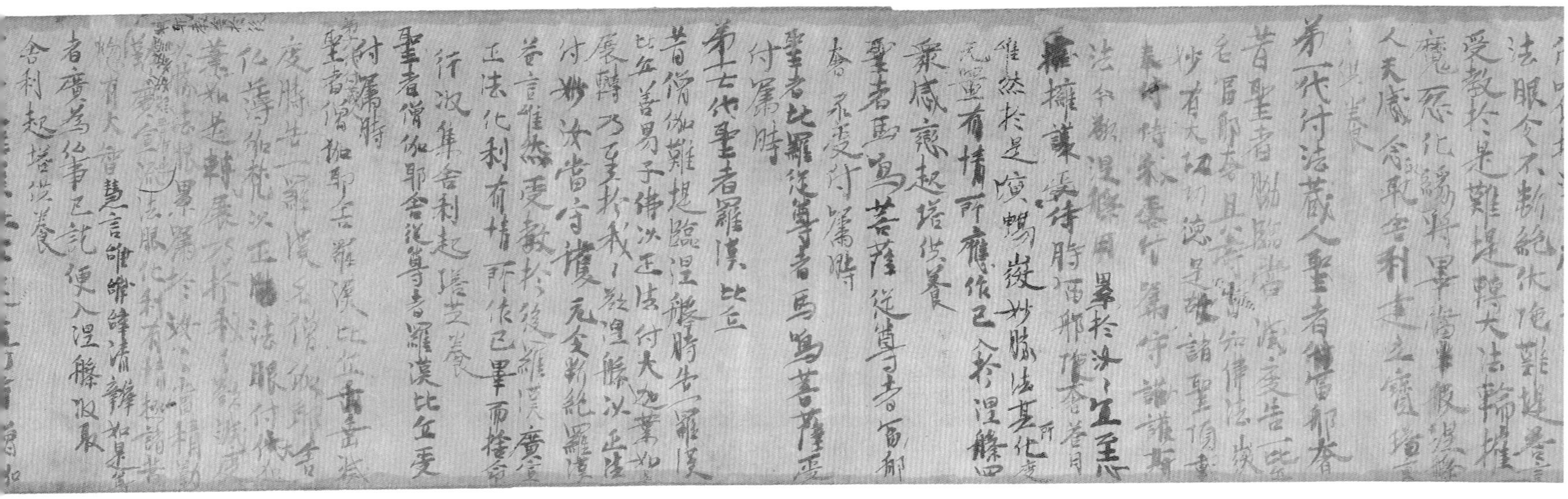

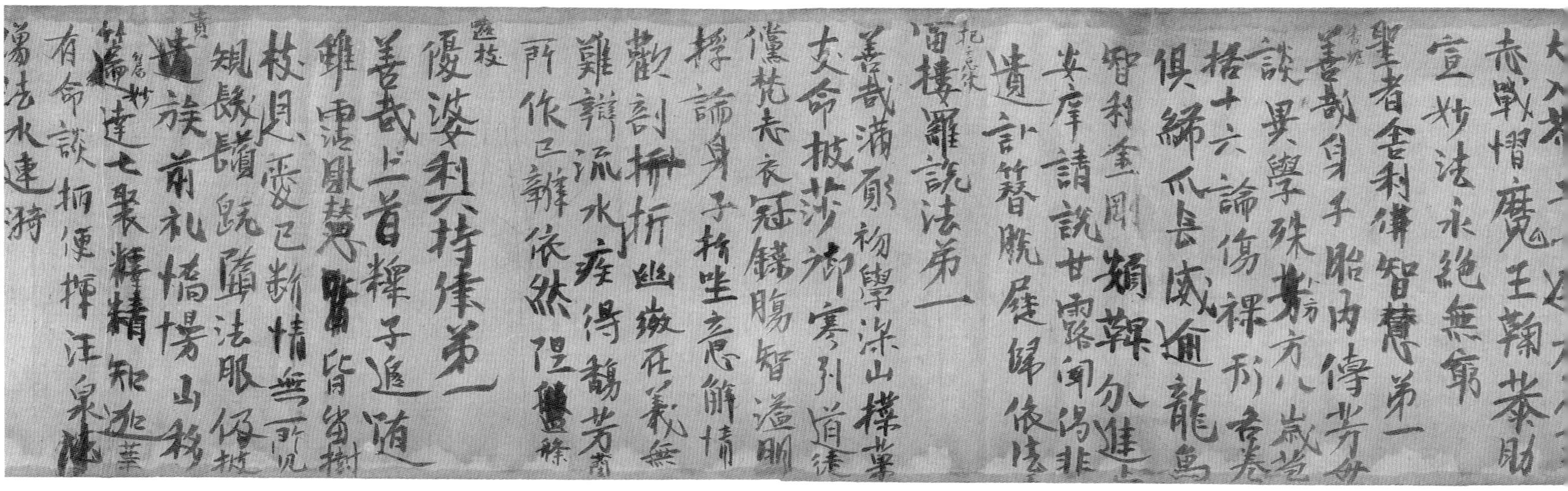

P.3355v　　付法藏因緣榜題稿（總圖）　　（一）

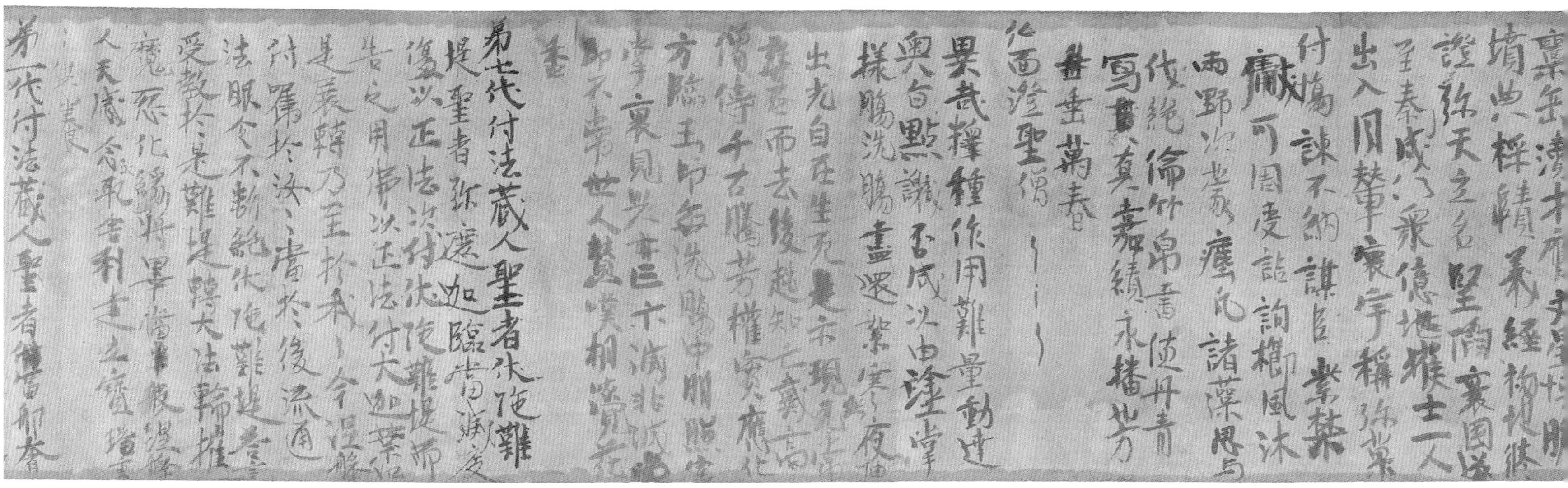

P.3355v　　付法藏因緣榜題稿（總圖）　　（二）

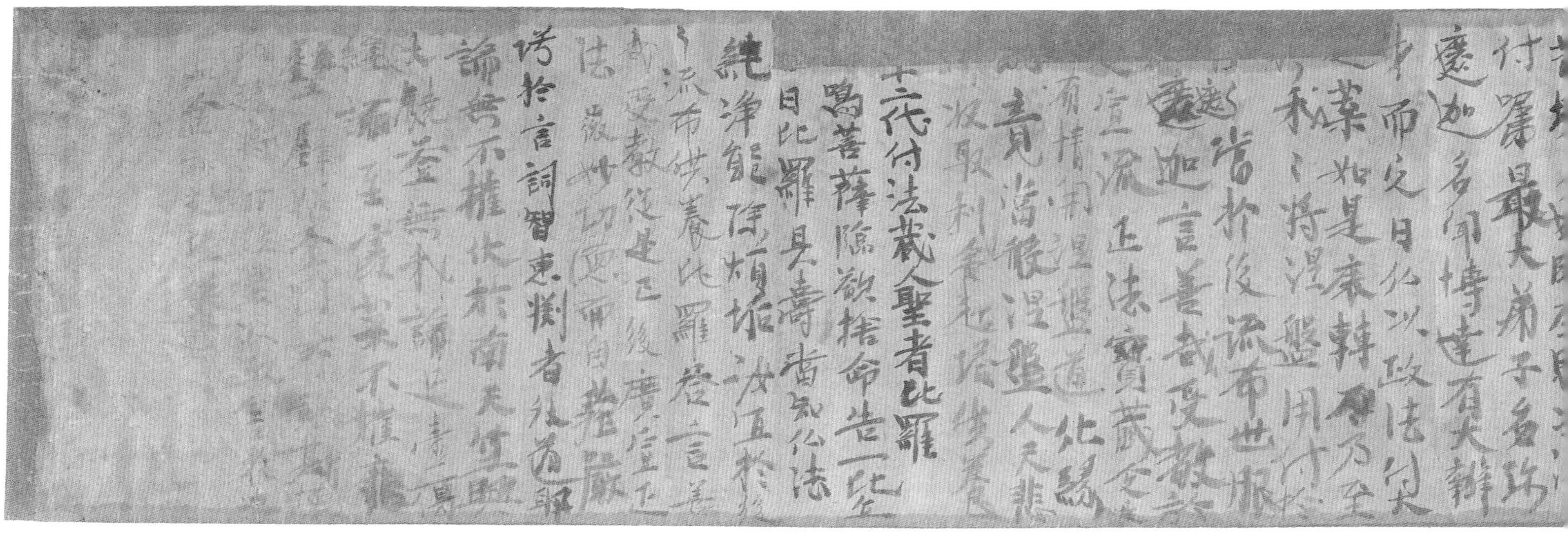

P.3355v　　付法藏因緣榜題稿（總圖）　　（三）

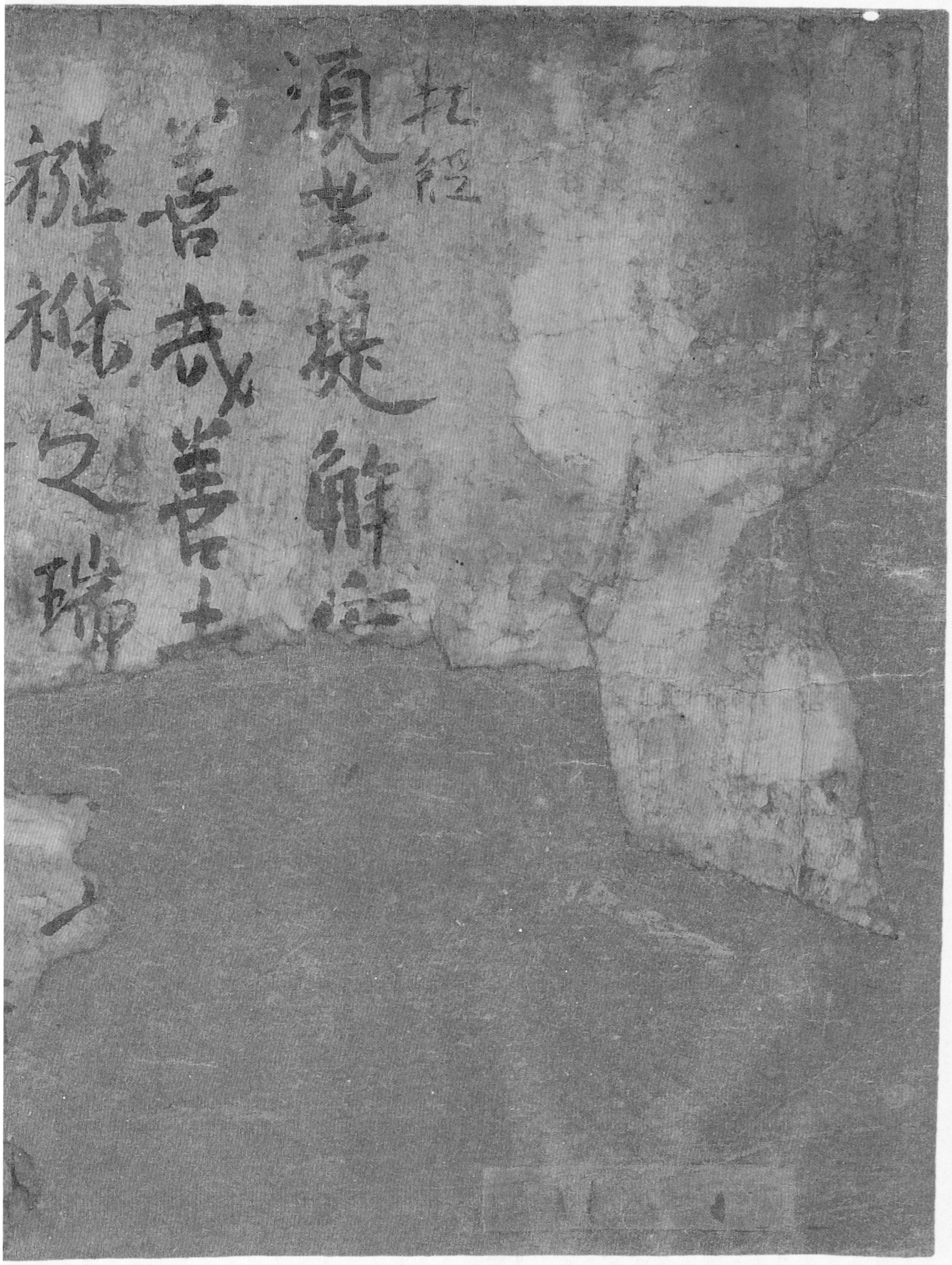

P.3355v　付法藏因緣榜題稿　（27 — 1）

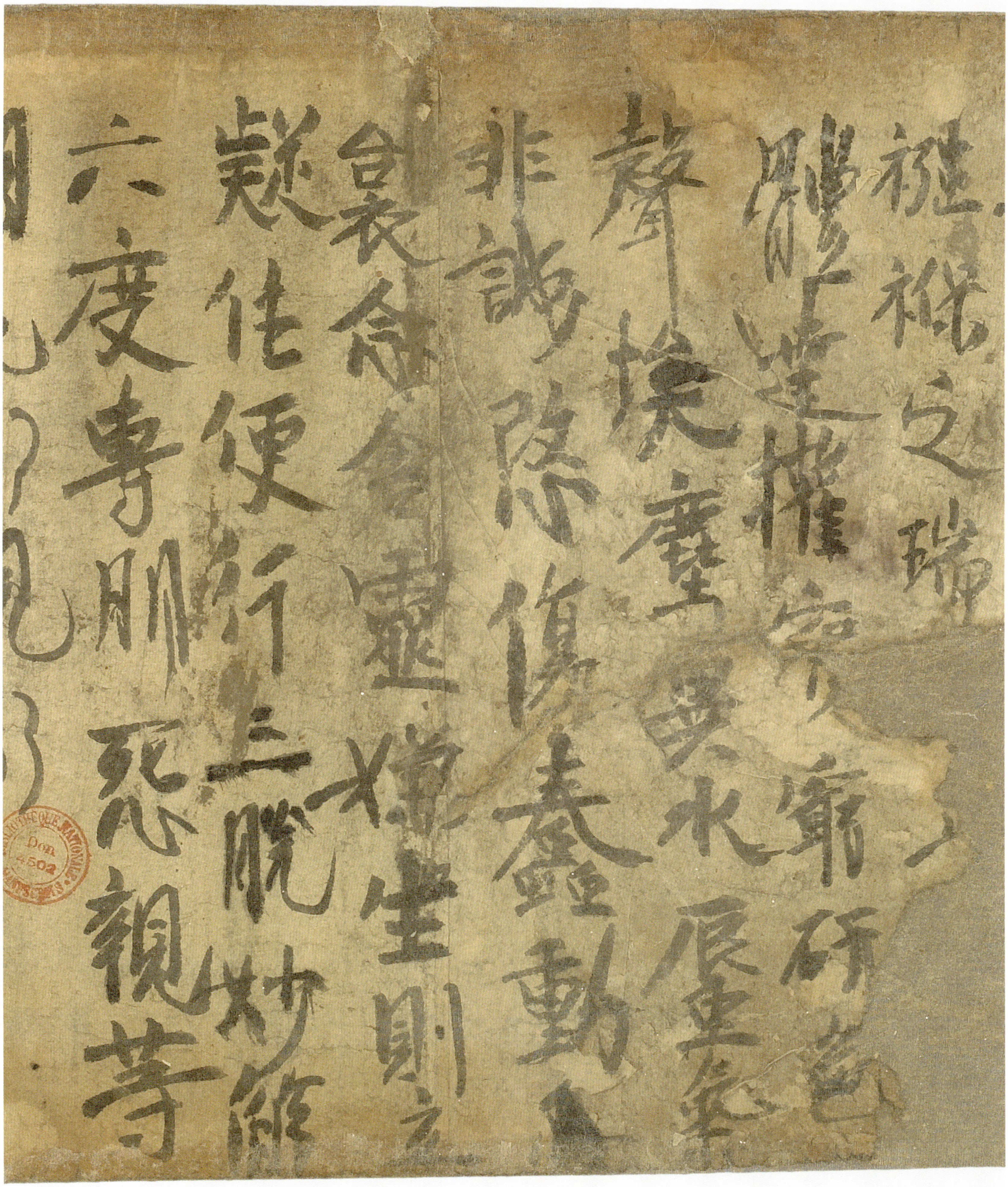

P.3355v　　付法藏因緣榜題稿　　（27—2）

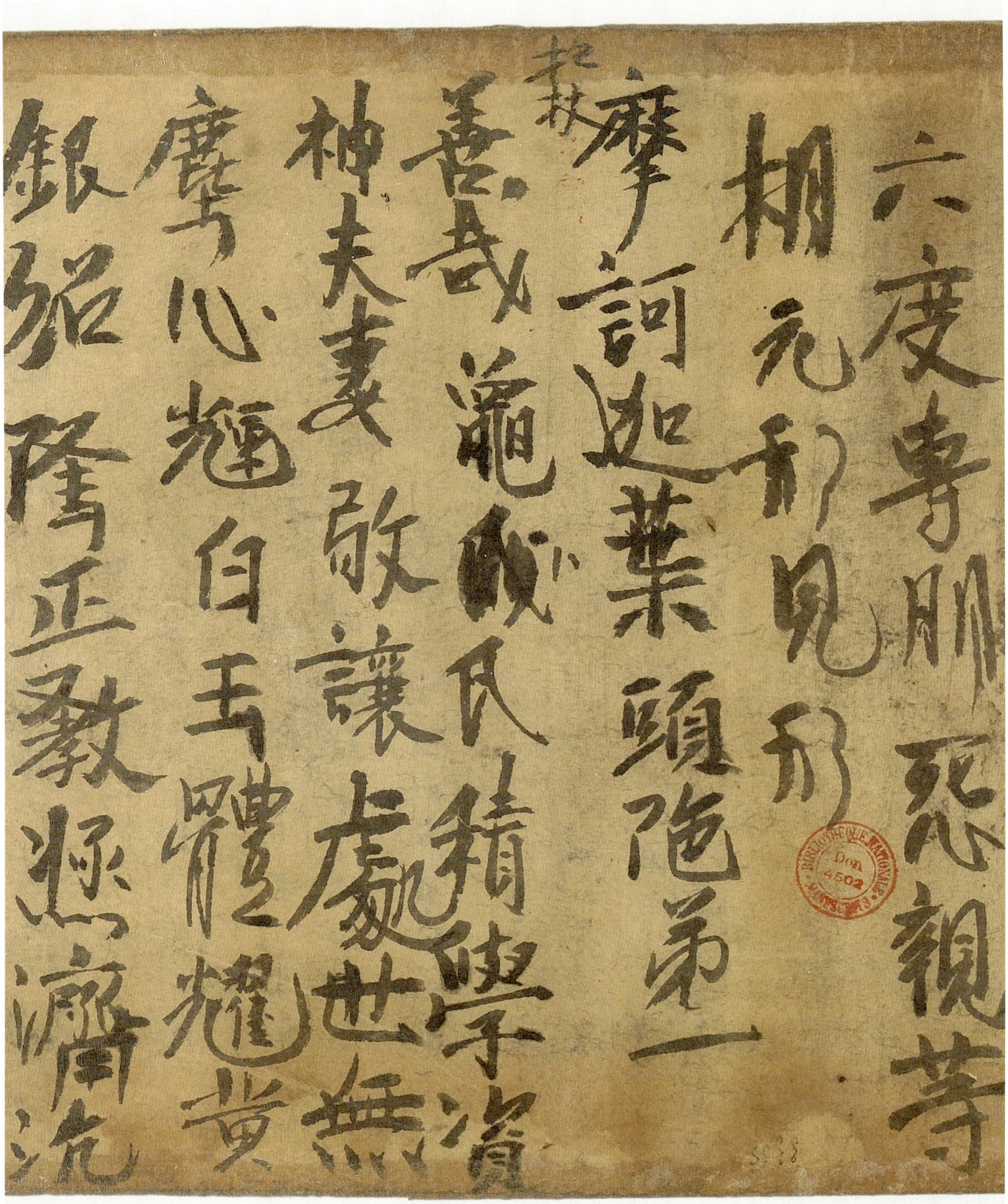

P.3355v　　付法藏因緣榜題稿　　（27—3）

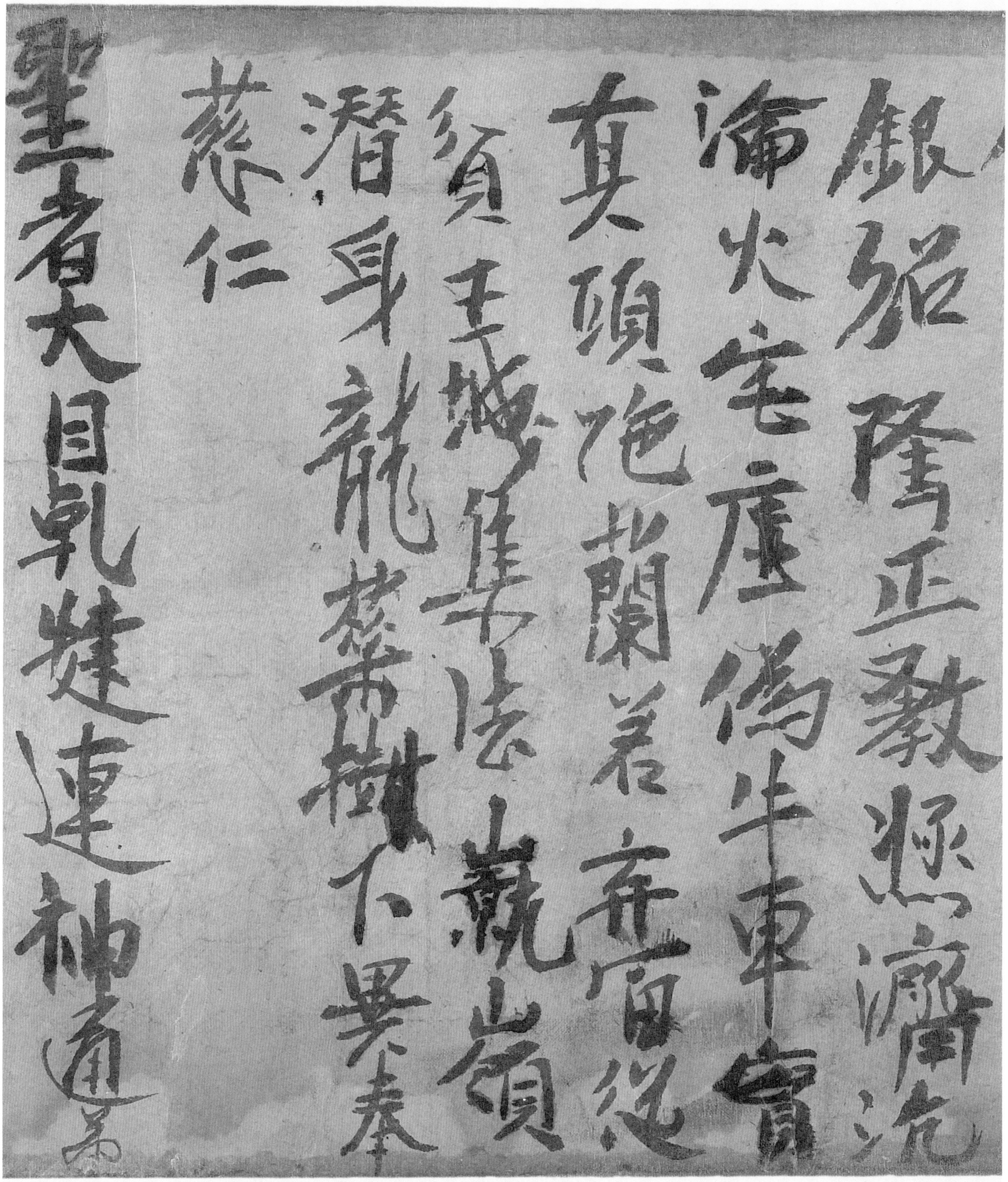

銀紹隆正教懸濟流
淪火宅廣爲牛車賞
真頭陀北蘭若棄官從
須王城集法山巔山領
潛身龍藏樹下畢奉
慈仁
聖者大目乾揵連神通第

P.3355v　付法藏因緣榜題稿　（27—4）

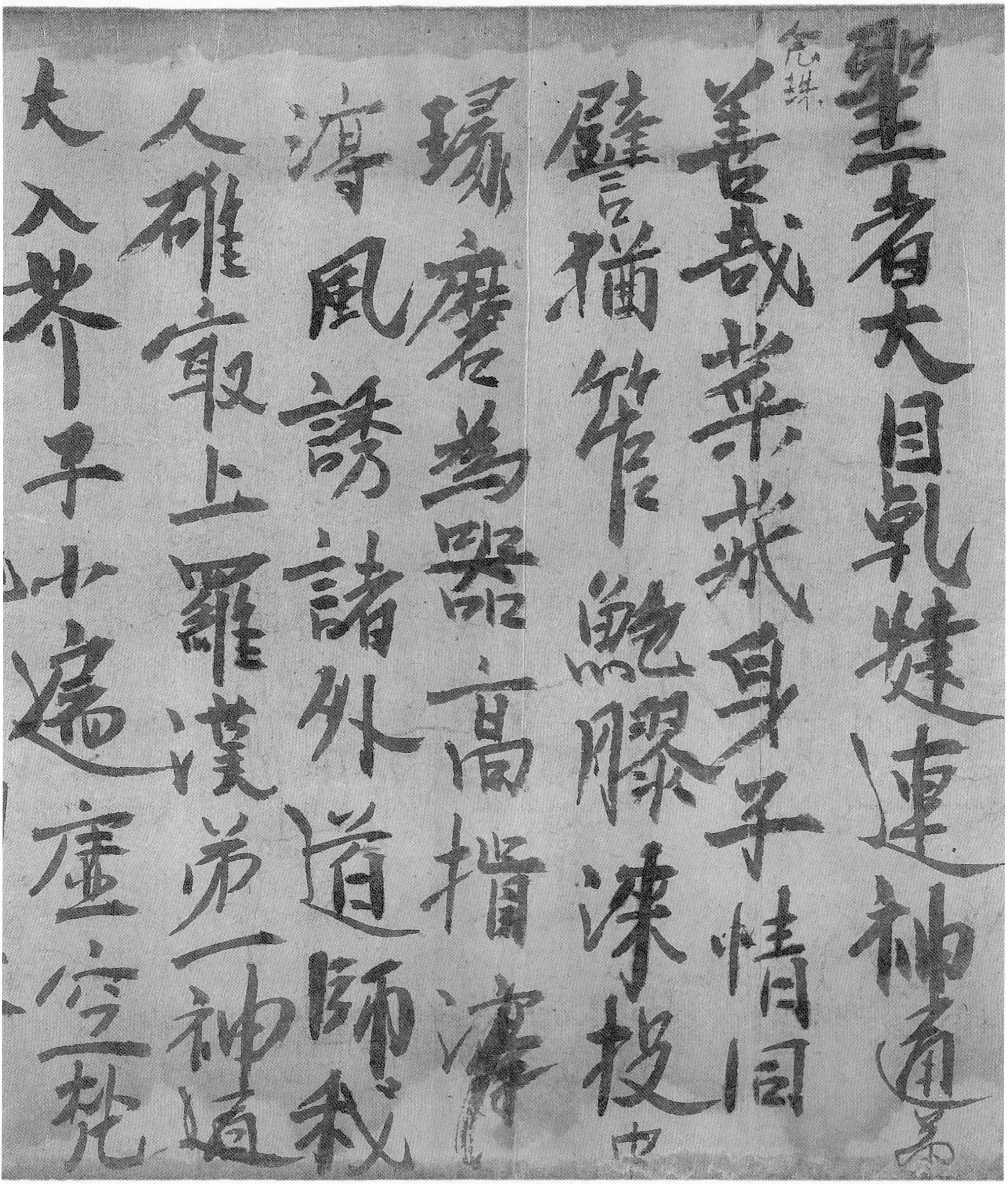
聖者大目乾揵連神通弟
善哉業報身子情同
譬猶管鮑膠漆投中
場磨為器高揖濟
淳風誘諸外道師我
人雅取上羅漢弟一神通
大入界手十遍廬空梵

P.3355v　付法藏因緣榜題稿　（27—5）

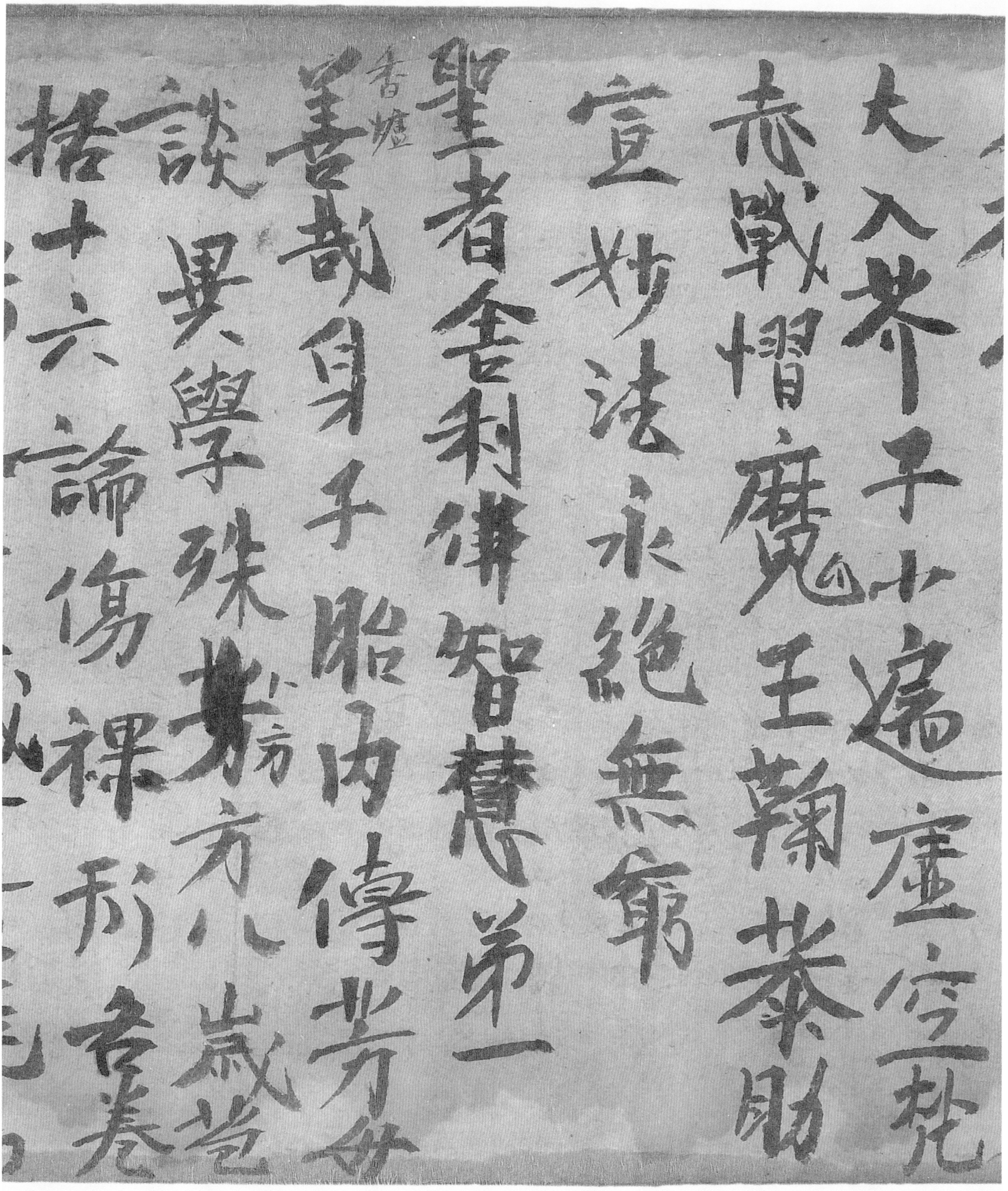
大入芥子小遍虛空梵
志戰慴魔王鞠恭助
宣妙法永絕無窮
聖者舍利佛智慧第一
善哉身子胎內傳芳母
談異學殊方八歲造
摧十六論傷裸形吞卷

P.3355v　付法藏因緣榜題稿　（27—6）

第一一二册　伯三三五五至伯三三八〇背

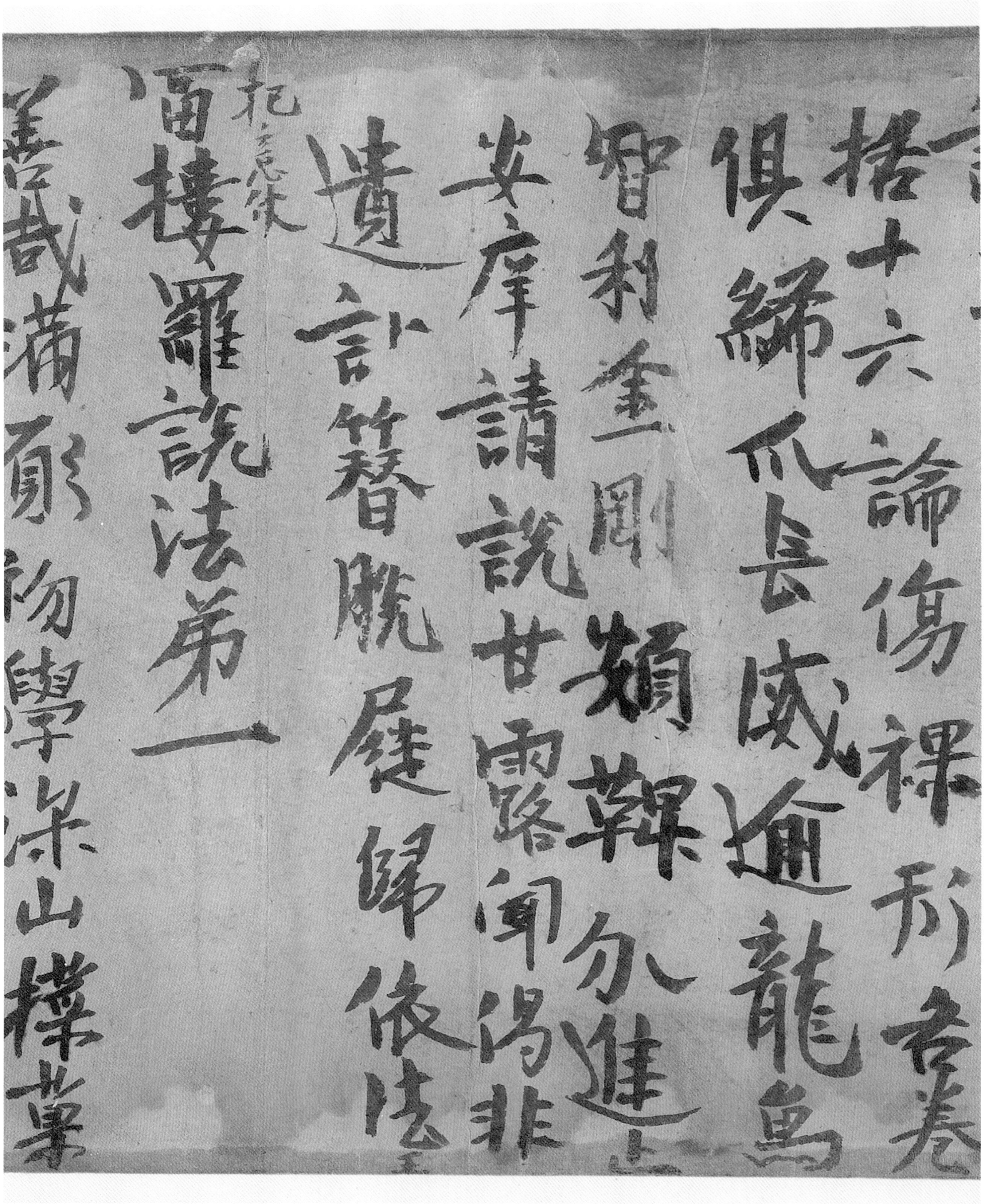

P.3355v　　付法藏因緣榜題稿　　（27 — 7）

富樓羅說法第一
善哉滿願初學泳山樸葉
受命披莎御寒引道徒
儻梵志衣冠鐃賜智遍明
撡論身子折坐意解情
歡剖析析幽微在義無
難辯流水疾得鶖芳

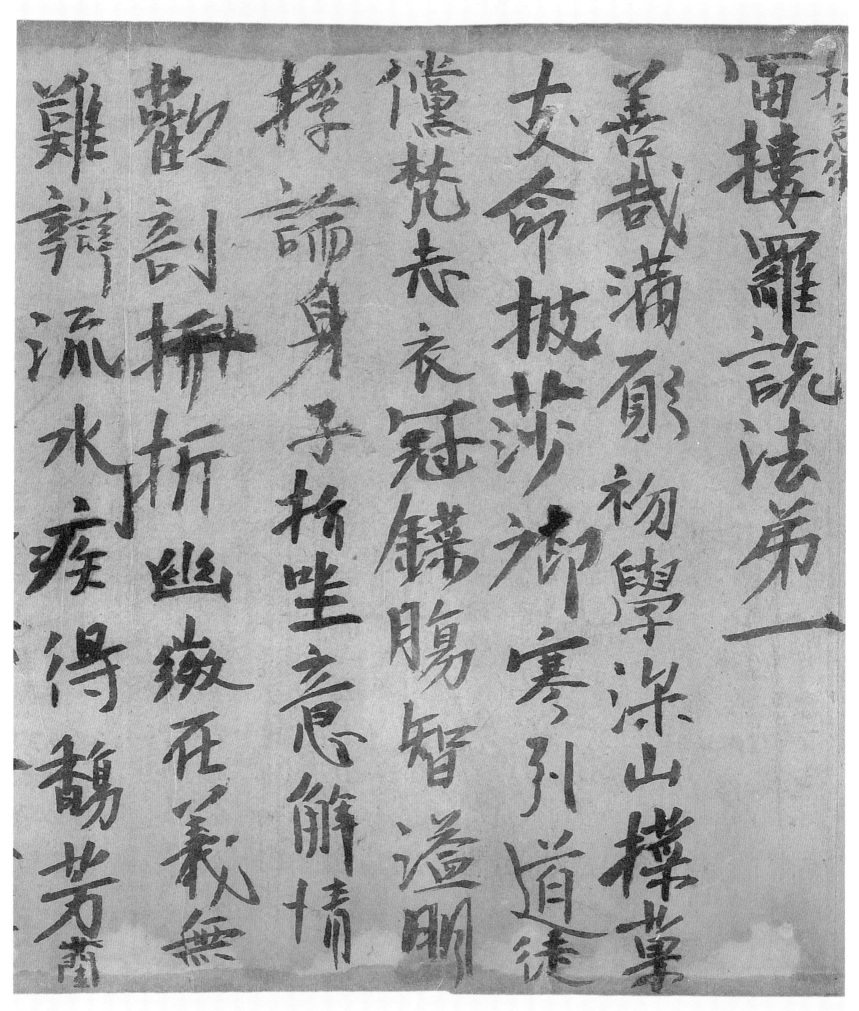

P.3355v 付法藏因緣榜題稿 （27—8）

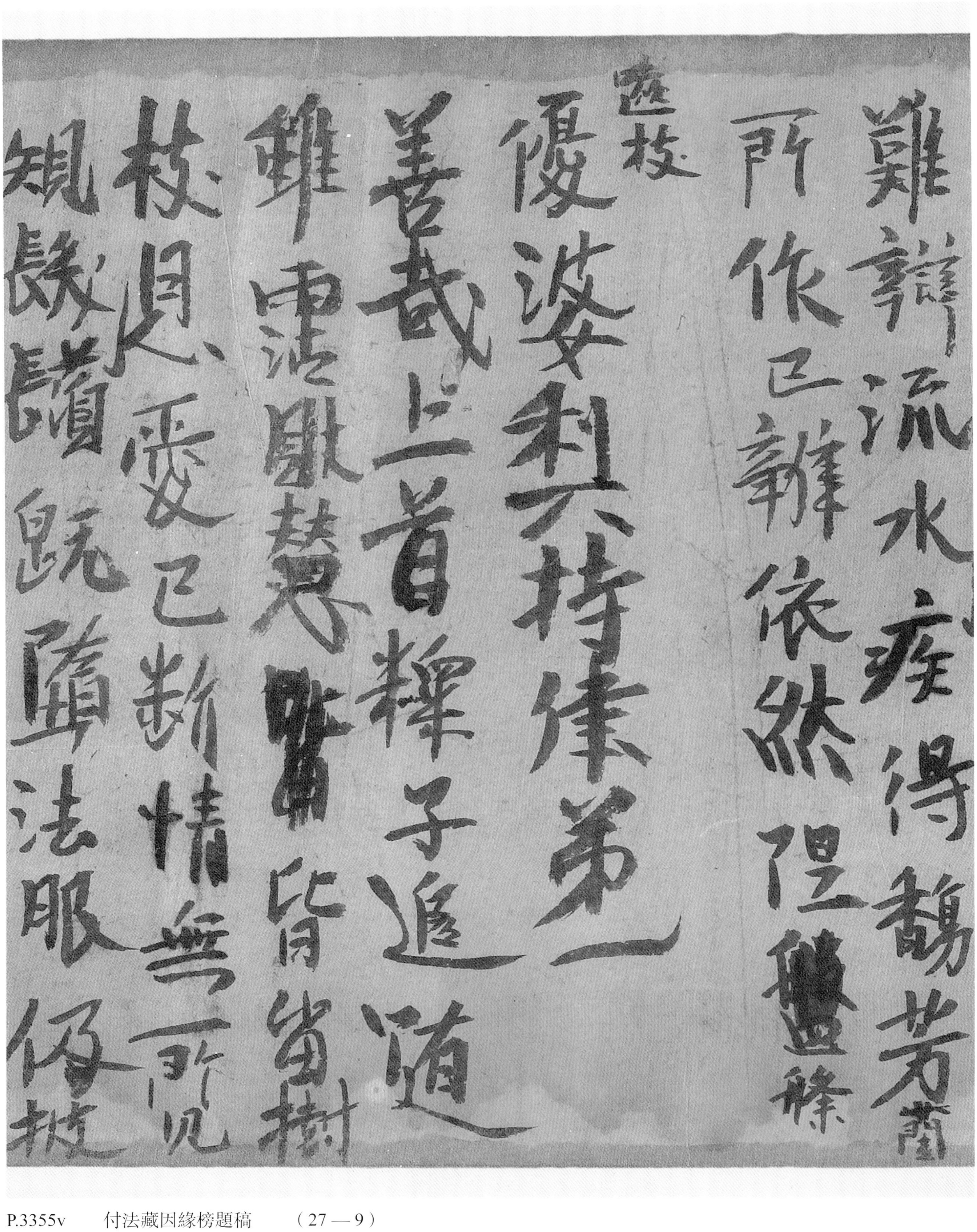

P.3355v　付法藏因緣榜題稿　（27—9）

覲長跪隨法眼僅披
遣族前礼幡場山教
篤達七衆禪精知進華
有命談柄便揮注泉流
湯法水連漪
羅睺羅密行第一
阿難總持第一

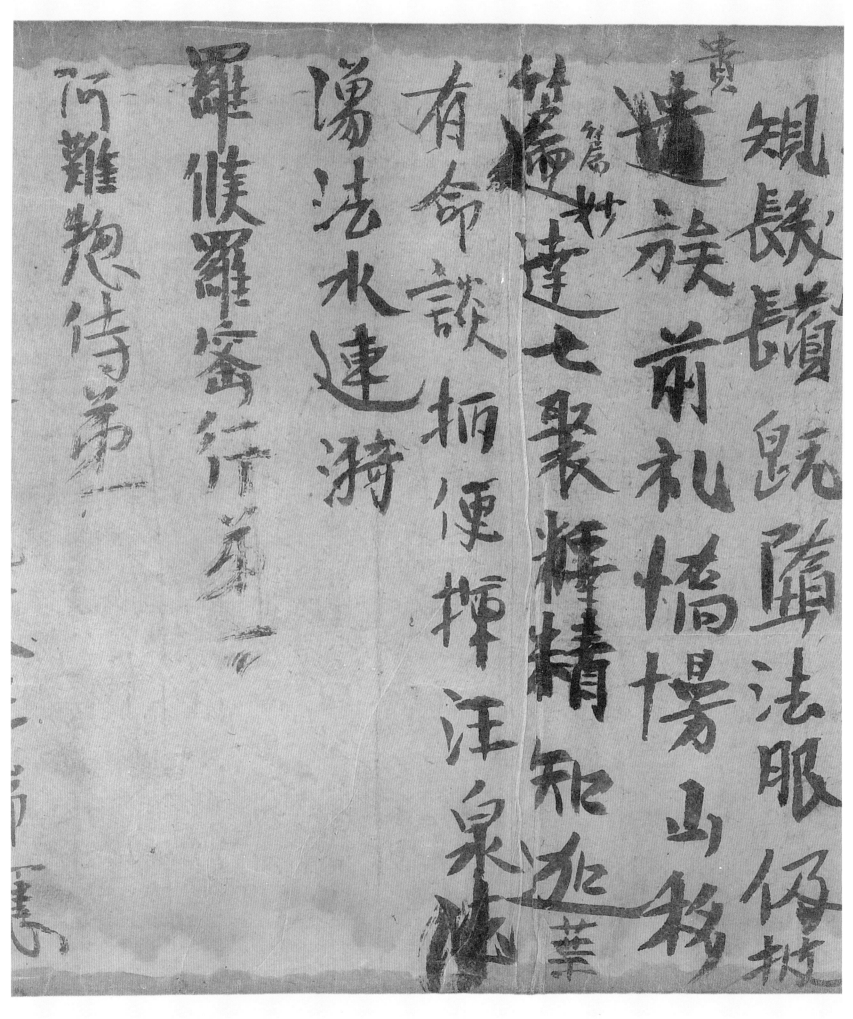

P.3355v　付法藏因緣榜題稿　（27—10）

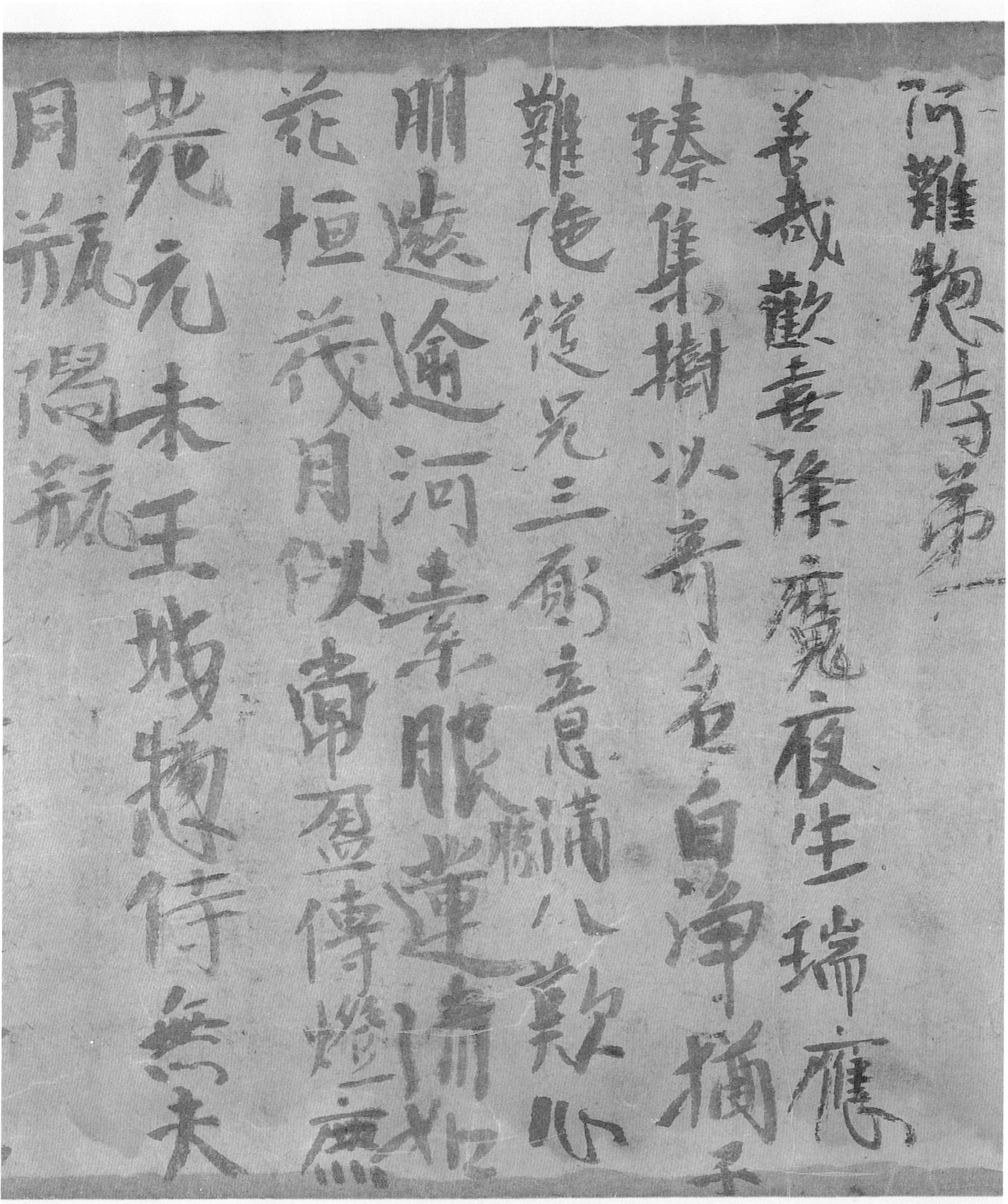
阿難揔侍第二
善哉歡喜降魔夜生瑞應
臻集樹以寺名白淨摘
難陀從兄三廓意滿八歎心
明達逾河幸眼蓮花
花恒茂月似常盈傳燈無
苑元未王城揔侍無夫
月瓶偈瓶

P.3355v　付法藏因緣榜題稿　（27 — 11）

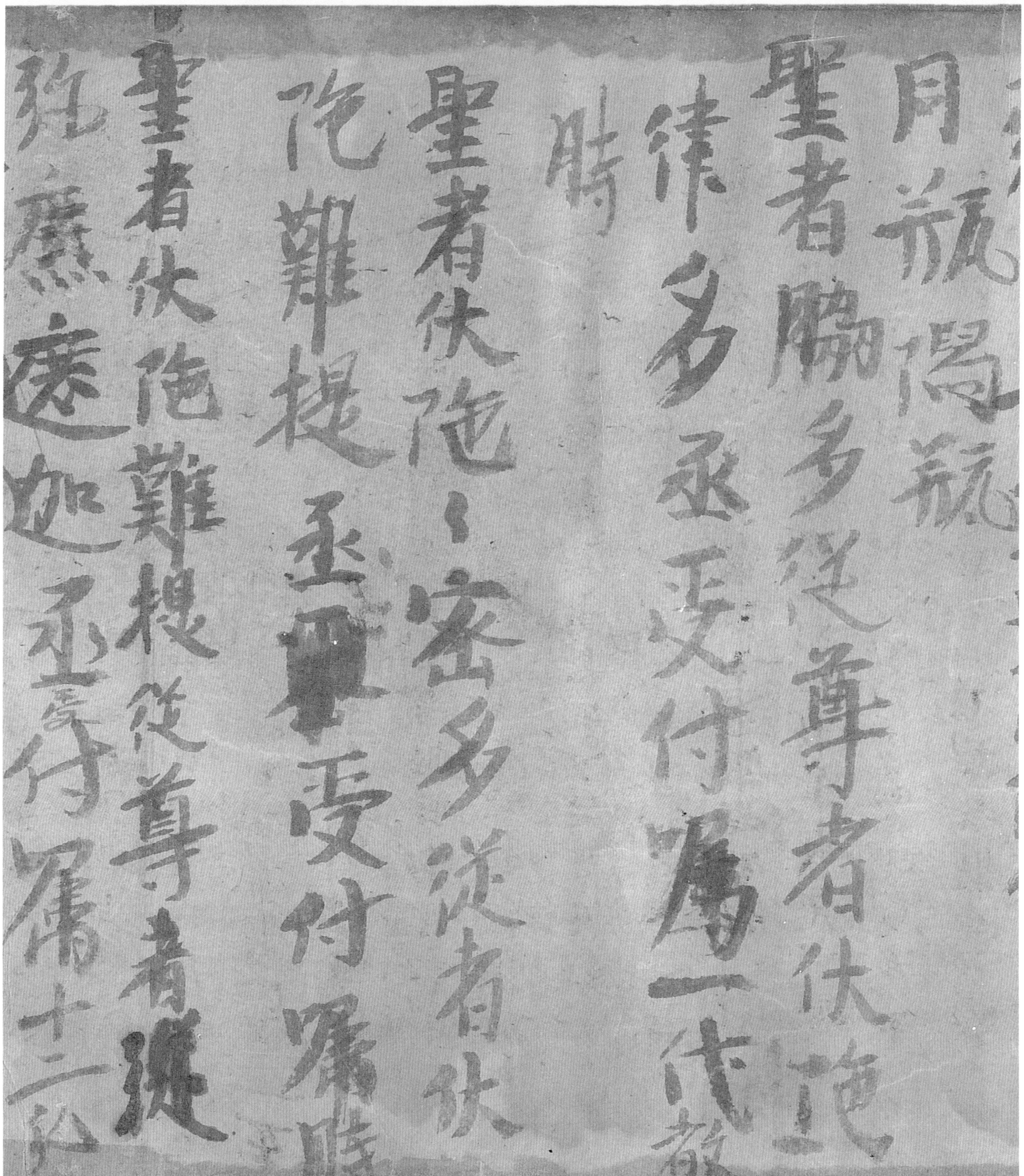

P.3355v　付法藏因緣榜題稿　（27 — 12）

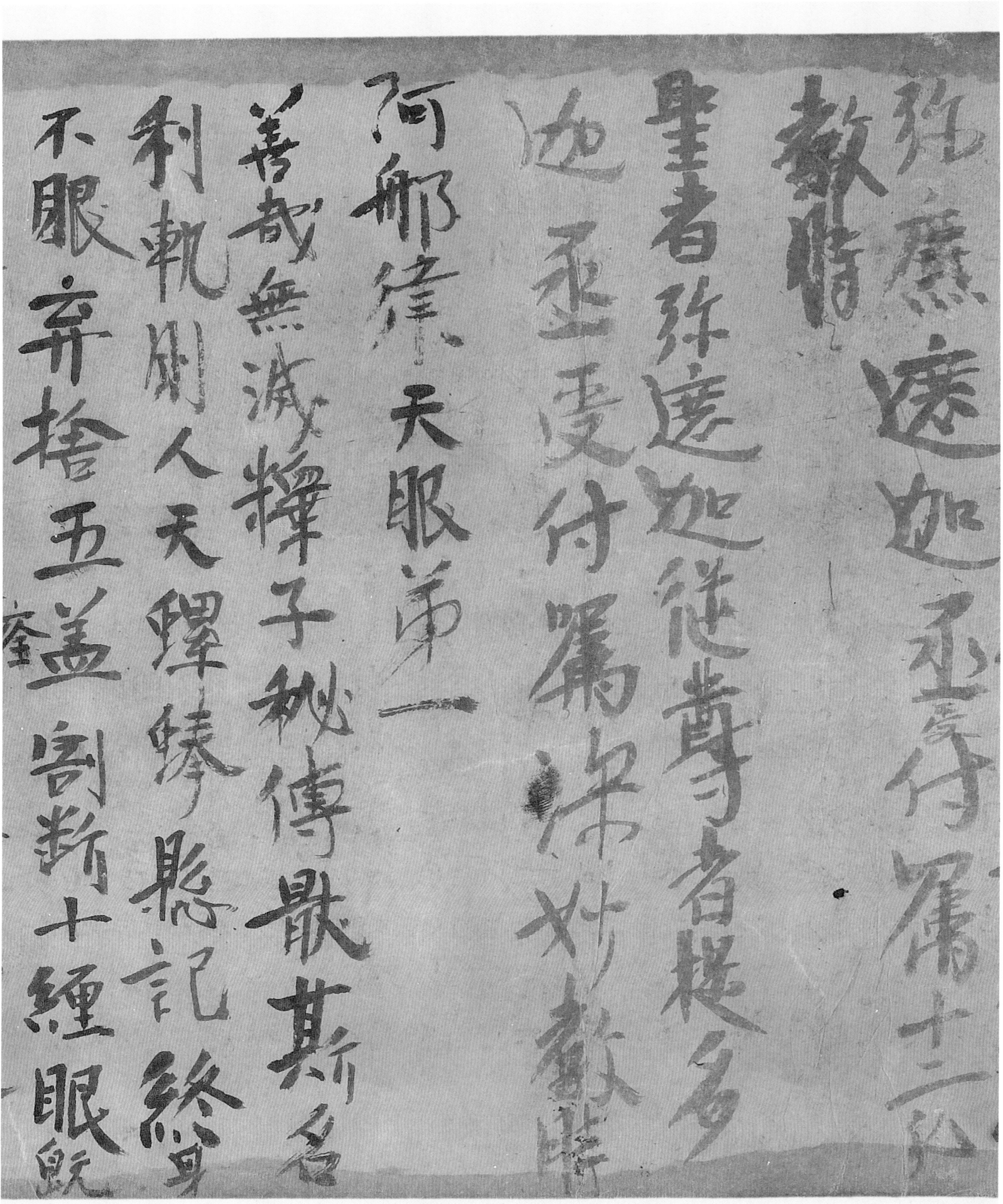

P.3355v　付法藏因緣榜題稿　（27—13）

不眼弃捨五蓋割斷十纏眼

失食無由可痊（瘥）欲鑒六道乃

依四禪修使報德果現俱

勤旋半頭清淨徹見三千

弥天釋道安第一

敏哉律器佃世冥雨秉

稟氣濤才膺文星博瞻

墳典釋績義經物撫衔

登乐天立名聖尚寰國逃

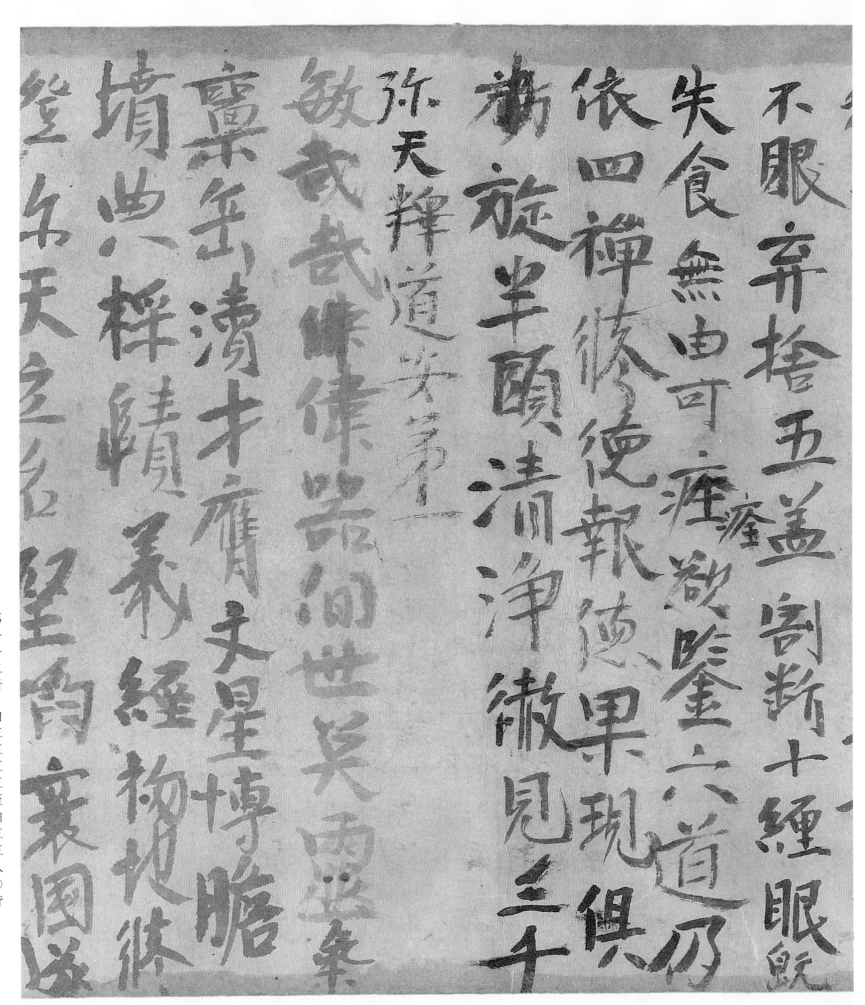

P.3355v　付法藏因緣榜題稿　（27—14）

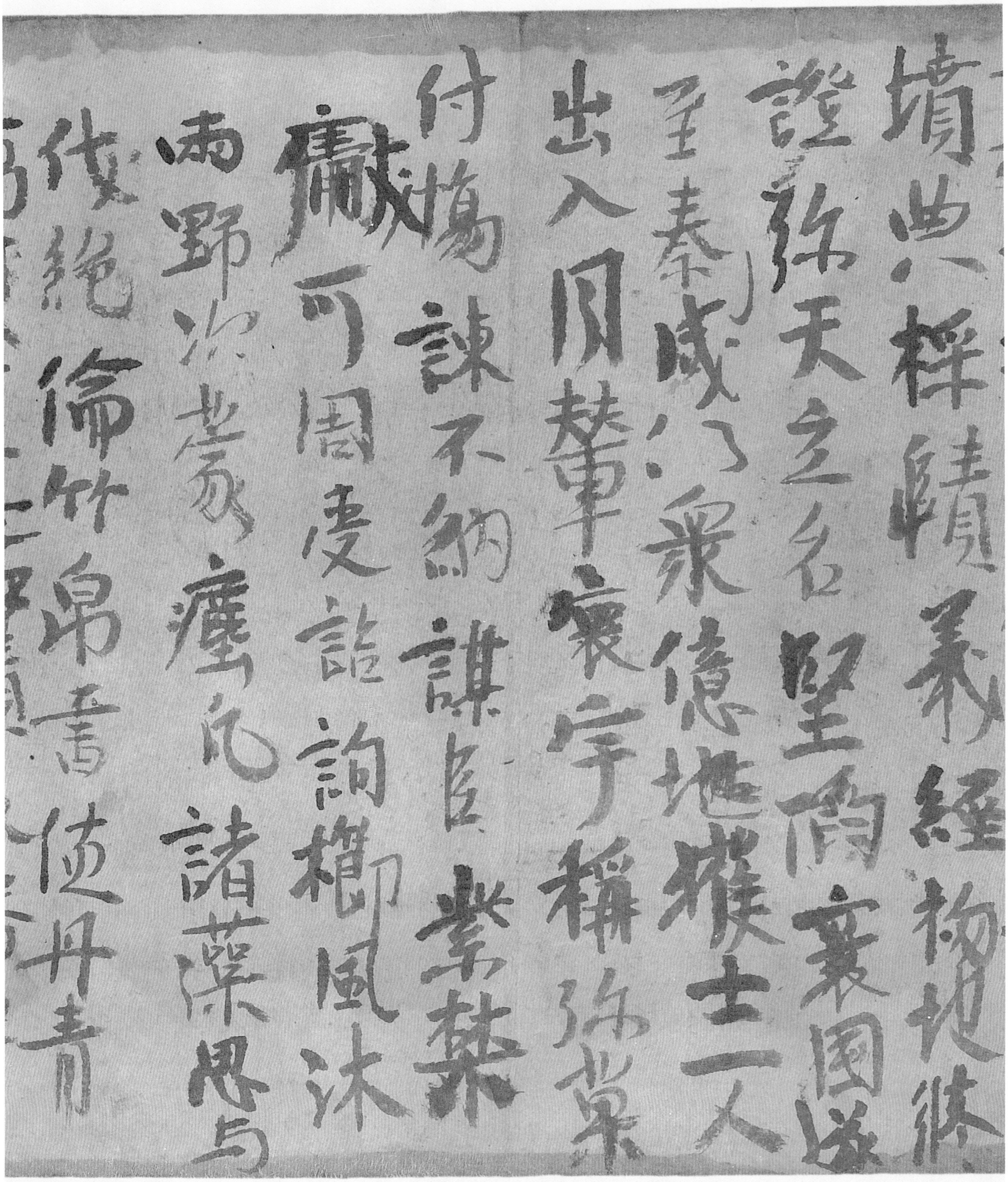
靖典檡睛義經物地術
證弥天之名望高寰國
至秦成門衆億地獲士一人
出入同輦褒宇稱弥棠
付揚諫不納謀臣崇禁
藏可周度詭詢轗風沐
雨野次蒙塵而諸藻思与
伐絶倫竹帛書值丹青

P.3355v　付法藏因緣榜題稿　（27—15）

代絶倫竹帛書値丹青
寫眞嘉績永播芳
垂萬春
化西證聖僧
果哉揮種作用難量動逝
輿自黙識不成以由逢掌
樣暘洗暘盡還業寒夜猶
出光自在生死是示現死常

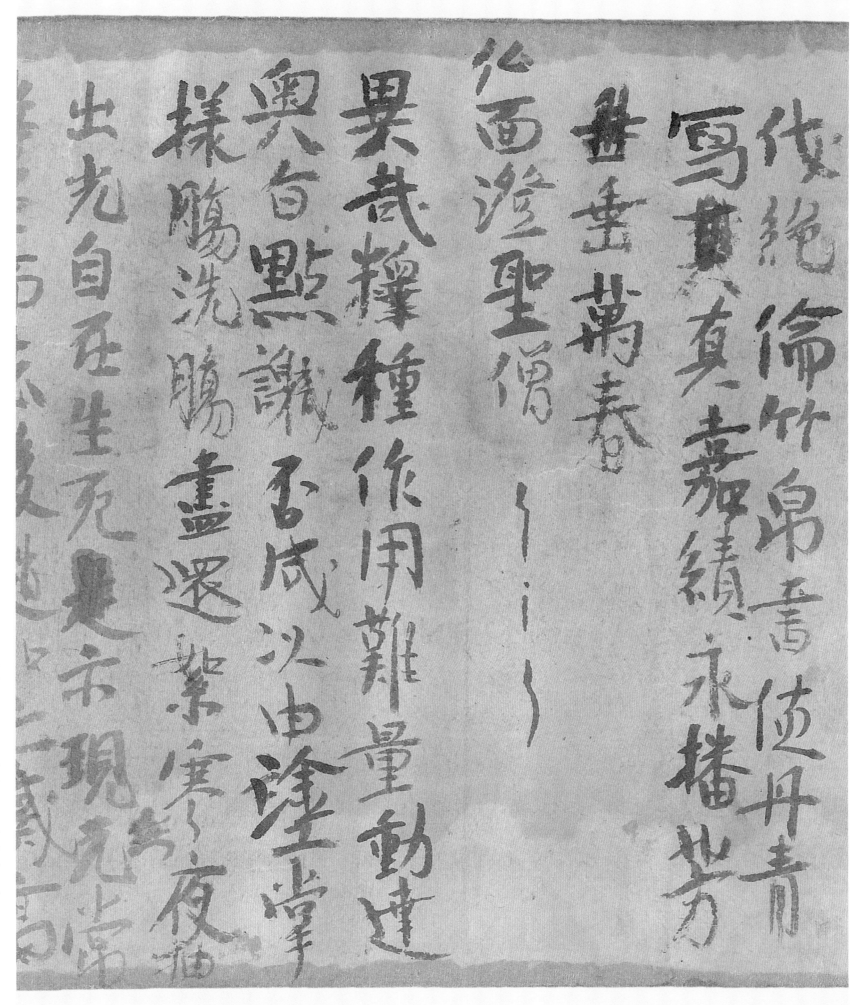

P.3355v　付法藏因緣榜題稿　（27—16）

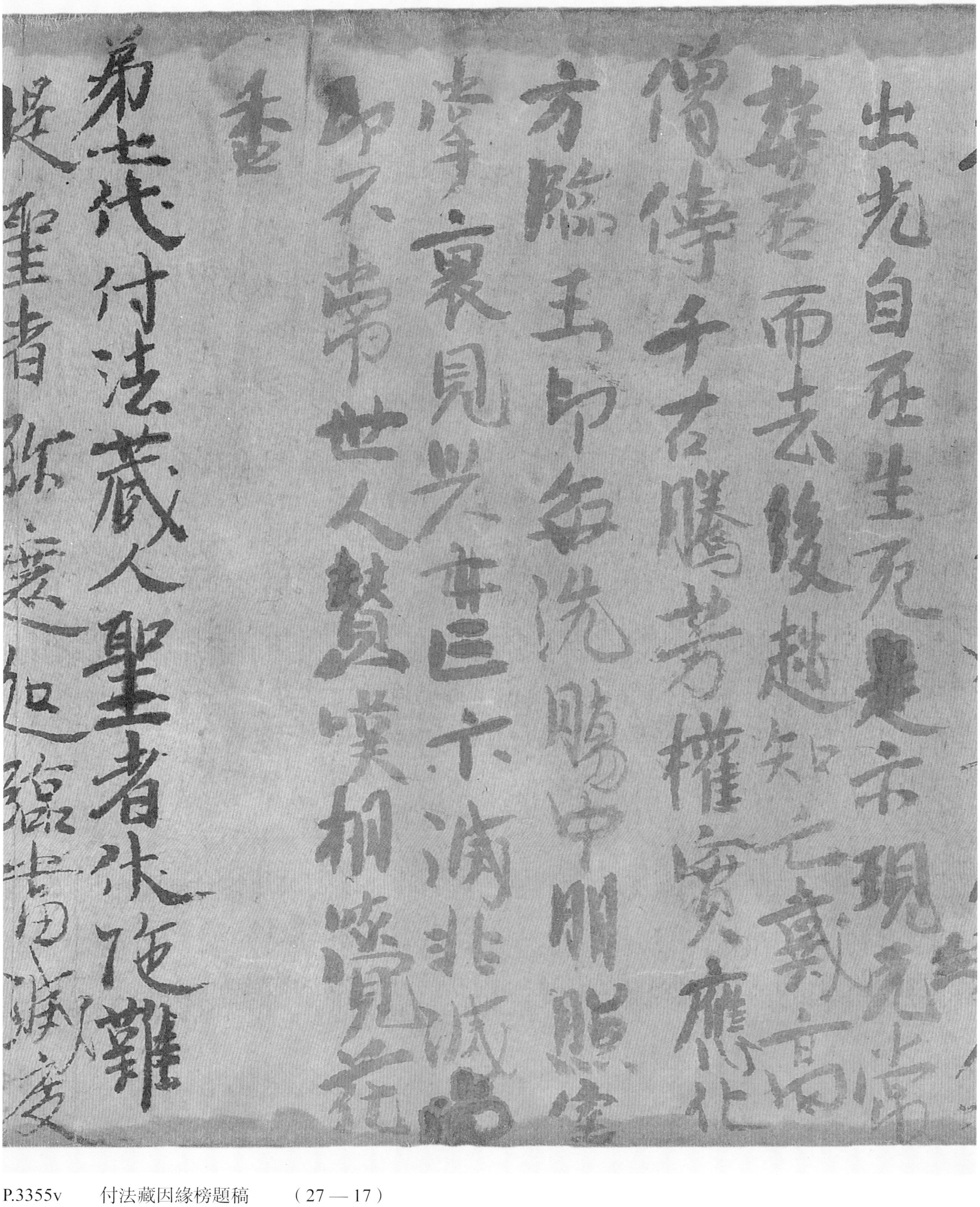

P.3355v　　付法藏因緣榜題稿　　（27—17）

法國國家圖書館藏敦煌文獻

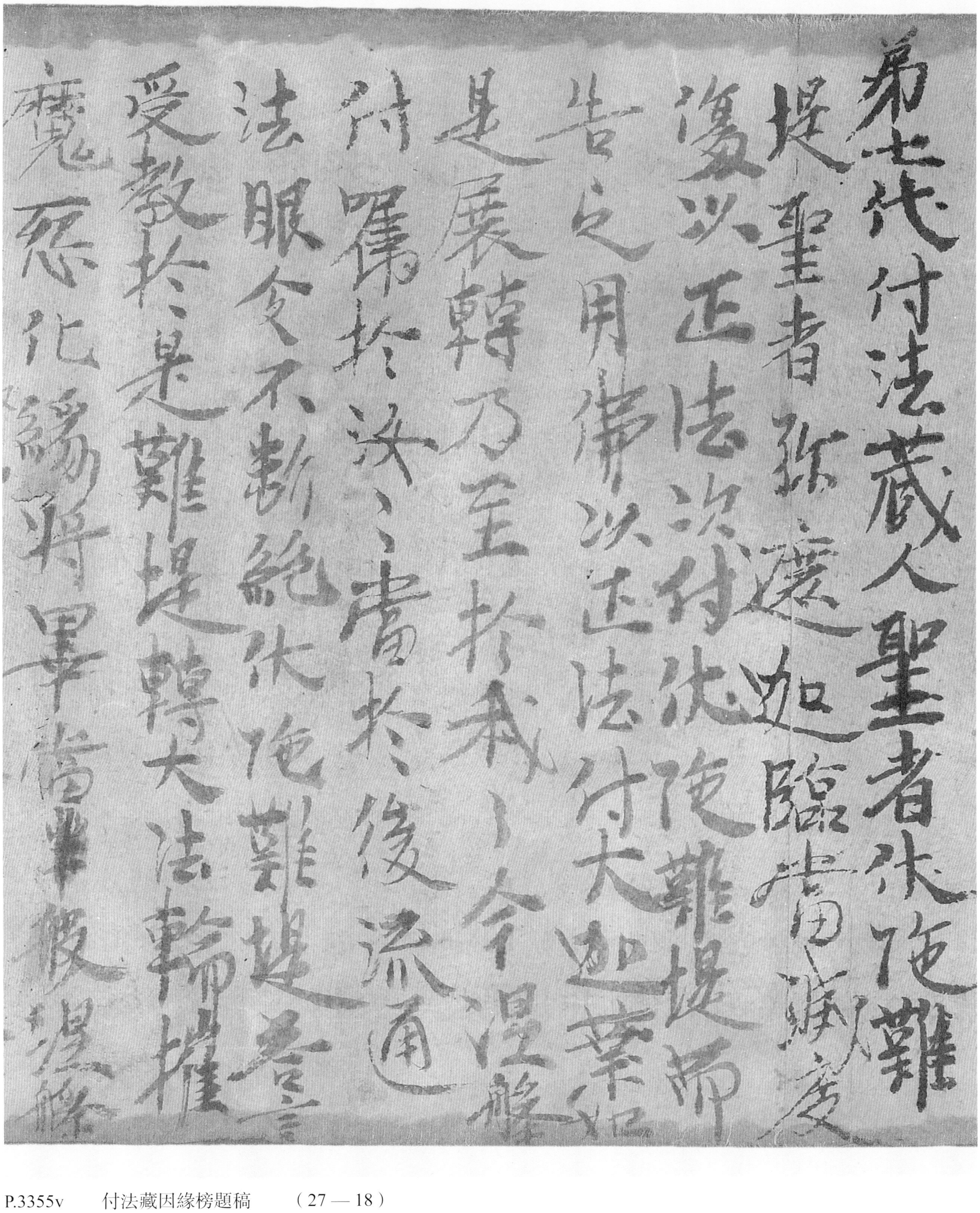
第七代付法藏人聖者佉陁難
提聖者彌遮迦臨當涅槃度
復以正法次付佉陁難提師
告之用佛以正法付大迦葉迦
是展轉乃至於我今涅槃
付囑於汝汝當於後流通
法眼令不斷絕佉陁難提普
受教於是難提轉大法輪權
魔惡化緣將畢當[illegible]般涅槃

P.3355v　付法藏因緣榜題稿　（27—18）

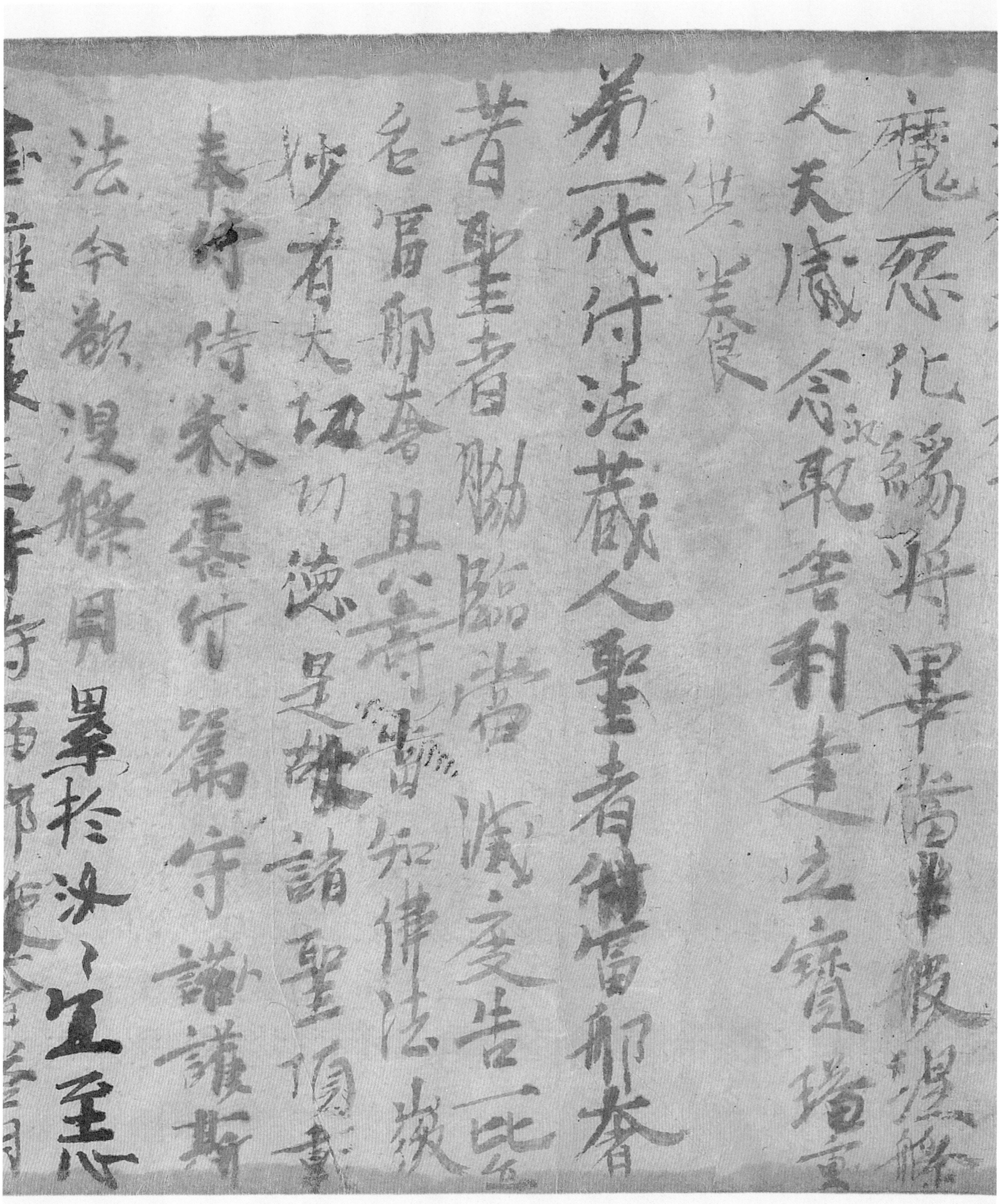

P.3355v　付法藏因緣榜題稿　（27—19）

法今欲涅槃耳畢於汝、宜至心
擁擁護、要待時、伽耶舍多尊者目
惟然。於是演暢微妙勝法，甚化所度
无量有情，所應作已，入於涅槃。四
衆咸悲戀，起塔供養
聖者馬鳴菩薩從尊者富那
奢承受付囑時
聖者比羅從尊者馬鳴菩薩受
付囑時
第十七聖者羅睺羅多比丘

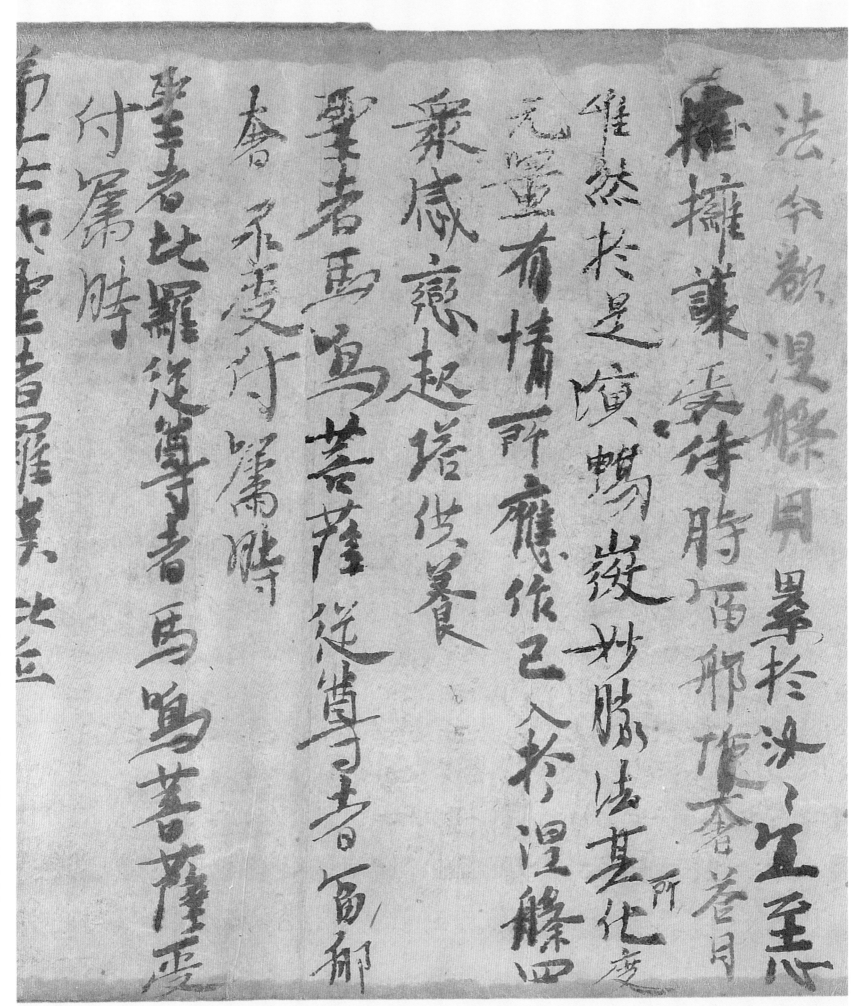

P.3355v　付法藏因緣榜題稿　（27—20）

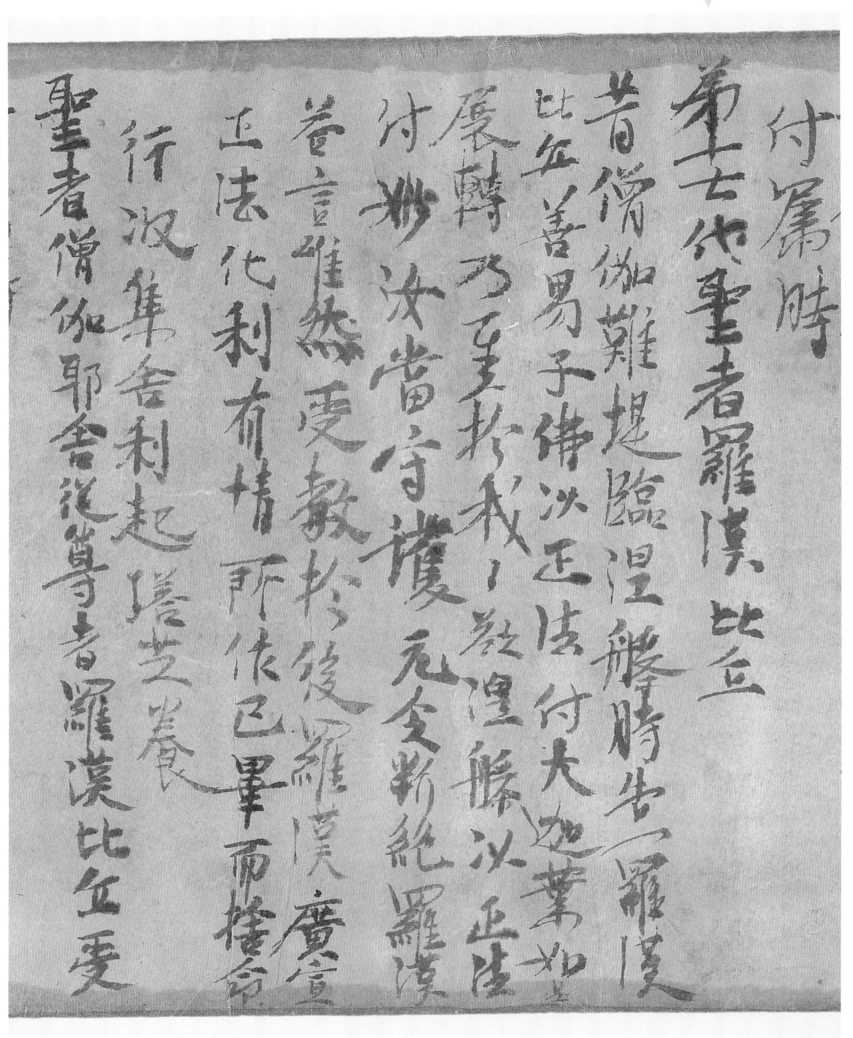

付囑時
第廿七代聖者羅漢比丘
昔僧伽難提臨涅槃時告羅漢
比丘善男子佛以正法付大迦葉如是
展轉乃至於我〻欲涅槃以正法
付囑汝當守護无令斷絕羅漢
荅言唯然受教於後羅漢廣宣
正法化利有情所作已畢而捨命
行收集舍利起塔供養
聖者僧伽耶舍從尊者羅漢比丘受

P.3355v　付法藏因緣榜題稿　（27—21）

聖者僧伽耶舍從尊者羅漢比丘受
付屬時
聖者僧伽耶舍羅漢比丘告弟子
度勝告一羅漢名僧伽耶舍
仏薄伽梵以正法眼付仏
葉如是轉展乃於我今欲滅度
以勝法眼累屬於汝汝當精勤
護持法眼化利有情拯諸苦
物有大智慧言雖簡清辯如是僧
者廣為仏事已訖便入涅槃取

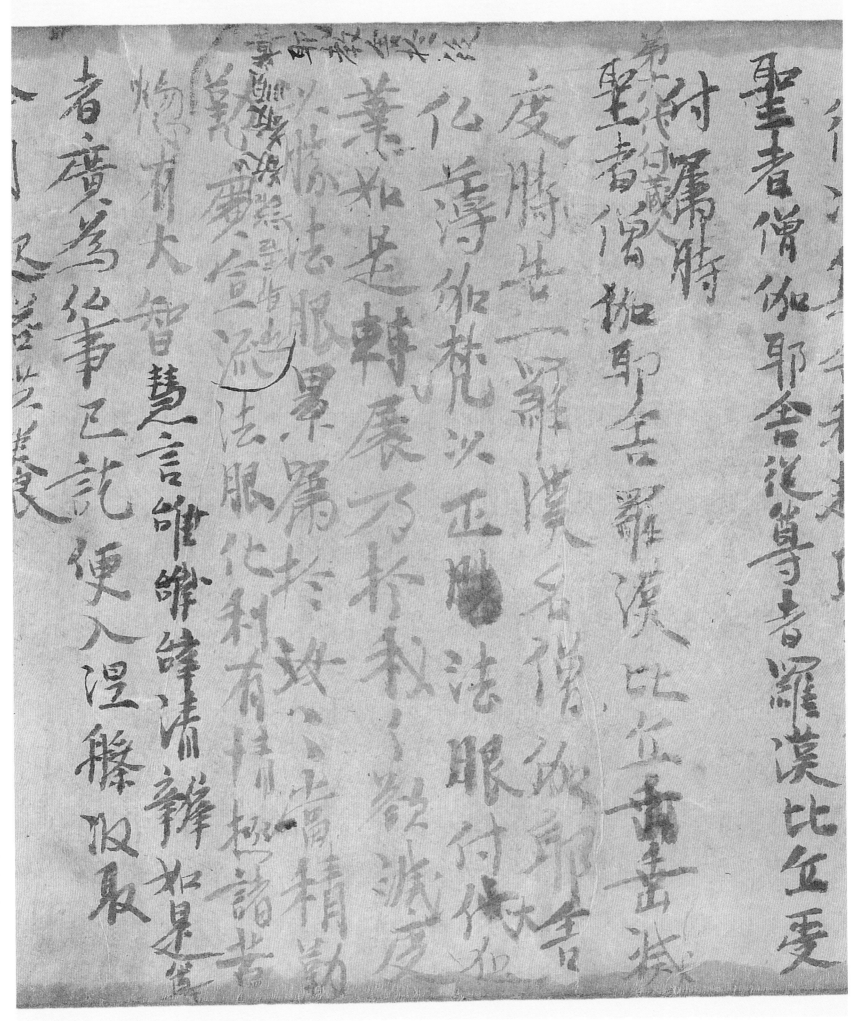

P.3355v　付法藏因緣榜題稿　（27—22）

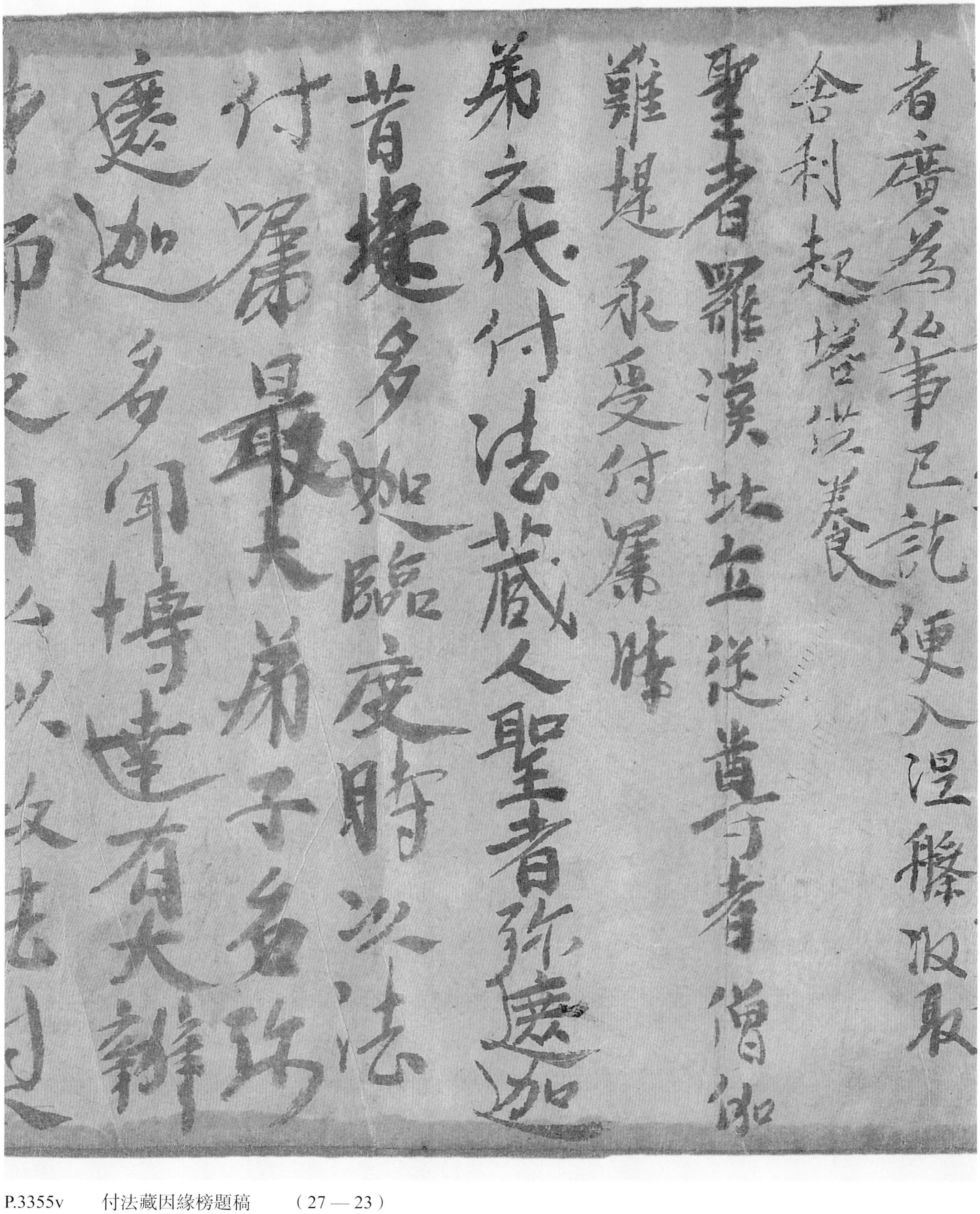
者廣爲佛事已訖便入涅槃取
舍利起塔供養
聖者羅漢比丘從貴付者僧伽
難提承受付屬時
第之代付法藏人聖者彌遮迦
昔提多迦臨度時以法
付囑最大弟子彌遮迦
遮迦多聞博達有大辯
即之日今以汝法且

P.3355v　　付法藏因緣榜題稿　　（27—23）

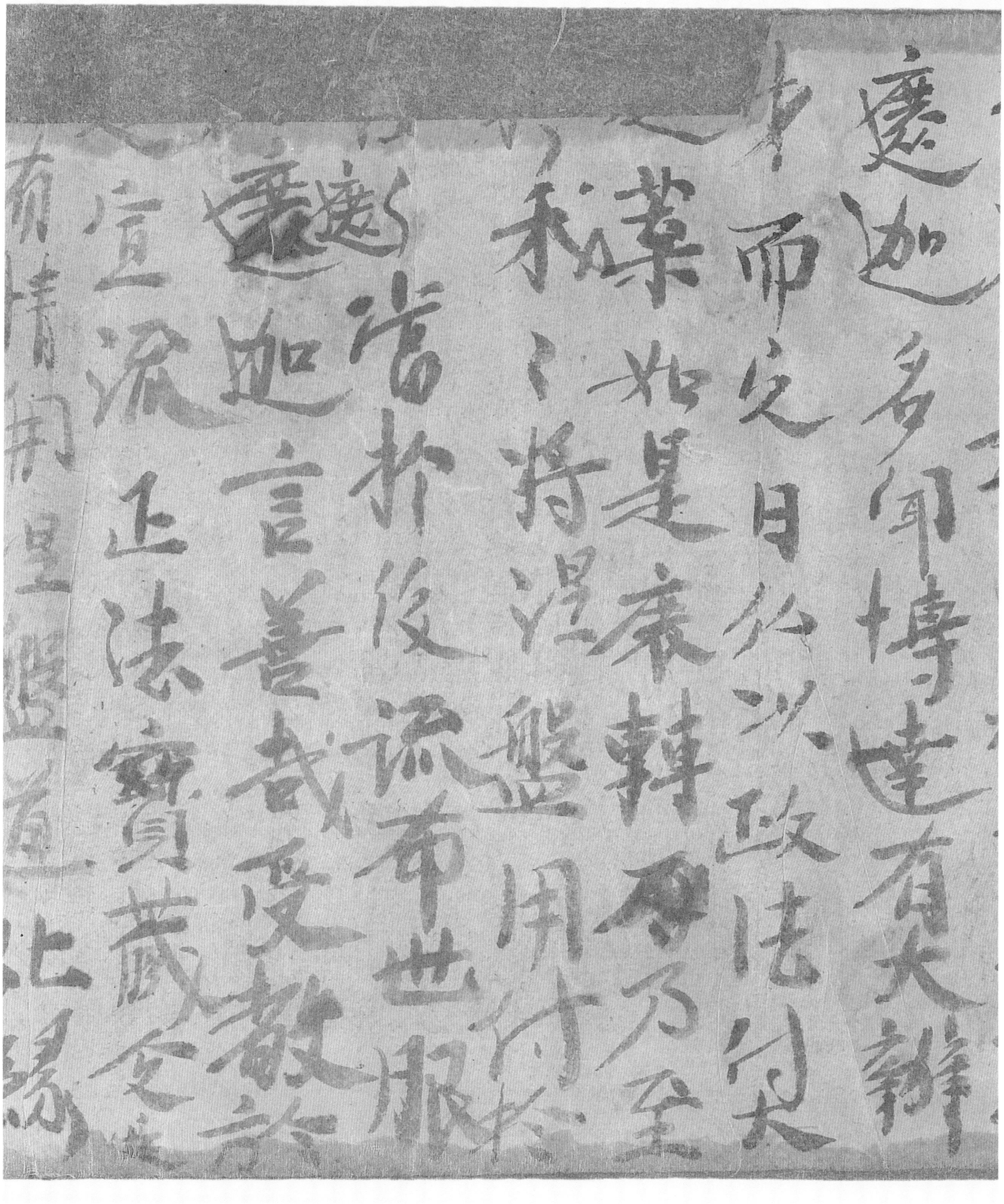

P.3355v　付法藏因緣榜題稿　（27—24）

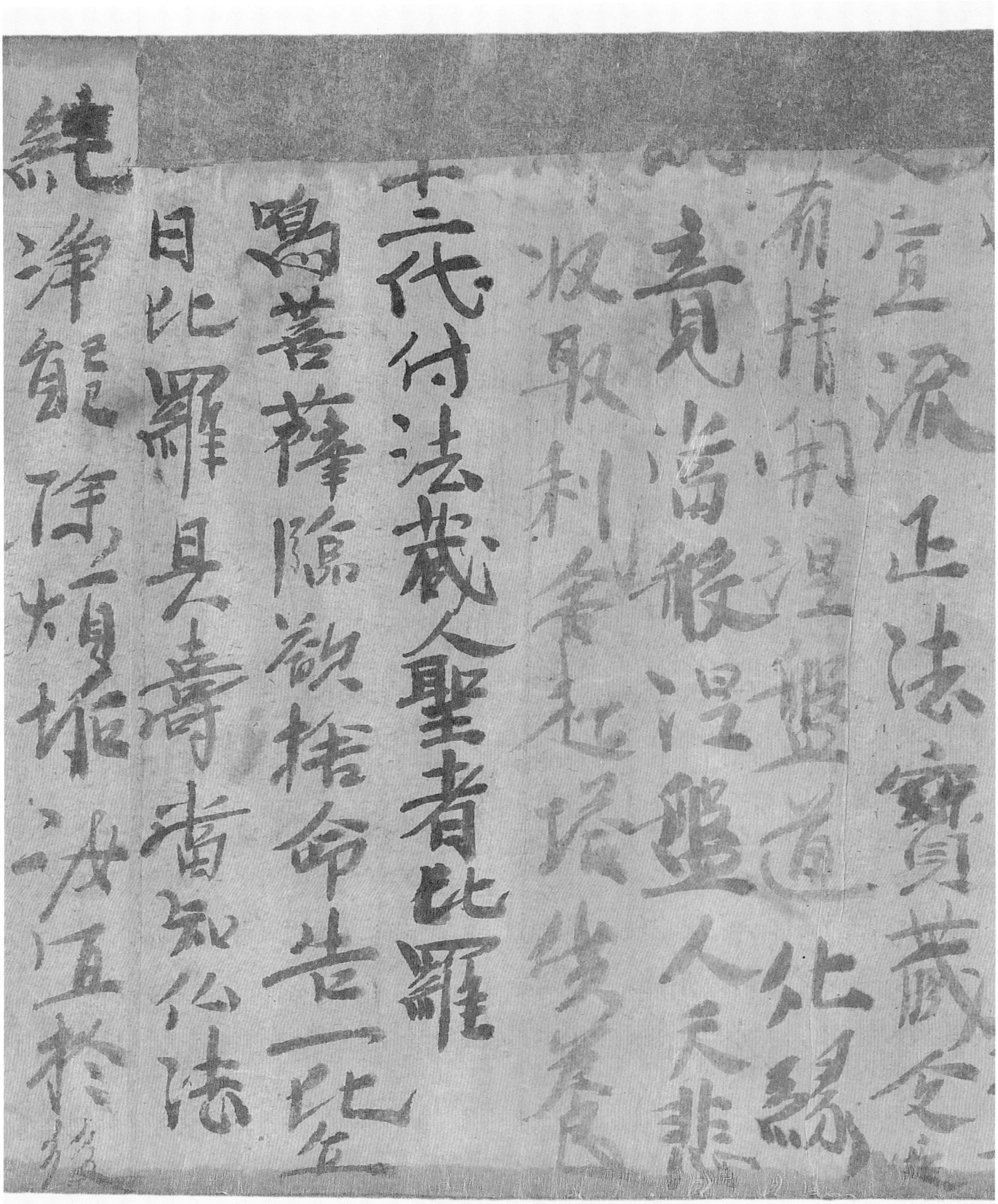

P.3355v　付法藏因緣榜題稿　（27—25）

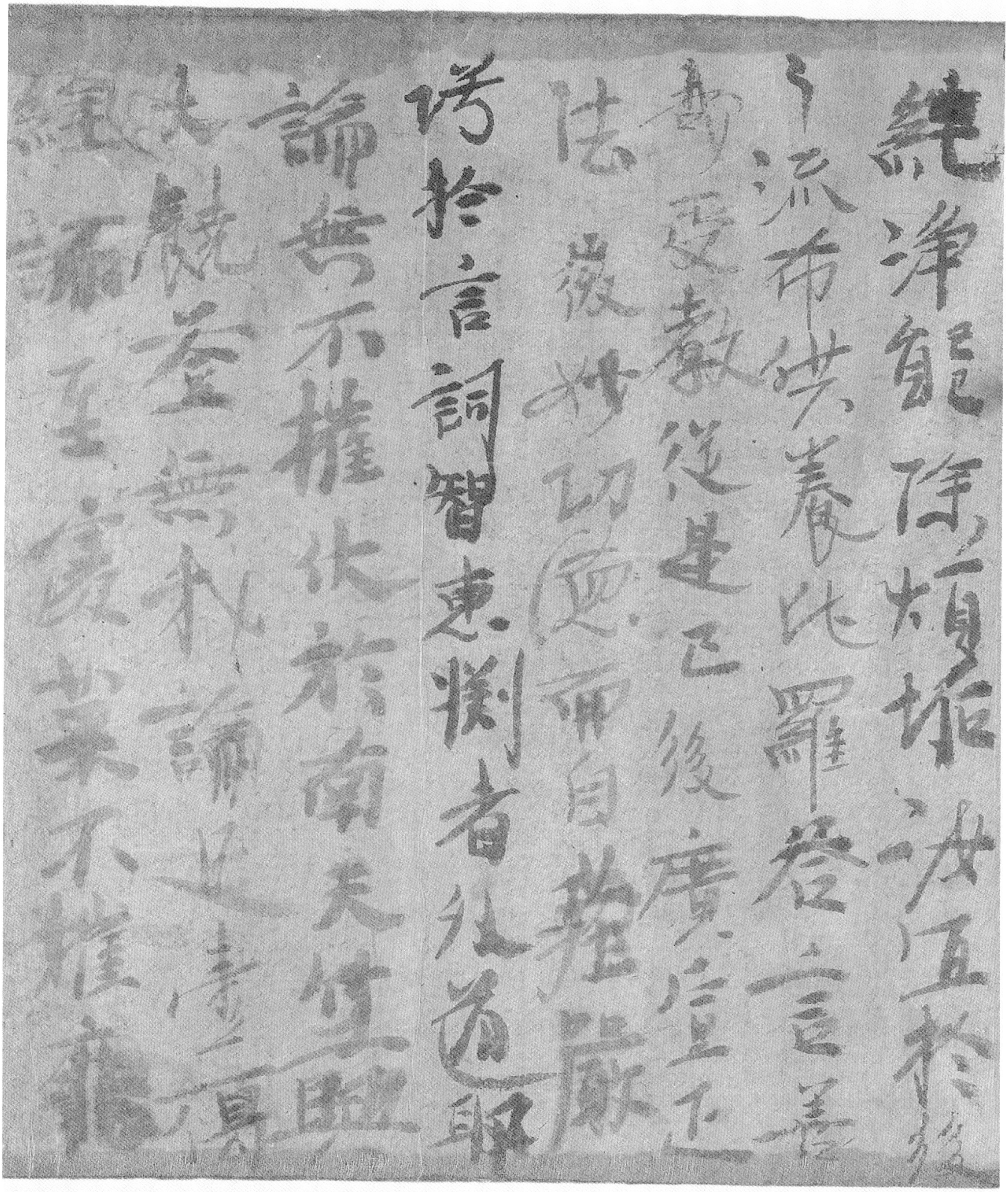

第一一二冊　伯三三五五至伯三三八〇背

P.3355v　付法藏因緣榜題稿　（27 — 26）

P.3355v　付法藏因緣榜題稿　（27—27）

Bibliothèque nationale de France

Pelliot chinois 3356

太上太真科經上云凡鬼无精廉至淵七世
善惡各絶善鬼昇上鬼仙録中惡鬼經履
刀山劍樹火燿之考骨骸爛盡方入冥零
地獄万劫无生
授化道經云四方鐵圍山山外甚廣大老君
憐愍好生故戌鐵圍山隔斷諸惡鬼不使来
害人
道德經云以道莅天下其鬼不神非其鬼
不神其神不傷人
洞淵經云道言自伏羲以来壞軍敗將舉衆
形殘刀兵星死万方為羣或有靈尸骨節
分張身首他處不得集聚或有身无頭
有足无首有口无目千万億遊遊託自守依山

[illegible]
生求其血食
又云有都盧那鬼身長三丈目縱口橫耳
長六尺手捉鐵杖專行人間打煞惡人仍有
六万九千鬼或為大鳥鳥行之處令人患病
病便至死有三万六千惡鬼名天池從者三
万常行世間枉煞良人至壬午年復有三
千九万赤鬼鬼名大頭來下煞人山林之
鬼名江子都領二千九十万鬼常伺煞人
小口託作老人入人宅中驚人雞犬復有赤
情小鬼三万九千衆仍入人宅中取人六畜
復有大運青鬼長三丈卌九万人手持
赤棒棒煞万民有善人信法者不近之
也

P.3356　道要靈祇神鬼品經

P.3356v　天頭地脚界欄

Pelliot chinois 3357

Pelliot chinois
Touen-houang 3357

百羯界攝　懺請安白　遣使得戒　半
之尼有其難緣差使乞戒得具之　九種處得戒謂十
作法　十邊方五人授大戒　已前九種屬佛在世羯磨
教通凡聖被及僧尼該羅現未須知作法　問羯磨受
戒具足幾緣得名如法　答依僧祇律具六因緣一年滿廿三
衣鉢具　二身无遮難　三結界成就　四界內盡集　五羯磨成
就　六十僧滿足　備此六緣得名如法闕一不成　問界有幾種
答三者作法界　二者自然界　作法界有三　一者攝僧界　二攝
衣界　三攝食界　僧界有三種　一者大界　二者界場　三者小界
今就大界之內又有三種　謂人法二同界　法食二同界　法同食別
界　若就自然界中者則分四別　一者謂聚落界　二者蘭若界
三者道行界　四者水界　問羯磨有幾種　答有一百卅四種
白羯磨有廿九　白二羯磨有五十七　白四羯磨有卅八　此三羯磨
攝一切羯磨皆盡　明五篇法　一波羅夷篇 此是西音此云无餘若犯此戒永棄衆外故曰无餘又不得与僧同行布薩羯磨 亦在衆外 實无餘
二僧伽婆尸沙篇 此云僧殘若犯此戒則殘狀不應在布薩 羯磨衆中之殘行補之故名僧殘　三名波逸提
墮 此方云墮若犯此戒墮落地獄燒煑覆障故云墮也　四名波羅提舍尼 此方云向彼悔若犯此戒事合可向對手懺悔故云向彼悔
五名式叉迦羅尼篇 此方云應當學威儀細行難持易犯常須故云應當學　此明七聚法　一波羅夷聚
二僧伽婆尸沙聚　三偷蘭遮聚 此是梵語唐言麁惡亦云障道偷蘭言麁遮言障若犯此罪大麁障聖道故云麁障道
偷蘭有四五差偷蘭應滅擯不可除一物篇下重偷蘭應八僧中悔三初篇下輕偷蘭篇下重偷蘭應四僧中懺四獨頭偷蘭遮及餘篇下偷蘭應二僧中悔　四波逸
提聚　五波羅提舍尼聚　突吉羅聚分為二　一身惡作
二口惡說 突吉羅者義翻云惡作突者名惡吉羅名作作惡不止故名突吉羅亦云 身作名惡口作名說故云惡作惡說突吉羅此二衆罪若故犯者應對手懺若悞犯應責心懺
問婬戒具幾緣成犯　答具四緣　一前境是女人
二真婬心　三起方便　四与境合便犯　問盜戒具幾緣成犯
答具六緣成犯　一有主物　二有主想　三有盜心　四重物
五興方便　六離本處便犯　問殺戒具幾緣　答具五緣
一是人　二人想　三興殺心　四起方便　五斷命根　問大妄語戒具幾緣
答具八緣成犯　一前境是人　二人想　三事虛　四知是虛事
五有誑他心　六自言已得　七言辭了了　八前人知解　問僧有幾種
答四種　一者四人僧 除授戒自恣出罪餘行羯磨應作　二者五人僧 除中國授戒出罪餘法得作　三者十人僧 除出罪餘法作

由此房能招引四方僧故言招提僧物或先造房僧迴已房及田園施
四方僧亦云招提僧物　六者僧鬘鬘物 謂僧園中有花或賣花或已花依鬘出賣得物從鬘得物故名僧鬘物　有四
種妄語　一波羅夷妄語　二僧殘妄語　三波逸提妄語
四阿毗波羅妄語　口有四威儀語　一者常作法語　二常作正
直實語　三常作和合語　四常作柔軟悅意語　慳有五種
一慳財　二慳法　三慳家　四慳處　五慳讚　明四分義 四者數也
一者毀也世尊在世四度昇座說此律故名四分又云梵夾
故名四分 此四分律通其六釋今且明一釋四分即律之 今依律本從初至僧殘表
物分至房舍依名名為第一　為第二分從安居揵度至房舍已前名為第三分從房舍揵度至律本末
名爲第四分　持戒得十種利 一攝取於僧　二令僧歡喜　三令僧安樂　四未信者令信　五已信者令增長　六難調者令調　七慚愧者安樂　八斷現在
有漏　九斷未來有漏　十令正法久住
十二頭陀法 頭者少欲隨名知足行數 頭陀者抖擻於煩惱故曰頭陀　一持糞掃衣　二持三衣　三持隨衣　四常乞食
五一餘食　六一坐食　七不作餘食法　八樹下坐　九露地坐　十隨處
坐　十二常坐不臥 此十二者持衣有三 食法有四 處所有五 行人於此衣食處所心无染著積緣進道更不患須　捶越施物
凡有八種　一施比丘僧物 唯屬比丘現前人分　二施比丘尼物　唯屬現前比丘尼
數人分　三施二部僧物　莫問人數多少分物作二分一分僧取一分付尼衆各於
當部自數人分之　四施四方僧得施物來者皆得應作羯磨分之不得与尼
同作羯磨若施招提僧不須作法　五界內僧得施物　唯屬住處僧入界
皆得但取施主爲定　六施同羯磨僧得施物唯一處同作法者分之
七施稱名字僧得施若言施禪師法師律師呪願師老病僧等不問親疎八
衆中一僧得施物從上座行之隨取者与　隨捶越所有捨施依此八法分之
若无定分上座應問於何等施若不依此八法則不得施僧之福若不依
此八法而受則輕損信施違犯處深應善五德分之婦忍相參令不見
者攝等餘人不得亂語利養難消餓負冒不在此莫生嫉怪盖
人至行也出家之人不得迴施人已若欲迴者其罪甚重應如法施
如法受　如法來　如法与　如法用　如法住　問律以何爲宗以何爲體
答以戒爲宗　諸說不同依東塔疏以戒爲宗　律以何爲體者
答含是語業爲體住意泉捨十處中以法爲體依經部宗相應
爲體依有部以色爲體但是法處攝　問律儀有幾種
答有四種　一靜慮律儀是色界尸羅　二無漏律儀爲無漏身中

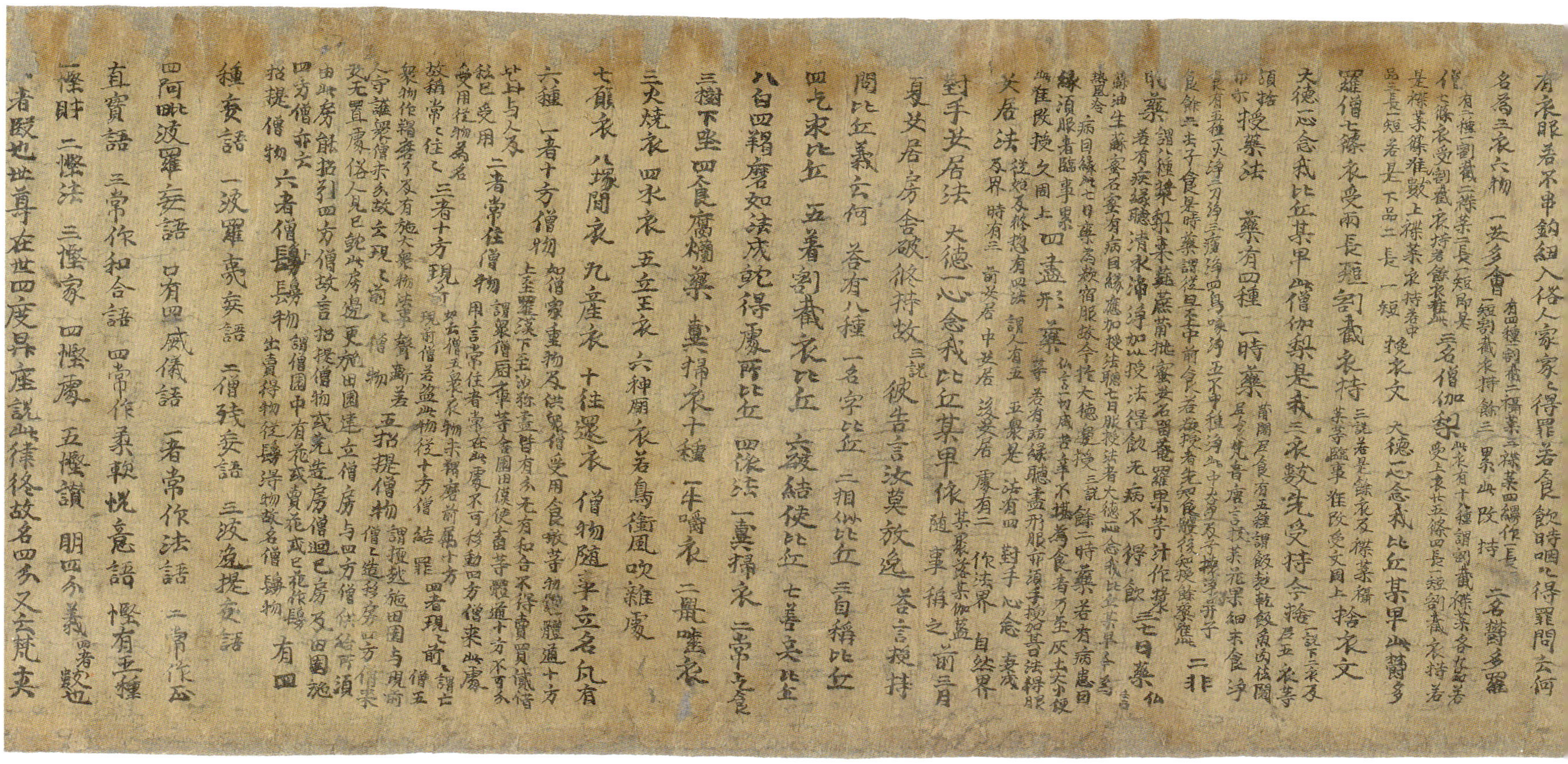

P.3357　　四分律略抄（總圖）　　（一）

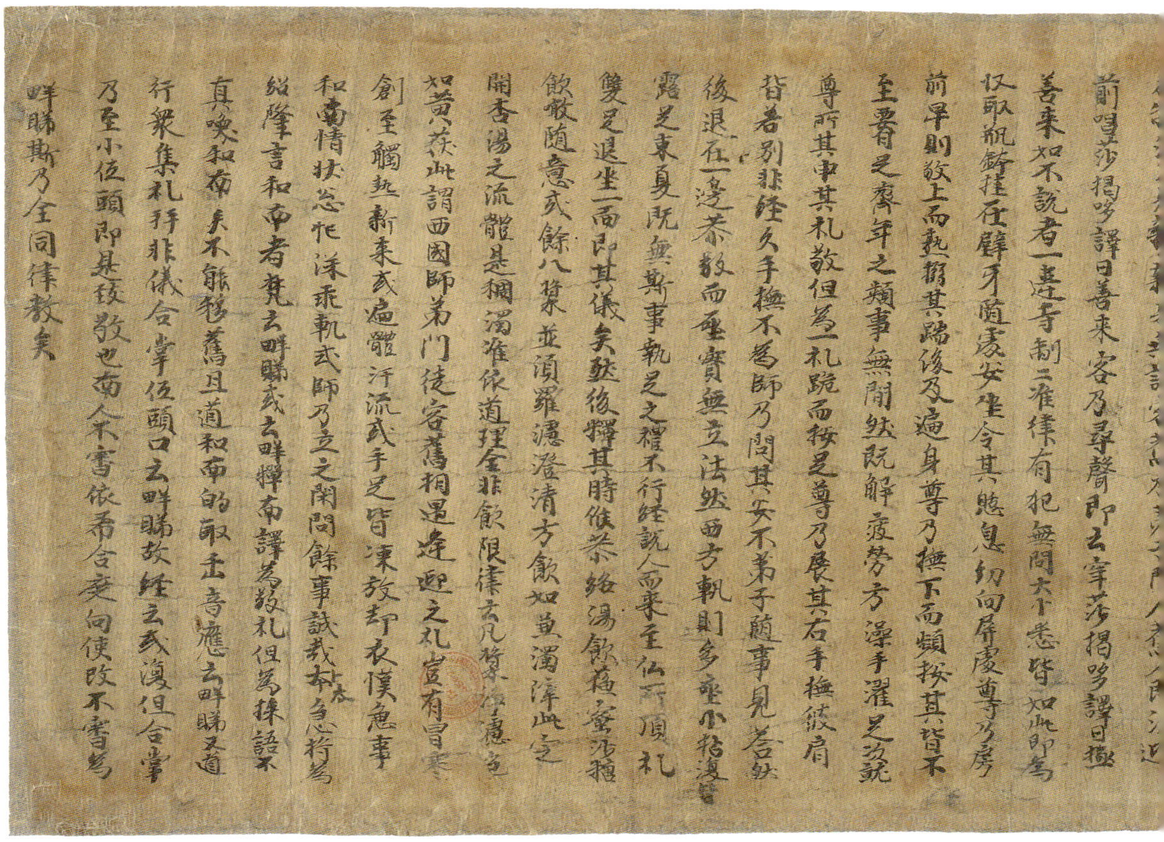

P.3357　　四分律略抄（總圖）　　（二）

Pelliot chinois
Touen-houang 3357

百篇羯磨 懺請受白 遣使得戒半
沙尸尼有其難緣差使乞戒所得具之 九羯磨得戒謂十
作法 十邊方五人授大戒 已前九種爲佛在世羯磨
三法教道向聖被及僧尼說羅現未須知作法 問羯磨受
戒具足幾緣得名如法 答依僧祇律具六因緣一須滿廿三
衣鉢具 二身无遮難 三結界成就 四界內盡集 五羯磨成
就 六十僧滿足 備此六緣得名如法闕一不成 問界有幾種
答一者作法界 二者自然界 作法界有三 一者攝僧界 二攝
衣界 三攝食界 僧界有三種 一者大界 二者界場 三者小界
今就大界之內又有三種 謂人法二同界 法食二同界 法同食別

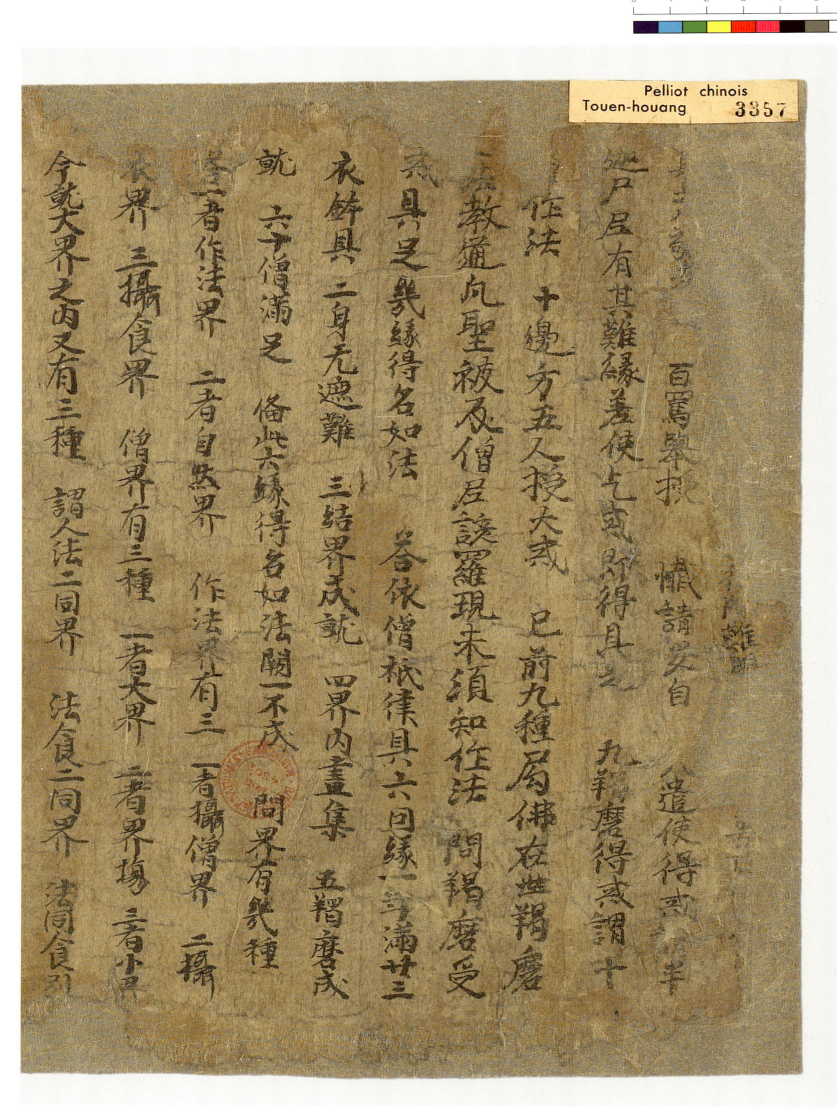

P.3357 四分律略抄 （10—1）

今就大界之內又有三種 謂人法二同界 法食二同界 法同食別
界 若就自然界中者則分四別 一者謂聚落界 二者蘭若界
三者道行界 四者水界 問羯磨有幾種 答有一百卅四種
白羯磨有卅九 白二羯磨有五十七 白四羯磨有卅八 此三羯磨
攝一切羯磨皆盡 明五篇法 一波羅夷 此是西音此云无餘若犯此戒永弃衆外故曰无餘不得与僧同行布薩羯磨
弃在衆外 故无餘 二僧伽婆尸沙 此云僧殘若犯此戒行則殘缺不應在布薩羯磨衆中之數行類甚少故名僧殘 三名波逸提
墮 此方云墮若犯此戒墮落地獄燒煮覆障故云墮也 四名波羅提ミ舍尼 此方云向彼悔若犯此戒事可向對手懺悔故云向彼悔
五式叉迦羅尼篇 此方云應當學威儀細行懃習方成故云應當學 此明七聚法 一波羅夷聚
二僧伽婆尸沙聚 三偷蘭遮聚 此是梵語唐言麁惡亦云遮障偷言遮蘭言部若犯此罪夫遮障聖道故云遮障礙
偷蘭有四五差 偷蘭應滅殯不可除 二初篇下重偷蘭應八僧中悔 三初篇下輕
偷蘭二篇下重偷蘭應四僧中懺 四獨頭偷蘭遮及餘篇方偷蘭應三僧 中悔 四波逸
提聚 五波羅提ミ舍尼聚 突吉羅聚分為二 一身惡作
二口惡說 突吉羅者義翻云惡作突者名惡吉羅名作作已愳不止故名突吉羅亦云羅跌 身作名惡口作名說故云惡作惡說突吉羅此二聚罪若故犯者應懃對手

P.3357　四分律略抄　（10—2）

二口惡説　突吉羅者義翻云惡作突者名惡吉羅名作〻已不止故名突吉羅而云離跌　身作名惡口作名説故云惡作惡説突吉羅此二衆罪若故犯者應勤對手

懺若悞犯應責心懺　問欲戒具幾緣成犯　答具四緣　一前境是女人

真染心　三起方便　四与境合便犯　問盜戒具幾緣成犯

答具六緣戒成犯　一有主物　二有主想　三有盜心　四重物

五興方便　六離本處便犯　問煞戒具幾緣　答具五緣

一是人　二人想　三興煞心　四起方便　五斷命根　問大妄語戒具幾緣

答具八緣成犯　一前境是人　二人想　三事虛　四知是虛事

五有誑他心　六自言已得　七言辭了〻　八前人知解　問僧有幾種

答四種　一者四人僧（除授戒自恣出罪餘羯磨應作）　二者五人僧（除中國授戒出罪餘法得作）　三者十人僧（除出罪餘法作）

四者廿人僧（一切羯磨得作況復更多）　問菩薩戒中煞先婬後何故聲聞戒中婬先

煞後　答菩薩家大慈為本是以煞戒為初　聲聞以梵行為據是

以欲戒為首　受衣法　若不持三衣入聚落者得無量罪世〻裸形無

一㲉戒為首　受衣法　若不持三衣入聚落者得無量罪世々裸形無

有衣服若不串鉤紐入俗人家々得罪若食飲時咽々得罪問云何

名為三衣六物　一安多會（有四種一割截二攝葉三襍葉四縵作一長一短割截衣持餘三　累此改持）　二名鬱多羅

僧（有二種一割截二襍葉二長一短即是七條衣受割截衣持若餘衣准此）　三名僧伽梨（此衣有十八種謂割截襍葉各九品若受上衣廿五條四長一短割截衣持若是襍葉襍准數上襍葉衣持若中品三長一短若是下品二長一短）　授衣文　大德一心念我比丘某甲此鬱多

羅僧七條衣受兩長一短割截衣持（三說若是餘衣及襍葉攝葉等臨事准改受文同上）　捨衣文

大德一心念我比丘某甲此僧伽梨是我三衣數先受持今捨（一說下二衣及居五衣等須捨亦示）

授藥法　藥有四種　一時藥（蒲闍尼食有五種謂飯麨乾飯魚肉佉闍尼食梵音唐言授莖花果細末食淨食有五種一火淨二刀淨三瘡淨四鳥啄淨五不中種淨此中火淨及子擗淨出子食餘三去子食是時藥謂從旦至中前食若欲授者先知食體後知授餘藥准此）　二非

時藥（謂八種漿梨棗甘蔗蒲桃蜜是石留菴羅果等汁作漿）　三七日藥（仏言）

若有疾緣聽清水漉淨加以授法得飲无病不得飲（蘇油生蘇蜜石蜜有病因緣應加授法聽七日服授法者大德一心念我比丘某甲今為熱風冷病因緣此七日藥為欲宿服故今於大德邊授　三說）　餘二時藥若有病患因

緣須服者臨事累　四盡形藥（仏言一切咸苦辛不堪為食者乃至灰土大小便等　若有病緣聽盡形服亦須手授加其口法得服此准改授文同上）

（從始及終摠有四法　謂人有五　五衆是　法有四　對手心念　妻成）

受吾法

此住段授文同上 四盡形壽藥 若有病緣聽盡形服亦須手授加其口法得服
安居法 從始及終揔有四法 謂人有五 五衆是 法有四 對手 心念 妻成
及界 時有三 前安居 中安居 後安居 處有二 作法界 自然界
對手安居法 大德一心念我比丘某甲依某聚落某伽藍 隨事稱之 前三月
夏安居房舍破修持故 三說 彼告言汝莫放逸 答言頂持
問比丘義云何 答有八種 一名字比丘 二相似比丘 三自稱比丘
四乞求比丘 五着割截衣比丘 六破結使比丘 七善來比丘
八白四羯磨如法成就得處所比丘 四依法 一糞掃衣 二常乞食
三樹下坐 四食腐爛藥 糞掃衣十種 一牛嚼衣 二鼠嚙衣
三火燒衣 四水衣 五立王衣 六神廟衣若鳥銜風吹雜處
七頗衣 八塚間衣 九産衣 十往還衣 僧物隨事立名凡有
六種 一者十方僧物 如僧家重物及供衆僧受用食飯等物體通十方
上至羅漢下至沙彌盡皆有分无有和合不得賣買借
廿卅与人及 二者常住僧物 謂衆僧厨車等舍園田僕使畜等體通十方不可分
私已受用 用言常住者常在此處不可移動四方僧來此處
受用從物爲名 三者十方現前 如亡僧五衆衣物未羯磨前屬十方
四者現前現前謂亡

P.3357　四分律略抄　（10—5）

受用從物爲名
故稱常〻住〻 三者十方現前 如云僧五衆衣物未羯磨前屬十方 現前僧若盜此物從十方僧結罪 四者現〻前〻謂云 僧五
衆物作羯磨了及有施大衆物法事聲斷著 五招提僧物 謂擅越施田園与現前
一守護衆僧未分故云現〻前〻僧物 僧〻造移房四方僧來
又无置處俗人見已就此房邊更施田園建立僧房与四方僧供給所須
由此房能招引四方僧故言招提僧物或先造房僧迴已房及田園施
四方僧亦云
招提僧物 六者僧鬘物 謂僧園中有花或賣花或已花依鬘 出賣得物從鬘得物故名僧鬘物 有四
種妄語 一波羅夷妄語 二僧殘妄語 三波逸提妄語
四阿毗波羅妄語 口有四威儀語 一者常作法語 二常作正
直實語 三常作和合語 四常作柔軟悅意語 慳有五種
一慳財 二慳法 三慳家 四慳處 五慳讚 明四分義 四者數也
者毀也世尊在世四度昇座說此律終故名四分又云梵夾 此四分律通其六釋今且明一解四分即律之 令依律本從初至僧衣事名
故名四分 即四分六釋之中是帶數釋也
物分至居揵後名爲
爲第二分從安居揵度至房舍已前名爲第三分從房舍揵度至律本末
爲第四分 持戒得十種利 一攝取於僧 二令僧歡喜 三令僧安樂 四未信者令信 五已信者令增長 六難調者令調 七慚愧者安樂 八斷現在

P.3357 四分律略抄 （10—6）

十篇第四分　持戒得十種利　一攝取於僧　二令僧歡喜　三令僧安樂　四未信者令信　五已信者令增長　六難調者令調　七慚愧者安樂　八斷現在
有漏　九斷未來有漏
十令正法久住得
十二頭陀法　頭者少欲隨名知足竹藪　頭陀離於住著故曰頭陀　一持糞掃衣　二持三衣　三持隨衣　四常乞食
五一餚食　六一坐食　七不作餘食法　八樹下坐　九塚間坐　十露地坐　十一隨處
坐　十二常坐不臥　此十二者持衣有三　食法有四　處所有五　行人於此衣食處所心无染著積緣進道更不思須　檀越施物
凡有八種　一施比丘僧物　唯屬比丘現前人分　二施比丘尼物　唯屬現前比丘尼
數人分　三施二部僧物　莫問人數多少分物作二分　一分僧取　一分付尼眾各於
當部自數人分之　四施四方僧得施物來者皆得　應作羯磨分　然不得与尼
同作羯磨　若施招提僧不須作法　五界內僧得施物　唯屬住處僧入界
皆得但取施主為定　六施同羯磨僧得施物　唯一處同作法者分之
七施稱名字僧得施　若言施禪師法師律師呪願師看病僧等不問親疎　八
眾中一僧得施物　從上座行之　隨取者与　隨檀越所有捨施依此八法分之

衆中一僧得施物從上座行之隨取者与　隨檀越所有捨施依此八法分之
若无定分上座應問於何等施若不依此八法則不得施僧之福若不依
此八法而受則輕損信施違犯處深應差五德分之婦恐損衆令不見
者攞箒餘人不得乱語利養難消費負當不在此莫生妬　根蓋
人至行也出家之人不得迴施人已若欲迴者其罪甚重應如法施
如法受　如法求　如法与　如法用　如法住　問律以何為宗以何為體
答以戒為宗　諸說不同依東塔疏　以戒為宗　律以何為體者
答合是語業為體任意取捨十一處中以法為體依經部宗損應
為體依有部以色為體俱是法處攝　問律儀有幾種
答有四種　一静慮律儀是色界尸羅　二無漏律儀為無漏身中
所起尸羅　三斷律儀為斷煩惱名斷律儀　四別斷解脫律儀
欲界尸羅為別　陽非名別解脫律儀　　客舊相遇

P.3357　　四分律略抄　　（10—8）

欲界尸羅為別，陽非名別解脫律儀　客舊相遇

昔大師在日親為教主客苾芻至自唱善來又復西方寺衆多

為制法凡見親新來無論客舊及弟子門人舊人即須迎

前唱莎揭哆譯曰善來客乃尋聲即云窣莎揭哆譯曰極

善來如不說者一違寺制二准律有犯無問大小悉皆如此即為

收取瓶鉢掛在壁牙隨處安坐令其憩息幼向房處尊乃房

前畢則敬上而執擲其踹後及遍身尊乃撫下而頻按其背不

至膂肎足齊年之類事無閑然既解疲勞方澡手濯足次就

尊所其事其禮敬但為一禮跪而按足尊乃展其右手撫彼肩

背若別非經久手撫不為師乃問其安不弟子隨事見答然

後退在一邊恭敬而坐實無立法然西方軌則多並不將復皆

露足東夏既無斯事執足之禮不行縱說人而來至仏所須禮

雙足是跪一面却坐長跪定後譯其寺[illegible]各易欲[illegible]隨

法國國家圖書館藏敦煌文獻

P.3357　　四分律略抄　　（10—9）

露足東夏既無斯事執足之禮不行經說人而來至仏所頂礼
雙足退坐一面即其儀矣然後擇其時候茶湯飲蘇蜜沙糖
飲噉隨意或餘八漿並須羅濾澄清方飲如兼濁滓此定
開香湯之流體是稠濁准依道理全非飲限律云凡漿淨濾色
如黃荻此謂西國師弟門徒客舊相遇迎之礼豈有冒寒
創至觸熱新來或遍體汗流或手足皆凍放却衣慎急事
和南情狀忩忙深乖軌式師乃立之閑問餘事詭哉本太自忽矜為
紹降言和南者梵云畔睇或云畔憚南譯為敬礼但為採語不
真喚和南矣不能移舊且道和南的取正音應云畔睇又道
行衆集礼拜非儀合掌低頭口云畔睇故經云或復但合掌
乃至小低頭即是致敬也南人不審依希合變向使改不審為
畔睇斯乃全同律教矣

P.3357　四分律略抄　（10—10）

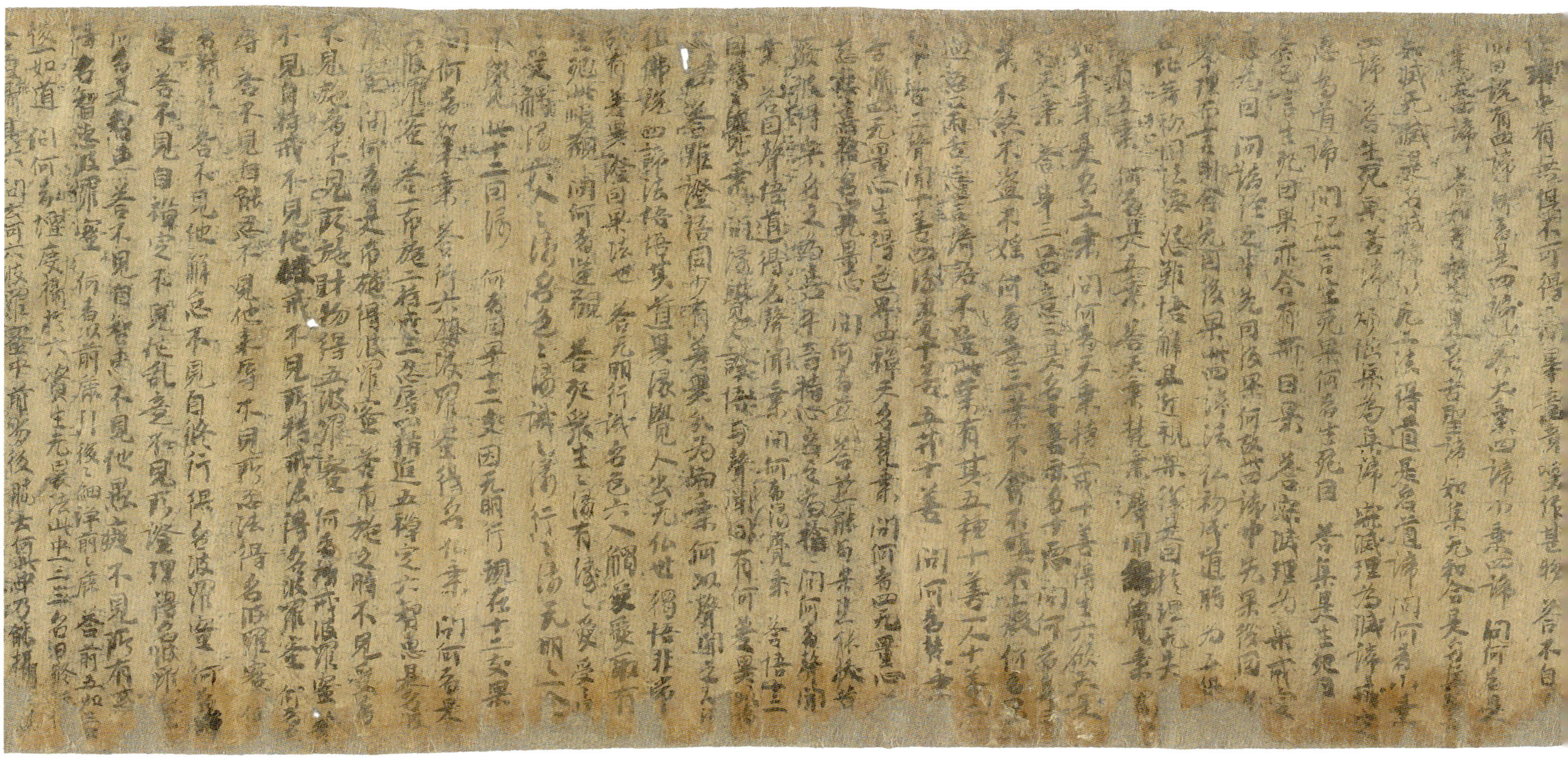

P.3357v　　佛教論義等（總圖）　　（一）

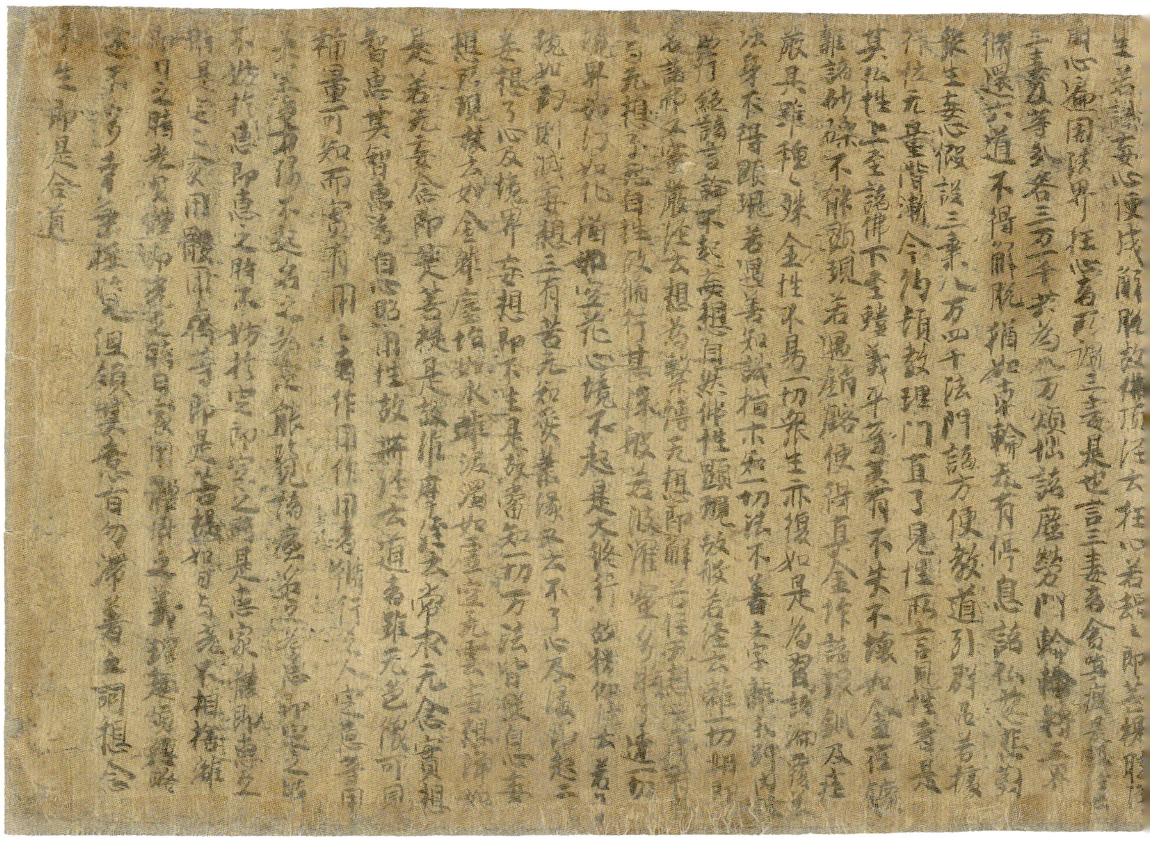

P.3357v　　佛教論義等（總圖）　　（二）

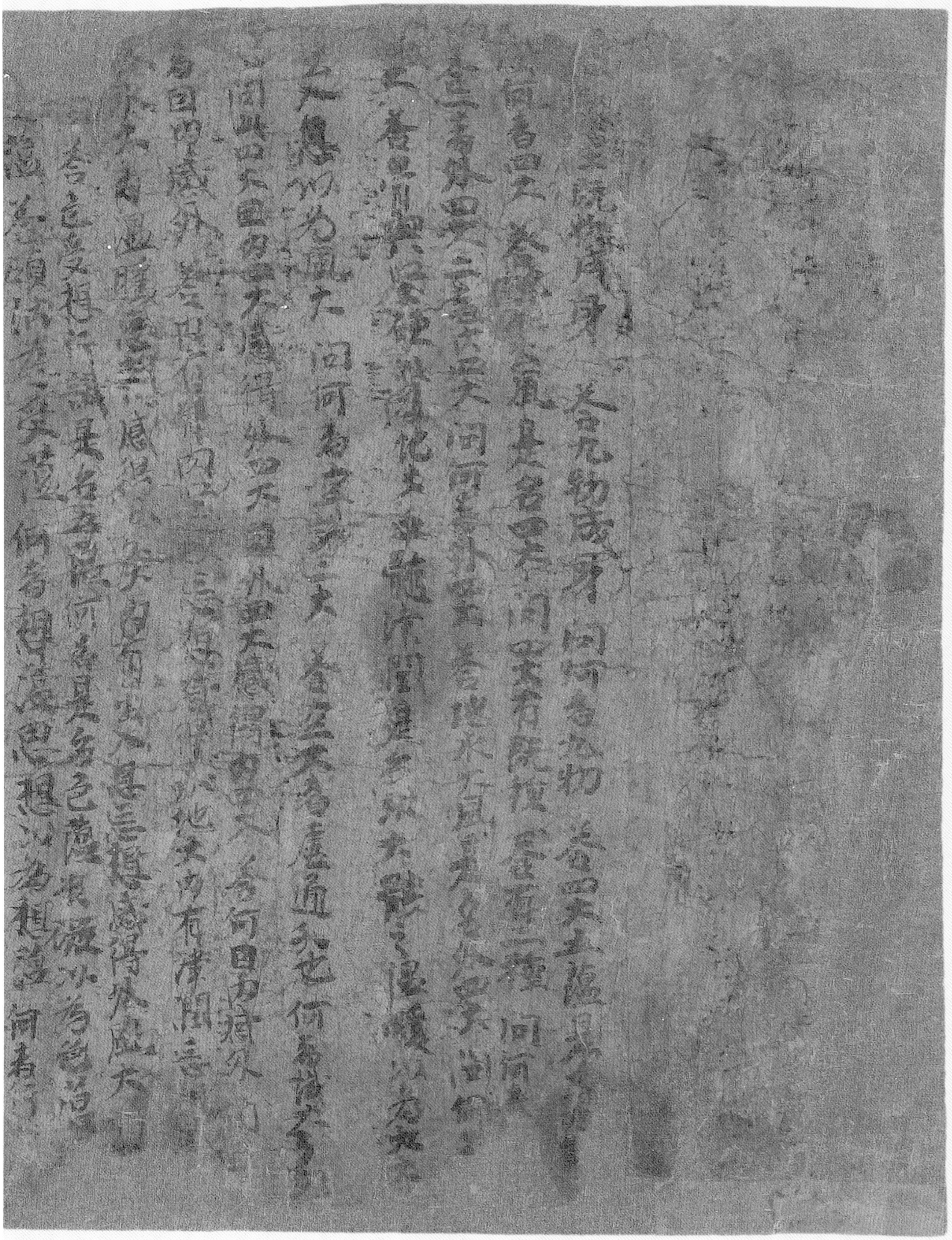

P.3357v　1. 佛教論義　（11—1）

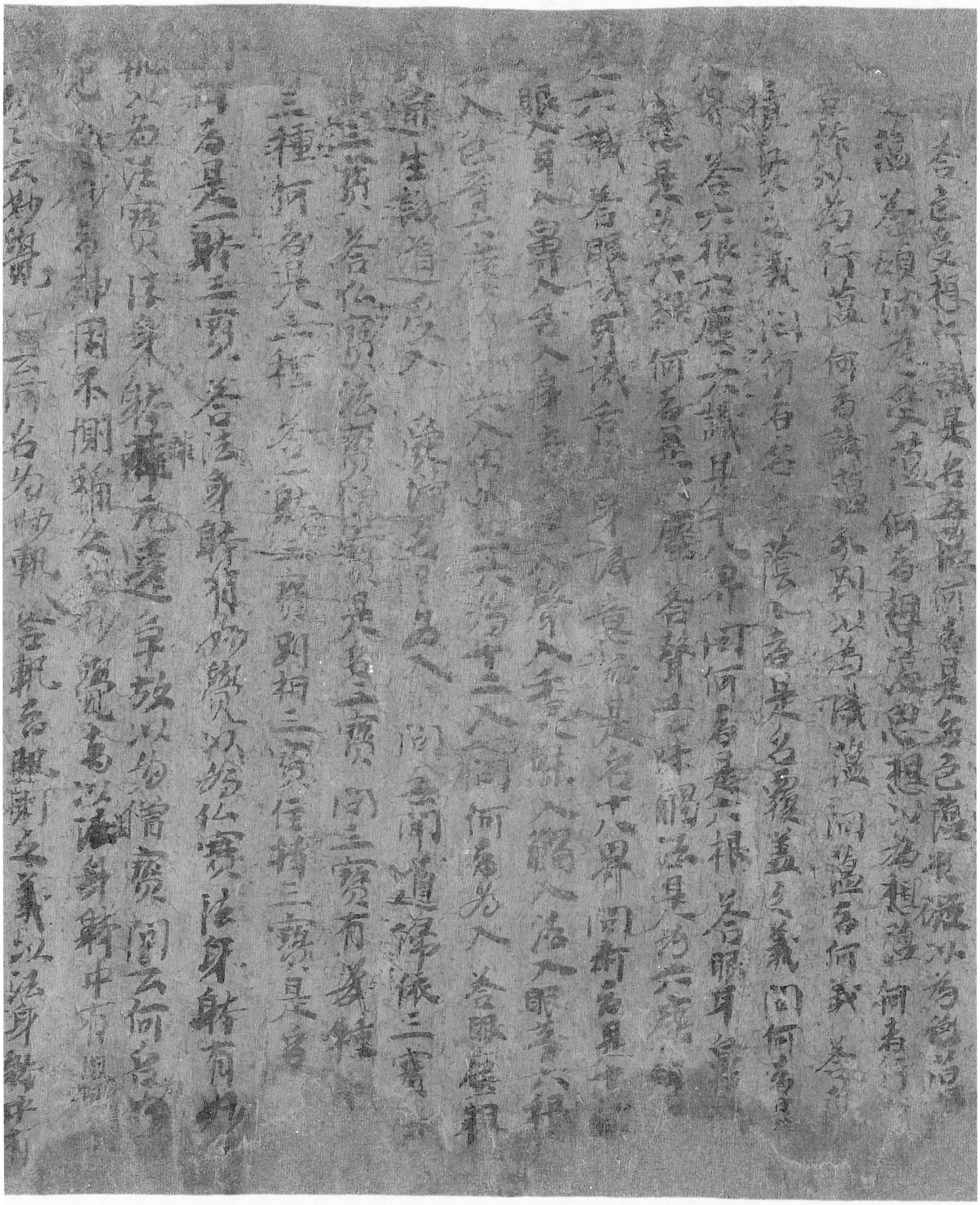

P.3357v　　1. 佛教論義　　（11—2）

覺□□□神因不相離□□□覺高法海身解中有□
□ゝ云妙身ゝ 云何名為妙執 答執名解脫之義以法身解脫□□
執ゝ精義故ゝ立如執 問云何稱爭達 答謂智和合為義法身
相故明无爭故說无違爭名之為德 問何名一體 答三寶名唯
□ゝ寶名三寶 問何以得知三寶名殊其體無二 答為益
眾生作歸依是法ゝ即是大乘是三寶皆是為相 為虛空常住出世
述故名一體 問云何名為別相三寶 答丈六化身以化物巧
說言教以為法寶 大乘十信已上小乘初果已上為僧寶 問何名
別相 答三ゝ相殊名為別相 問云何三ゝ相殊 答佛不是法ゝ不是僧
□各不同故名別相 問云何住持三寶 答凡□素像以為佛□
素帛竹帛書寫為法寶 剃染之□以為僧寶 問何名住持
□令不斷絕故名住持 答佛化之後法雖名僧法 問此三種
□說一為三 不一不異 問云何不一不異 答別故不一體同故不異
云何名別故不一體同故不異 答說三一體別相住持故名不一
所性不可得故名不異 問有亦不可得无亦不可得 答雖有無

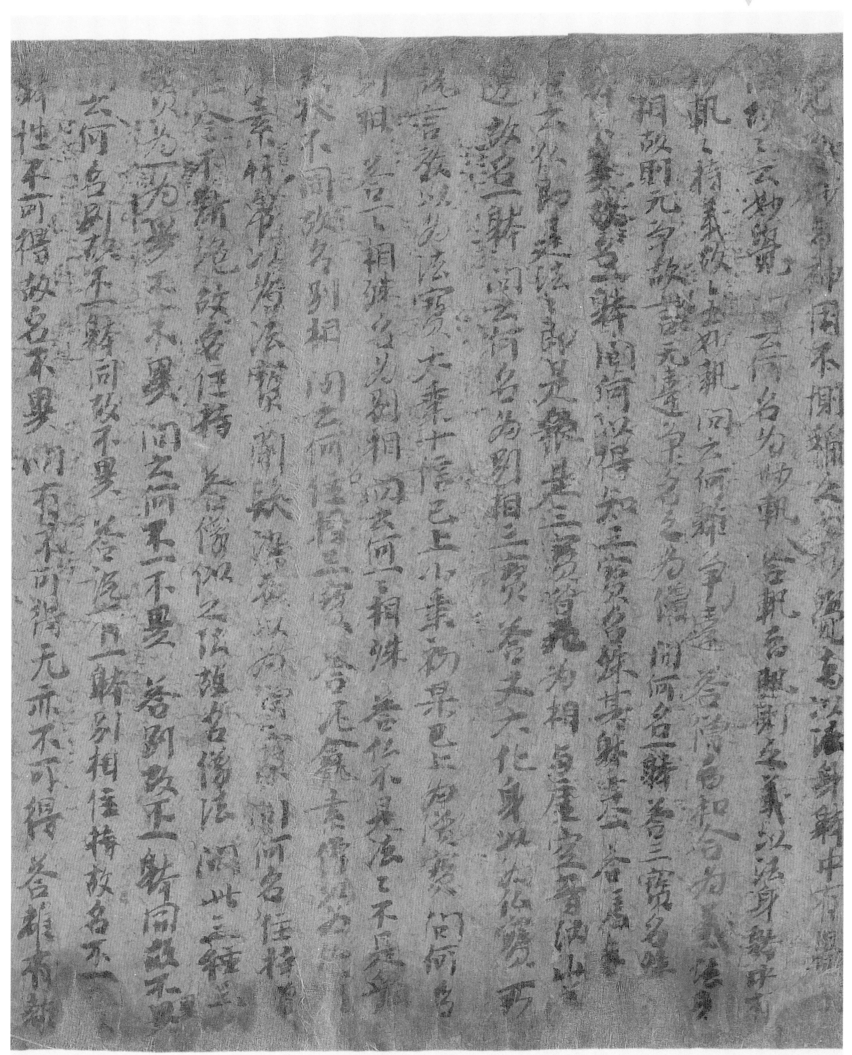

P.3357v　　1. 佛教論義　　（11—3）

云何名別相不一轉同故不異　答返過一轉別相住轉故名不一
轉性不可得故名不異　問有不可得无亦不可得　答雖有諦
問云何離有離无　答自性離故　問自性云何離　答中
緣中有無俱不可得　畢竟嗄作甚物　答不自
問曰說有四諦何者是四諦　答大乘四諦小乘四諦　問何者是
小乘苦諦　答生老病死是名苦聖諦　知集无和合是名集諦
無滅无識是名滅諦　以无為法得道是名道諦　問何者小乘
四諦　答生死果是苦諦　煩惱集為集諦　寂滅理為滅諦　無
忍為道諦　問記言生死果何名生死因　答集是生死因
今已言生死因果亦合有斷因果　答寂滅理為無為果
道為因　問論經之中先因後果何故四諦中先果後因
今標苦集則舍先因後果出四諦法　以初成道時為五俱
比丘等初聞法要恐難信解　是近說果後說其因於理无失
問五乘何名其大五乘　答天乘　梵乘　聲聞　緣覺乘　菩
[illegible]

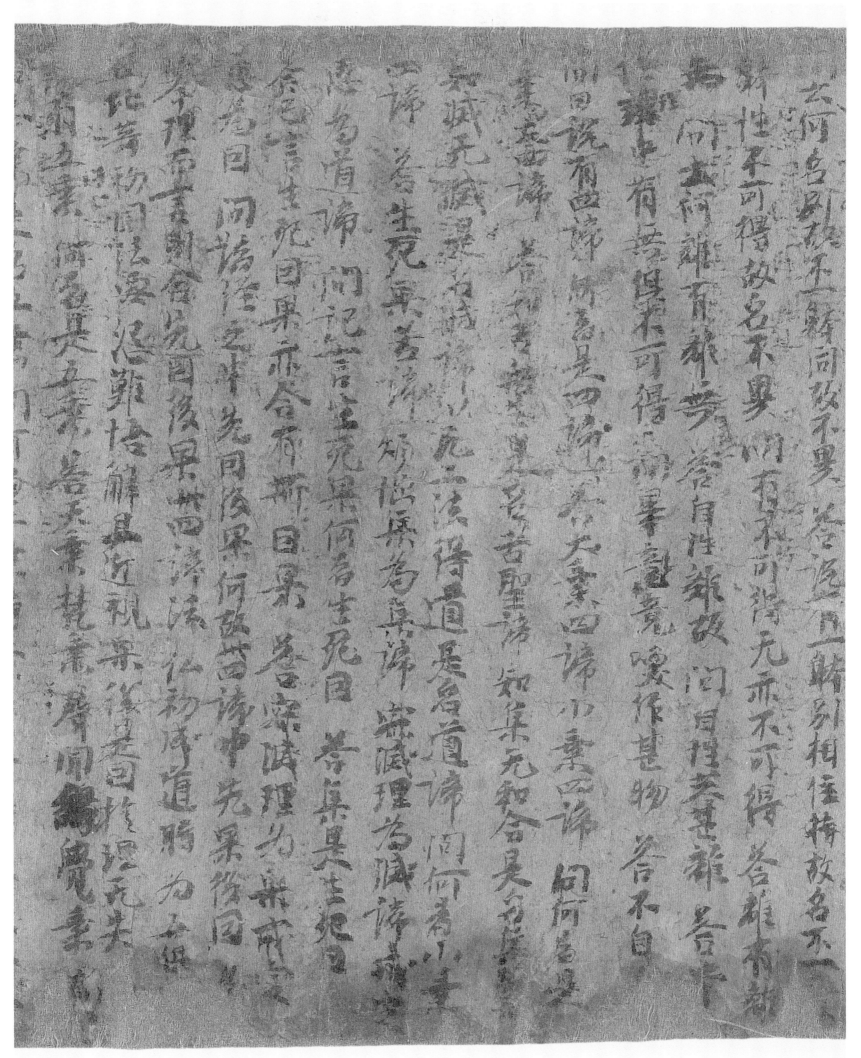

P.3357v　　1. 佛教論義　　（11—4）

所謂五乘 何名是五乘 答天乘 梵乘 聲聞乘 緣覺乘 菩
人乘是名五乘 問何者天乘 持五戒十善得生六欲天 是
名天乘 答身三口四意三是名十善 亦名十惡 問何者身三
者不煞不盜不婬 何者意三 不貪不瞋不癡 何者口[illegible]
妄語不兩舌惡言綺語 不[illegible] 業有其五種十善 一人十善
中者三業十善四禪 是名十善 五戒十善 問何者梵乘
答修四无量心 生得色界四禪天 名梵乘 問何者四无量心
慈悲喜捨 名四无量心 問何者菩[illegible] 答菩薩能為眾生作[illegible]
發[illegible]得樂 名之為喜 不喜精進 名之為捨 問何者聲聞
乘 答因聲悟道 得名聲聞乘 問何者緣覺乘 答悟十二
因緣 名緣覺乘 問緣覺之義 答悟與聲聞有何差異
答菩薩雖證悟 同聲聞有異 分為偏乘 何以聲聞之人
但佛說四諦法 悟得其道 異緣覺人出无仏世 獨悟非常
乃有差異 緣因果法也 答无明行識名色六入觸受愛取有
生老死 此順觀 問何為逆觀 答死緣生 生緣有 有緣愛 愛緣受

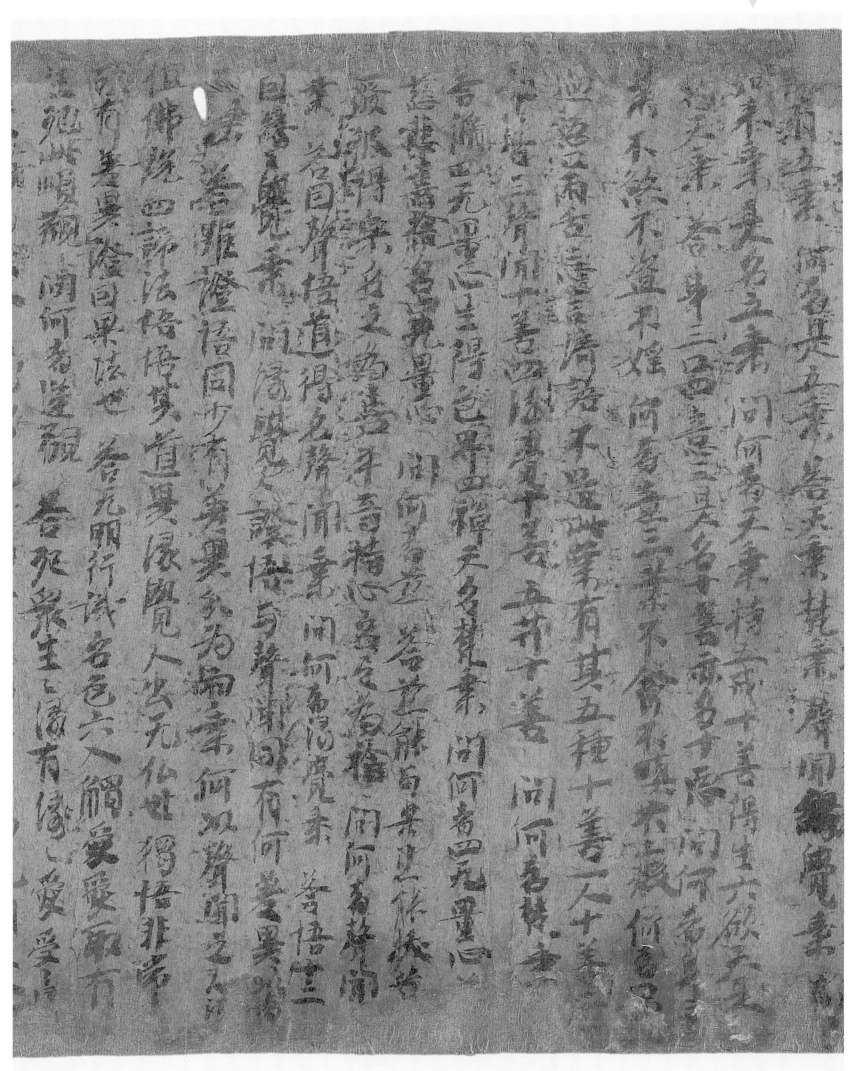

P.3357v　　1. 佛教論義　　（11 — 5）

識有善惡陰因果法也　答無明行識名色六入觸受愛取有
生老死此順觀　問何者逆觀　答死緣生〻緣有〻緣取〻愛〻受〻緣
觸〻緣六入〻緣名色〻緣識〻緣行〻緣無明〻一念
不覺　卅二問　何者因果十二支　因無明行　現在十二支果
問何者六事　答行六波羅蜜得名六事　問何者是
六波羅蜜　答一布施二持戒三忍辱四精進五禪定六智惠是名六
波羅蜜　問何者是布施得波羅蜜　答布施之時不見受者
不見施者不見所施財物得五波羅蜜　何者持戒波羅蜜　答
不見自持戒不見他破戒不見所持戒法得名波羅蜜　何者
忍辱　答不見自能忍不見他來辱不見所辱法得名波羅蜜　何
精進　答不見他懈怠不見自修行得名波羅蜜　何者
禪定　答不見自禪定不見他亂意不見所證理得名波羅蜜
何者是智惠　答不見自智惠不見他愚癡不見所有智
得名智惠波羅蜜　何者以前屬〻後〻細淨前〻屬　答前五如是
悉如道　問何者檀度攝於六資生無畏法此中一二三名曰檀

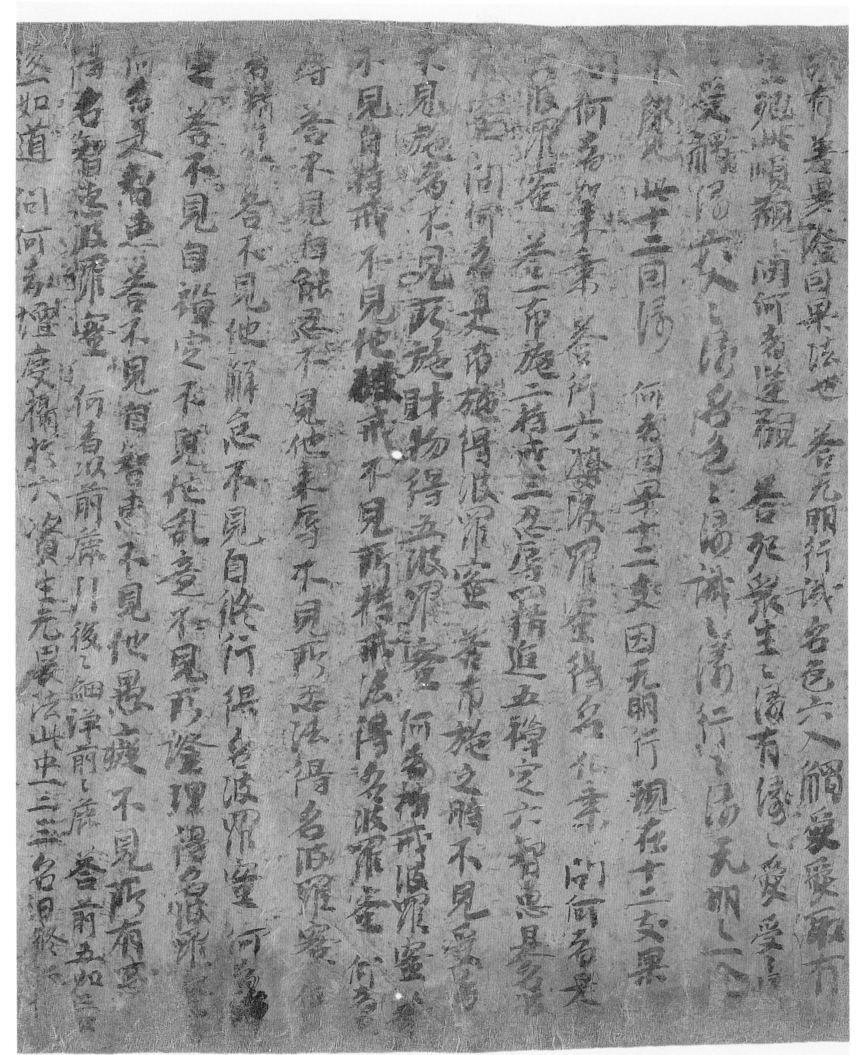

P.3357v　1. 佛教論義　（11—6）

第一一二冊　伯三三五五至伯三三八〇背

得名智慧到彼岸。何者以前麁，後〻細，淨前〻麁。答：前五如[illegible]
修一如道。問：何名檀度攝於六？資生、无畏、法此中一二三名目於[illegible]
合讀攝其六。問：云何六波羅蜜中前劣後勝？去何與此乃能攝[illegible]
答：具約妻觀門中作如是說。但能悟其與般若波羅蜜三事[illegible]
之精无勝。何者三王？答：資生攝一，无畏攝二，法攝三。問：何者[illegible]
答：由前[illegible]信[illegible]施財[illegible]者[illegible]无畏[illegible]。問：何者无畏施？答：由持戒
遠離[illegible]施財物之時，一切衆生[illegible]名无畏[illegible]。問：何名是法施？答：[illegible]
智慧[illegible]攝三。三合一切衆生[illegible]名法施。問：說有[illegible]
貪嗔癡是名三毒。問：貪嗔癡何因而生？答：由貪不得故生嗔[illegible]
之癡，故三毒由此而生。問：入貪者何義？答：深著境界名之為貪。
者何義？答：於情界名之為嗔。癡者何義？答：於儀不了名之為[illegible]
問：入貪嗔癡何故得名為毒？答：大貪嗔癡毒〻中之毒，无過此毒。答[illegible]
且如世間之毒，能害一身。貪嗔癡之毒能壞多身。問：云何？答：[illegible]
之毒能害一身。貪嗔癡毒能壞多身十善。答：只如世間毒蛇毒[illegible]
之流，唯害一身，命終之後，毒即无用。此貪嗔癡毒能令衆生長於
苦海，生死不絕。如何對治得免生死？答：如經所說，多貪衆生以不
淨觀而對治，多嗔衆生以慈悲觀為對治，多癡衆生以因緣觀
[illegible]

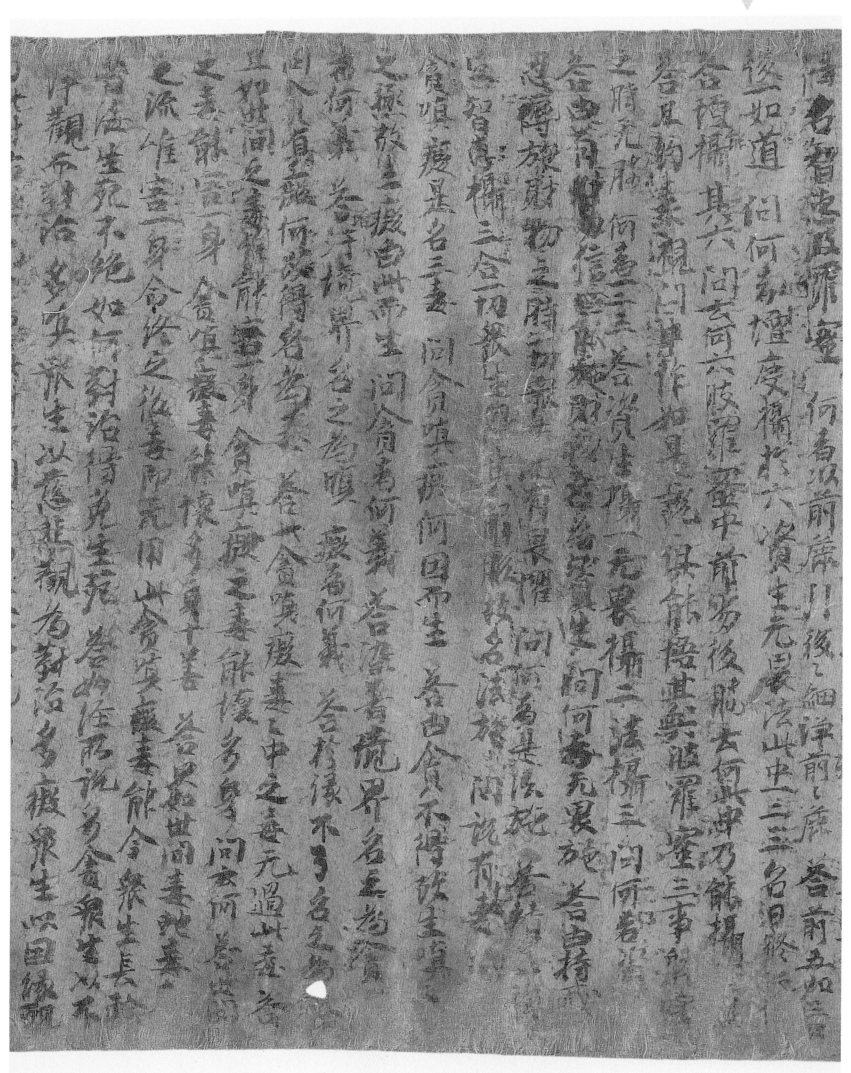

P.3357v　　1. 佛教論義　　（11 — 7）

皆從生死不絶如何對治得免生死 答如經所説多貪衆生以不[illegible]
淨觀而對治 多瞋衆生以慈悲觀為對治 多癡衆生以因緣[illegible]
出此對治與无生死 此對治門中為是究竟為非究竟 見此物[illegible]
答此物[illegible]問此物不[illegible]分別見与不見 没還同此物[illegible]
答義者是不作是念思惟分別見与不見 問云何諸[illegible]
邪矣 於无心法中起心分別一切法耶 依分別一切法也 問喚作甚没
答[illegible]此物 若是異色青黄赤白亦喚甚没物[illegible]
答有情无情是覺 問有情无情是我見 云何是見 答義[illegible]
不作有情見不作无情見 問如覺喚作甚没物 答法不自色
問云何四到 答常樂我淨是名四到 問云何常樂我淨 答无常
計常不淨計淨无我計我苦計為樂 問何為无常計常不淨
淨 答身命合遷變无有常住 凡夫不了 忘計有常 是身世[illegible]
雖不淨之處 凡夫不了 忘計為淨 問何為无我計我苦計為樂
答是身五蘊諸法和合而有 凡夫不了 忘計有我 是身衆苦之[illegible]
凡夫不了 忘計有我 是身衆苦之存 凡夫不了 忘計樂相 問[illegible]
到何為是四到 答於无常計[illegible]於无[illegible]
[illegible]

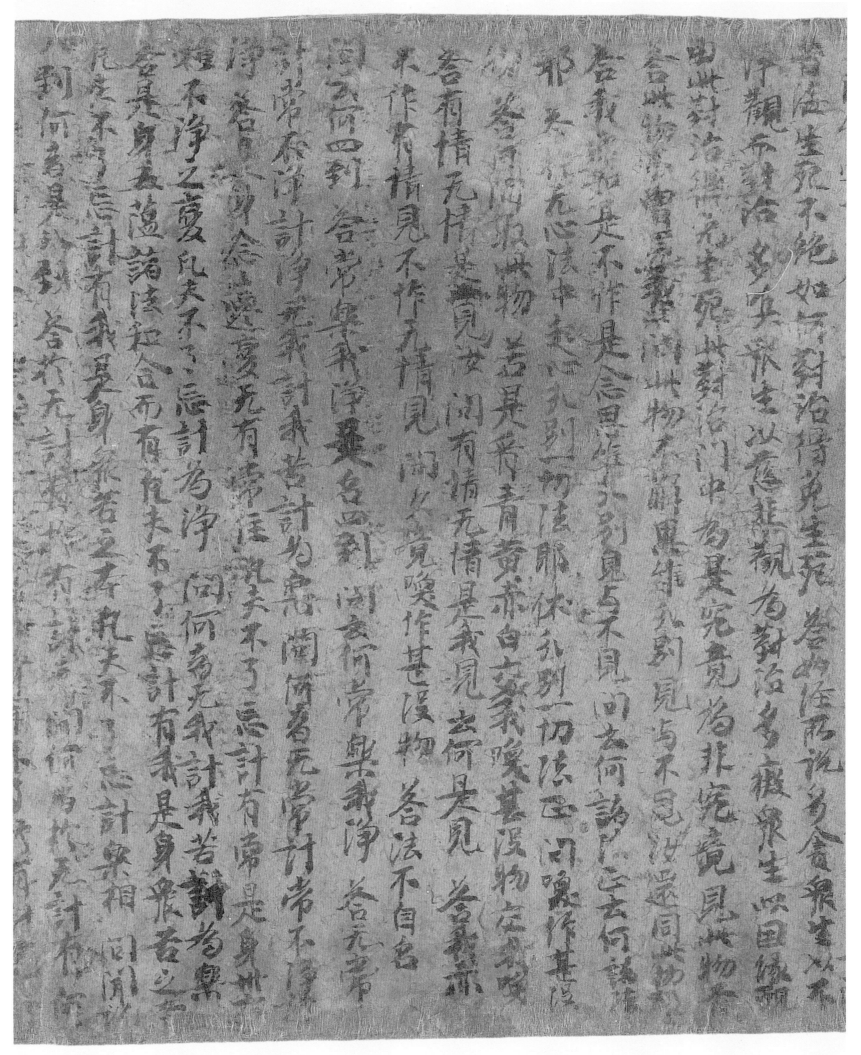

P.3357v　1. 佛教論義　（11—8）

凡夫不了忘計有我是身既若立者我大有□□言
問到何者是鈔答於无計執有計著所謂於无計有計
者於有計无答曰若能了妄計者所謂未了於有計无
大乘中宗見解義別行本 言大乘中宗見解者謂觀界因
法緣起緣生性以世俗諦猶如幻化影像陽炎假施設有言
義此緣生法因果皆空自性涅槃本无生无滅超過語言
思量境界離諸戲論畢竟空寂遠離損減及以增益二邊
以世諦門觀緣生因外諸法如幻有故不謗世法一向是无
第一義如實觀諸法超諸言說究竟无所得是故不謗出世間法
遠離世間二邊故名中宗言見解者以意根了達世俗勝義
名見解 大乘諸法二邊義 法性无言假言詮而顯理法身无
像起方便而現隨類現形廣開利益但衆生起妄心生法
生若識妄心便成解脫故佛頂經云狂心若歇歇即菩提勝淨
明心遍周法界狂心者五謂三毒是也言三毒者貪嗔痴
三毒及等分各三万一千共為八万煩惱諸塵勞門輪轉三界
循環六道不得解脫猶如車輪未有停息諸佛大悲愍

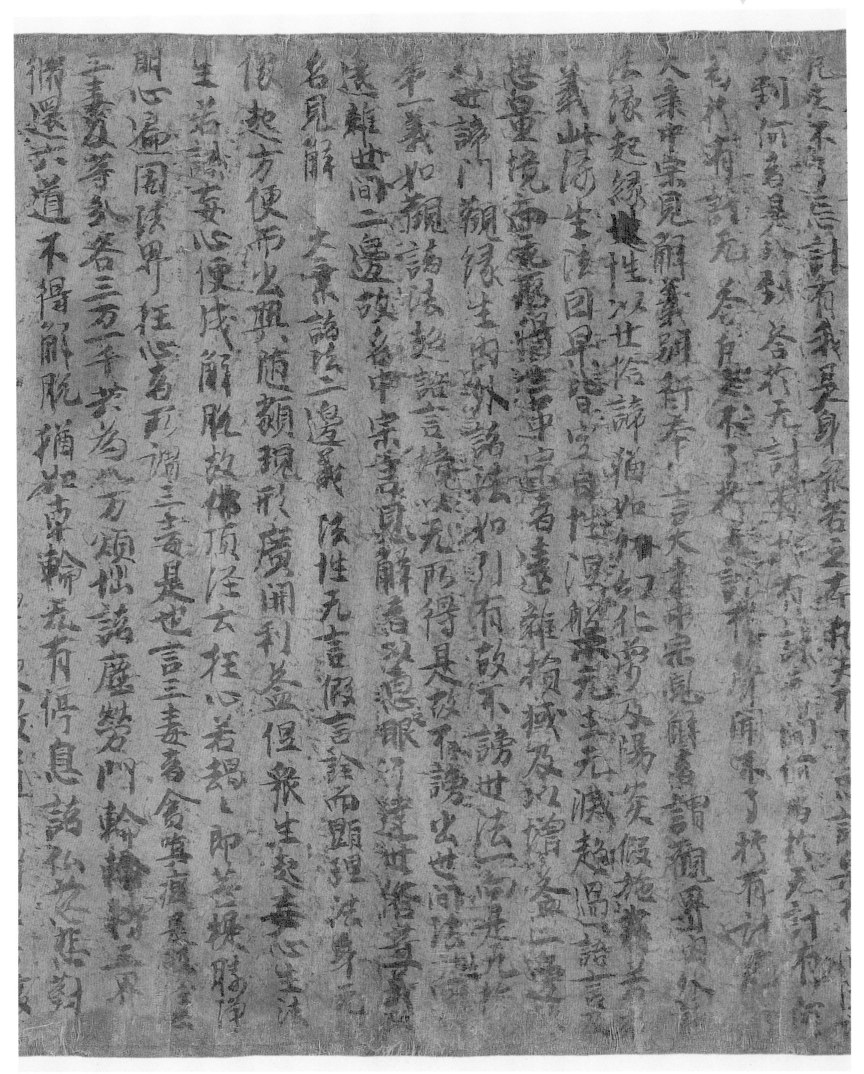

P.3357v　1. 佛教論義　2. 大乘中宗見解義別行本　3. 大乘諸法二邊義　（11—9）

三毒及等分者三万一千共為八万煩惱諸塵勞門輪轉三界
備還六道不得解脫猶如車輪未有停息諸仏世尊悲愍
衆生妄心假說三乘八万四千法門諸方便教導引群品若據
作性无量背滿合修頓教理門直了見性所言見性者是
真如性上至諸佛下至蠢動義平等其有不失不壞如金在鑛
雖諸砂礫不能顯現若遇鍛師便得真金作諸鐶釧及釵
嚴具雖種種殊金性不易一切衆生亦復如是為習諸漏覆
法身不得顯現若遇善知識指示知一切法不著文字離我內
所行絶諸言論不起妄想自然佛性顯現故般若經云離一切相
名諸佛又寶嚴經云妄想者繫縛清淨无想即解若住无相
亦无相了无自性故修行甚深般若波羅蜜多遠一切
境界諸行如化猶如空花心境不起是大般行 故楞伽經云若
境如幻則滅妄想三有普无知愛業緣及去不了心及境起二
妄想了心及境界妄想即不生是故當知一切万法皆從自心妄
想所現猶如金離塵如水離泥濁如虛空无雲妄想淨如
是若无妄念即是菩提是故維摩詰經云常求无念實相

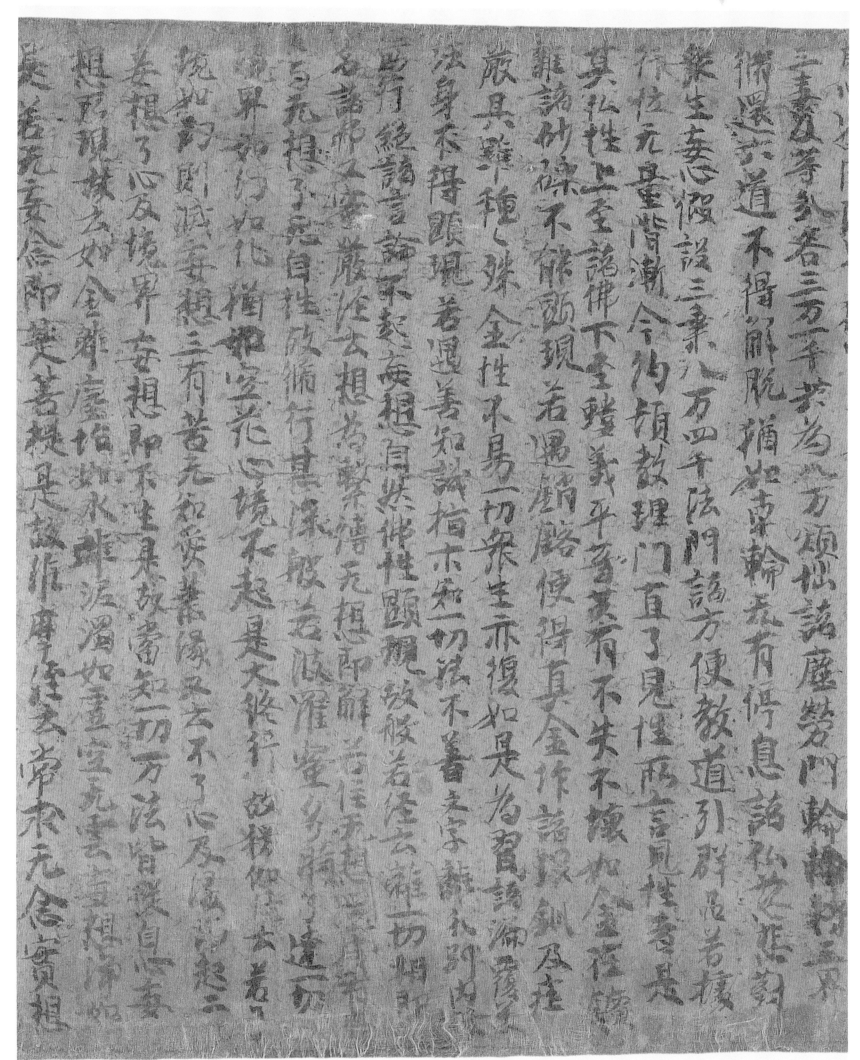

P.3357v 3. 大乘諸法二邊義 （11—10）

想亦現妙云如金華塵垢如水離泥濁如虛空无雲翳想亦如
是善无妄念即是菩提是故非摩住去常不无念實相
智惠其智惠為自心照用性故斯法云道者雖无色像可見
稍量可知而實有用 二種作用作用者精行之人定意者用
大定意方得不起名之為定能覺諸塵名之為惠即定之時
不妨於惠即惠之時不妨於定即定之時是惠家體即惠之
時是定之家用體用無二等即是菩提相可与義不相捨離
即日之時老實體即来去時日家用體用互義理趣頓覺路
逢不努力專求持覺但領其意者勿滞著言詞想念
即生即是合道

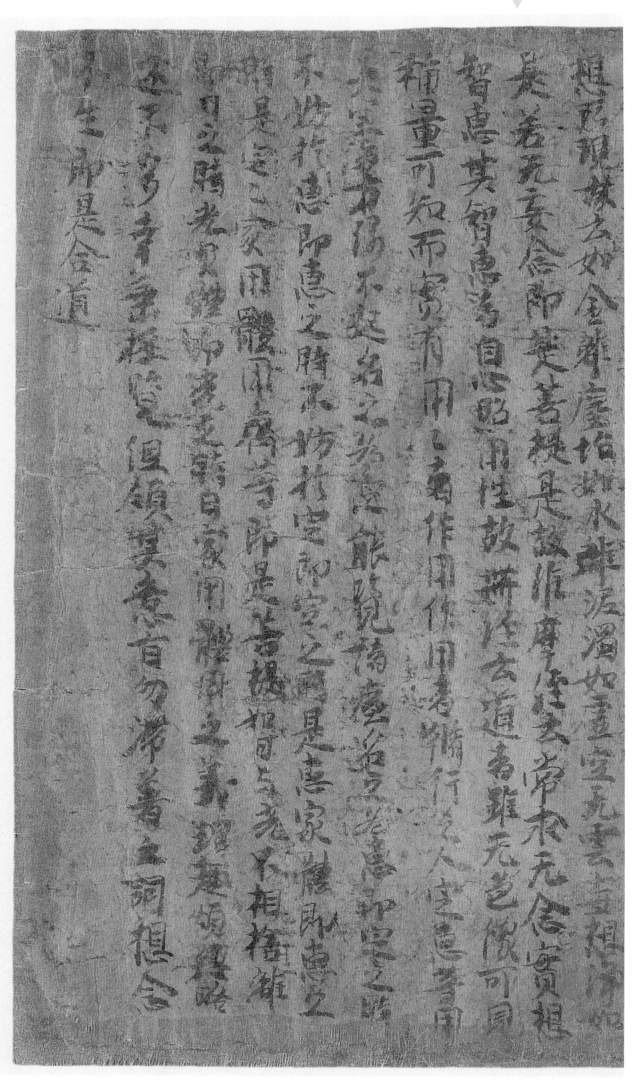

P.3357v　3. 大乘諸法二邊義　（11—11）

法國國家圖書館藏敦煌文獻

Bibliothèque nationale de France

Pelliot chinois 3358

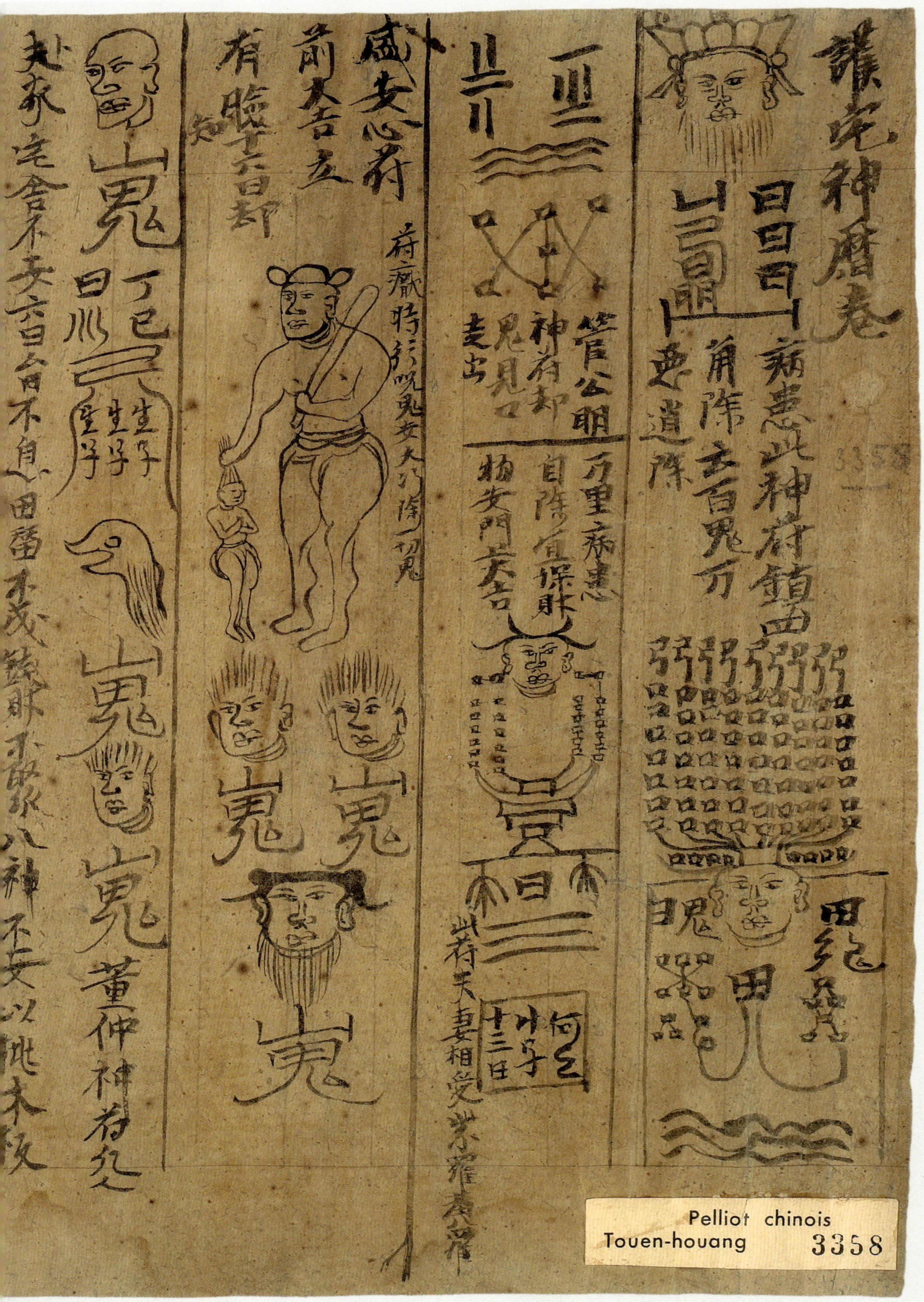
護宅神曆卷
Pelliot chinois
Touen-houang 3358

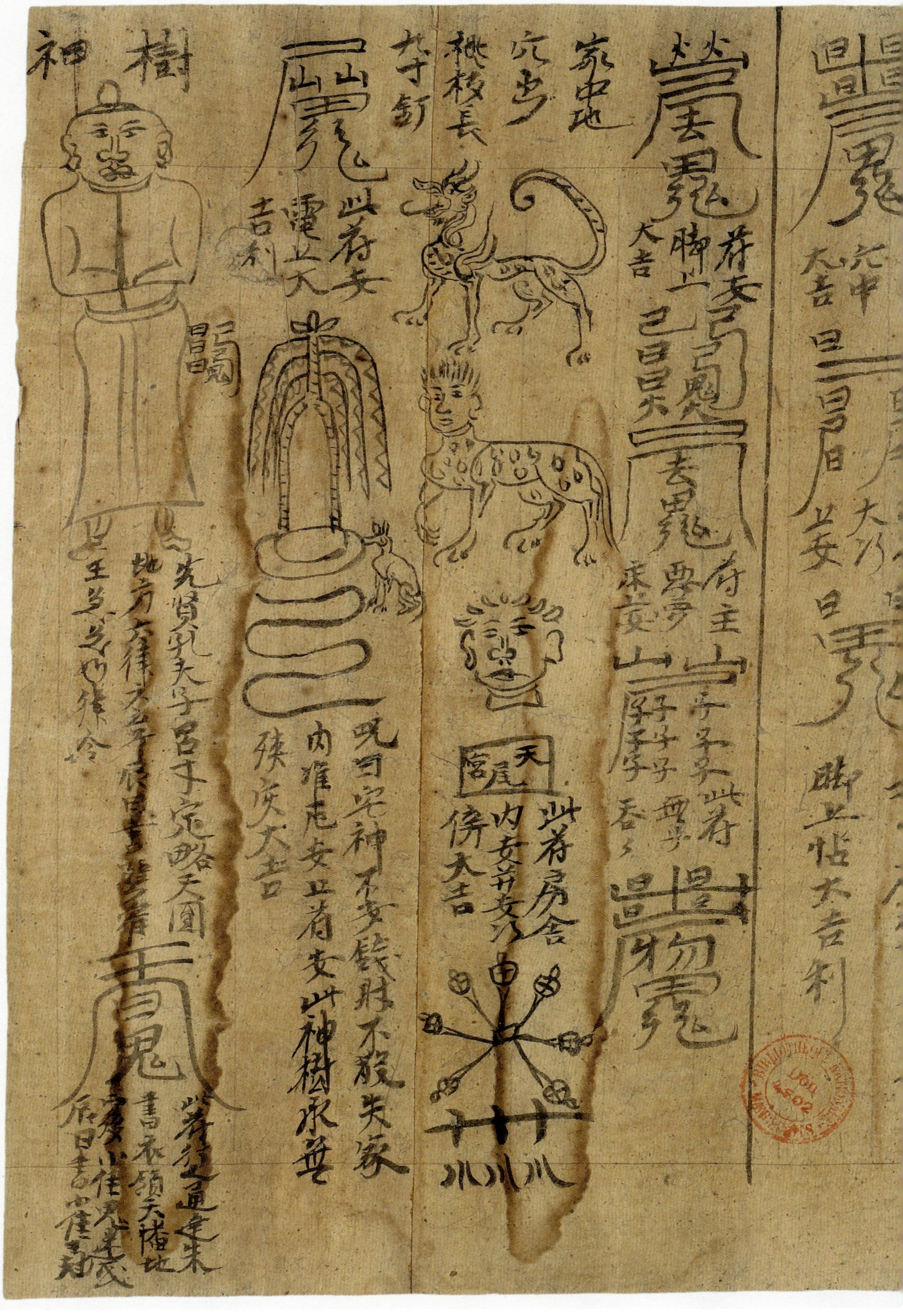

P.3358　護宅神曆

Bibliothèque nationale de France

Pelliot chinois 3359

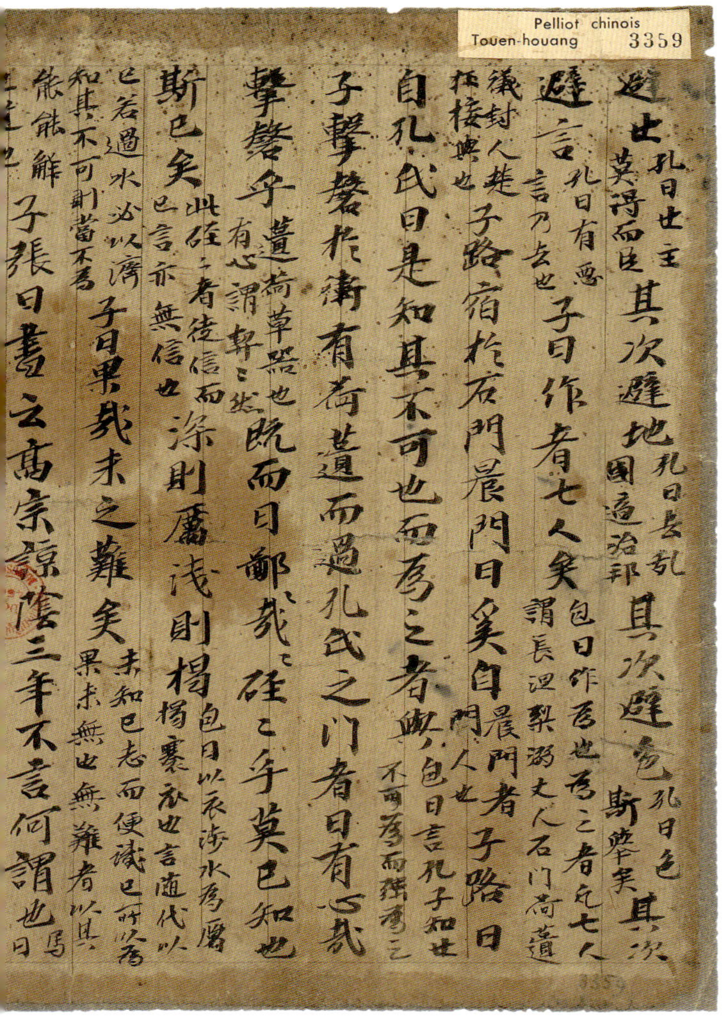

避世孔曰世主莫得而臣其次避地孔曰去亂國適治邦其次避色孔曰色斯舉矣其次
避言孔曰有惡言乃去也子曰作者七人矣包曰作爲也爲之者凡七人謂長沮桀溺丈人石門荷蕢儀封人楚狂接輿也子路宿於石門晨門曰奚自晨門者閽人也子路曰
自孔氏曰是知其不可也而爲之者歟包曰言孔子知世不可爲而強爲之
子擊磬於衛有荷蕢而過孔氏之門者曰有心哉
擊磬乎蕢草器也有心謂契契然既而曰鄙哉硜硜乎莫己知也
斯己矣此硜硜者徒信己而已言亦無信也深則厲淺則揭包曰以衣涉水爲厲揭褰衣也言隨代以行
己若過水必以濟知其不可則當不爲子曰果哉末之難矣未知己志而便譏己所以爲果末無也無難者以其
能解子張曰書云高宗諒陰三年不言何謂也馬曰

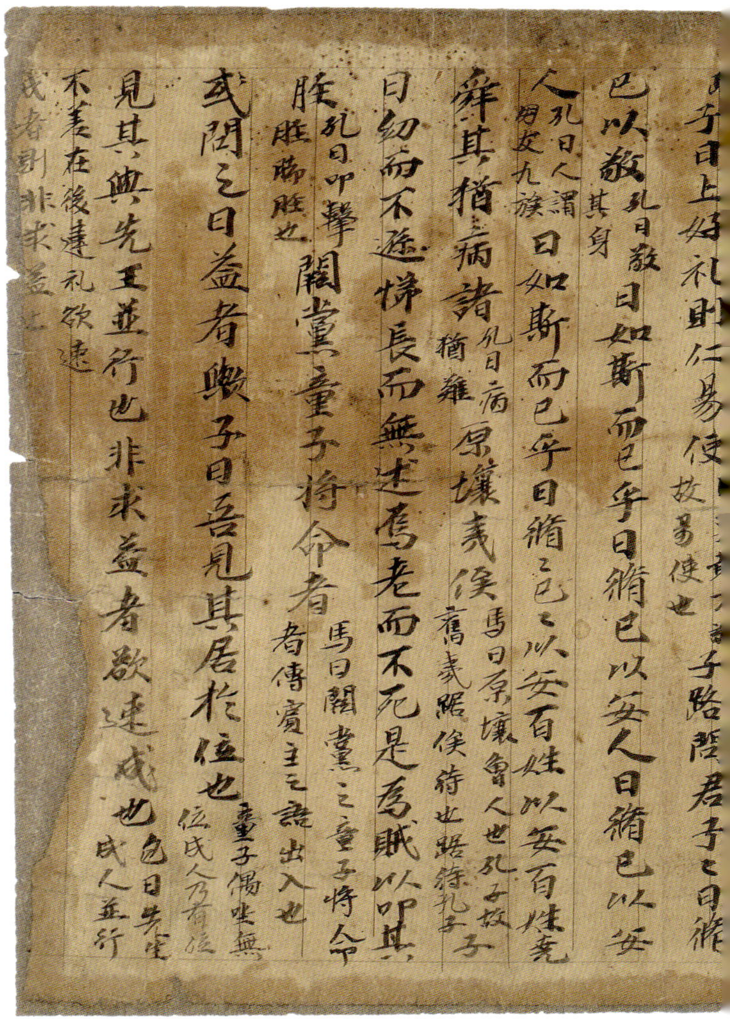
子曰上好礼則仁易使 故易使也 ……子路問君子〻曰脩
己以敬 孔曰敬其身 曰如斯而已乎曰脩己以安人曰脩己以安
人 孔曰人謂朋友九族 曰如斯而已乎曰脩〻己〻以安百姓以安百姓堯
舜其猶〻病諸 孔曰病猶難 原壤夷俟 馬曰原壤魯人也孔子故舊夷踞俟待也踞待孔子
曰幼而不遜悌長而無述焉老而不死是為賊以叩其〻
脛 孔曰叩擊脛脚脛也 闕黨〻童子將命者 馬曰闕黨〻之童子將命者傳賓主之語出入也
或問之曰益者歟子曰吾見其居於位也 童子隅坐無位成人乃有位
見其〻與先生並行也非求益者欲速成也 包曰先生成人並行
不差在後違礼欲速
成者則非求益也

P.3359　論語集解卷七（總圖）

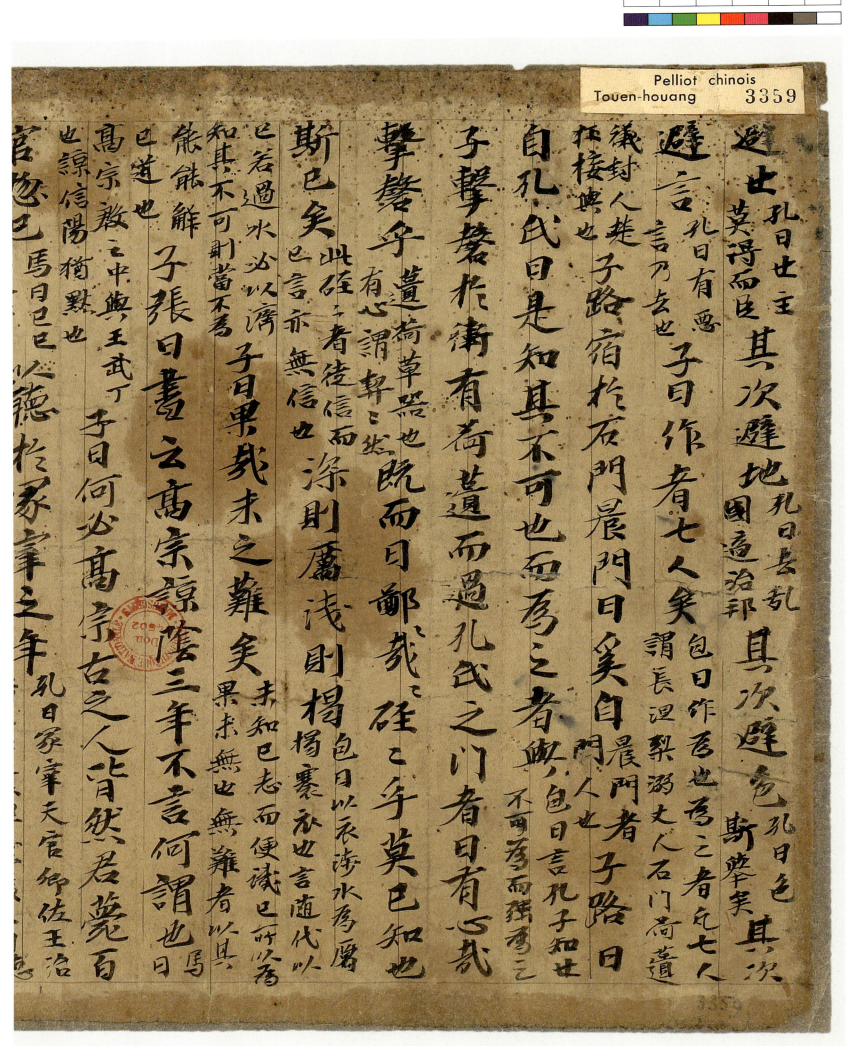

避世孔曰世主莫得而臣其次避地孔曰去乱國適治邦其次避色孔曰色斯舉矣其次
避言孔曰有惡言乃去也子曰作者七人矣包曰作爲也爲之者凡七人謂長沮桀溺丈人石门荷蕢
儀封人楚狂接輿也子路宿於石門晨門曰奚自晨門者閽人也子路曰
自孔氏曰是知其不可也而爲之者與包曰言孔子知世不可爲而強爲之
子擊磬於衛有荷蕢而過孔氏之门者曰有心哉
擊磬乎蕢草器也有心謂契契然既而曰鄙哉硜硜乎莫己知也
斯已矣此硜硜者徒信而已言亦無信也深則厲淺則揭包曰以衣涉水爲厲揭褰衣也言隨代以
已若過水必以濟知其不可則當不爲子曰果哉末之難矣未知己志而便譏己所以爲果末無也無難者以其
能能解子張曰書云高宗諒陰三年不言何謂也馬曰
已道也
高宗殷之中興王武丁子曰何必高宗古之人皆然君薨百
也諒信陰猶默也
官總己馬曰己已以聽於冢宰三年孔曰冢宰天官卿佐王治

P.3359　論語集解卷七　（2—1）

也諒信陽猶默也

官惣己馬曰己已百官以聽於冢宰三年孔曰冢宰天官卿佐王治者三年喪畢然後王自聽

政子曰上好礼則仁易使臣莫敢不敬故易使也子路問君子〻曰脩

己以敬孔曰敬其身曰如斯而已乎曰脩己以安人曰脩己以安

人孔曰人謂朋友九族曰如斯而已乎曰脩〻己〻以安百姓以安百姓堯

舜其猶病諸孔曰病猶難原壤夷俟馬曰原壤魯人也孔子故舊夷踞俟待也踞待孔子子

曰幼而不遜悌長而無述焉老而不死是為賊以叩其

脛孔曰叩擊脛脚脛也闕黨童子將命者馬曰闕黨〻之童子將命者傳賓主之語出入也

或問之曰益者與子曰吾見其居於位也童子隅坐無位成人乃有位

見其與先王並行也非求益者欲速成也包曰先生成人並行

不差在後違礼欲速

成者則非求益也

Bibliothèque nationale de France

Pelliot chinois 3360

大唐五臺曲子五首寄在蘇莫遮 大
聖堂 非凡地 左右盤龍唯有臺相倚
嶺岫嵯峨朝霧起 花木芬芳菩薩靈
異 面慈悲心歡喜 西國神僧遠遠來瞻礼
瑞彩時時巖下起 福祚唐川万古千秋歲
第一上東臺 過北斗 霧卷雲收化現千
般有 雨雹相和驚林藪 霧卷雲收現化千
般有 吉祥鳴師吼 聞者狐疑怕網羅纏
遶 纔念文殊三兩口 大聖慈悲方便潛身
救 第二上北臺 登險道 石逕崚層 躋步
行多少 遍地莓苔異軟草 定水潛流 句
三遍到 驍騰嶠 風裊裊 來往巡遊 須是
身心好 羅漢岩巖 傾觀滦河 不得久停 唯有
龍神採 第三上中臺 盤道遠 万仞迢迢
髣髴迴天半 寶石巉巖光燦爛 異草名
花似錦 堪遊翫 王花池 金沙泚 氷窟寒凍

Pelliot chinois
Touen-houang
3360

法國國家圖書館藏敦煌文獻

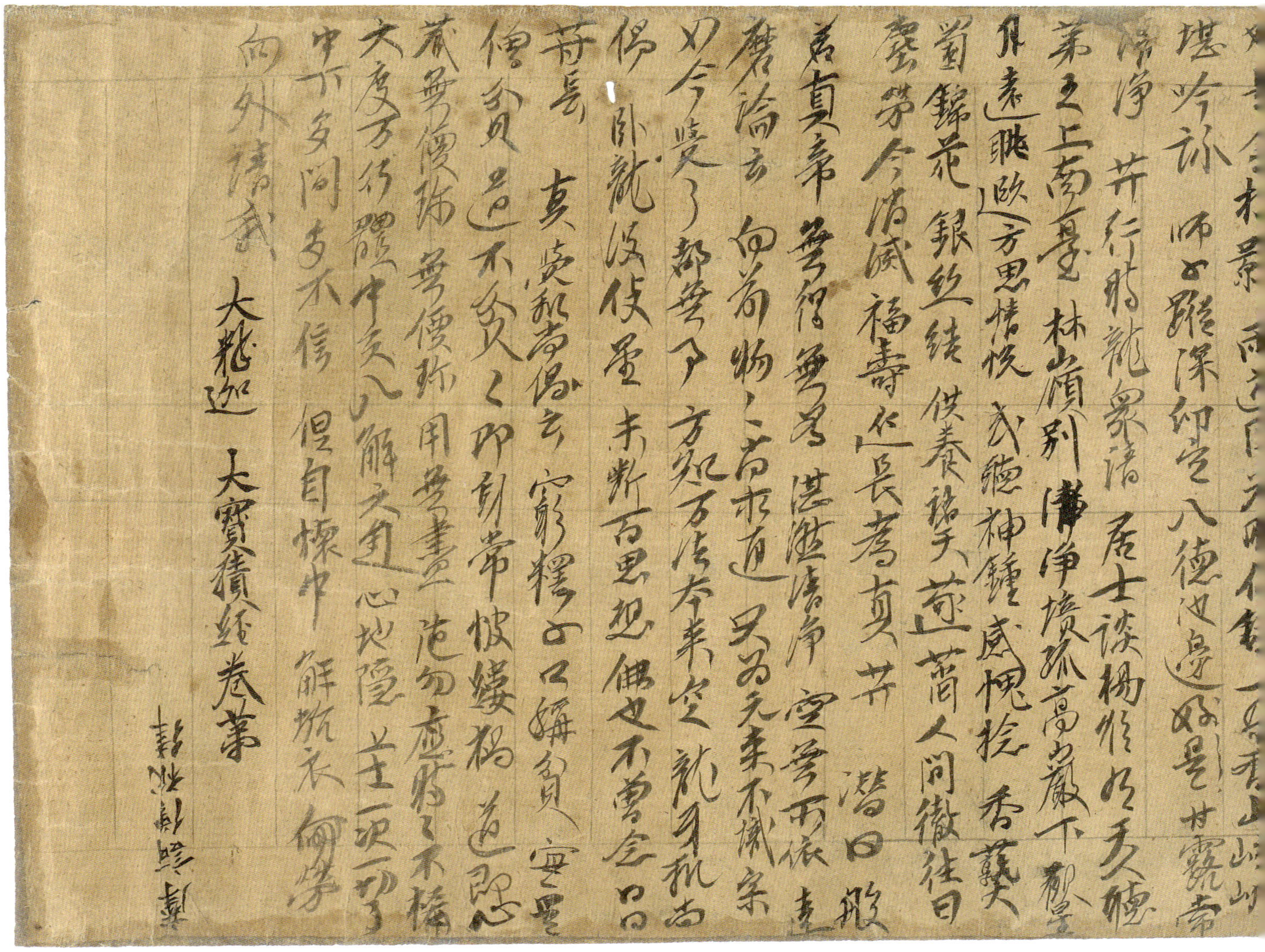
[illegible]
堪吟詠 師子蹤深印 八德池邊好是甘露常[illegible]
清淨 菩薩行時龍象隨 居士談揚作天人聽
第五上南臺 林山嶺別 清淨境孤高出巖下 鬱[illegible]
月遠眺歐 方思情悅 武德神鍾感愧捻 香藥[illegible]
蜀錦花 銀絲結 供養諸天 菡萏 蒨人間徹往日
靈勞今消滅 福壽延長 爲真菩 潛日 般
若真常無得無為 湛然清淨 空無所依 [illegible]
磨論云 向前物是求道 只爲無來不識宗
如今覺了都無了 方知万法本來空 龍牙和尚
偈 臥龍沒伎量 未斷百思想 佛也不曾念 日日
菩長 真覺和尚偈云 窮釋子 口稱貧 寔是
僧貧道不貧 貧即身常披縷褐 道即心
藏無價珍 無價珍 用無盡 [illegible]
大度万行體中[illegible] 八解六通心地隱 [illegible]一切了
中下多聞多不信 但自懷中 解垢衣 何勞
向外誇精武
大悲經 大寶積經卷第
[illegible]

P.3360　大唐五臺山曲子等（總圖）

第一一二冊　伯三三五五至伯三三八〇背

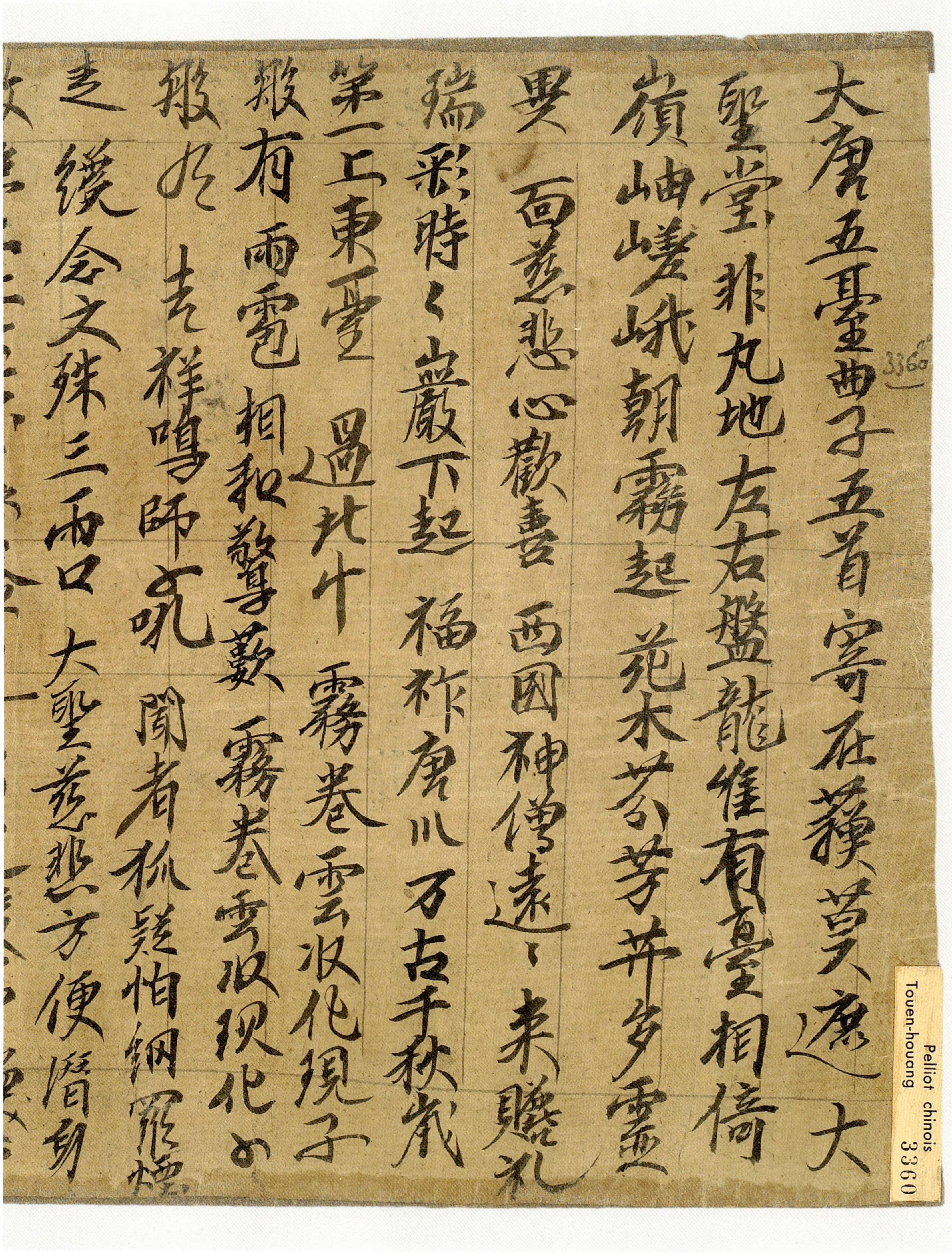
大唐五臺曲子五首寄在蘇莫遮 大
聖堂 非凡地 左右盤龍 唯有臺相倚
嶺岫嵯峨朝霧起 花木芬芳菩薩多靈
異 面慈悲 心歡喜 西國神僧遠々來瞻禮
瑞彩時々巖下起 福祚當今万古千秋歲
第一東臺 遥北斗 霧卷雲收化現千
般有 雨雹相和驚衆 霧卷雲收現化々
般兮 吉祥鳴師吼 聞者狐疑怕網羅
之 纔念文殊三兩口 大聖慈悲方便潛身

P.3360　1. 大唐五臺山曲子　（4—1）

遶纔念文殊三兩口 大聖慈悲方便潛身
救 第二上北臺 登嶮道 石逕崚層躑步
行多少 遍地莓苔異軟草 定水潛流可
三遍到 駮駒嶋 風鳥〃來往巡遊 須是
身心好 羅漢巖頭觀淙河 不得久停 唯有
龍神操 第三上中臺 盤道遠 萬仞道邊
髣髴 四邊天半 寶石巉巖光燦爛 異草名
花似錦 堪遊翫 玉花池 金洋沙氷寒正
川 有勑心頂禮 拜度誠重發願 五色祥雲
百三回遍現 第四上西臺 真聖境 阿耨池阜
好是金橋影 雨前遍 圓光照似鏡 一朶香山崒屼

第一一二冊 伯三三五五至伯三三八〇背

P.3360　　1. 大唐五臺山曲子　　（4—2）

好是金橋影，兩道圓光明似鏡，一朵香山崪峴
堪吟詠。師子蹤深，印定八德池邊，好是甘露常
清淨。菩薩行時龍衆請，居士談揚收天聽
第五上南臺。林嶺別，淨境孤高巖下觀
界遠眺，遐方思情悅。武德神鐘感愧捻，香爇
蜀錦花，銀絲結。供養諸天，莊嚴人間徹往日
慶勞令消滅，福壽延長爲真菩。潛曰般
若真常 無得無爲 湛然清淨 空無所依 妄
磨訶云 向前物上求真道 只爲元來不識宗
如今覓了都無了 方知萬法本來空 饒君執尚
偈 卧龍沒伎倆 未斷百思想 佛道不曾念日日
菩長 真覺和尚偈云 窮釋子 口稱貧 實是

法國國家圖書館藏敦煌文獻

P.3360　　1. 大唐五臺山曲子　　2. 禪門偈頌抄　　（4—3）

苛長　真覺和尚偈云　窮釋子口稱貧　實是
僧貧道不貧　貧即身常披縷褐　道即心
藏無價珠　無價珠　用無盡　施物應時不悋
大度万行體中交八解六通心地隱　並一切了
中不安問子不信　但自懷中解垢衣　何學
向外誇我
大悲經　大寶積經卷第

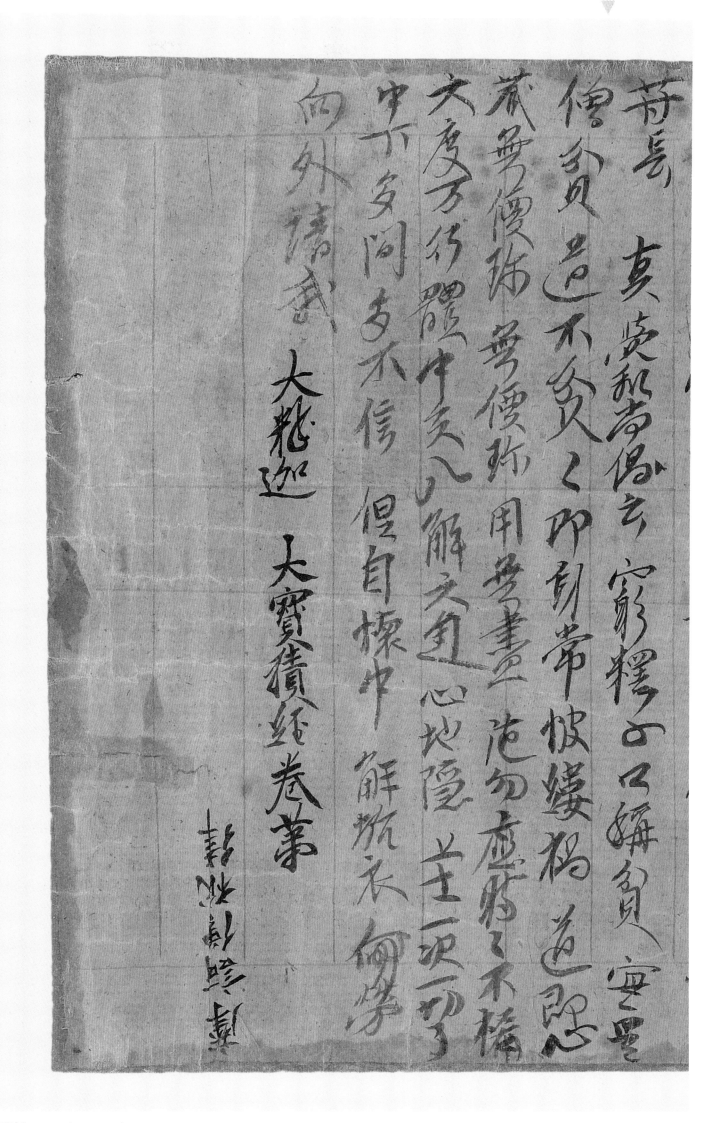

P.3360　2. 禪門偈頌抄　（4—4）

藏經第一 佛藏經 卷

十四十五工戰場 手執長槍 低頭淚落悔無根 步步近刀槍

昨夜馬聲 纏斷 惆悵無人處 遮烟 悵

祥大 覺皇應現慈遍大千光明含法界之中功德滿河沙之內

可謂神蹤罕測 聖鑒難思 慈風扇而火宅煙銷 惠日舒而幽

途晝息 不思議力 其在茲乎 于日所陳 疏已前 啓伏惟 信心

弟說如是清淨法身 四十五工戰場 手執長槍 低頭淚

漕溪六祖大師金剛般若波羅蜜家

金

般若波羅密多心經　觀自在菩薩行心般若波羅

密多時照見五蘊皆度一切苦厄舍利子色不異空空不

異色受想行識亦復如是〻諸法空相不生不滅不垢不淨不

增不感是故空衆無色無

大智度論第六帙

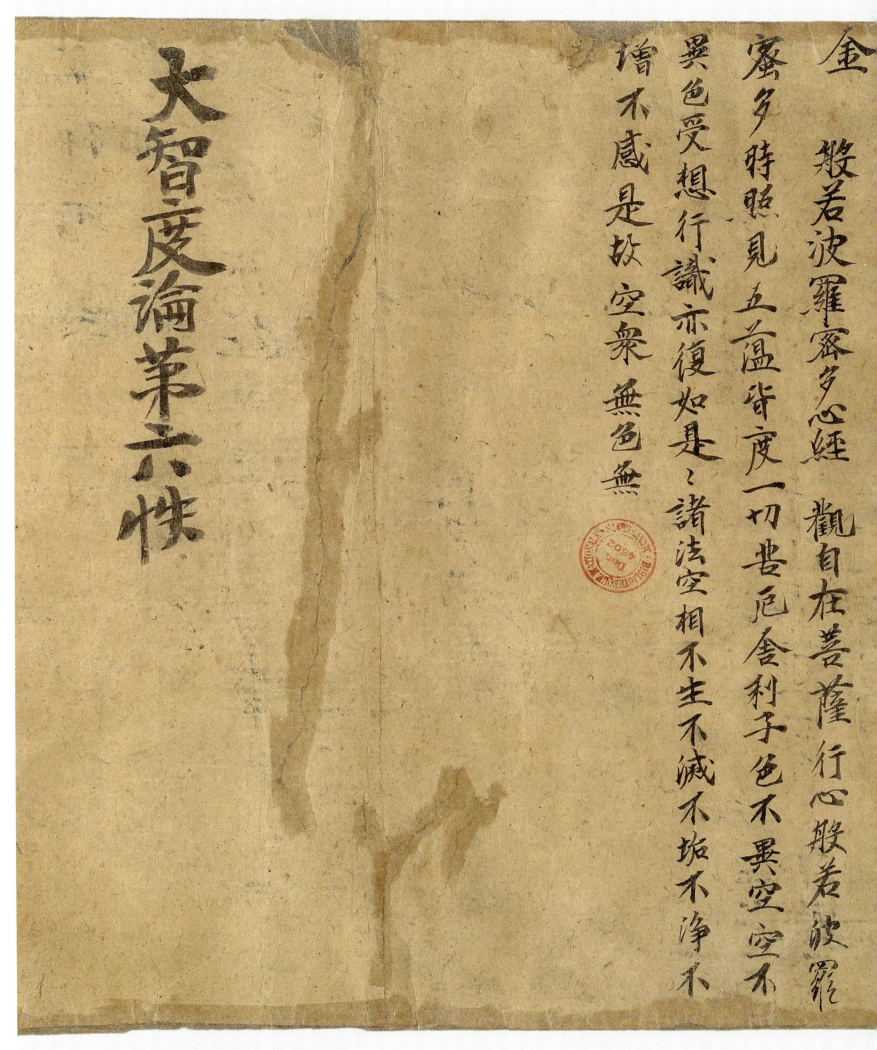

P.3360v　1. 雜寫　2. 闕題曲子詞（十四十五上戰場）　3. 般若波羅蜜多心經　（2—1）

大智度論第六帙

勅歸義軍節度使陳 奉傳老患靈源苦惱一切衆生

丈夫任運堂堂逍遥自在无

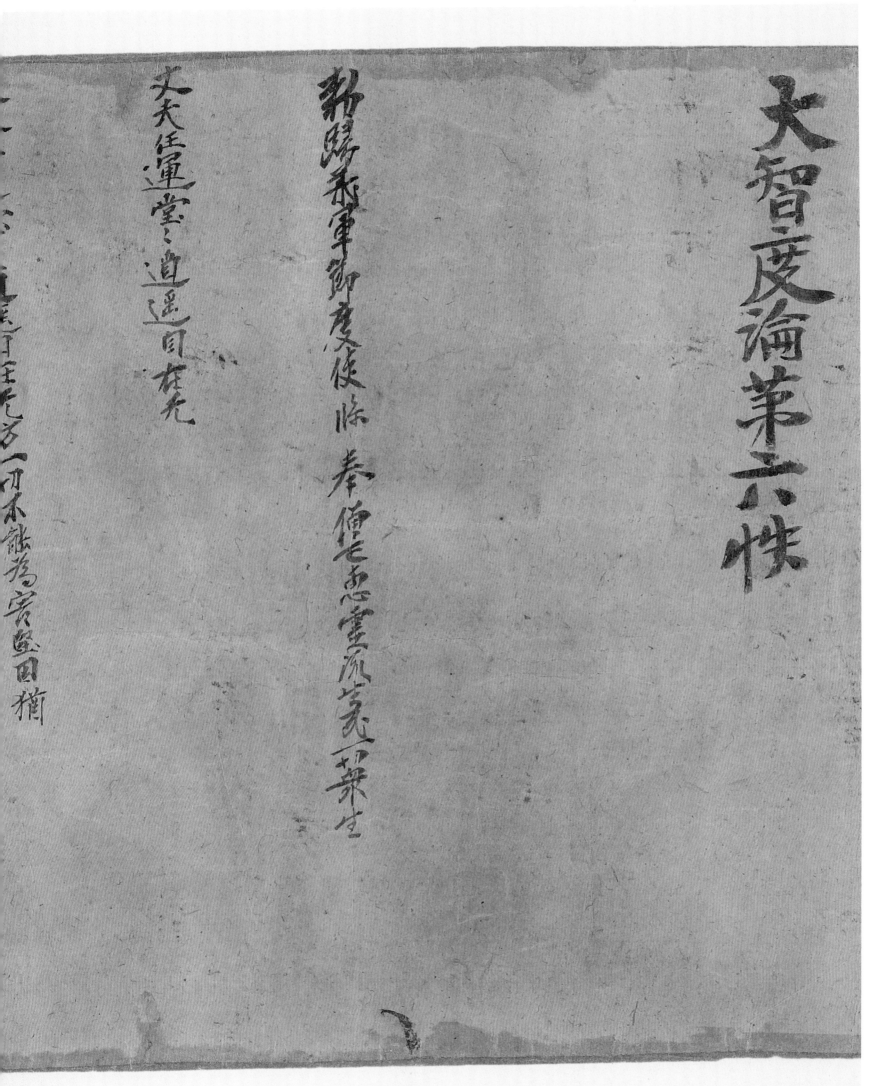

[illegible]一切不能爲實堅固猶

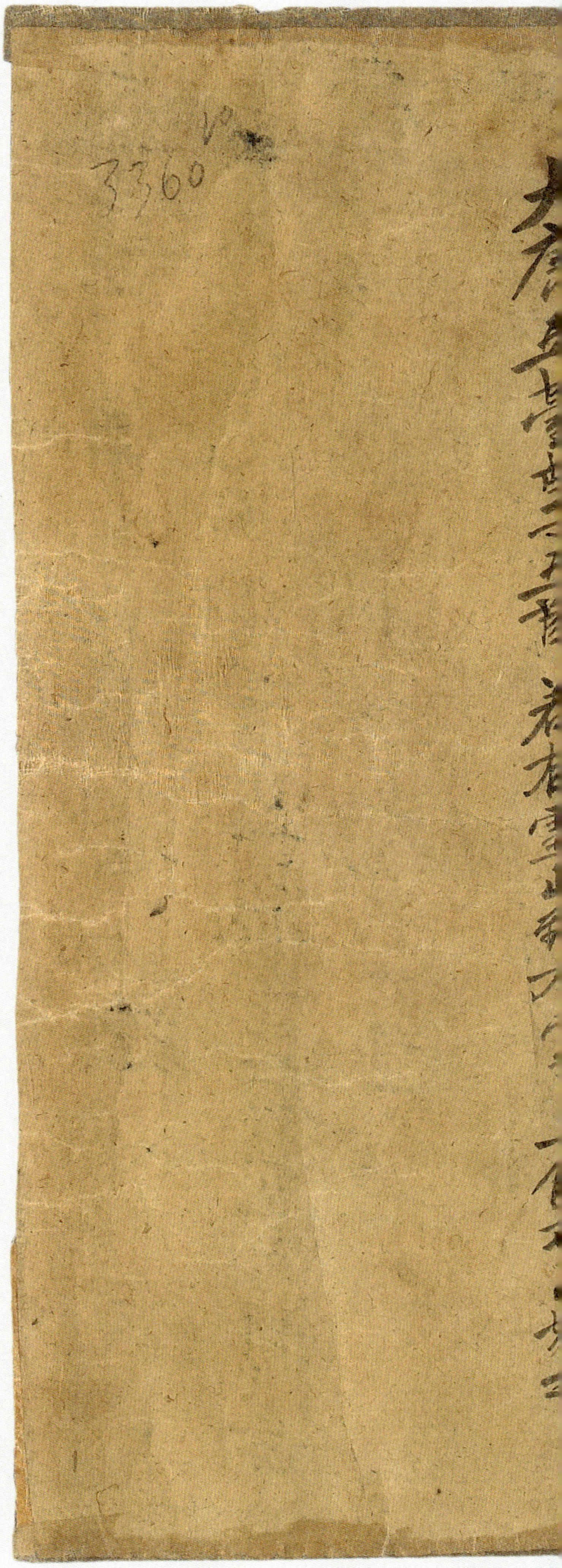

P.3360v　1. 雜寫　（2—2）

Bibliothèque nationale de France

Pelliot chinois 3361

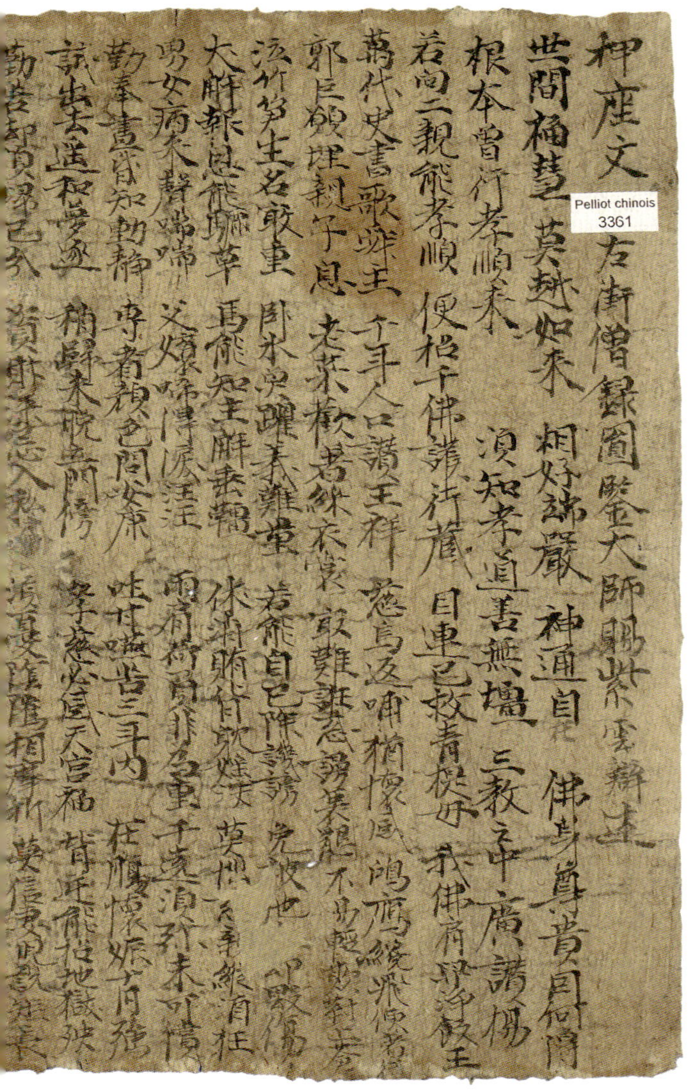

押座文　右街僧錄圓鑒大師賜紫雲辯述
世間福智莫越如來　相好端嚴　神通自在　佛身尊貴因何得
根本曾行孝順來　須知孝道善無疆　三教之中廣讚揚
若向二親能孝順　便沾千佛護持蔭　目連已救青提母　我佛肩舁淨飯王
萬代史書歌舜主　千年人口讚王祥　慈烏返哺猶懷感　鴻雁纔飛便著行
郭巨願埋親子息　老萊歡著綵衣裳　[illegible]
[illegible]
Pelliot chinois
3361

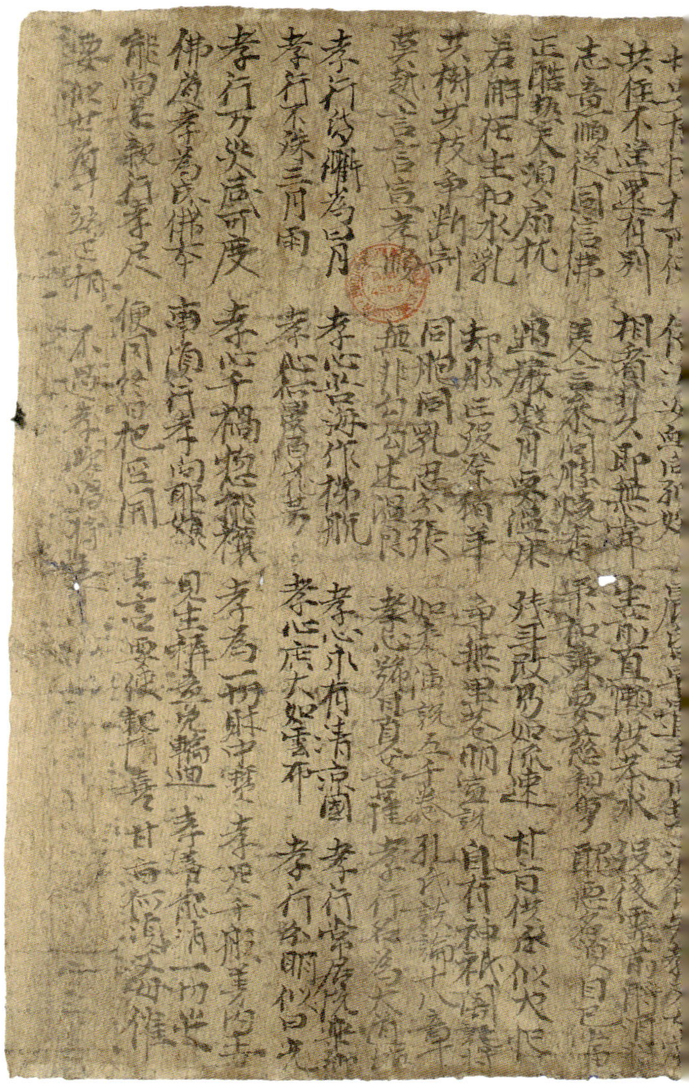

P.3361　　故圓鑒大師二十四孝押座文（總圖）

押座文　右街僧錄圓鑒大師賜紫雲辯述

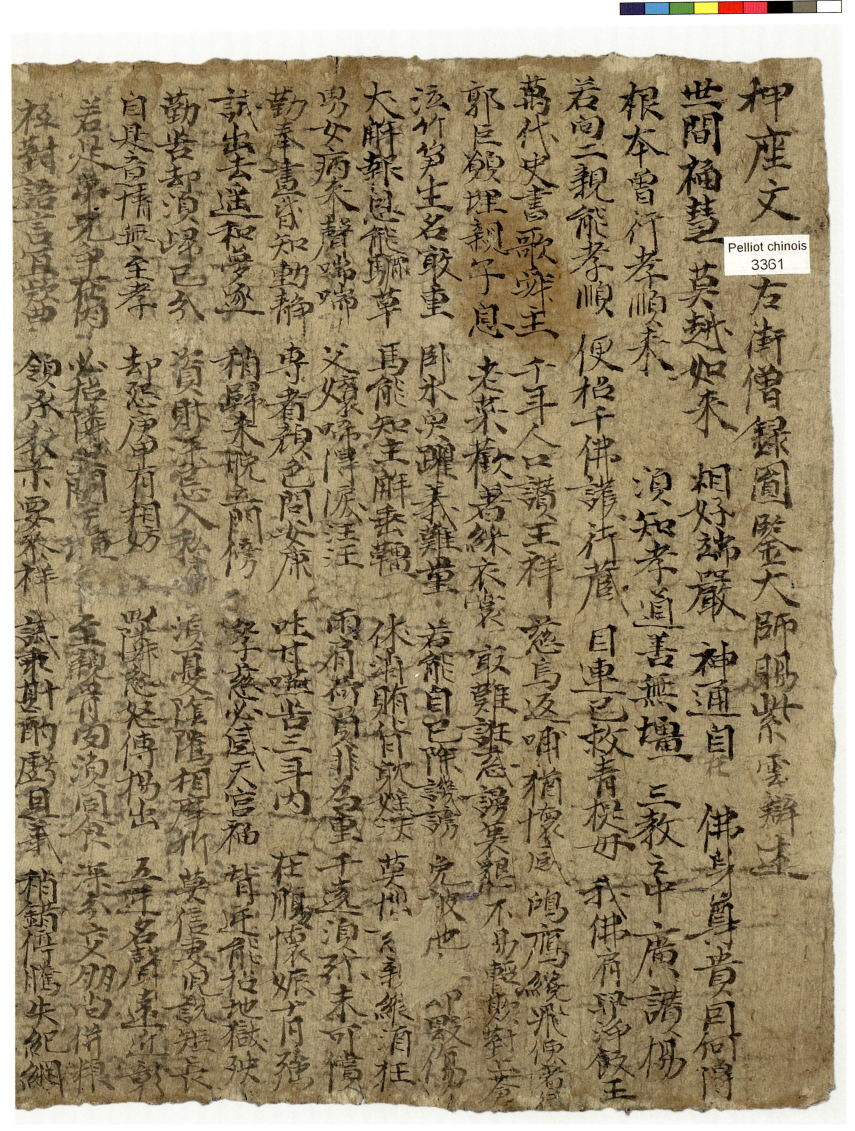

世間福慧　莫越如來　相好端嚴　神通自在　佛身尊貴因何得

根本曾行孝順來　須知孝道善無疆　三教之中廣讚揚

若向二親能孝順　便招千佛護行藏　目連已救青提母　我佛肩舁淨飯王

萬代史書歌舜主　千年人口讚王祥　慈烏返哺猶懷感　鴻雁纔飛便著行

郭巨願埋親子息　老萊歡著綵衣裳　宜難謹慎號哭親　不敢輕欺對上堂

泣竹笋生名最重　臥冰魚躍美難當　若能自己除讒謗　免被他人罵毀傷

大解報恩能啣草　馬能知主解垂韁　休將貽付就娃夫　莫使一朝錯自狂

男女病來聲喘喘　父娘啼得淚汪汪　兩肩荷負非多重　千遍須彌未可償

勸君晝夜知動靜　出看顏色問安康　吐甘咽苦三年內　在腹懷姙十月殃

試出去遲和早返　稍歸來晚立門傍　孝子慈心感天宮福　背逆能招地獄殃

勸君都須歸已分　貪財不要入私房　須憂雖然相守念　莫信妻兒說短長

自是看情無至孝　卻怨爺娘有偏房　覽怨兒傳揚出　五年名聲遠近彰

若是棄兄弟姊妹　必招諦…閑…　至親骨肉須同食　莫交朋友借糧

存對語言宜審細　領承教示要承祥　試乘財物…且乘　稍錯倫常失紀綱

P.3361　　故圓鑒大師二十四孝押座文　　（2—1）

若是父母有何為　必招陳諫莫相違　至親骨肉須同食　兄弟交朋白僧根
在對語言宜審當　領承教示要承祥　誠秉財盡酌應且義　相鋪傳僧失紀綱
切要無憐於所使　倍須安卹尚孤孀　晨昏早造妻兒起　酒食先教父母嘗
共住不遑深有別　相看求久即無慚　生前直願供茶水　殁後寧前用目長
志意順從同信佛　更令三寶同修燒香　承和兼要慈親勸　配思名相自己房
正臘熱天須扇枕　遇嚴凝月要溫床　殘身段男如流東　甘旨供承似犬尨
若解在生知水乳　却勝亡後祭猪羊　爭無果若明宣說　自有神祇周擬將
共樹共枝爭斷割　同胞同乳忍分張　如來演說五千卷　孔氏談論十八章
莫欺言言宜孝養　無非公主溫良　孝心號曰真菩薩　孝行名為大道場
孝行能齊為日月　孝心苦海作梯航　孝心亦有清涼國　孝行常居悅樂鄉
孝行不殊三月雨　孝心猶是九秋霜　孝心廣大如雲布　孝行分明似日光
孝行萬災咸可度　孝心千禍總能禳　孝為一切財中寶　孝是千般業內王
佛道孝為成佛本　事須行孝向耶孃　見生稱意免輪迴　孝養能消一切殃
能向家中行孝足　便同終日把經開　孝言要使親歡喜　甘旨須交父母嘗
要似世尊行孝道　不過孝如將

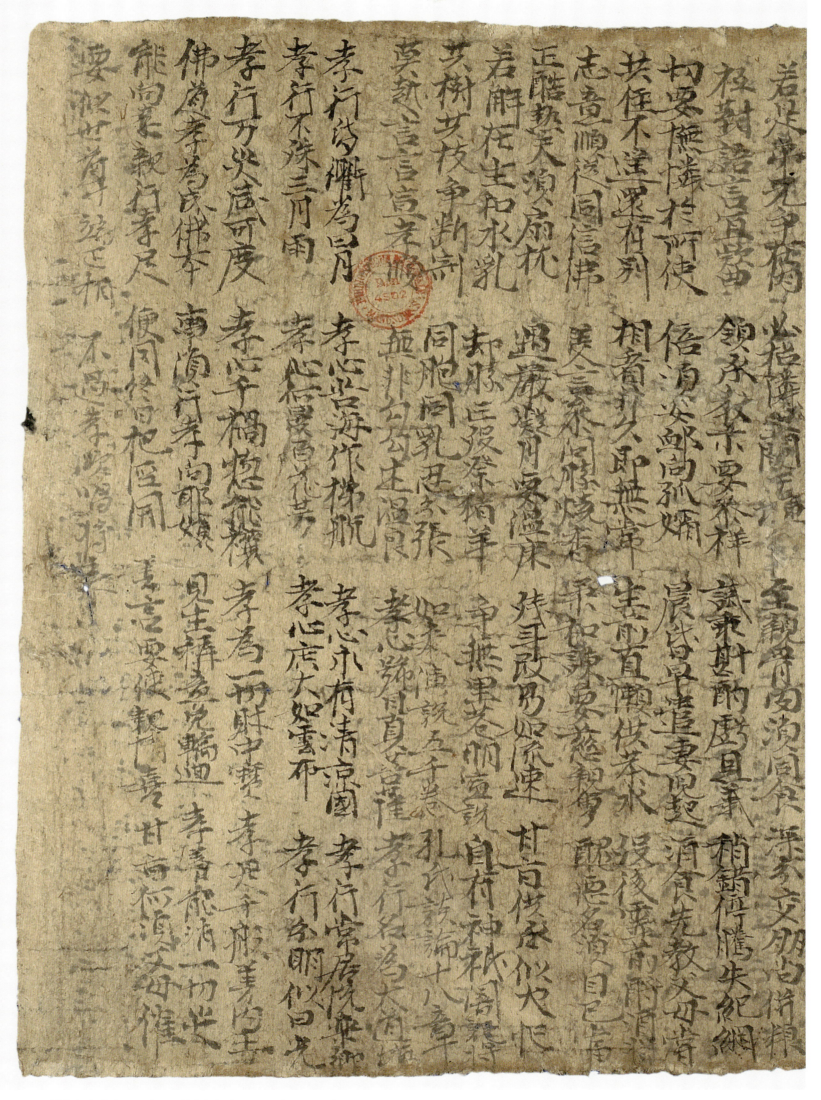

P.3361　　故圓鑒大師二十四孝押座文　　（2—2）

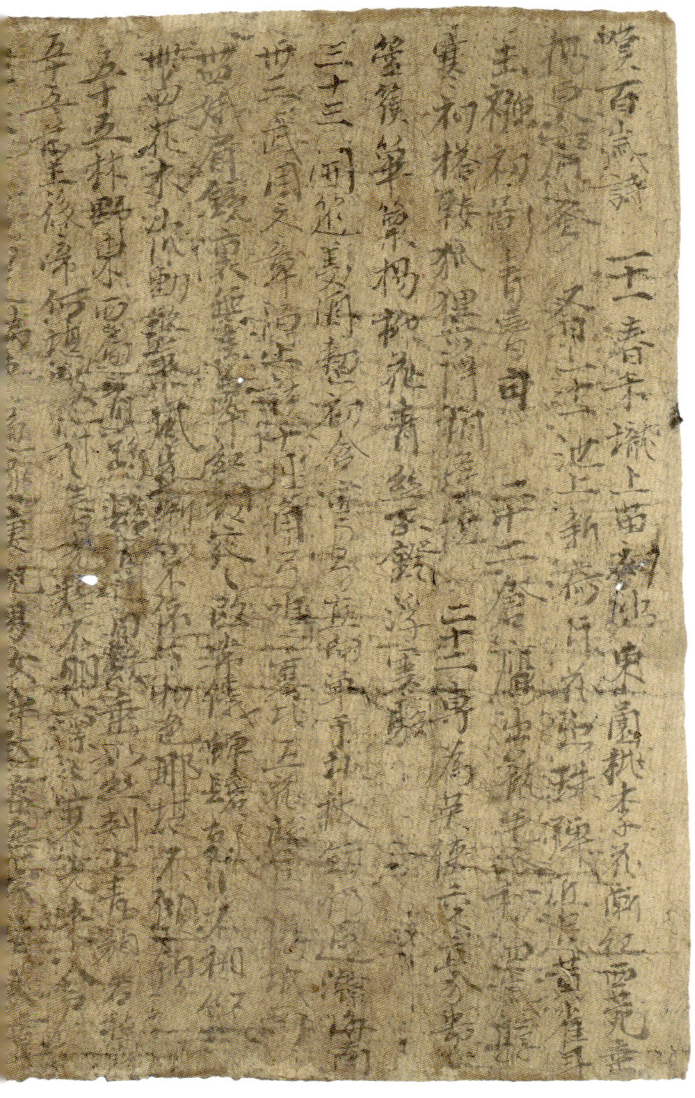

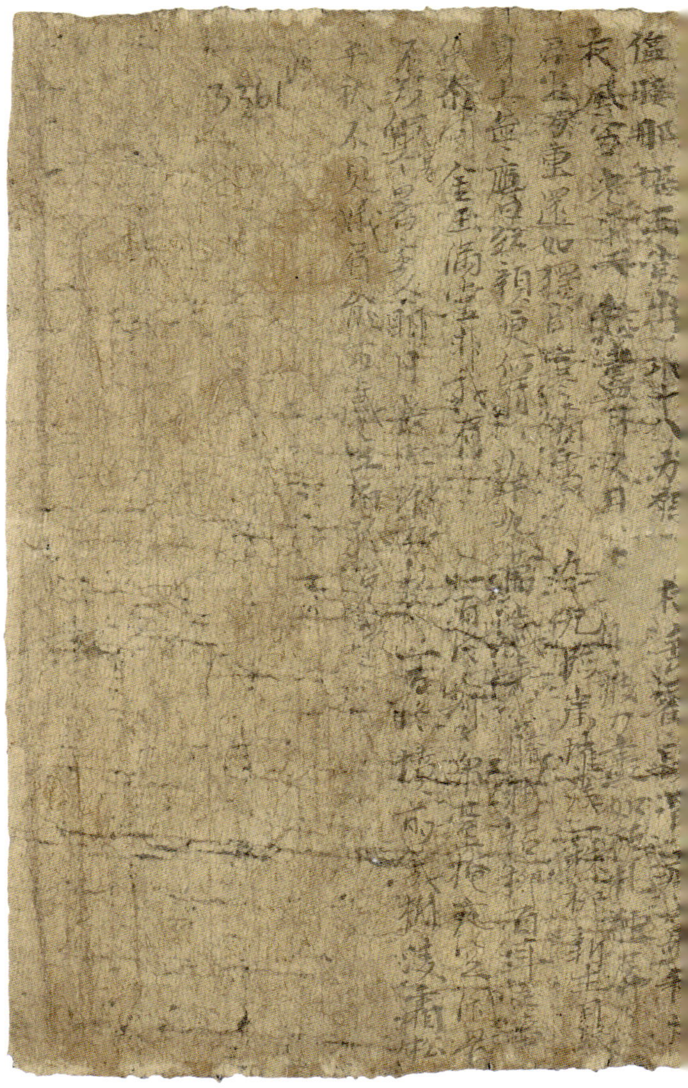

P.3361v　嘆百歲詩（總圖）

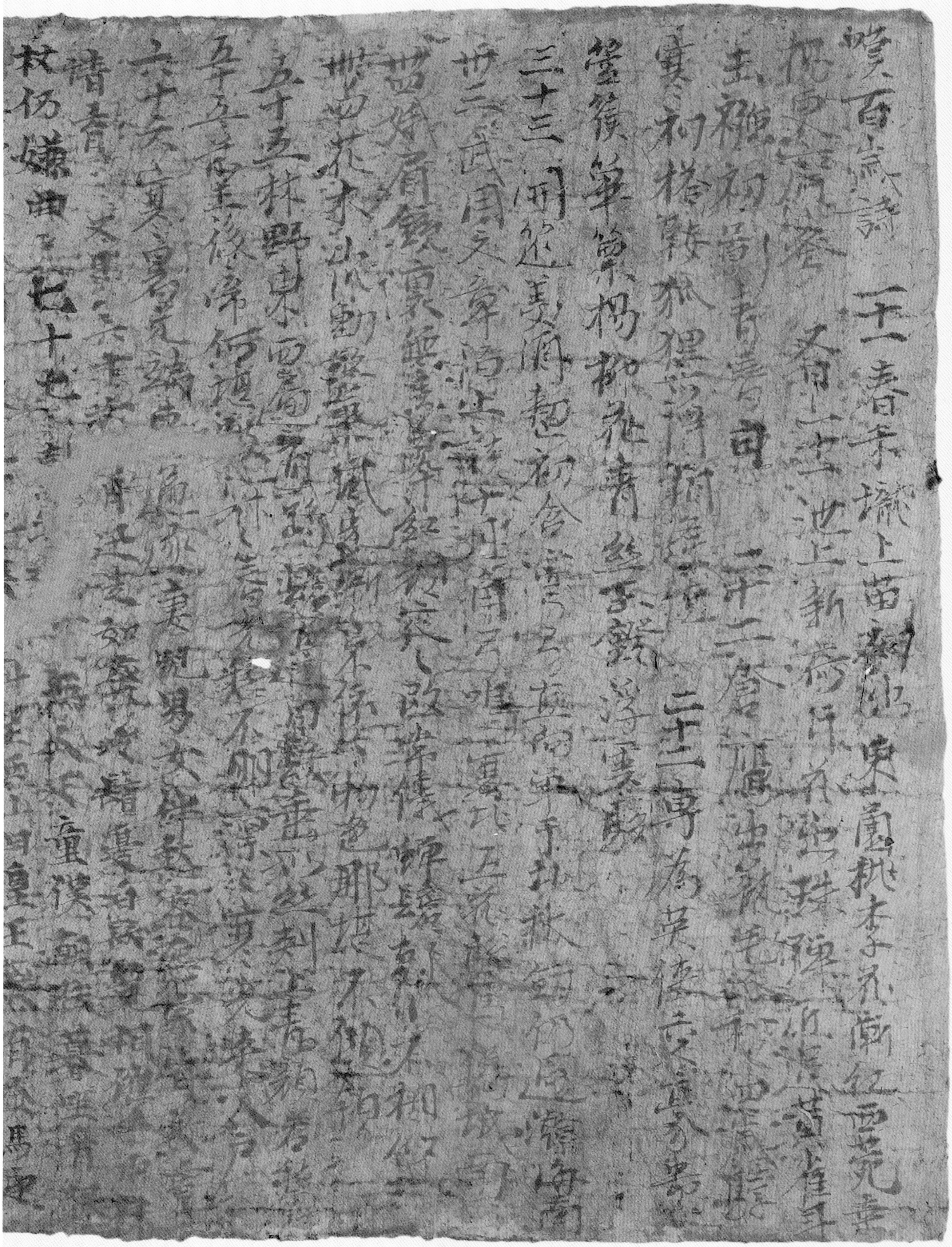

P.3361v　嘆百歲詩　（2—1）

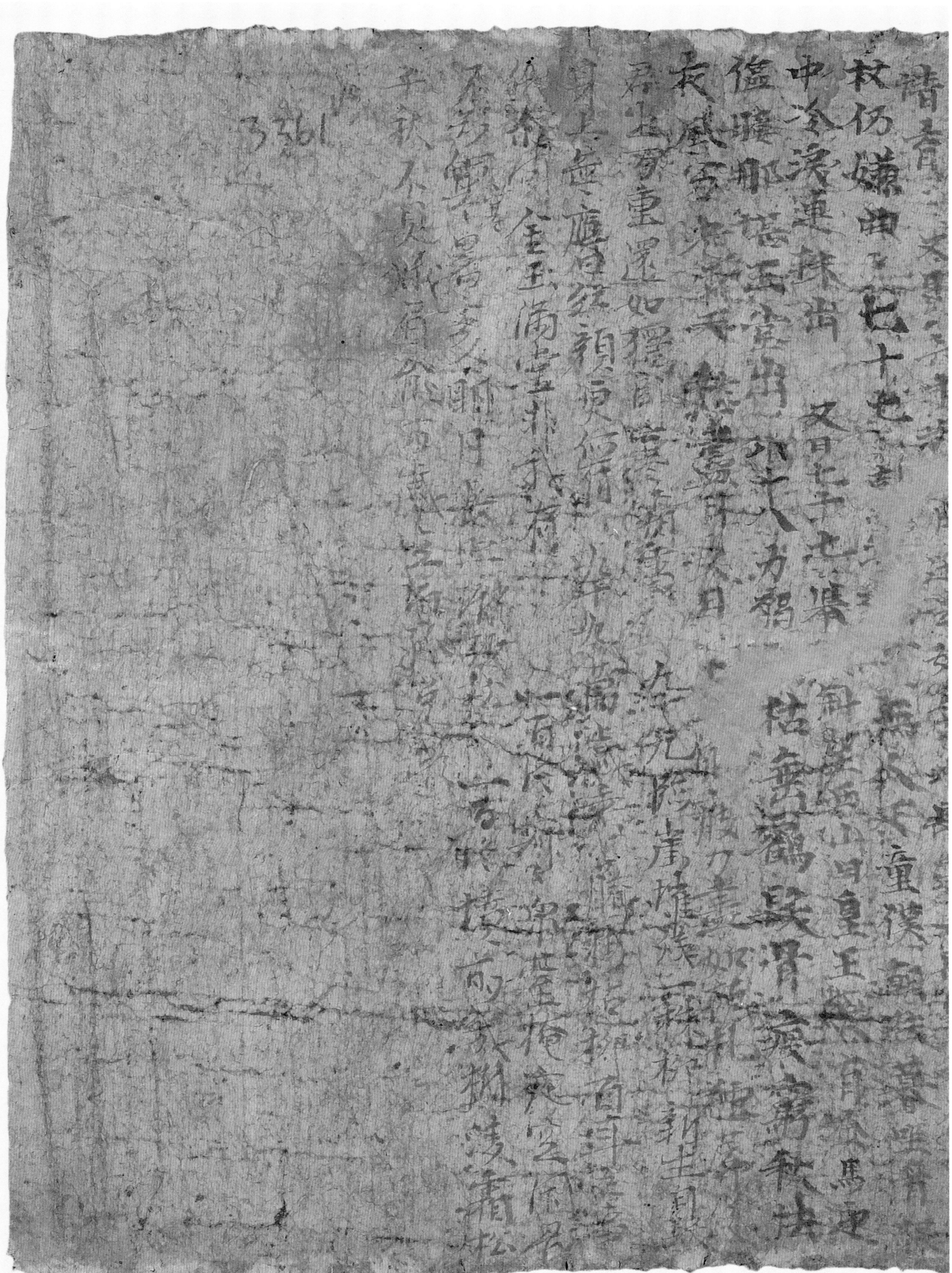

P.3361v　　嘆百歲詩　　（2—2）

Bibliothèque nationale de France

Pelliot chinois 3362

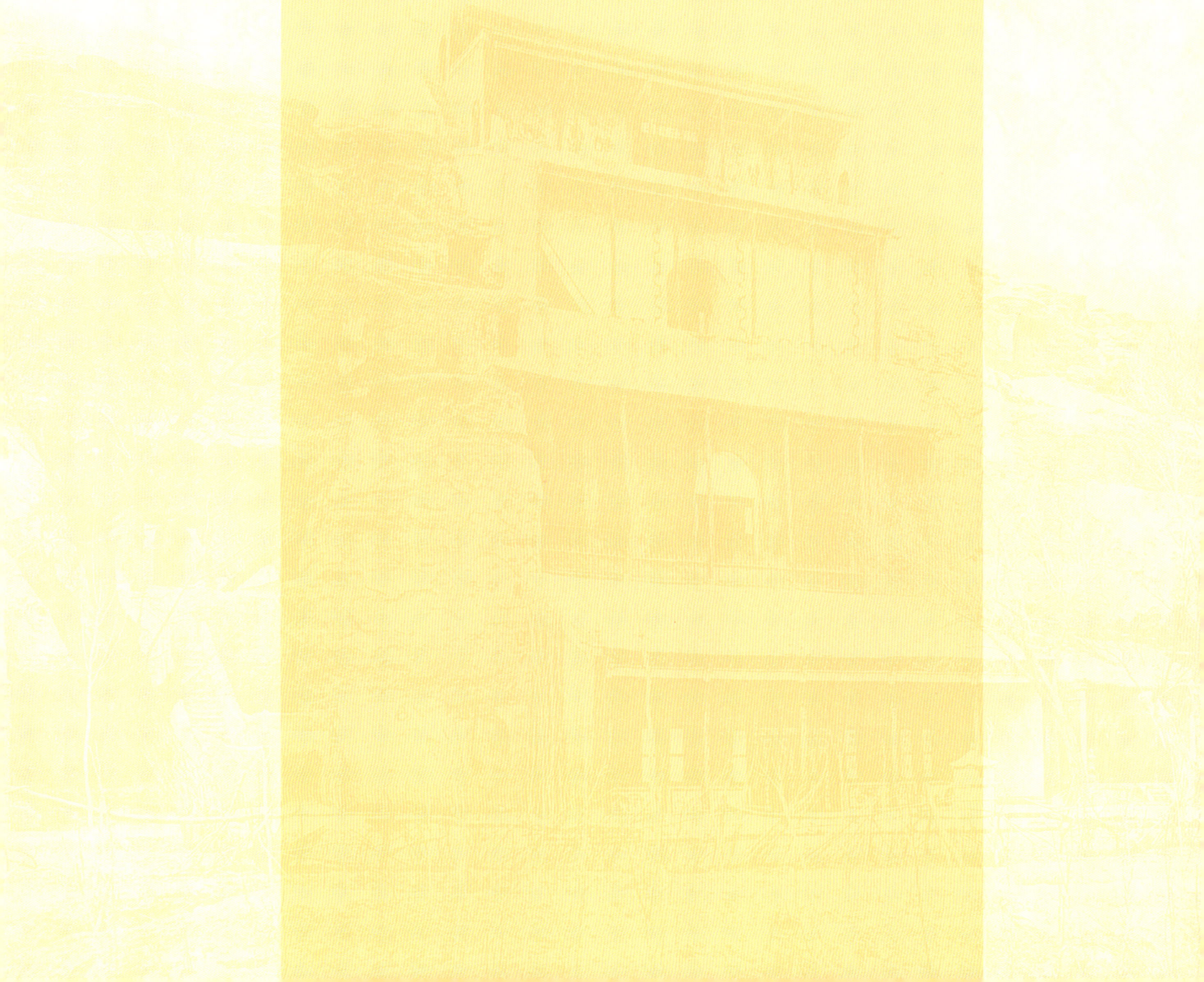

波浪絶步通於妍想兆和發焉中平不起設搖
動離真馭莫捄身枉性忽神東飛西父子異
居安有和成徹跡不蔵視暇若雪流激不久
若其不去激而不遣臨崖投虚非石則木陽
横激設非故則澌轍棶不中處安不慣
金處黄礫性同内殊兩人同名形性心别各不
浮趣良寶不假進郍與異根𣝣貪侶所求
趣異故危安心殊所稙各别是以自造嬰
習嬰得嬰逐各嬰故患而不得既得而患

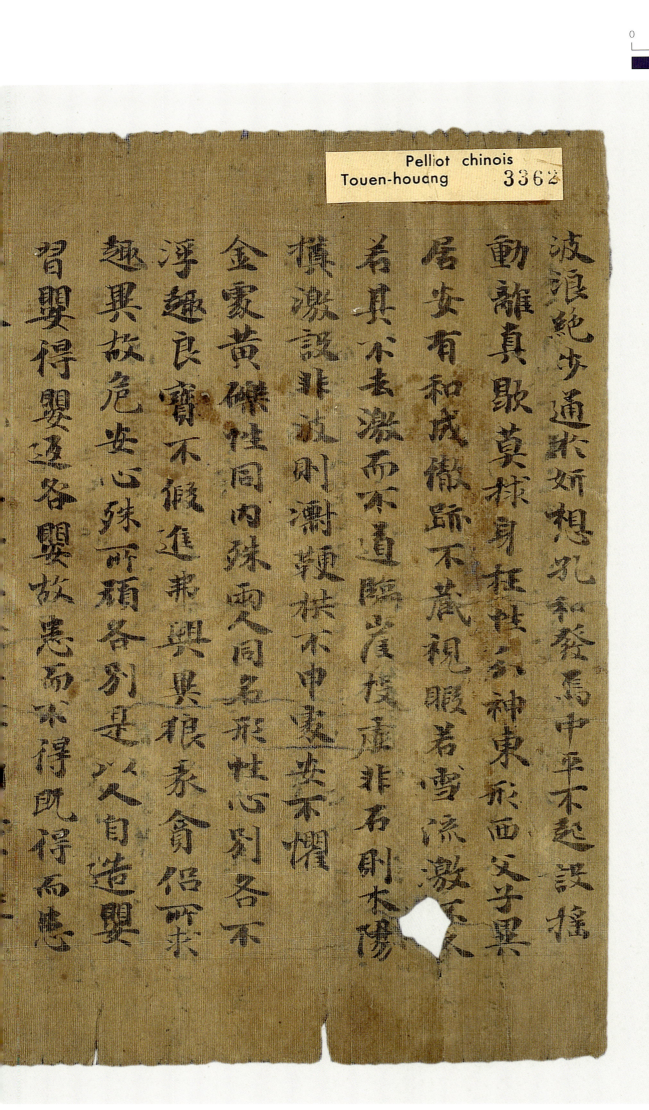

无味爲味无氣爲氣故成氣味處下居德
能爲不失處卑居氣長全不泄循建示章
以顯无言動而不妄以進其進發改无爲失真
吝爲不失不吝吾有何戀
累係至近累生至山累業至聖累靈至真
故万里之涉累足乃遠雲海中澈明行自悅
敦朴易近巧易盈顯沖而不猒和而不嗔
攻道易興而久遠是衍而不由先而不後自
興自衰道莫俱爲人而不猒彼此同進雖
咏非他禍福從心
棖通向景迴活不生禁斬飛軒大通无导
常樂自在沖而行一其一必降和而不嗔累
撫不移大通不辭不遷不禍常爲无畏

P.3362　道經　（4—1）

興自冥道莫僞爲人而不猒彼此同進懼
咏非他禍福從心
振通向景迴法不生禁斬飛軿大通无导
常樂自在沖而行一其一必降和而不嘖果
然不移大通不辟不遷不禍常爲无畏
氣盈於內祢曜於外四涼表裏津及百節
六甲錯形形濩丹无契道廣成无然太康
少而不老昏而不衰或生於人或趍太然无形
无色非器而利成之於居能大成

伴黍爲群從[illegible]溢堂交行野路
去留无逐生[illegible]无在[illegible]侶行道於天聖
无隱无伏[illegible]主神明[illegible]真人[illegible]身不[illegible]不[illegible]
絶荒開[illegible]神黃一赤子安[illegible]保固常道

保遊私不必求於沖和攝心不散其祿曰明是
以居而兼群仙品為汎寵辱若驚貴是大
患无辱无患吾有何患去彼取此乃合道耳
單操小速任重不任路迴遠顛躓獨非而雙施
繒補飛而莫不剋行未離致學既不任質殊
力微莫致傷敗審已攝運計形而行不良
而任非分則艱是以地仙不輕不易天門故階
積小以成高大神飛一仙從二至十世界莫能
及也
去聖艱智積小致大羅他央求果心為速釋
湯解纏非外不進銳敢不備詐言而遊閑姿
不以怨讎而怨是以真人迴於不結之結而與
攜結斷於不斷之斷而運不攝功進在於

P.3362　道經　（4—2）

又也
至聖絕智精小致大羅他兵外界心爲速擇
湯解經非外不進銳敢不備訖玄而遵開姿
不以怨誰而怨是以直人迴於不結之結而与
携結斷於不斷之斷而運不稱功進在於
不在恒在不至故藏而不覆動而不泄何以
故動而不出堅而不彊已而行之故能常生
道會而不迪焉布而不得行之不以立應自
然不以无而不行而不切万物匠成不以
具主是以不行而名稱之在彼良匠不陳善
行无容廣施不恃廣散不異知行知進而夭
集之集不散无容无恃而大容奄至是以至
彼取此天之道

分別唯有審頋之士乃可了了是以真人
審匠投身而無有悟頋比學士而師事之
何以故非其審者永溺同興莫有全之審
已擇交而無漏敗
飛奔雖合分具受乎非不能受所加者非
進道以緣化前以人爲不免尊狼羔壯莫
雖同群壯而不食莫望尊非緣同遊大
淪飛奔視化輒因徒親肅光羔彖不相
爲群雖同壯野必不能全是故化於有緣不
造無緣有緣者生造緣者徒自非獨悟真
信爲因不能造之故因者可造緣者不爲
何以故爲因者常爲緣者亡是故爲而不爲
慎道之則

P.3362　道經　（4—3）

為群雖同壯野必不能全是故亿於有緣不
造無緣有緣者生造緣者徒自非獨悟真
信為因不能造之故因者可造緣者不為
何以故為因者常為緣者亡是故為而不為
慎道之則
善漏不行而一飛附空心他色馳神飛厲百
覿雖想著於賊戀擢心太石戰尤不忘精魄
形貌无可採任于消隧矣蕩然不所敗風
丘增上三界消洛唐肝肉神虛素斯之種生
朽櫬肝土朝華未變謂可生也貪生枯種
槀是可羨
束鳥高翔現四不捿飛青山林飢則賊肉
遁邊虛空永莫縛思是故為道不為縛

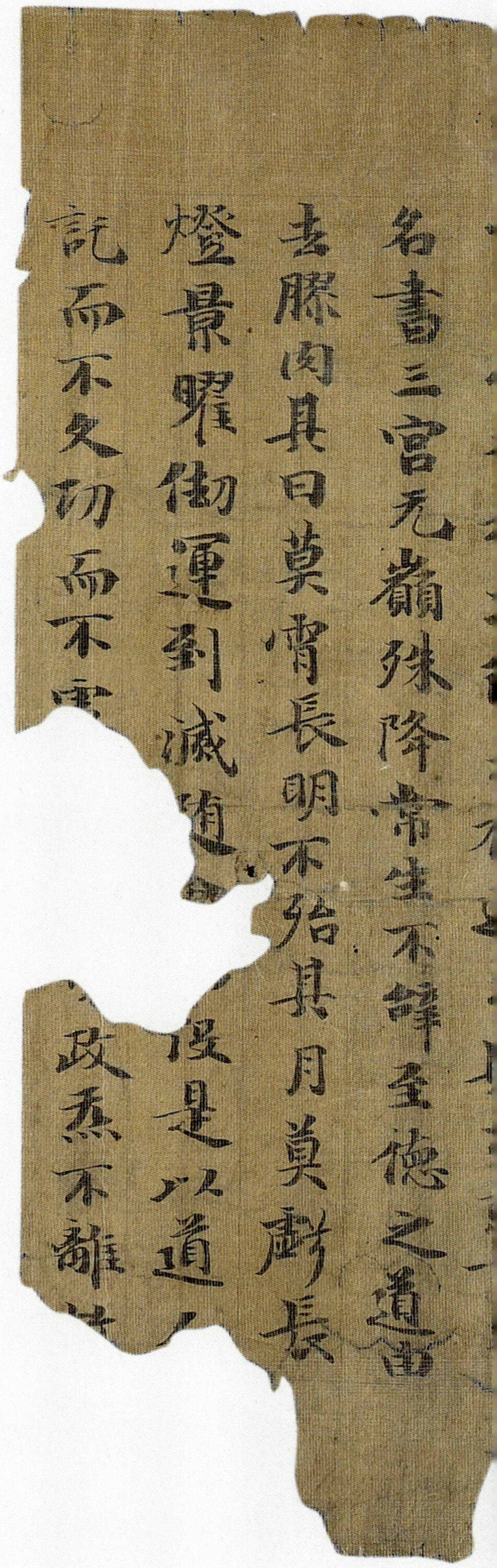

名書三宮无巔殊降常生不肆至德之道當
去膝肉具日莫胃長明不殆具月莫虧長
燈景曜御運到滅隨
退是以道
託而不久功而不雷
政烝不離

P.3362 道經 （4—4）

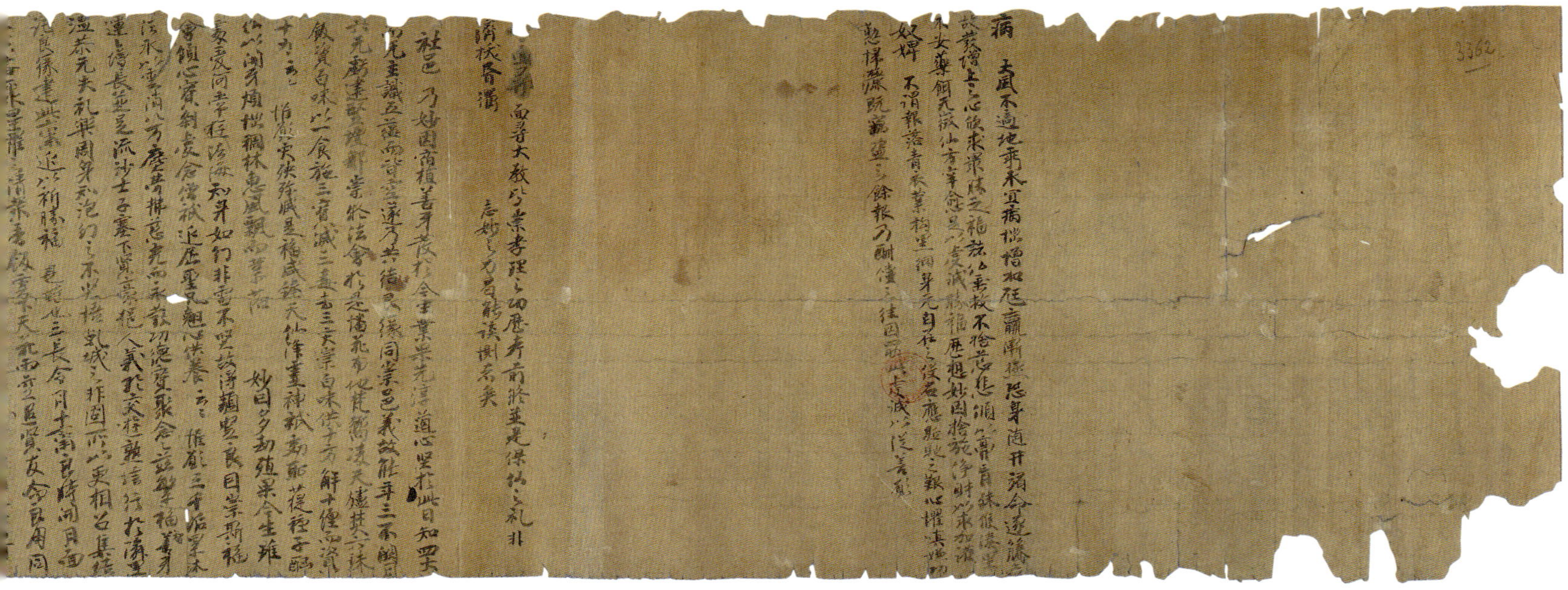

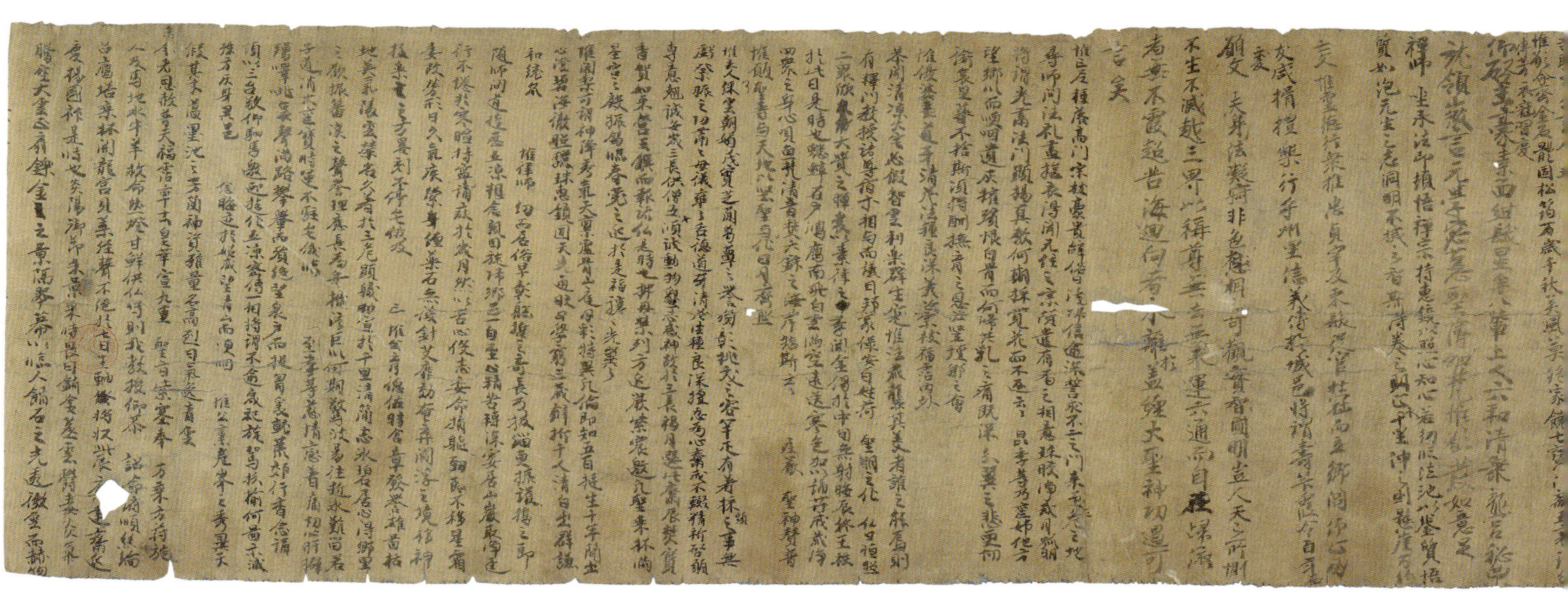

P.3362v　　雜齋儀（總圖）

病　夫風不適地水不宜病惱增加尪羸斷續恐身隨井消命遂膺

故發增上之心欲求最勝之福誠心懇救不捨慈悲願以寶貴珠旅法

不安藥餌无徵仙方華愈是以虔誠勝福歷想妙因捨施淨財以求加護

奴婢　不謂報落青衣業拘里一俗身无自在之役君應驅馳之艱心懼冥燭功

懃掃灑既竊盈之餘報乃酬償之往因然虔誠以從善願

[illegible]　亞聖大教以崇孝理之因歷考前經並是保持之礼非

志妙之力冒轉讀樹者矣

齋伕昏灑

社邑　乃妙因宿植善牙發於今生業果先淳道心堅於此日知眾

而先主識五蘊而皆空遂乃共結良緣同崇邑義故能年三不闕月

六无虧遂豎建邦寺於法會於是播花布偈梵響清天爐焚六銖

飯資百味以一食施三寶減三毒去三災崇白衆供十方解十纏而資

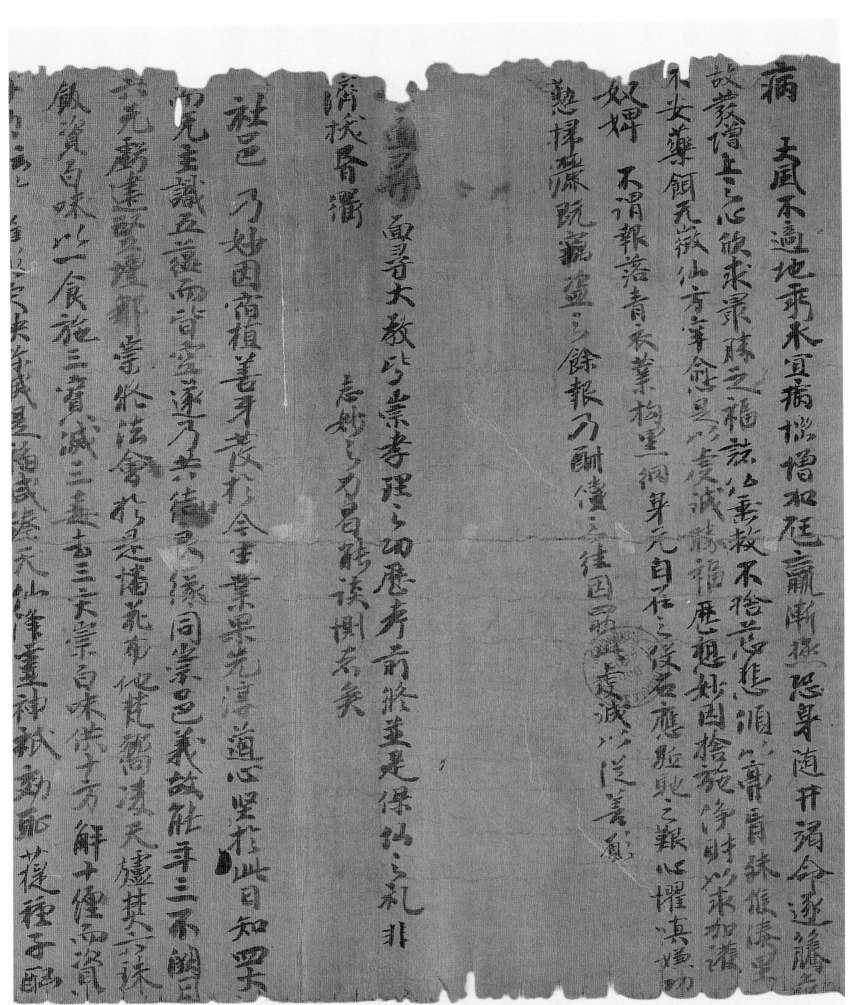

[illegible]來發盛是福[illegible]天仙降靈神祇勸助菩提種子酬

飯資百味以一食施三寶滅三毒去三灾百味供十方解十纏而資
十方云云　唯願灾殃殄滅是福咸臻天仙降重神祇勤勵護種子酬
仙以開芳焰惱稠林惠風飄而芽抽　妙因多劫殖果今生難
妄受同苗庭浴海刹那如幻非電不堅故得福豐良因業新福
會領心寶剎那念當祇近歷靈見翹心供養云云　唯願三千伽界沐
浴水以盡流以芳慶昔拂慈光而承歡功德寶聚念念益繁福壽智
運長無遷流沙士子塞下賢豪撓仁義孔文雅熟讀詩書於濟世
溫恭元未乳樂固身水泡幻之不堅撞乳城之非固所以更相召集
光良緣建此家延以祈陽福　是時也三長令月十齋良時洞開面
之士各取星權之清齋素飯雲奔天來而壹之延賢友命良朋同
會道場昔之宗妙法　唯願七枝葉淨八苦長辭智福俱圓永保山河之
語　妻
彰信珠皎淨習水澄清人義立身忠孝成性悟浮泡之若
體極質而非常慶念三尊　每求多福由是手之啓顏遠九擋而長消
月之須心冀三灾而永滅然則積善匪懈卑極戀求奉族康強合門清
……真如佛華寺而乳續近董寶書以清陳供云云

P.3362v　雜齋儀　（6—2）

[illegible]
體堅質而非常，虔念三尊，無求多福，由是尋尋咨能遠九橫而長消
月月傾心，冀三寶而永滅。然則積善盈攀，極龜求，舉族康強，合門清
吉。既慕仙慈，廣弘法力，以冥加，拂華寺而翹綺，迭薰寶香，以清陳供供
惟於命齋金之罷，固松筠萬歲千秋，美風美絕，家饒七寶，門羅五乘瑾組
傳芳秀冠習交
僧啓主業素壽而細戒星年入道上大六和清衆乳居龍部
訖領教言元生子遊羨堅傳解惟觀教如意足
禪師　坐承法印，頓悟禪宗，持惠鏡以照心，知心若幻；恨法池以鑒質，悟
質如泡，元生生之患，洞明不我我之旨，奇周羨之，幽之千里，沖之之幽，懸崖石倚
亡文　惟靈德行柔雅，忠貞寬文，束髮榮官，杜猛而立，鄉間仰之必納
咸精禮樂，行乎州里，信義傳於城邑，將謂壽等遐令百年
齋
願文　夫身法凝寂，非色慮相，可觀齊眉圓明，豈人天之所測
不生不滅，越三界以稱尊；無去無來，運六通而自在，歸依

P.3362v　雜齋儀　（6—3）

慶

願文　夫聖法凝寂非色想相可觀實智圓明豈人天之所惻

不生不滅越三界以稱尊無去無來運六通而自在歸滋

者無不覆超苦海迴向者々不離於盡經大聖神功還可

言矣

惟之尼種茂高門宗枝豪貴譯俗日淺歸信通深誓求不二之門來至無尼之地

尋師問法禮盡搖衣得閑凡住之宗便遣有香之相意珠皎淨戒月孤明

將謂光齊法門顯揚真教何期採覺花而不遂五々　只事尊爲慈姉他方

望鄉以而哽咽遺灰權殯限白骨而何歸共乳之痛既深分翼之悲更切

衛裴星華不捨斯須將酬撫育之恩並呈煙郊之會

惟優婆夷道手清淨法種良深美業枝福含内外

恭聞清涼大覺心假智雲利樂群生定慧法藏龍讚其美者誰之能屆則

有釋門教授諸尊宿寸相與而議曰邦家保安百姓荷　聖明之化　仙日恒照

三界俄[illegible]大覺之輝要以兼律之[illegible]李關金偈於中旬無射踰辰於王秋

於此日是時也總轄召尸鳴鷹南飛白雲滿空遠送寒色加以誦符戒禁淨

四眾之身心唄曲梵清音英六銖之海奇德斯在之　[illegible]

第一一二冊　伯三三五五至伯三三八〇背

P.3362v　　雜齋儀　　（6—4）

於此日是時也蟋蟀在户鴻鴈南飛白雲尚空遠送寒色加以誦持戒藏淨
四衆之身心唄曲梵清音梵六銖之海齊聲斷云、　　座嚴　聖神贊普
惟願聖壽与天地以堅聖化日月齊照
惟夫人保雲朝媚茂實芝蘭萬葉之榮獨貴桃夭之容掌走有着採蘋之事無
虧奈賑之切常之母儀雍之令德道牙清茂法種良深擅忽為心齋戒不虧精祈啓願
尊意翹誠每歲三長供僧之願誠動物志感神故於三長福月建此齋展焚寶
香贊如來營三饌而歡法仙是時也拜丹墀列方建嚴禁宸殿延凡聖來林尚
星宮之殿振錫鳴春竟之迓於是福穰穰斯畢了
惟闍梨可謂神澤秀氣天稟虚胃山庭月彩特異凡偏即如五百超生千年間出
心澄碧海徹照驪珠惠鏡圓天光通膝早學窮三藏辯折千人清白出群讓
和統訖　　惟律師　幼而居俗早棄塵擬之壽長乃披緇更振錫之郎
隨師問道遍歷五涼植念觀因捷降鄉邑一自登壇精苦轉深宴居山巖取淨遣
行不捲於寒暄持寧誦於歲月然以苦心役志妄命損軀翻節不移星霜
屢改勞形日久氣疾縈身鍾藥石無儀針艾癢動布弃閻浮之境稽神
極樂之方是刹不停乞微文　　三　惟無齋德値時含章發譽雄番桔
地英氣溢雲葉名久著於三危頭職軻當於千里清簡志水指若居心得鄉里
[illegible]

P.3362v　　雜齋儀　　（6—5）

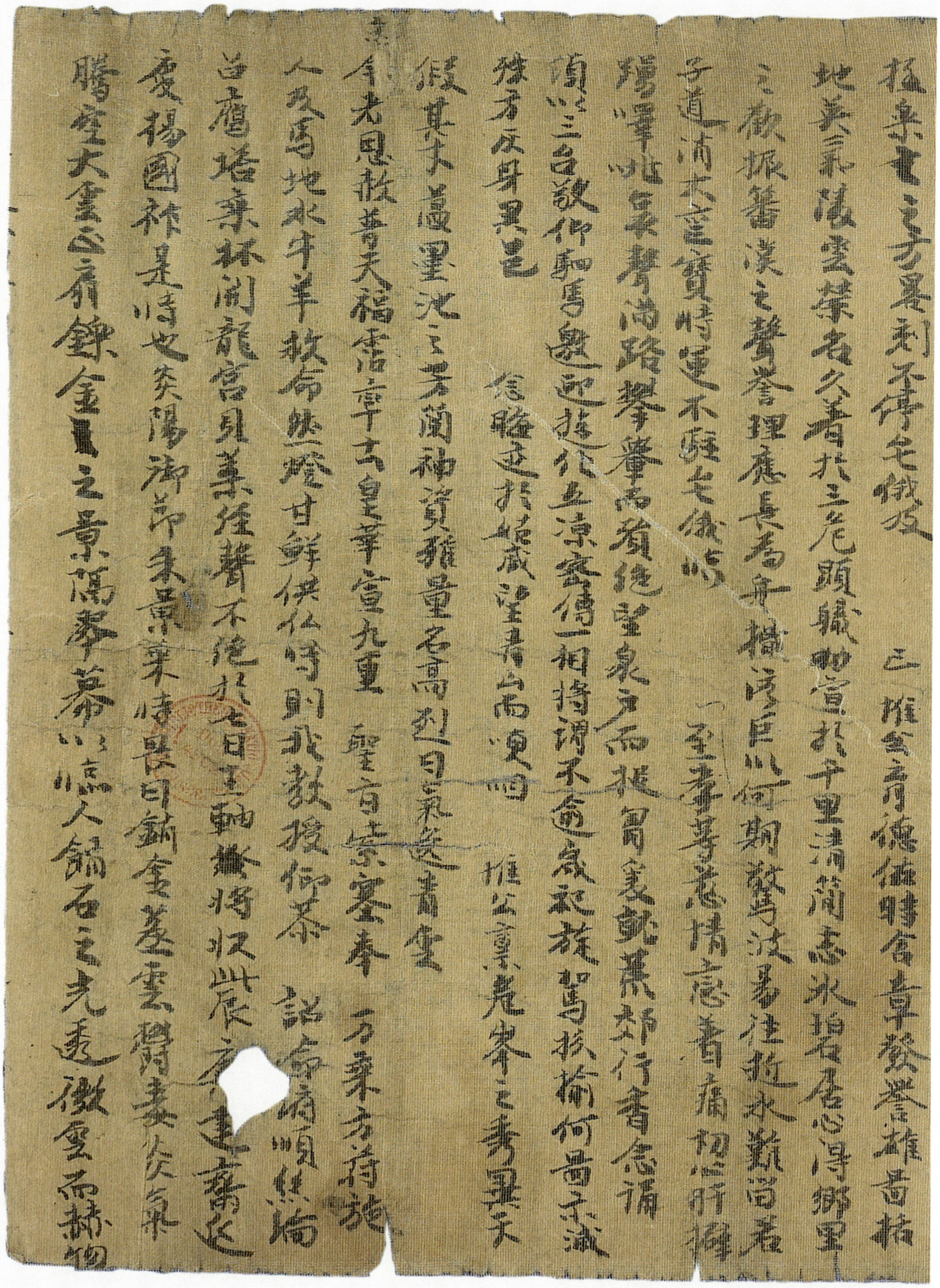

P.3362v　雜齋儀　（6—6）

Bibliothèque nationale de France

Pelliot chinois 3363

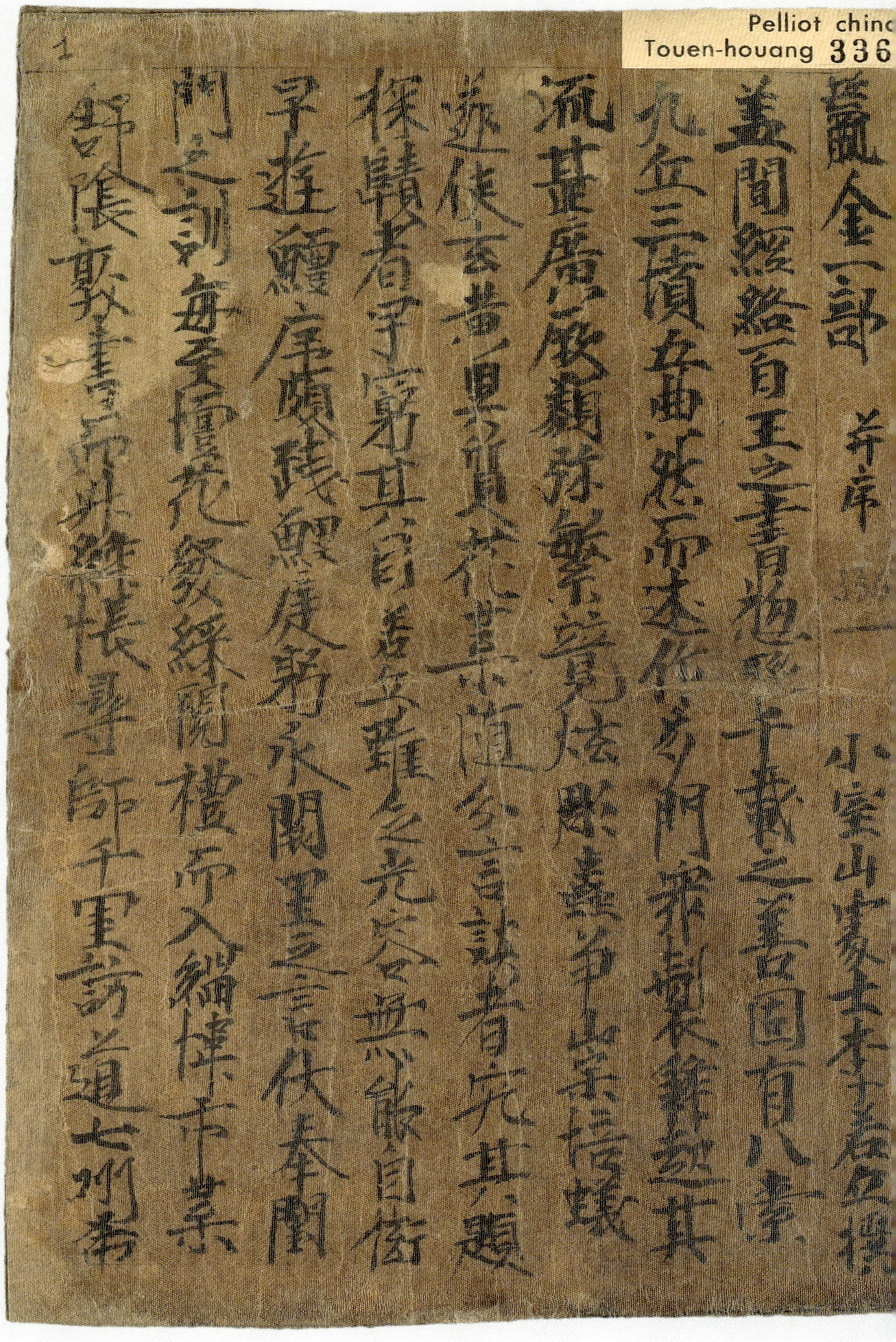

P.3363　籯金卷一并序　（3—1）

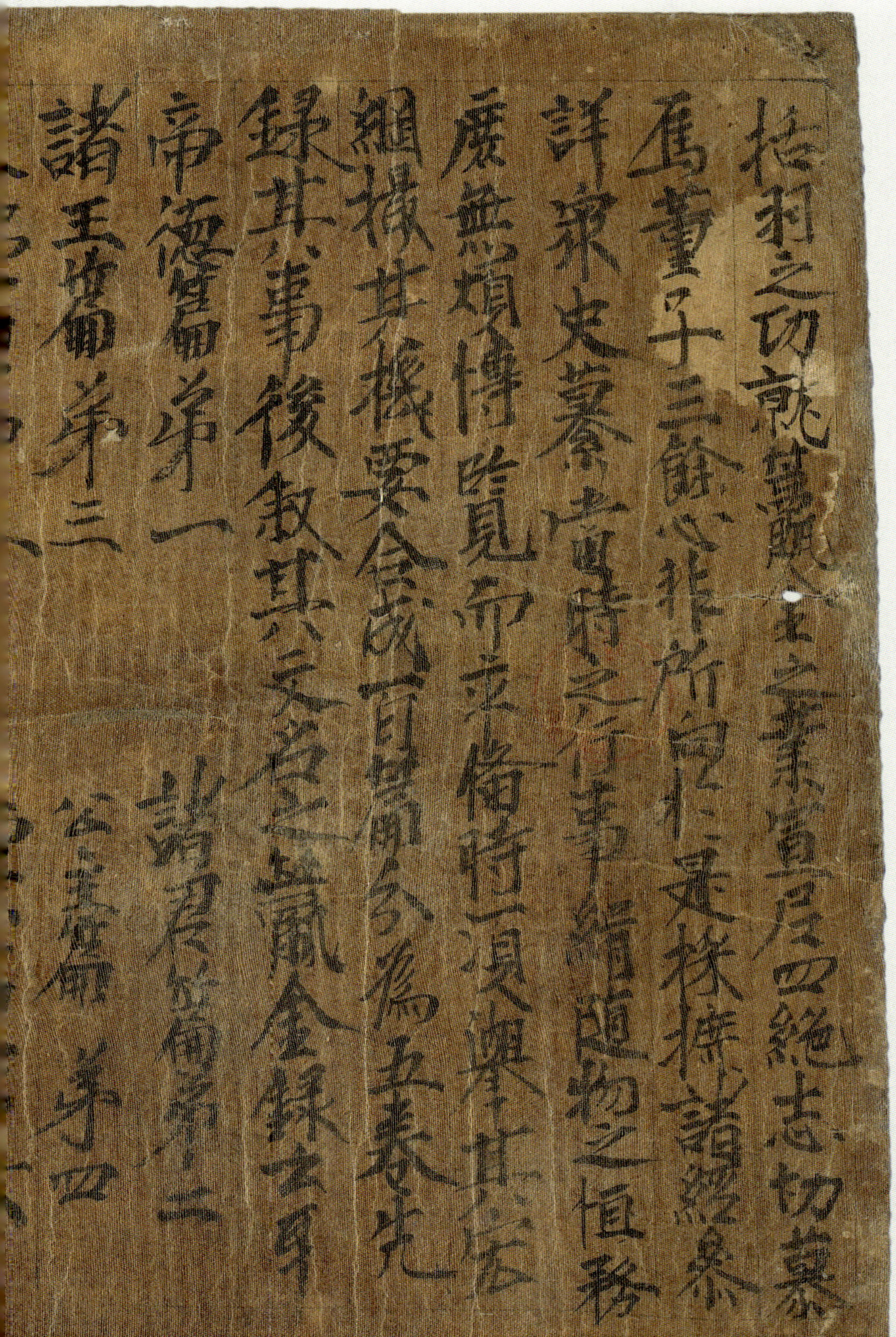
括羽之功就蓋毗王之業宜存四絕志切慕
焉董子三餘心非所見於是採摭諸經參
詳眾史纂古今之行事編通物之恒務
庶無煩博覽而並備時須與其宏
綱摭其樞要合成一百卅篇分為五卷先
錄其事後敘其文名之籯金錄古耳
帝德篇第一　　諸君篇第二
諸王篇第三　　公主篇第四

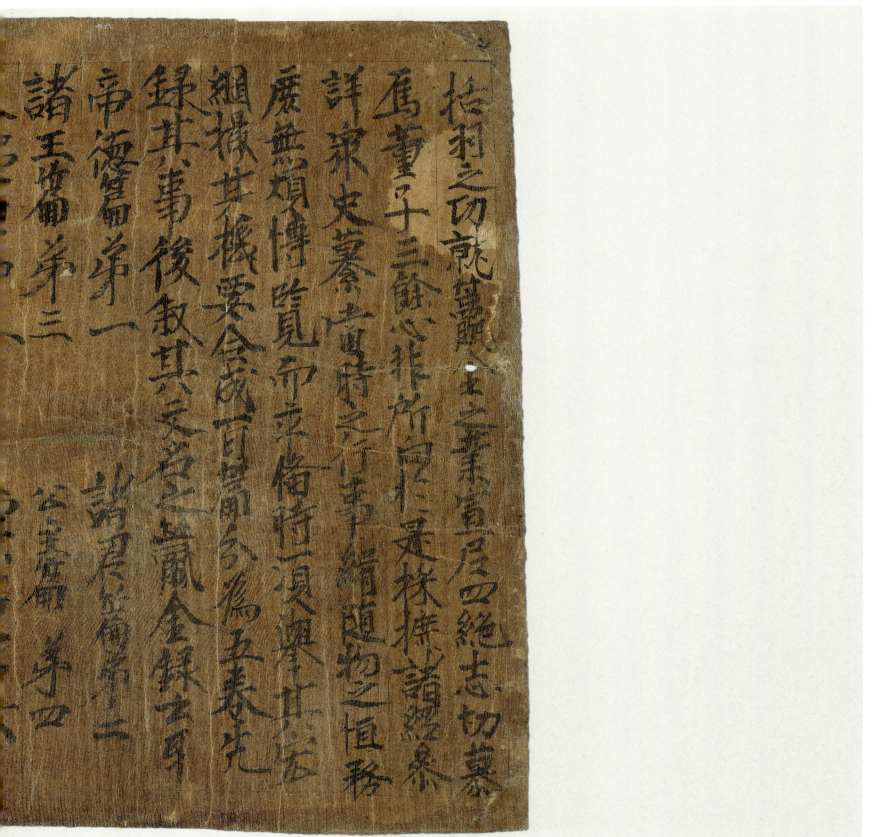

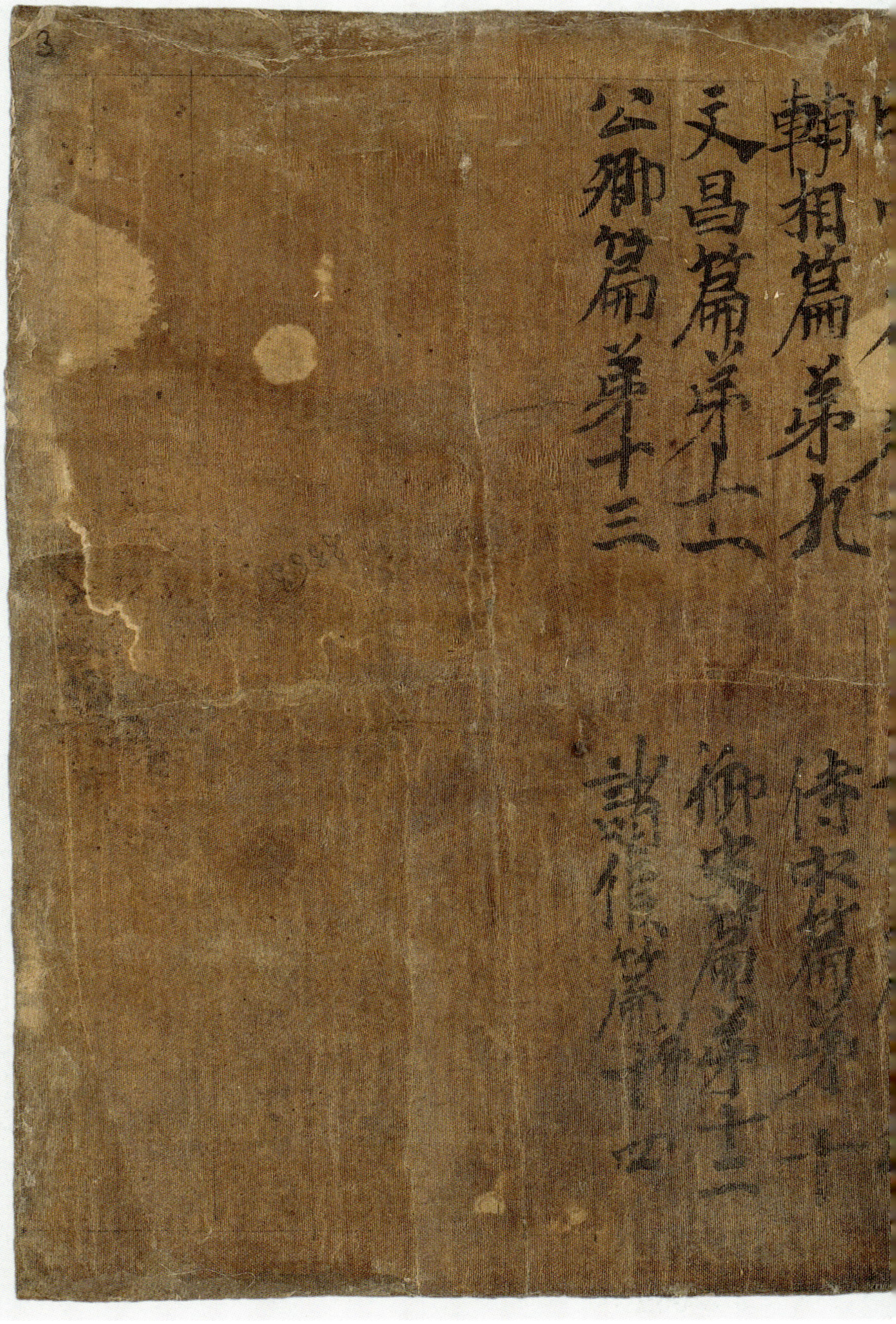
韓相篇第九
文昌篇第十一
公卿篇第十三
侍衛篇第十
御史篇第十二
諸侯篇第十四

P.3363　　籯金卷一并序　　（3—2）

P.3363　（3—3）

Bibliothèque nationale de France

Pelliot chinois 3364

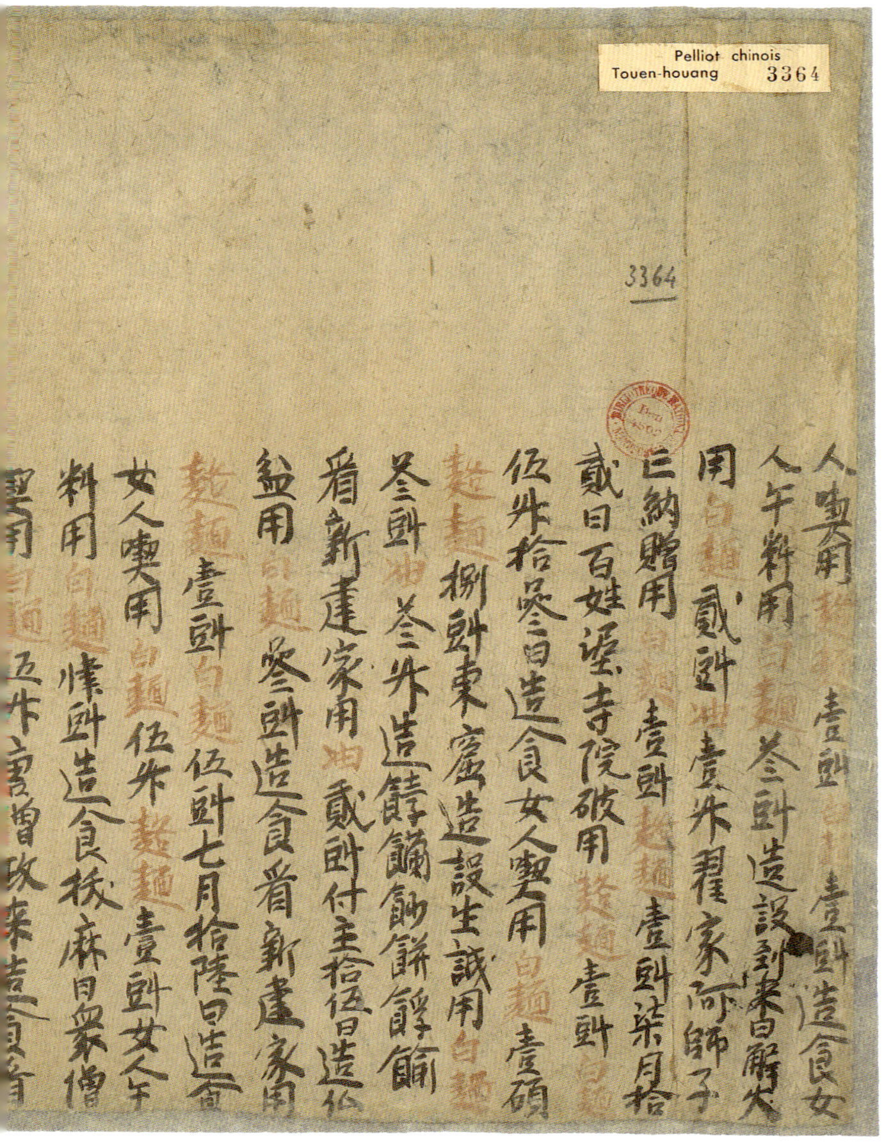

人喫用麩麵壹㪷白麵壹㪷造食女
人午料用白麵叁㪷造設到來日解火
用白麵貳㪷油壹升翟家阿師子
已納贈用白麵壹㪷麩麵壹㪷柒月拾
貳日百姓還寺院破用麩麵壹㪷白麵
伍升拾叁日造食女人喫用白麵壹碩
麩麵捌㪷東窟造設生誠用白麵
叁㪷油叁升造餢飳餅餺飥
看新建家用油貳㪷付主拾伍日造供
益用白麵叁㪷造食看新建家用
麩麵壹㪷白麵伍㪷七月拾陸日造食
女人喫用白麵伍升麩麵壹㪷女人午
料用白麵肆㪷造食秡麻日衆僧
喫用白麵五升書曾改來造食看

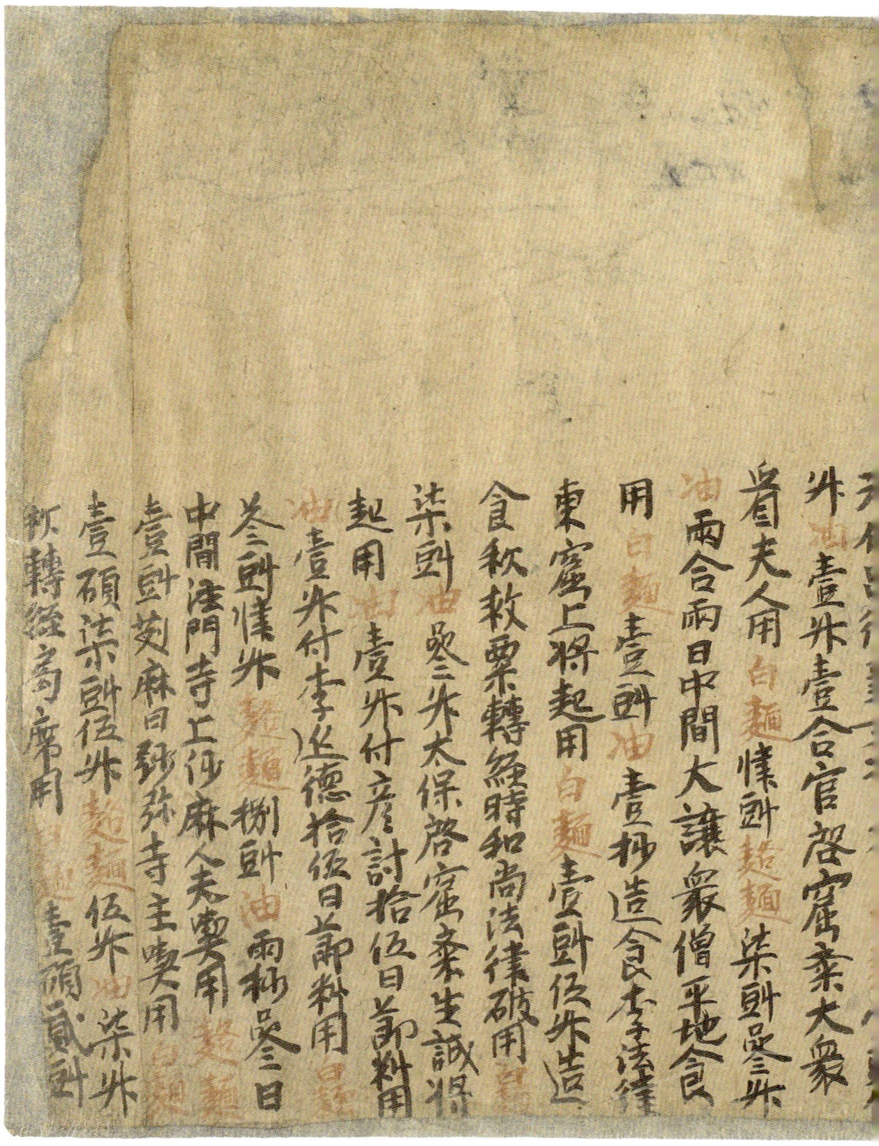

P.3364　　某年沙州報恩寺諸色斛斗入破曆算會牒（總圖）

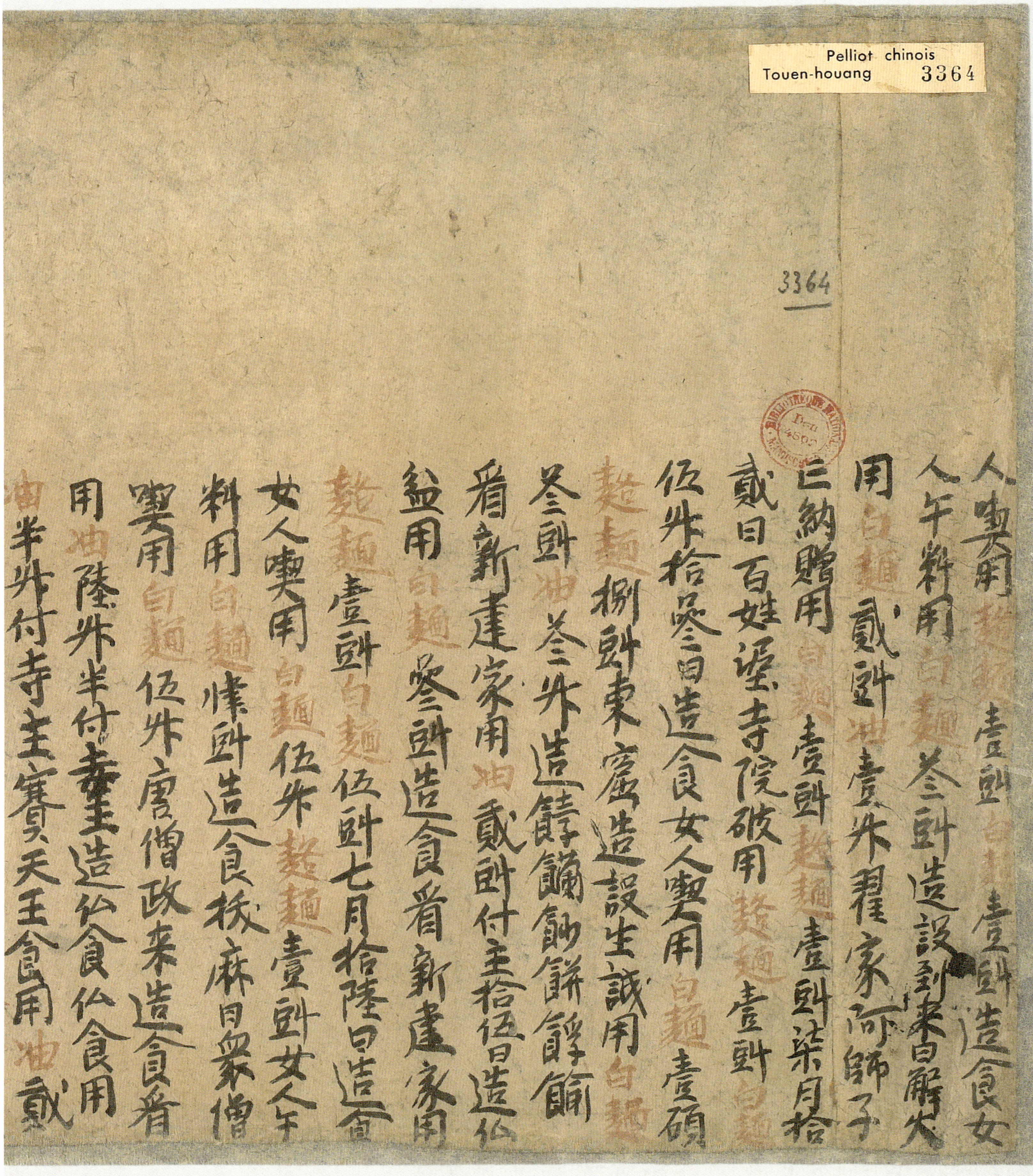
人喫用麩麵壹斗白麵壹斗造食女
人午料用白麵叁斗造設對衆白廨火
用白麵貳斗油壹升翟家阿師子
亡納贈用白麵壹斗麩麵壹斗法榮月拾
貳日百姓還寺院破用麩麵壹斗白麵
伍升拾叁日造食女人喫用白麵壹碩
麩麵捌斗東窟造設生誡用白麵
叁斗油叁升造餢飳餅餢飳
看新建家用油貳斗付主拾伍日造仏
盆用白麵叁斗造食看新建家用
麩麵壹斗白麵伍斗七月拾陸日造食
女人喫用白麵伍升麩麵壹斗女人午
料用白麵柒斗造食秋麻日衆僧
喫用白麵伍升唐僧政來造食看
用油陸升半付奉圭造仏食仏食用
油半升付寺主賽天王食用油貳

P.3364　　某年沙州報恩寺諸色斛斗入破曆算會牒　　（2—1）

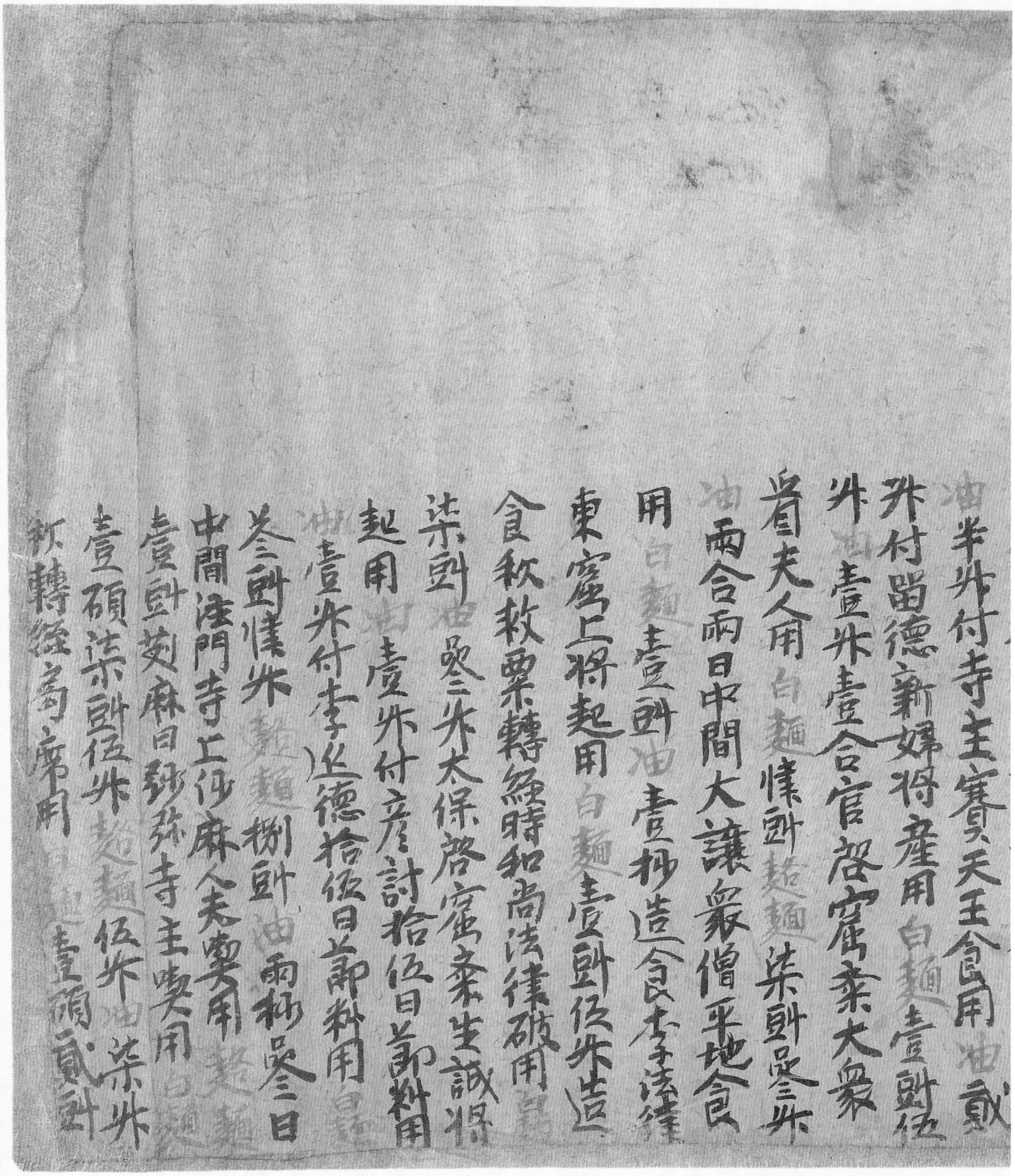

油半升付寺主賽天王食用油貳
升付留德新婦將產用白麵壹㪷伍
升壹升壹合官營窟條大眾
眉夫人用白麵條㪷麩麵柒㪷叁升
油兩合兩日中間大讓眾僧平地食
用白麵壹㪷油壹杪造食李法律
東窟上將起用白麵壹㪷伍升造
食秋教粟轉經時和尚法律破用
柒㪷油叁升太保啓窟案生誠將
起用 油 壹升付彥討拾伍日節料用
油壹升付李延德拾伍日節料用
叁㪷條升麩麵捌㪷油兩杪叁日
中間淨門寺上沙麻人夫喫用
壹㪷剋麻日錄孫寺主喫用白麵
壹碩法柒㪷伍升麩麵伍升油柒升
秋轉經齋席用麩麵壹碩貳㪷

P.3364　　某年沙州報恩寺諸色斛斗入破曆算會牒　　（2—2）

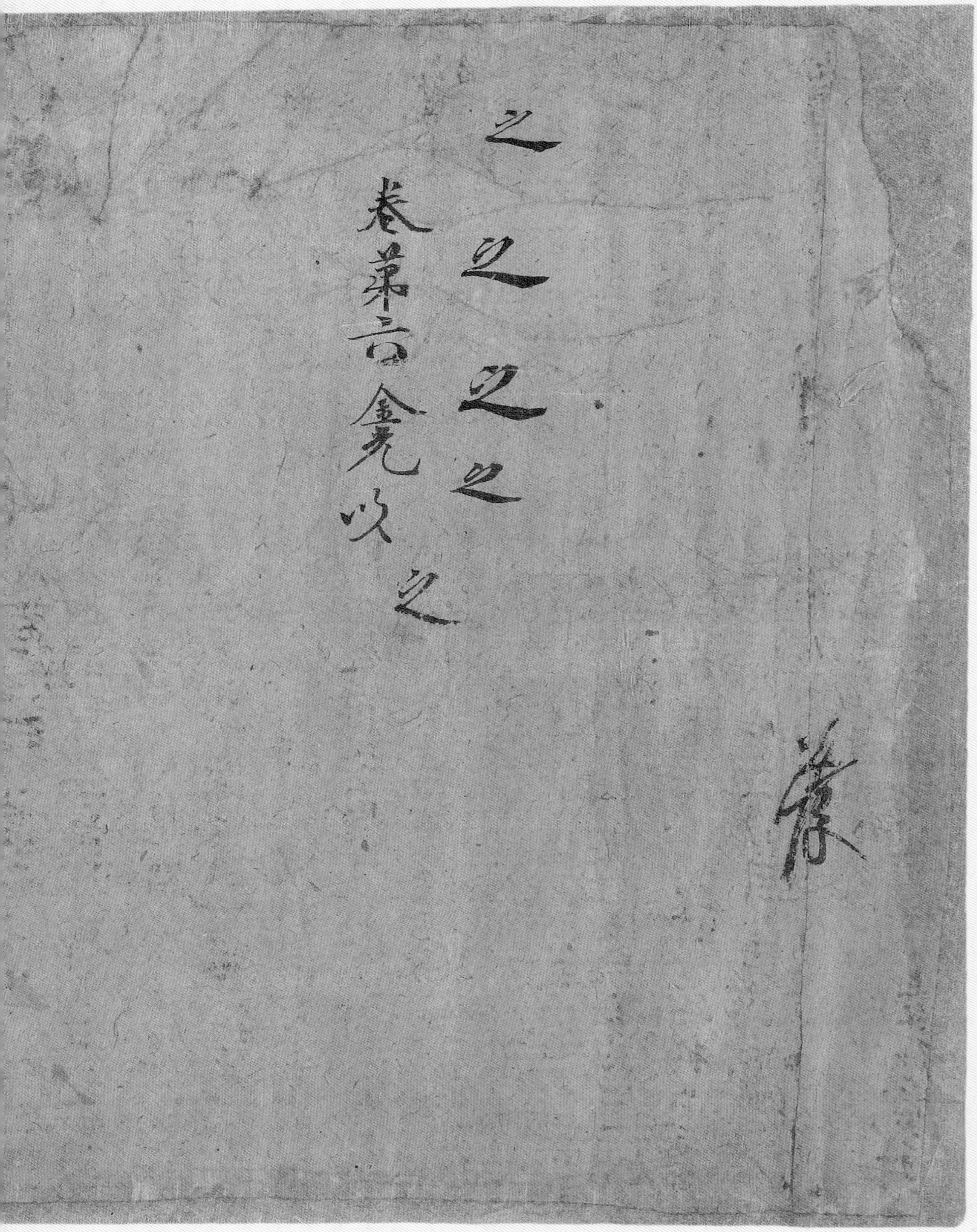
之之之之
卷苐六金光明
之

P.3364v　顧德騎縫押　雜寫

Bibliothèque nationale de France

Pelliot chinois 3365

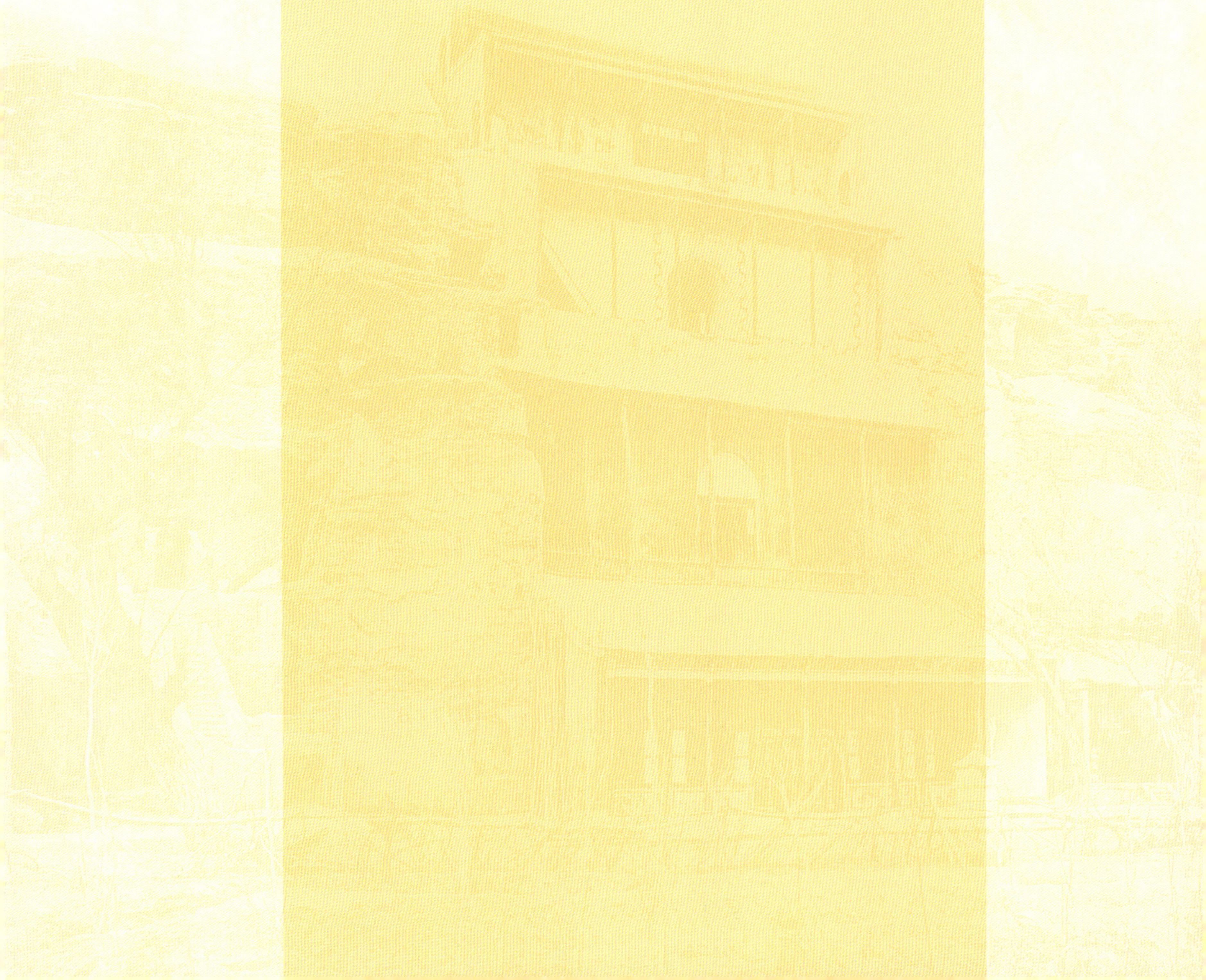

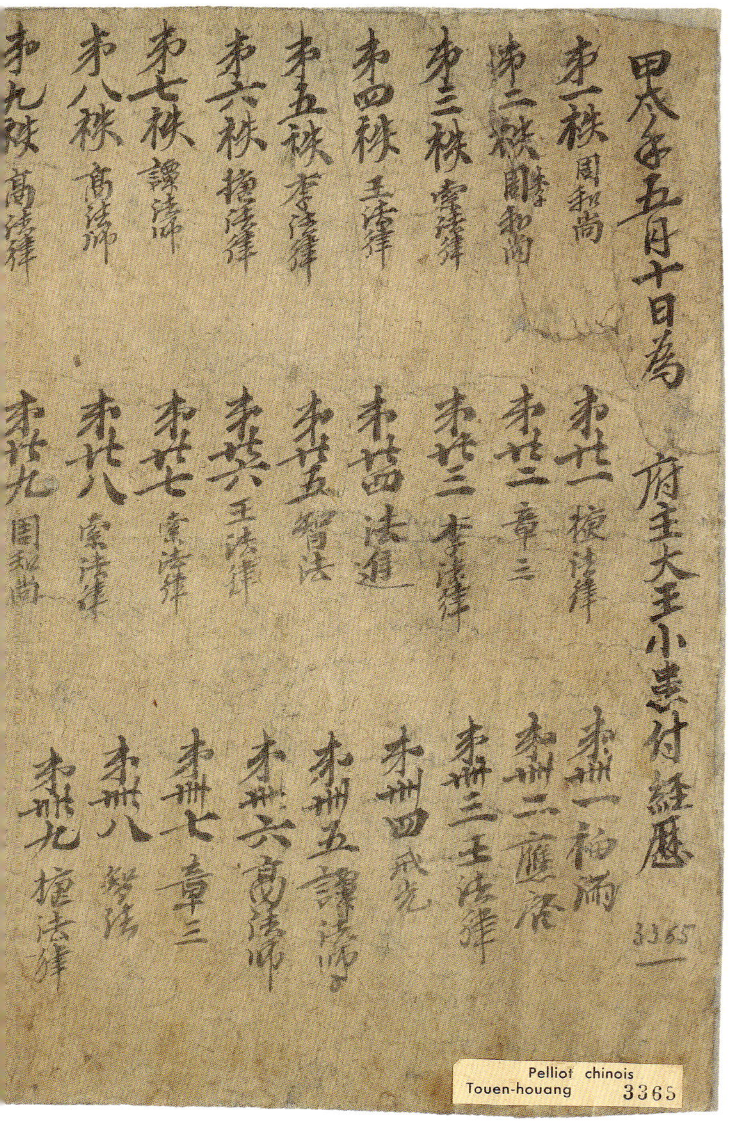
甲戌年五月十日為 府主大王小患付經歷

3365

弟一袟 圓和尚

弟二袟 曹李和尚

弟三袟 索法律

弟四袟 王法律

弟五袟 李法律

弟六袟 橋法律

弟七袟 譚法師

弟八袟 高法師

弟九袟 高法律

弟廿一 橋法律

弟廿二 章三

弟廿三 李法律

弟廿四 法進

弟廿五 智法

弟廿六 王法律

弟廿七 索法律

弟廿八 索法律

弟廿九 圓和尚

弟卅一 袖滿

弟卅二 應啓

弟卅三 王法律

弟卅四 戒元

弟卅五 譚法師

弟卅六 高法師

弟卅七 章三

弟卅八 智法

弟卅九 橋法律

Pelliot chinois
Touen-houang 3365

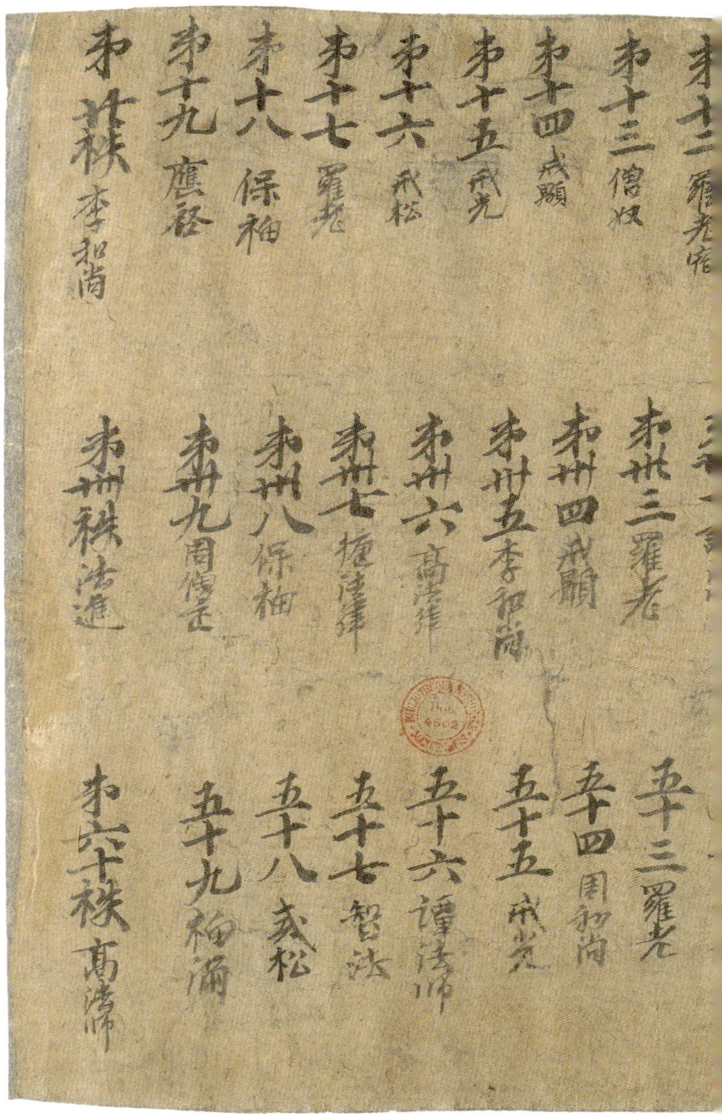

P.3365　　宋甲戌年（974）五月十日爲府主大王小患付經曆（總圖）

甲戌年五月十日為府主大王小患付經歷

第一袟 周和尚　第廿一 樝法律　第卌一 袖滿

第二袟 周(李)和尚　第廿二 章三　第卌二 應啓

第三袟 索法律　第廿三 李法律　第卌三 王法律

第四袟 王法律　第廿四 法進　第卌四 戒光

第五袟 李法律　第廿五 智法　第卌五 譚法師

第六袟 樝法律　第廿六 王法律　第卌六 高法師

第七袟 譚法師　第廿七 索法律　第卌七 章三

第八袟 高法師　第廿八 索法律　第卌八 智法

第九袟 高法律　第廿九 周和尚　第卌九 樝法律

第十袟 譚闍梨　第卅袟 李法律　第五十 高法律

第十一 福滿　第卅一 高法師　第五十一 戒顯

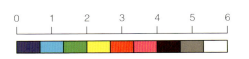

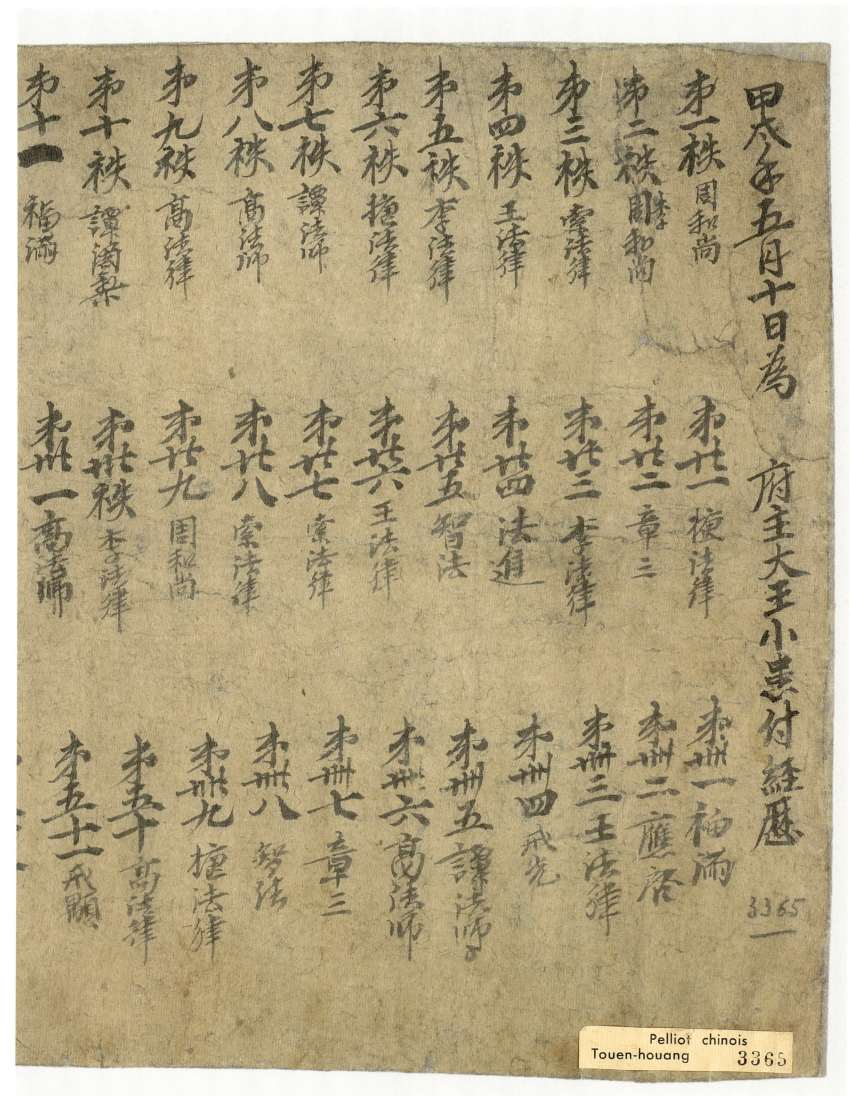

P.3365　宋甲戌年（974）五月十日爲府主大王小患付經曆　（2—1）

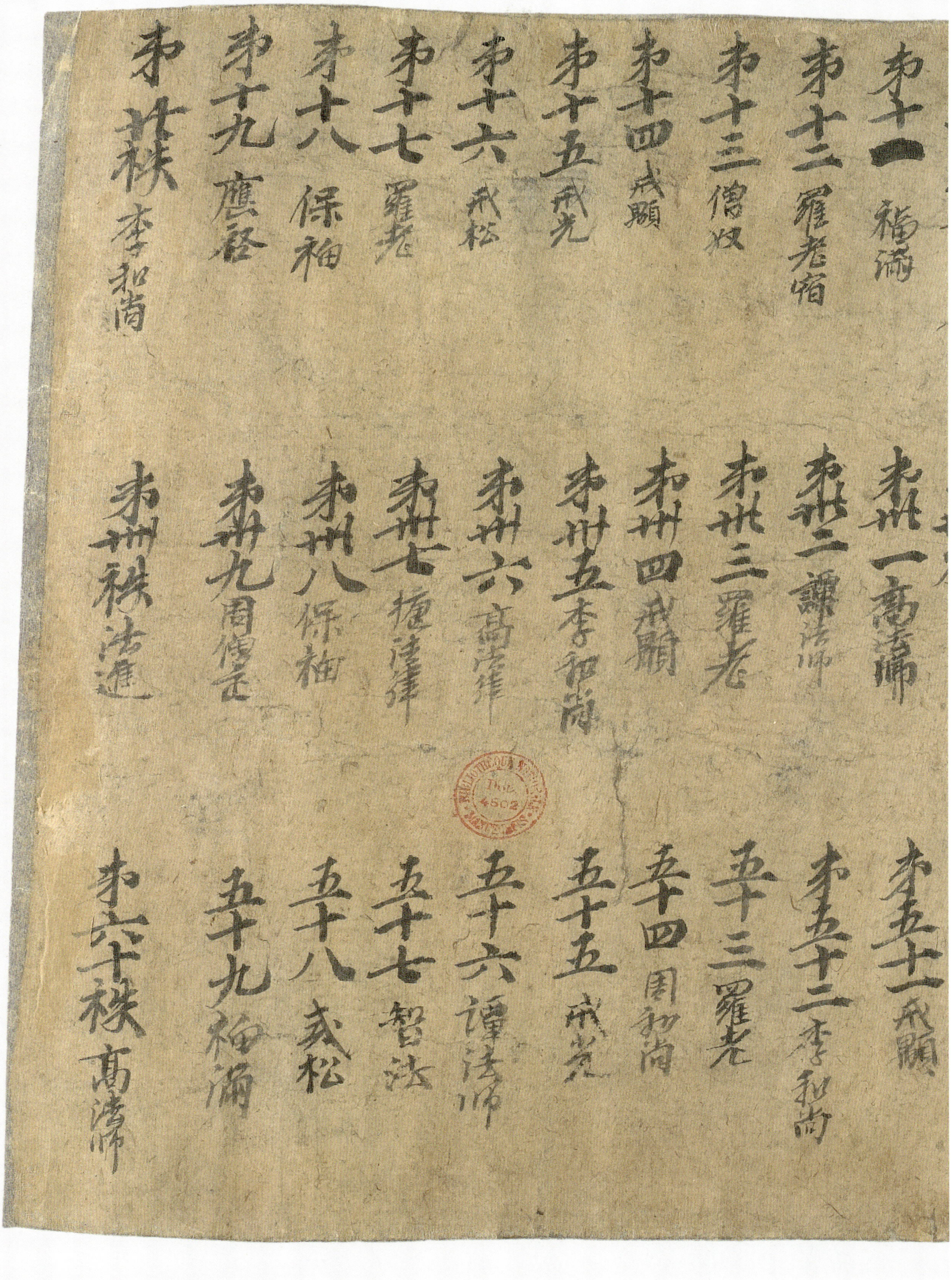
第十一 福滿
第十二 羅老宿
第十三 僧奴
第十四 戒願
第十五 戒光
第十六 戒松
第十七 羅老
第十八 保袖
第十九 應啓
第廿袟 李和尚
第卅一 高滿
第卅二 譚法師
第卅三 羅老
第卅四 戒願
第卅五 李和尚
第卅六 高法律
第卅七 福法律
第卅八 保袖
第卅九 周僧正
第卌袟 法進
第五十一 戒願
第五十二 李和尚
第五十三 羅老
第五十四 周和尚
第五十五 戒光
第五十六 譚法師
第五十七 智法
第五十八 戒松
第五十九 福滿
第六十袟 高滿

P.3365　宋甲戌年（974）五月十日爲府主大王小患付經曆　（2—2）

瘵　腟　膊　肪　胼先笑反　髓　胖乏江反

幟　䡵　齰　橐之悲反　跕　䖘[illegible]

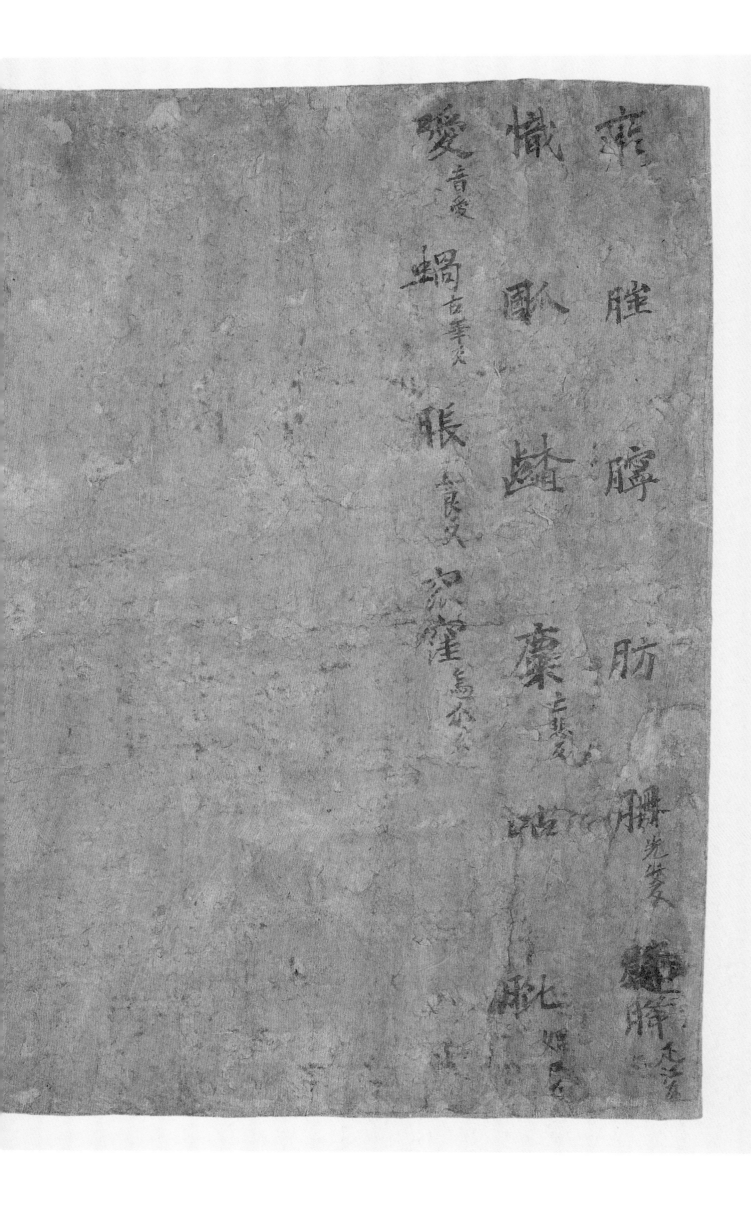

曖音愛　蝸古華反　脹竹亮反　窊窪烏瓜反

P.3365v　大般若波羅蜜多經難字音

Bibliothèque nationale de France

Pelliot chinois 3366

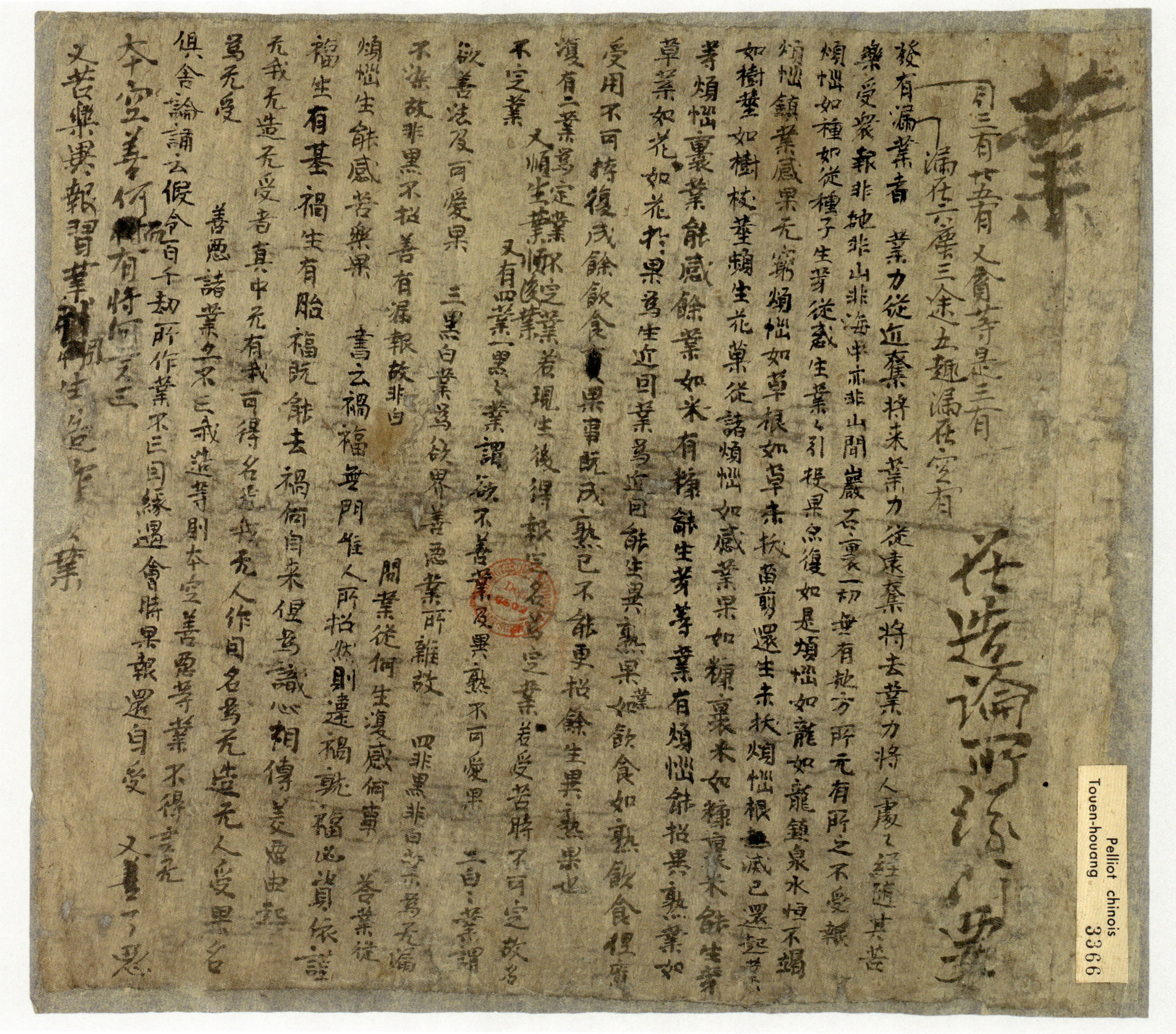

P.3366　釋業

法國國家圖書館藏敦煌文獻

Bibliothèque nationale de France

Pelliot chinois 3367

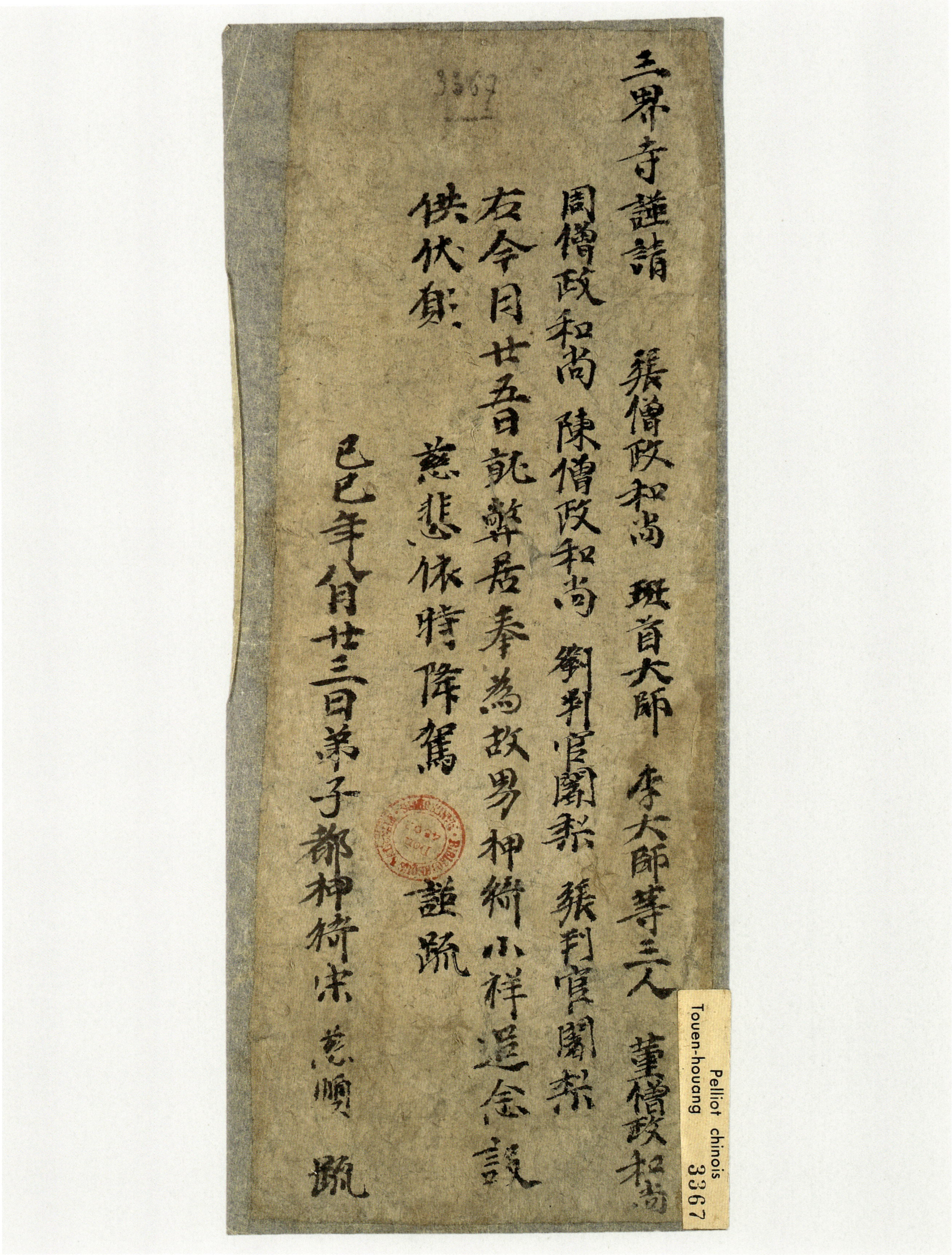
三界寺謹請
張僧政和尚 班首大師 李大師等三人 董僧政和尚
周僧政和尚 陳僧政和尚 劉判官闍梨 張判官闍梨
右今月廿五日就弊居奉為故男押衙小祥追念設
供伏願
慈悲依時降駕 謹疏
己巳年八月廿三日弟子都押衙宋慈順 疏

P.3367 宋己巳年（969）八月廿三日歸義軍都押衙宋慈順請三界寺張僧政等爲故男押衙小祥追念設供疏

Bibliothèque nationale de France

Pelliot chinois 3368

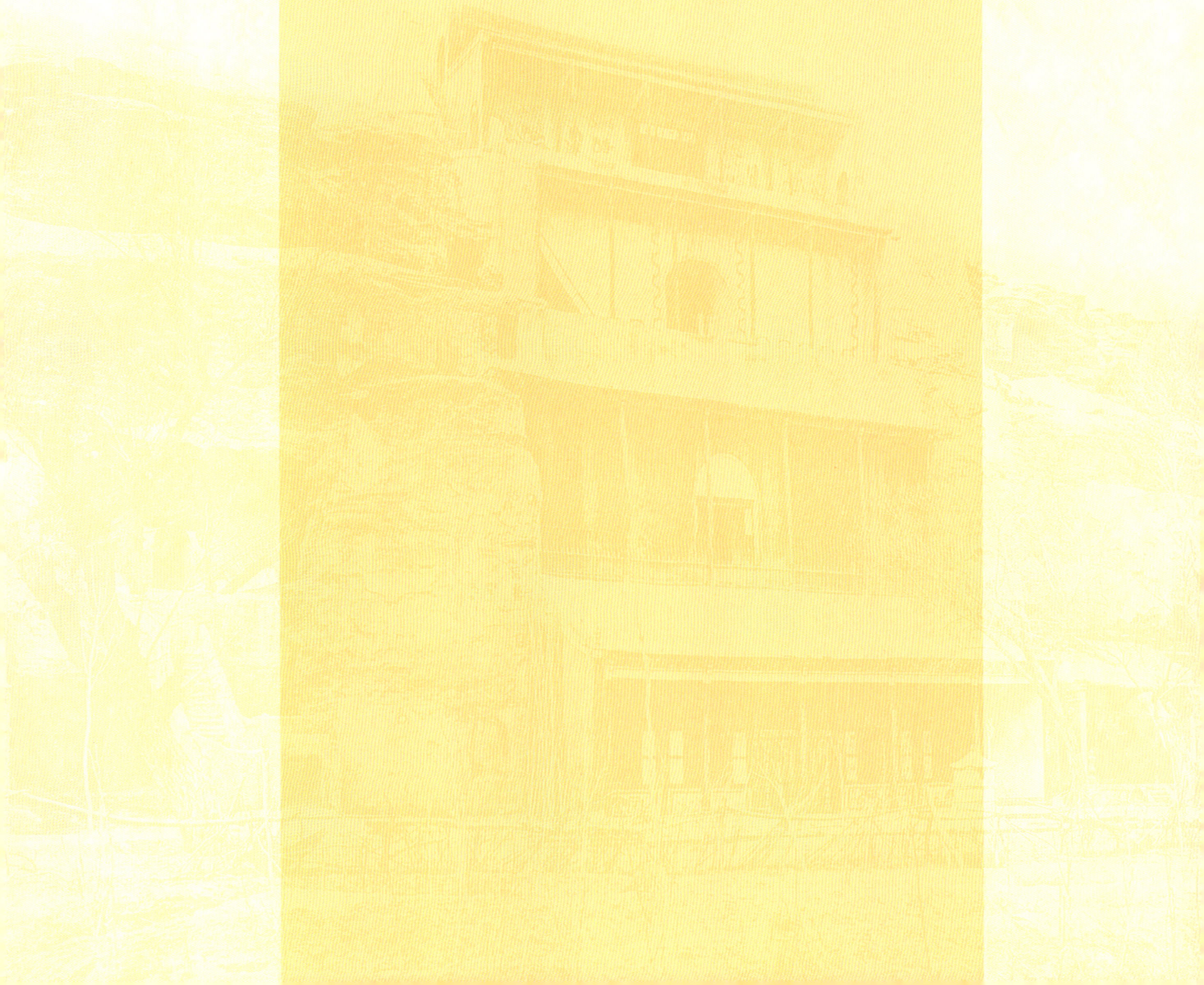

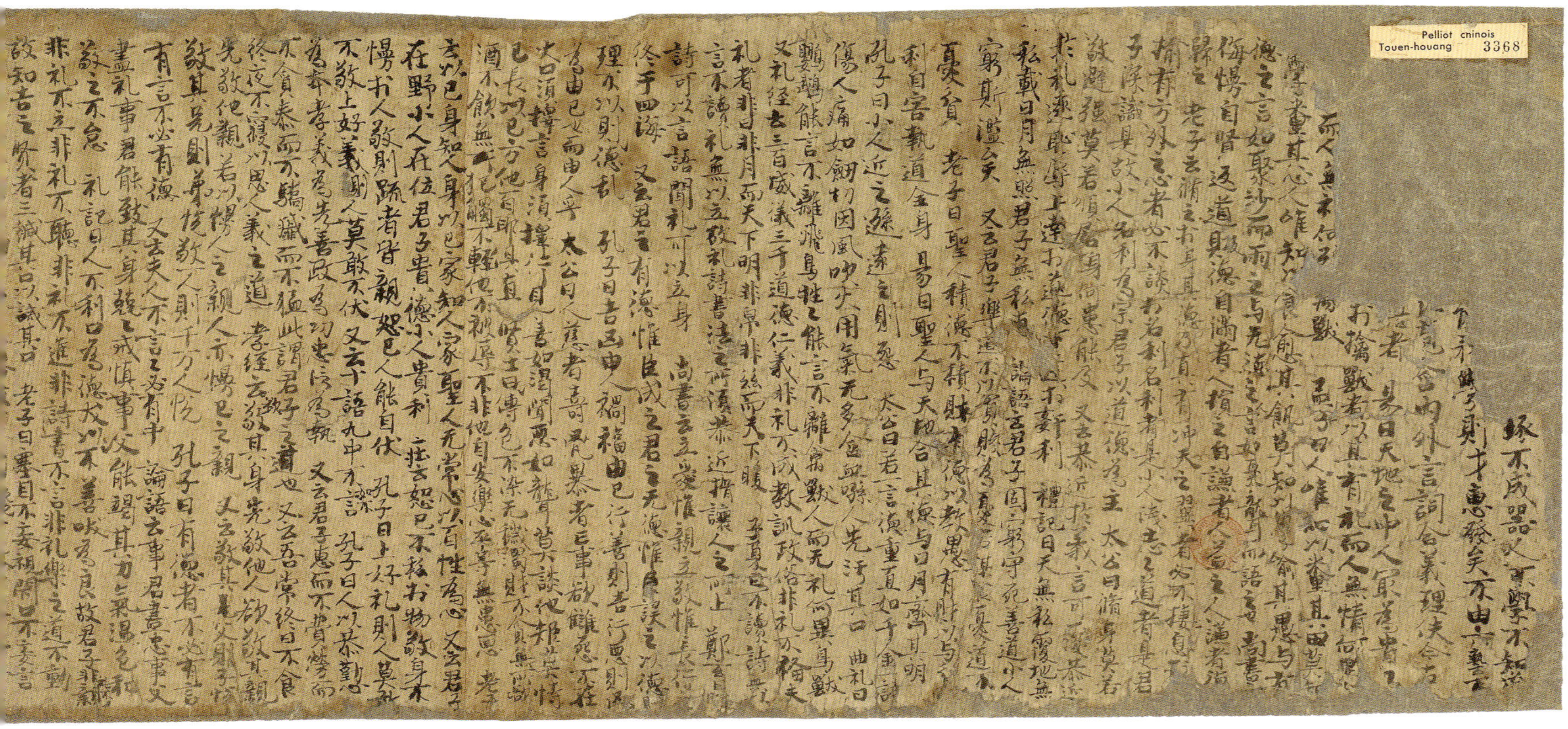
Pelliot chinois
Touen-houang 3368

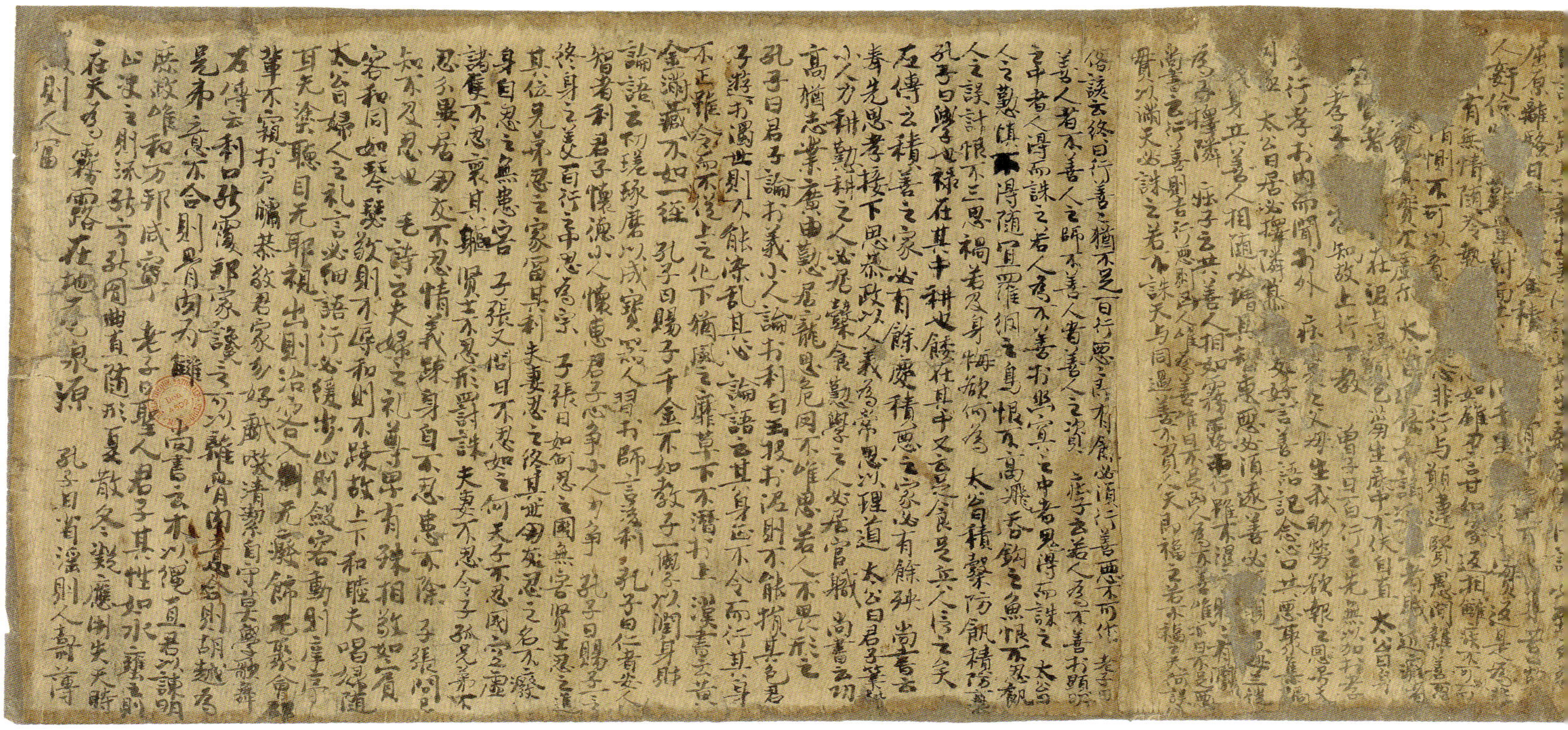

P.3368　新集文詞九經鈔（總圖）

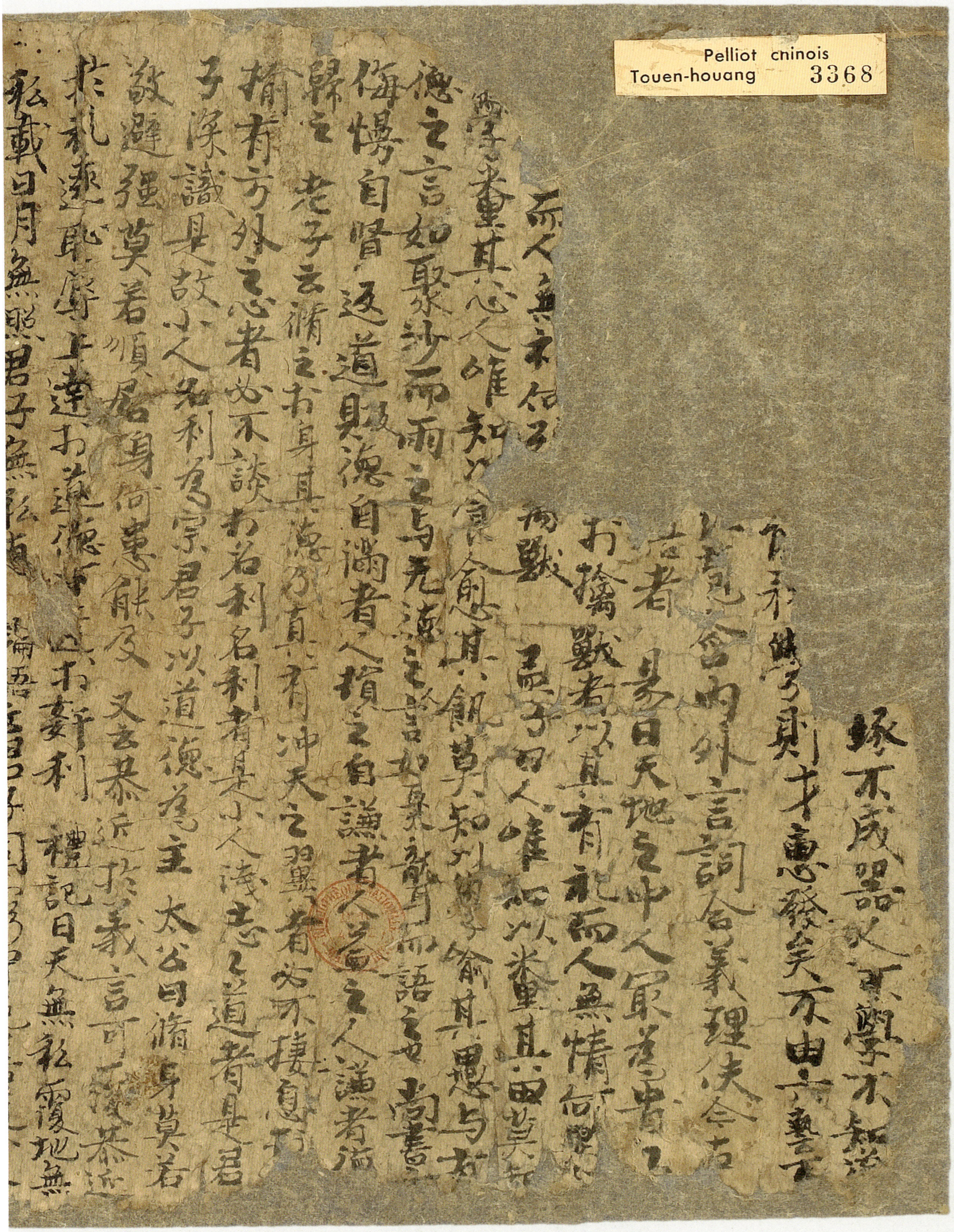

P.3368　新集文詞九經鈔　（8—1）

於禮遠恥辱上達而蘊德下上不妄利 禮記曰天無私覆地無
私載日月無私照君子無私者 論語云君子固窮守死善道小人
窮斯濫矣 又云君子樂道不以貧賤為憂若其憂道不
憂貧 老子曰聖人積德不積財有德以教愚有財以與人
利自害執道全身 易曰聖人与天地合其德与日月齊其明
孔子曰小人近之遜遠之則怨 太公曰若一言德重直如千金語
傷人痛如劍刺因風吹火用氣无多 鹽血噀人先污其口 曲礼曰
鸚鵡能言不離飛鳥 猩猩能言不離禽獸 人而无礼何異鳥獸
又礼經云三百威儀三千道德仁義非礼不成教訓政俗非礼不備 夫
礼者非日非月而天下明非阜非丝而天下暖 子夏曰不讀詩無以
言不讀礼無以立敬 礼詩書法之所須恭近揖讓人之所上 鄭玄曰
詩可以言語聞礼可以立身 尚書云立愛惟親立敬惟長始
終于四海 又云君之有德惟臣成之君之无德惟臣誤之以德
理不以則德亂 孔子曰吉凶由人禍福由己行善則吉行惡則凶
皆由己也而由人乎 太公曰人慈者壽凶暴者亡事欲讓怨不在
大口須擇言身須擇行見善如渴聞惡如聾莫談他短莫恃

P.3368　新集文詞九經鈔　（8—2）

第一一二冊　伯三三五五至伯三三八〇背

爲由己也而由人乎　太公曰人慈者壽凶暴者亡事欲讎怨不在
大口須擇言身須擇行見善如渴聞惡如聾莫談他短莫恃
己長以己方他百即具直　賢士曰傳色不染无識罰財不貪無所欲
酒不飲無所犯觸不輕他不被辱不非他自安樂心平等無患惡　老子
云以己身知人身以己家知人家　聖人无常心以百姓爲心　又云君子
在野小人在位君子貴德小人貴利　莊云恕己不移於物敬身不
慢於人敬則踈者皆親恕己人能自伏　孔子曰上好禮則人莫敢
不敬上好義則人莫敢不伏　又云十語九中不言　孔子曰人以恭勤
爲本孝義爲先善政爲功忠信爲執　又云君子惠而不費勞而
不貪泰而不驕威而不猛此謂君子之道也　又云吾常終日不食
終夜不寢以思人義之道　孝經云敬其身先敬他人欲敬其親
先敬他親若以慢人之親人亦慢己之親　又云敬其父則子悅
敬其兄則弟悅敬一人則千万人悅　孔子曰有德者必有言
有言不必有德　又云夫人不言言必有中　論語云事君盡忠事父
盡禮事君能致其身竭戒慎事父能竭其力氣溫色和
敬之不怠　禮記曰人不利口爲德犮以不善喉爲良故君子非禮
非禮不立非禮不聽非禮不進非詩書不言非禮樂之道不動

P.3368　新集文詞九經鈔　（8—3）

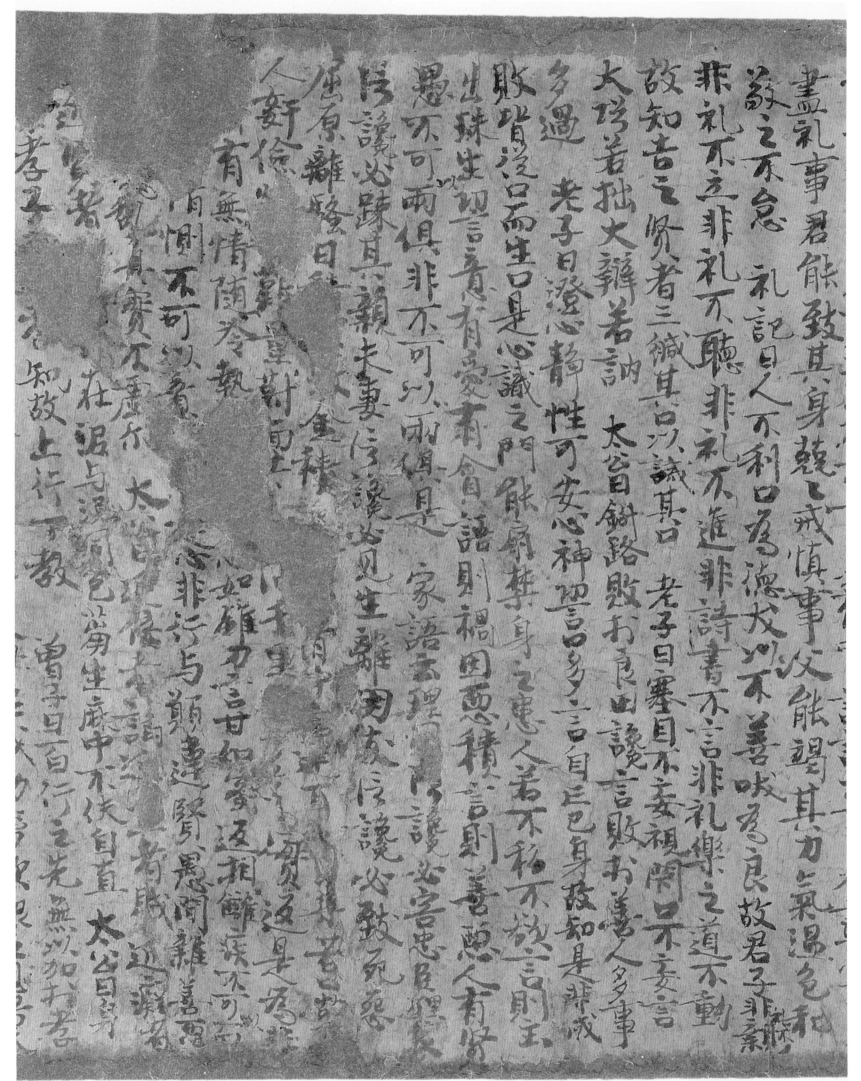

盡礼事君能致其身兢兢戒慎事父能竭其力氣温色和
敬之不怠　礼記曰人不利口為德犬以不善吠為良故君子非礼
非礼不立非礼不聽非礼不進非詩書不言非礼樂之道不動
故知言之賢者三緘其口以誡其口　老子曰塞目不妄視閉口不妄言
大巧若拙大辯若訥　太公曰銷路毀於良田讒言敗於善人多事
多過　老子曰澄心靜性可安心神習言多言自亡已身故知是非成
敗皆從口而生口是心識之門能解其身之患人若不私不擬言則主
出殊生習言意有愛有會語則禍因惡積言則善惡人有賢
愚不可兩俱非不可以兩俱是　家語云理[illegible]讒必害忠臣理亂
信讒必疎其親夫妻信讒必見生離朋友信讒必致死怨
屈原離騷曰[illegible]金[illegible][illegible]自[illegible]其[illegible]若古
人奸倫[illegible]對[illegible][illegible]千重[illegible]賢返是為[illegible]
有無情隨冷熱[illegible]如雖力言昔如學返祖離孩不可
自閑不可以看[illegible]非行与顛連賢愚間雜善惡
[illegible]有賓不虛示　太[illegible]謫[illegible]者賊近賢者
[illegible]在泥与混同色[illegible]生麻中不扶自直　太公曰賢
[illegible]者[illegible]
[illegible]孝[illegible][illegible]知故上行下教　曾子曰百行之先無以加於孝
[illegible]

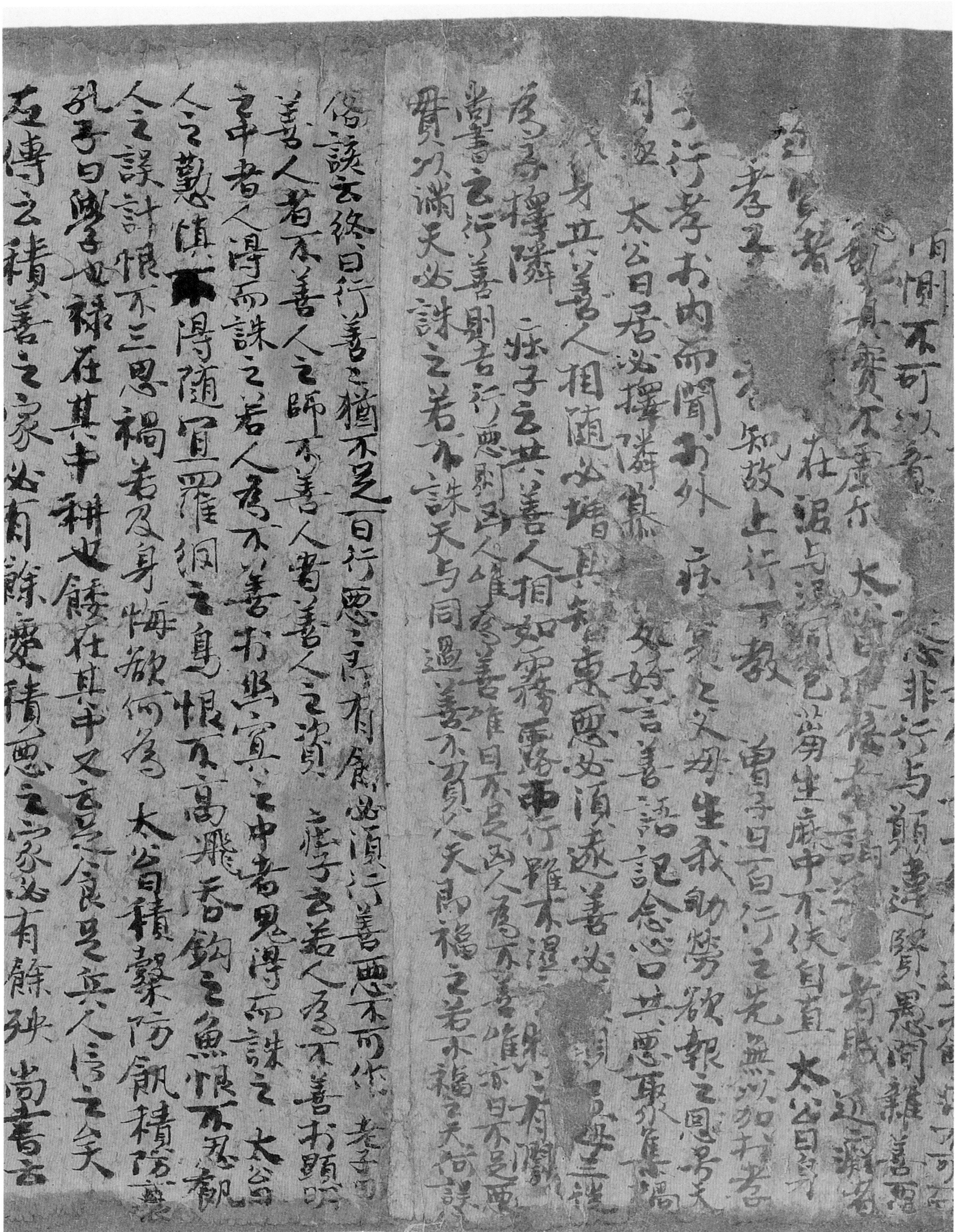

P.3368　　新集文詞九經鈔　　（8—5）

人之懃慎不得隨宜羅從之身恨不高異吾懃之無恨下之者
人之誤討恨不三思禍若及身悔欲何為　太公曰積穀防飢積陽防禦
孔子曰學也祿在其中耕也餧在其中又言兵人良足兵人言之矣
左傳云積善之家必有餘慶積惡之家必有餘殃　尚書云
春先思孝接下思恭政以義為常思以理道　太公曰君子業乾
小人力耕勤耕之人必足糧食懃學之人必居官職　尚書云功
高猶志業廣由懃居寵思危罔不唯畏若人不畏刑之
孔子曰君子論於義小人論於利　白玉投於泥則不能損其色君
子遊於濁世則不能染亂其心　論語云其身正不令而行其身
不正雖令而不從　上之化下猶風之靡草　下不潛於上　漢書云黃
金滿藏不如一經　孔子曰賜子千金不如教子一藝　學以潤身財
論語云切磋琢磨以成寶器　人習於師言義利　孔子曰仁者安人
智者利　君子懷德小人懷惠　君子心爭小人力爭　孔子曰賜子一言
終身之美　又百行之中忍為宗　子張曰如何忍之國無害　賢士忍之進
其位兄弟忍之家富其利　夫妻忍之終其世　朋友忍之名不廢
身自忍之無患害　子張又問曰不忍如之何　天子不忍國空虛
諸侯不忍喪其軀　賢士不忍刑罰討誅　夫妻不忍令子孤　兄弟不

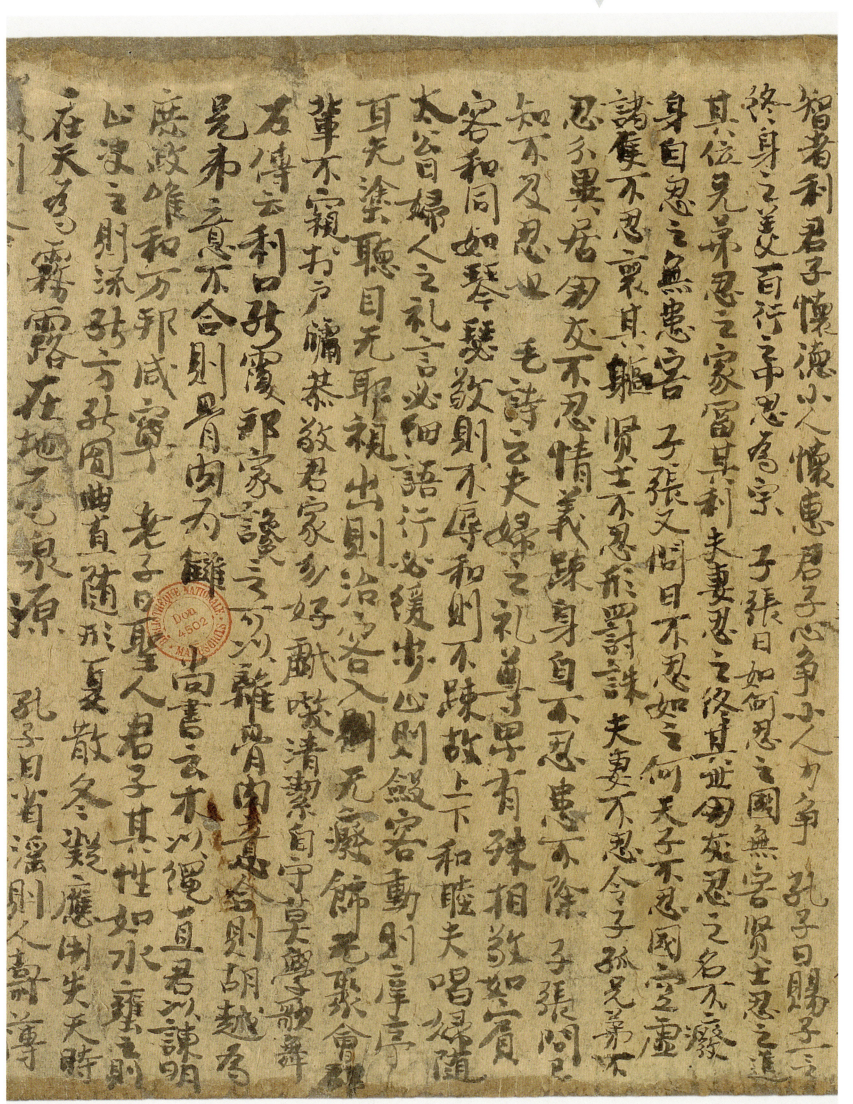

智者利君子懷德小人懷惠君子必爭小人不爭 孔子曰賜子一言
終身之美百行之中忍為宗 子張曰如何忍之國無害賢士忍之進
其位兄弟忍之家冨其利 夫妻忍之終其世朋友忍之名不廢
身自忍之無患害 子張又問曰不忍如之何 夫子不忍國空虛
諸侯不忍喪其軀 賢士不忍刑罰誅 夫妻不忍令子孤兄弟不
忍分異居朋友不忍情義踈身自不忍患不除 子張問曰
知不及忍也 毛詩云夫婦之禮尊卑有殊相敬如賓
容和同如琴瑟敬則不辱和則不踈故上下和睦夫唱婦隨
太公曰婦人之禮言必細語行必緩步心則斂容動則庠序
耳无塗聽目无邪視出則冶容入則无擬飾无聚會群
輩不窺於戶牖恭敬君家勿好獻噭清潔自守莫學歌舞
左傳云利口覆邦家讒言可以離骨肉惡言合則胡越為
兄弟意不合則骨肉為讎 尚書云木以繩直君以諫明
凡政唯和萬邦咸寧 老子曰聖人君子其性如水壅之則
止決之則流方圓曲直隨形夏散冬凝應時失天時
在天為霧露在地為泉源 孔子曰渭濁則人壽尊

[illegible]

是弟意不合則胃肉不饑尚書云木以繩直君以諫明

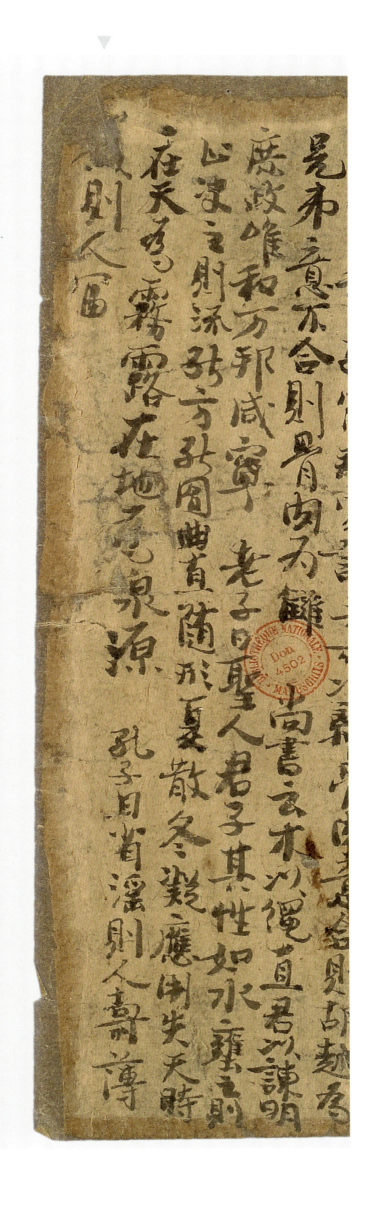

庶政唯和万邦咸寧老子曰聖人君子其性如水壅之則

止塞之則流孫方孔圓曲直隨形夏散冬凝應用失天時

在天為霧露在地為泉源

孔子曰省濕則人壽薄

則人富

第一一二冊　伯三三五五至伯三三八〇背

P.3368　新集文詞九經鈔　（8—8）

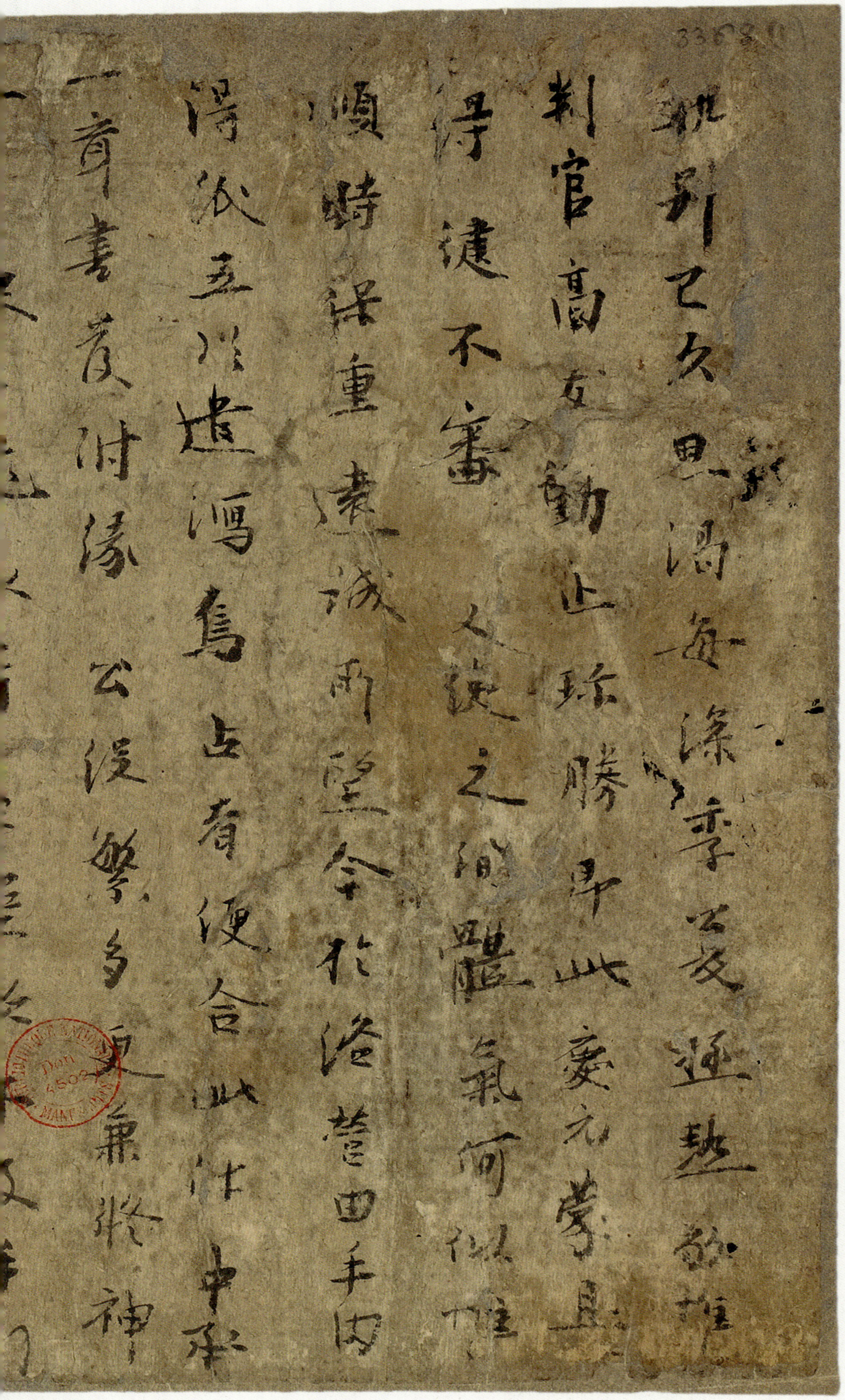
執別已久，思渴每深。季夏極熱，敬惟
判官高友動止珍勝，即此蒙免，常且
得達。不審　人使之例，體氣何似，惟
順時保重，遠誠所望。今於洛營田手內
得狀五以遣通鳥占有便，合此汴中丞
一齊書度附緣公役繁多，兼將神

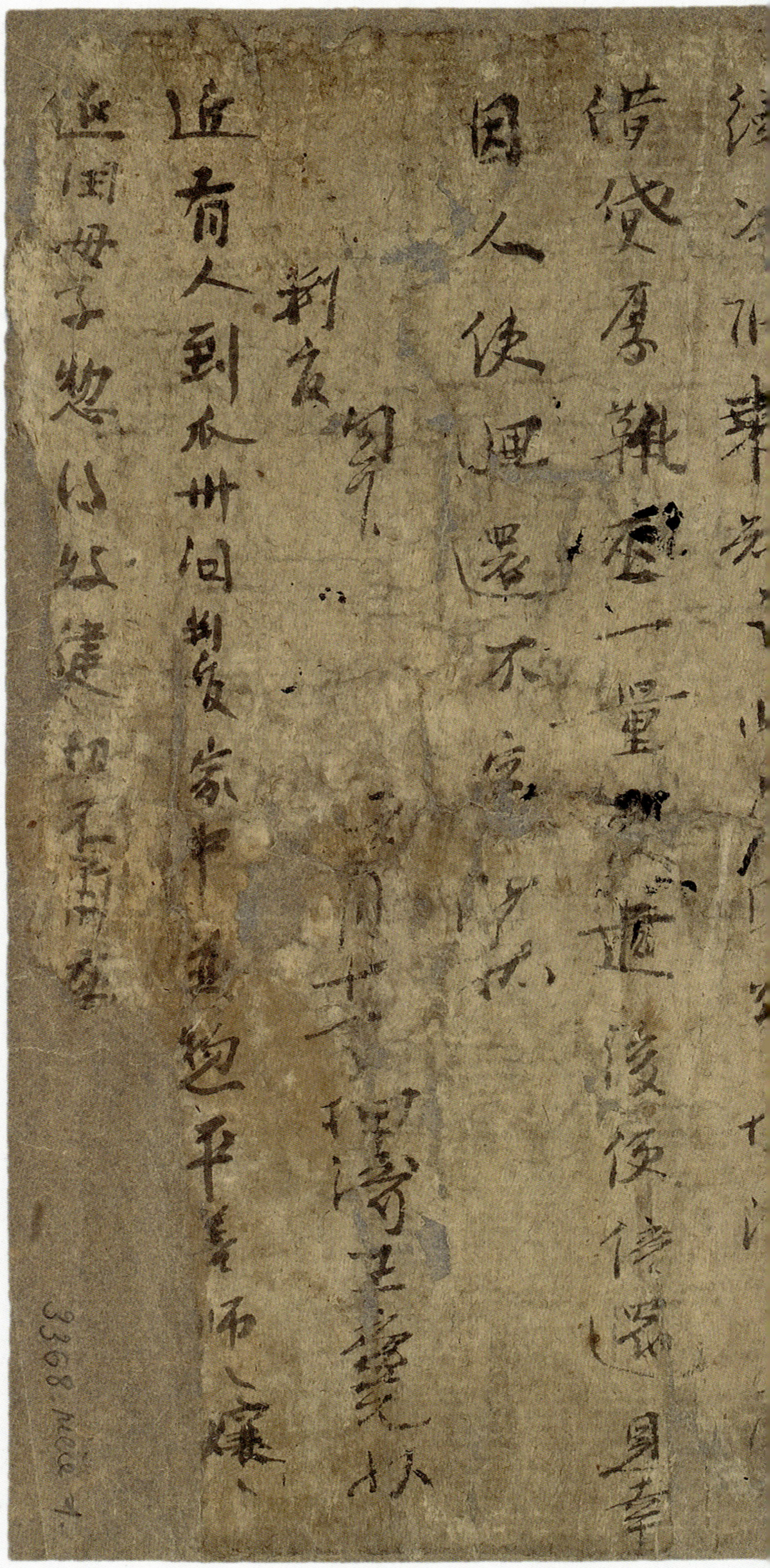

P.3368 pièce 1　　某年六月十一日押衙王慶元致判官狀

P.3368 pièce 1v　　某年六月十一日押衙王慶元致判官狀封

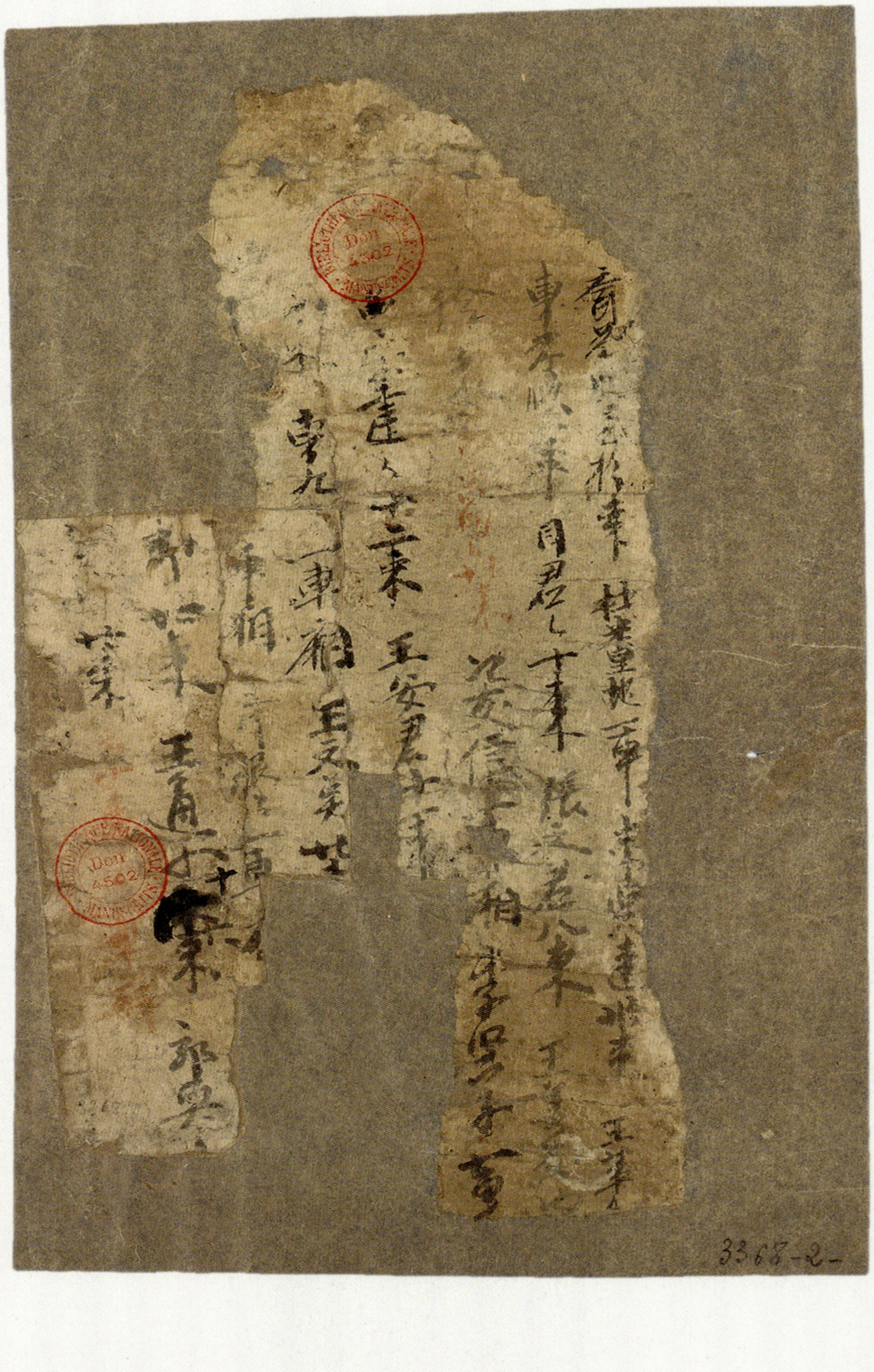

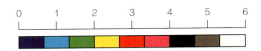

P.3368 pièce 2（+P.3368 pièce 3）　　梁苟子等柴草曆

（P.3368 pièce 2+）P.3368 pièce 3　　（見 P.3368 pièce 2）

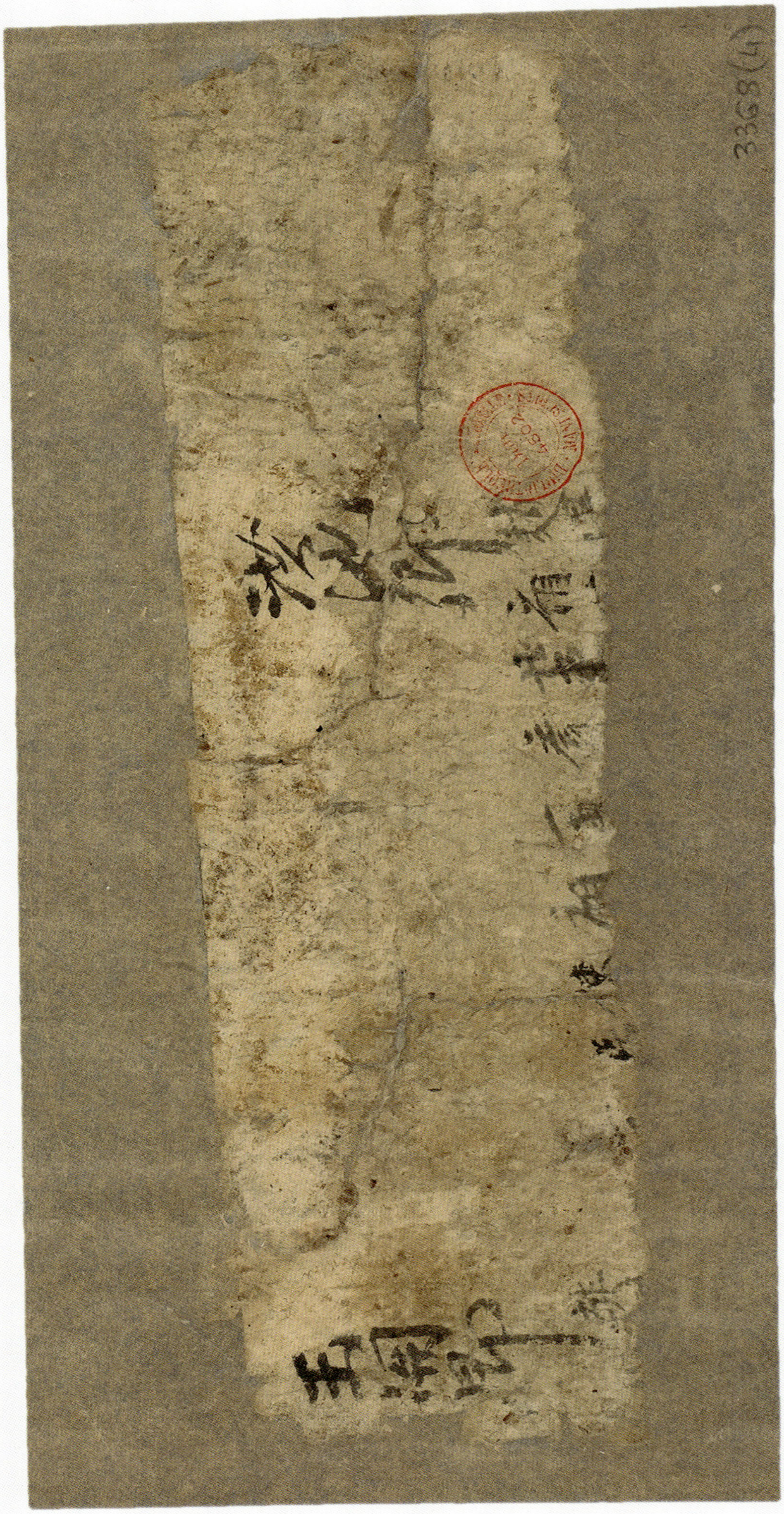

P.3368 pièce 4　　梁荀子等柴草曆

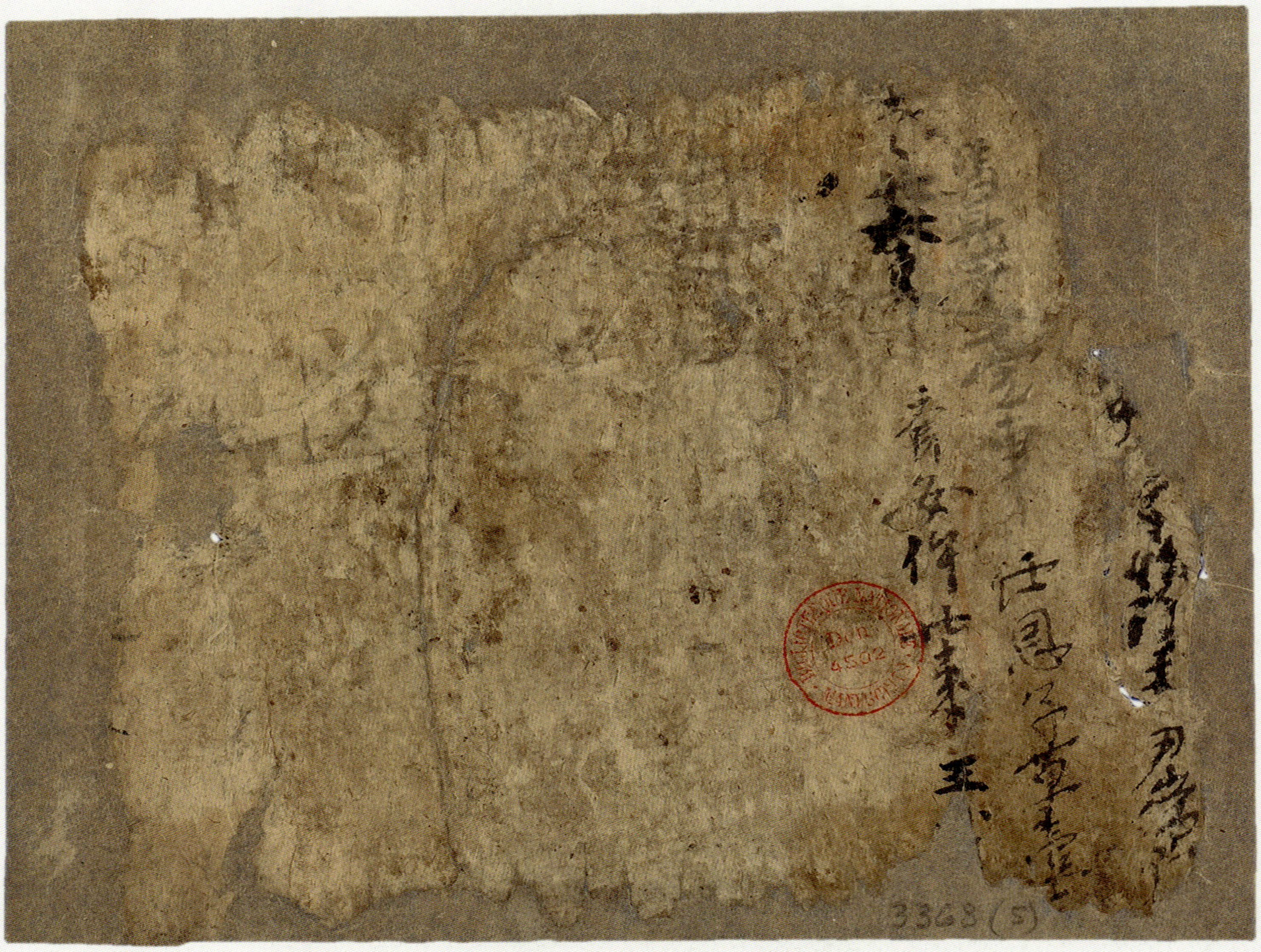

P.3368 pièce 5　　梁苟子等柴草曆

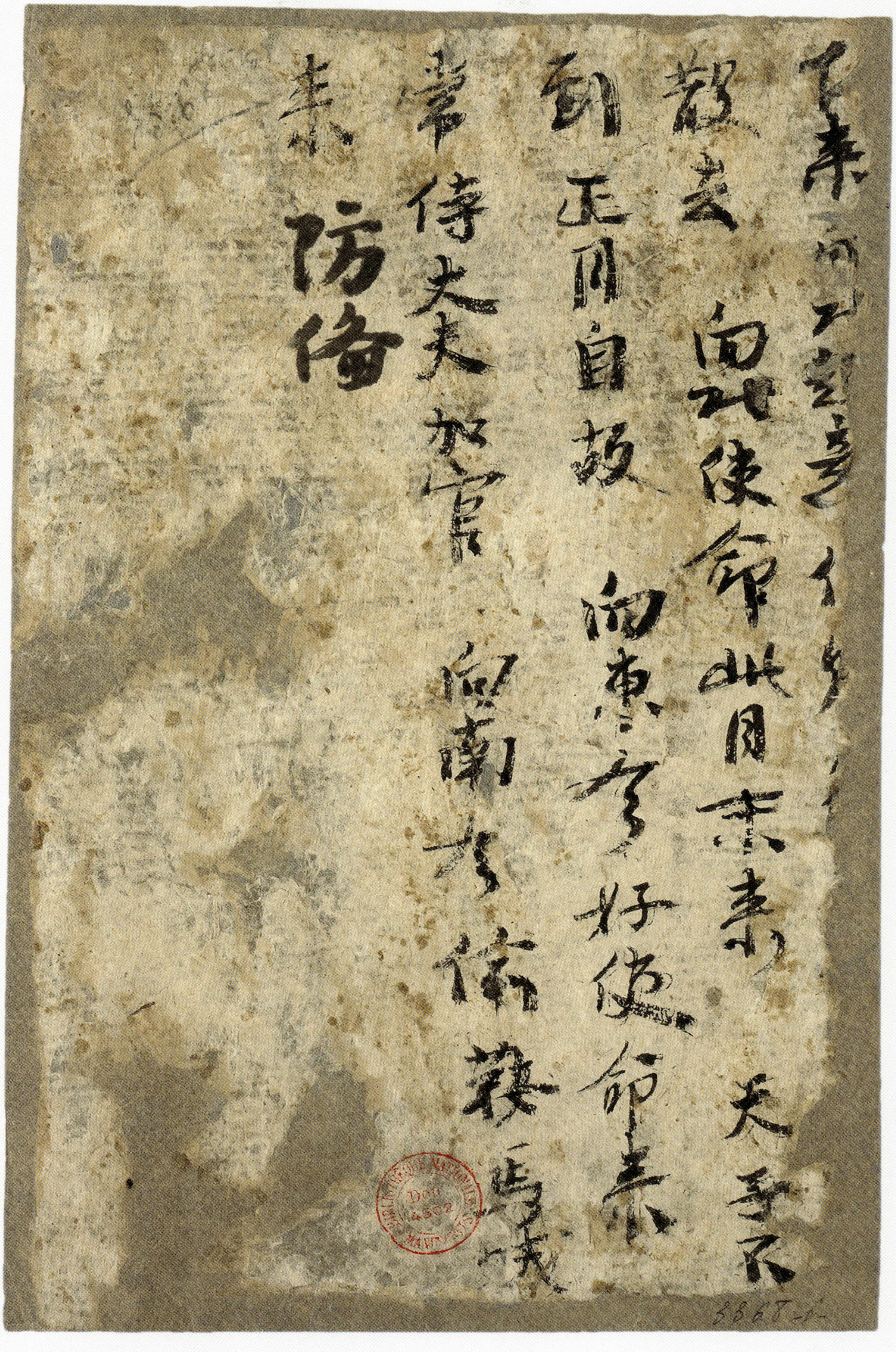

散去　向北使命此月來來　天子下
到　正月自救　向東方好使命來
常侍大夫加官　向南方依發馬成
來　防倫

P.3368 pièce 6　　鳥占

P.3368 pièce 7　　尚想黃綺帖習字

Bibliothèque nationale de France

Pelliot chinois 3369
(+Pelliot chinois 4775)

仲尼居曾子侍子曰先王有至德要
上下無怨汝知之乎曾子避席曰參不
夫孝德之本教之所由生復坐吾語汝身
不敢毀傷孝之始也立身行道揚名於
後也夫孝始於事親忠於事君終於立身大雅云無
祖聿脩厥德

天子章第二

子曰愛親者不敢惡於人敬親者不敢慢於人愛敬盡於事
親而德教加於百姓刑于四海蓋天子之孝也甫刑云一人有慶兆民賴之

諸侯章第三

在上不驕高而不
不溢高而不危所以長守貴也

非先王之法服不敢服非先王之法
敢行是故非法不言非道不行口無
天下無口過行滿天下無怨惡三者備
蓋卿大夫之孝也詩云夙夜匪懈以
士人章第五
資於事父以事母而愛同資於事父以事君而敬同故母取其
愛而君取其敬兼之者父也故以孝事君則忠以敬事長則
順忠順不失以事其上然後能保其祿位而守其祭祀蓋士之
孝也詩云夙興夜寐無忝尔所生　庶人章第六
用天之道分地之利謹身節用以養父母此庶人之孝也故自天
子至於庶人孝無終始而患不及已者未之有也
曾子曰甚哉孝之大也子曰夫孝天之經地
三才章第七
之義人之行天地之經而民是則之則天之明因地之利以順天下

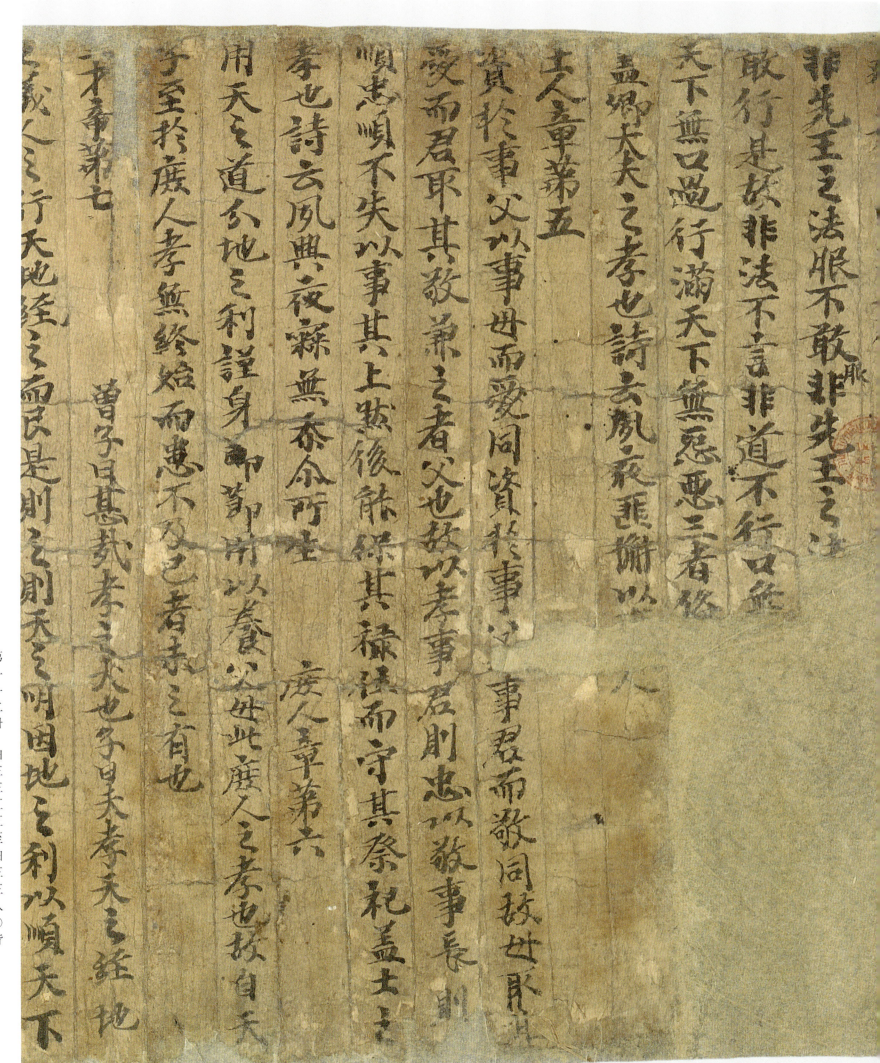

P.3369（+P.4775）　孝經　（4—1）

三才章弟七　曾子曰甚哉孝之大也子曰夫孝天之經地
之義人之行天地經之而民是則之則天之明因地之利以順天下
是以其教不肅而城其政不嚴而治先王見教之可以化人也是故
先之以博愛而人莫遺其親陳之以德義而人興行先之以敬讓
而人不爭道之以禮樂而人和睦示之以好惡而人知禁詩云赫赫
師尹人具尒瞻
孝治章弟八　子曰昔者明王之以
孝治天下不敢遺小國之臣而況於公侯伯子男乎故得萬國
之歡心以事其先王治國者不敢侮於鰥寡而況於士人乎故得
人之歡心以事其先君治家者不敢失於臣妾之心而況於妻
子乎故得人之歡心以事其親夫然故生則親安之祭則鬼享
之是天下和平災害不生禍亂不作故明王之以孝治天下如此詩
云有覺德四國順之
聖治章弟

郊祀后稷以配天是以四海之内各以其職來助祭夫聖人之德
又何加於孝乎故親生之膝下以養父母日嚴聖人因嚴以教敬因
親以教愛聖人之教不肅而成其政不嚴而治其所因者本也父子
之道天性君臣之義父母生之續莫大焉君親臨之厚莫大焉故
不愛其親而愛他人親者謂之悖德不敬其親而敬他人親者謂
之悖禮以順則逆民無則焉不在於善而皆在於凶德雖得之君子
不貴君子則不然言思可道行思可樂德義可尊作事可法容止
可觀進退可度以臨其人是以其人畏而愛之則而象之故能成
其德教而行其政令詩云淑人君子其儀不忒

紀孝行章第十

子曰孝子之事親居則致其敬養則致
其樂病則致其憂喪則致其哀祭則致其嚴五者備矣然後
能事親事親者居上不驕為下不亂在醜不爭居上而驕則亡
為下而亂則刑在醜而爭則兵三者不除雖日用三牲之養猶

孝行章第十　子曰孝子之事親居則致其敬養則致其樂病則致其憂喪則致其哀祭則致其敬五者備矣然後能事親事親者居上不憍為下不亂在醜不争居上而憍則亡為下而亂則刑在醜而争則兵三者不除雖日用三牲之養猶為不孝

五刑章第十一　子曰五刑之屬三千罪莫大於不孝要君者無上非聖人者無法非孝者無親此大亂之道

廣要道章第

曰教人親愛莫善於孝教禮人順莫　於悌移風易俗莫善於樂安上治人莫善於禮禮者敬而已矣故敬其父則子悦敬其兄則弟悦敬其君則臣悦敬一人而千万悦所敬者寡而悦者衆此之謂要道

廣至德章第十三

子曰君子之教以孝非家至而日見教以孝所以敬天下之為人父者教以悌所以敬天下之為人兄者教以臣所以敬天下之為人君者詩

事兄悌故順可移於長居家治理可以於官是以行成於內而
名立於後世矣
諫諍章第十五
曾子曰若夫慈愛恭敬安親揚名則聞命矣敢問子從父之令
可謂孝乎子曰是何言歟昔者天子有爭臣七人雖無道不失
其國大夫有爭臣三人雖無道不失其家士有諍友則身不離
於令名父有諍子則身不陷於不義故當不義則子不可以不諍
於君
感應章第十六
子曰昔者明王事父孝故事
天明事母孝故事地察幼順故上下治天地明察神明彰矣故雖
天子必有尊言有父者必有先也言有兄也宗廟致敬不忘親
脩身慎行恐辱先也宗廟致敬鬼神著矣孝悌之至通於神
明光於四海無所不通詩云自東自西自南自北無思不服
事君章第十七
子曰君子之事上進思

第一一二冊　伯三三五五至伯三三八〇背

P.3369（+P.4775）　孝經　（4—3）

天明事母孝故事地察幼順故上下治天地明察神明彰矣故雖
天子必有尊言有父者必有先也言有兄也宗廟致敬不忘親
脩身慎行恐辱先也宗廟致敬鬼神著矣孝悌之至通於神
明光於四海無所不通詩云自東自西自南自北無思不服
事君章第十七　　　子曰君子之事上進思
美匡救其惡故上下理能相親詩云心乎
之何日忘之　　　喪親章第十八
禮無容言不聞服美不安聞樂不樂人
日而食教人無以死傷生毀不滅性此聖人之教喪不過三年示人有終
為之棺槨衣衾而舉之陳其簠簋而哀戚之情擗擗踊哭泣哀
以送之卜其宅兆而安措之為之宗廟以鬼享之春秋祭祀以
時思之生事以愛死事哀戚生人之本盡矣死生之義備矣孝

索八善義　索像子　馮德友　索明子　索文智

索女子　索宗義　刀兒　鉢單兒　陰屯兒　鉢子　張骨

乾符三年十月二十一日學生索什德書義書

之也　乾符三年

索慶　學子　諭索老子索

咸通十五年五月八日沙州學郎索什德

索康子

P.3369（+P.4775）　孝經　（4—4）

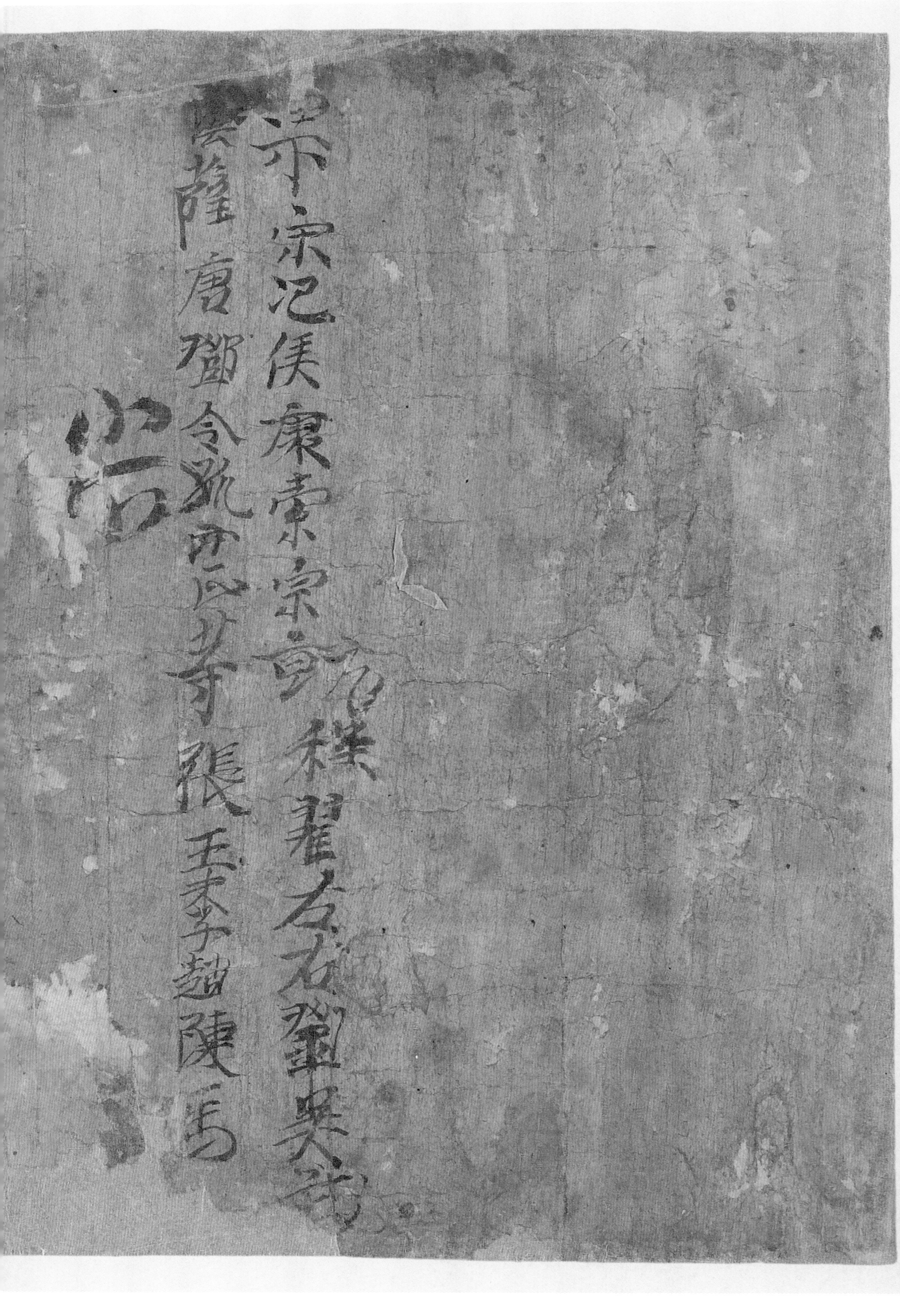

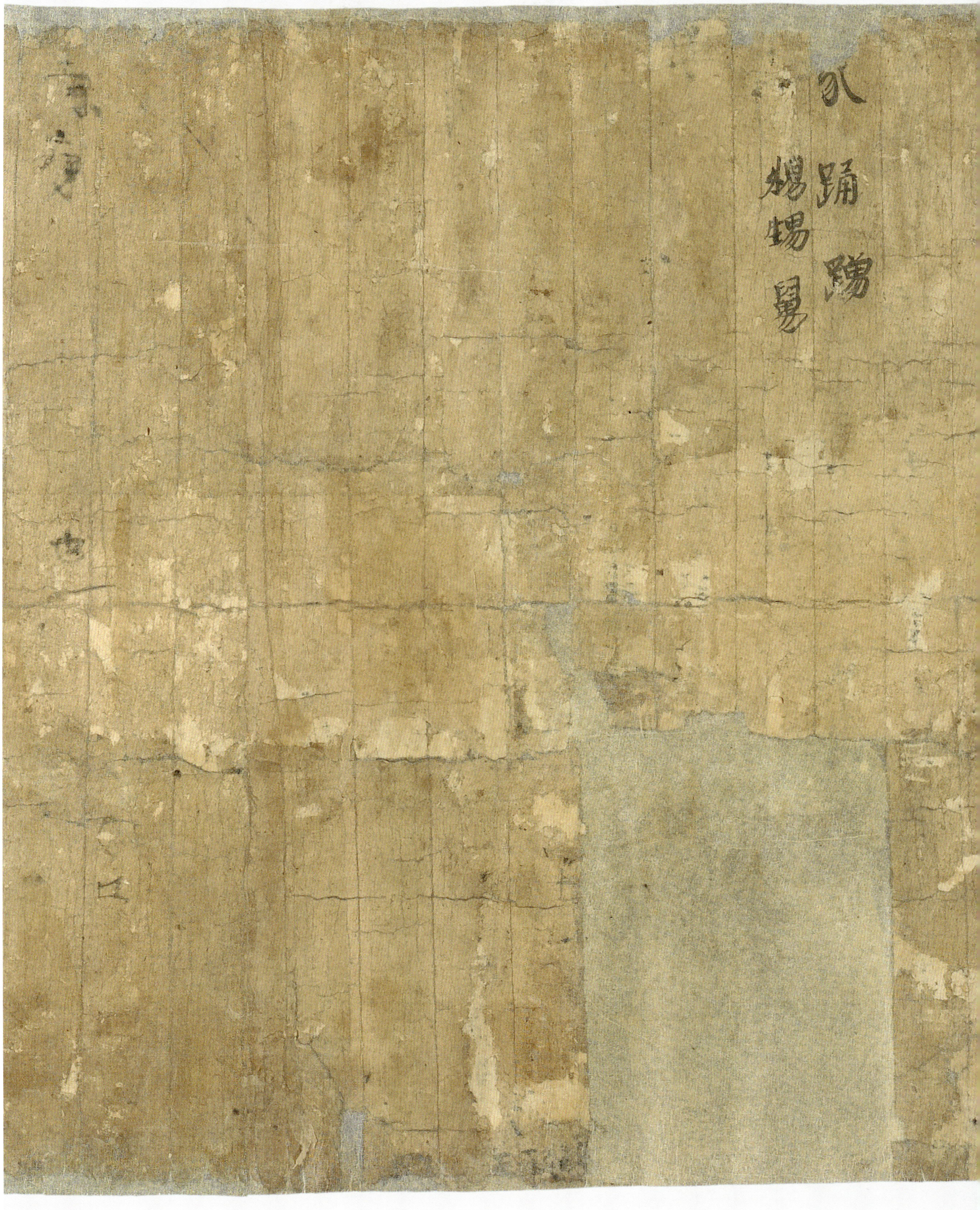

（P.4775v+）P.3369v　　1. 敦煌百家姓　　（4—1）

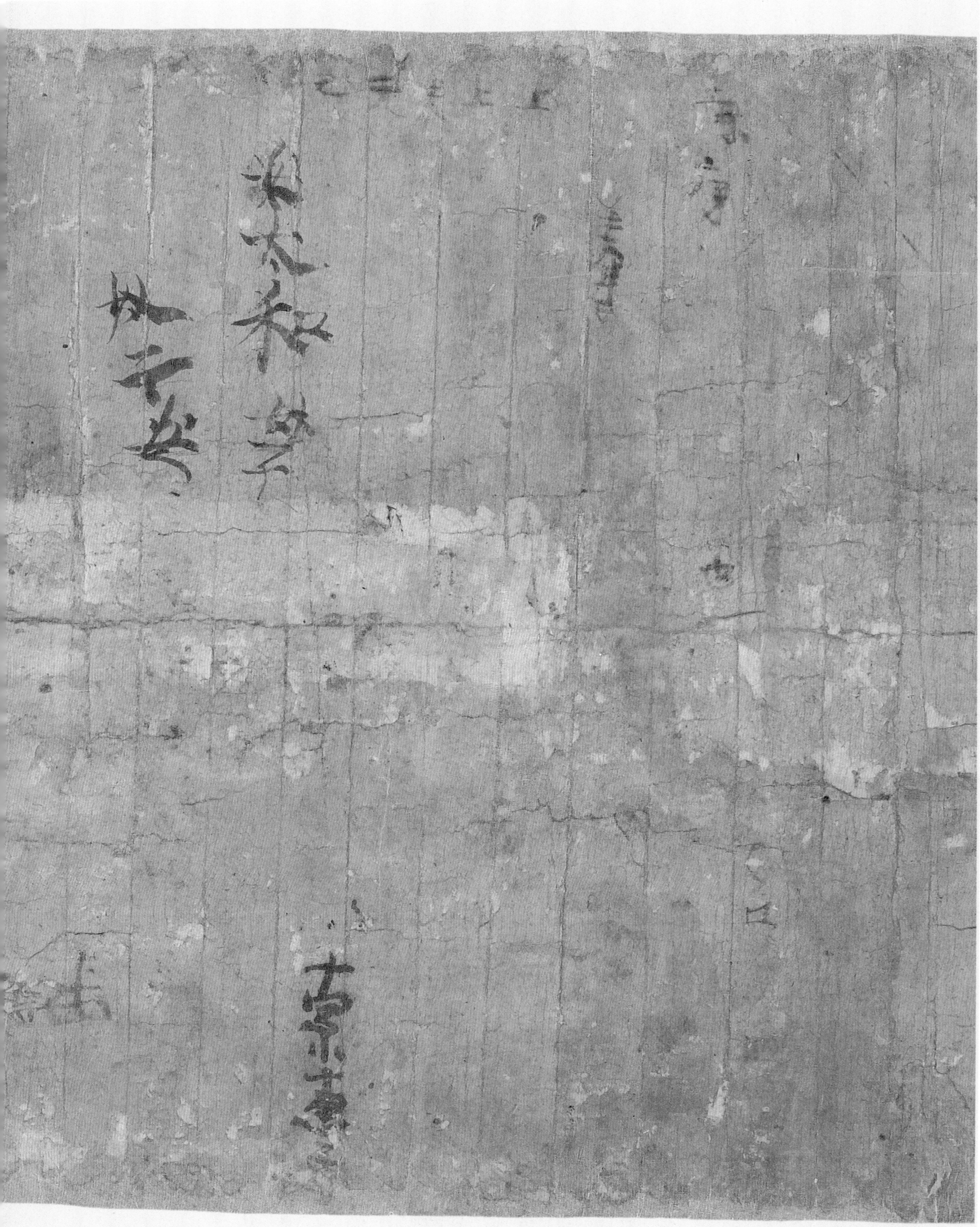

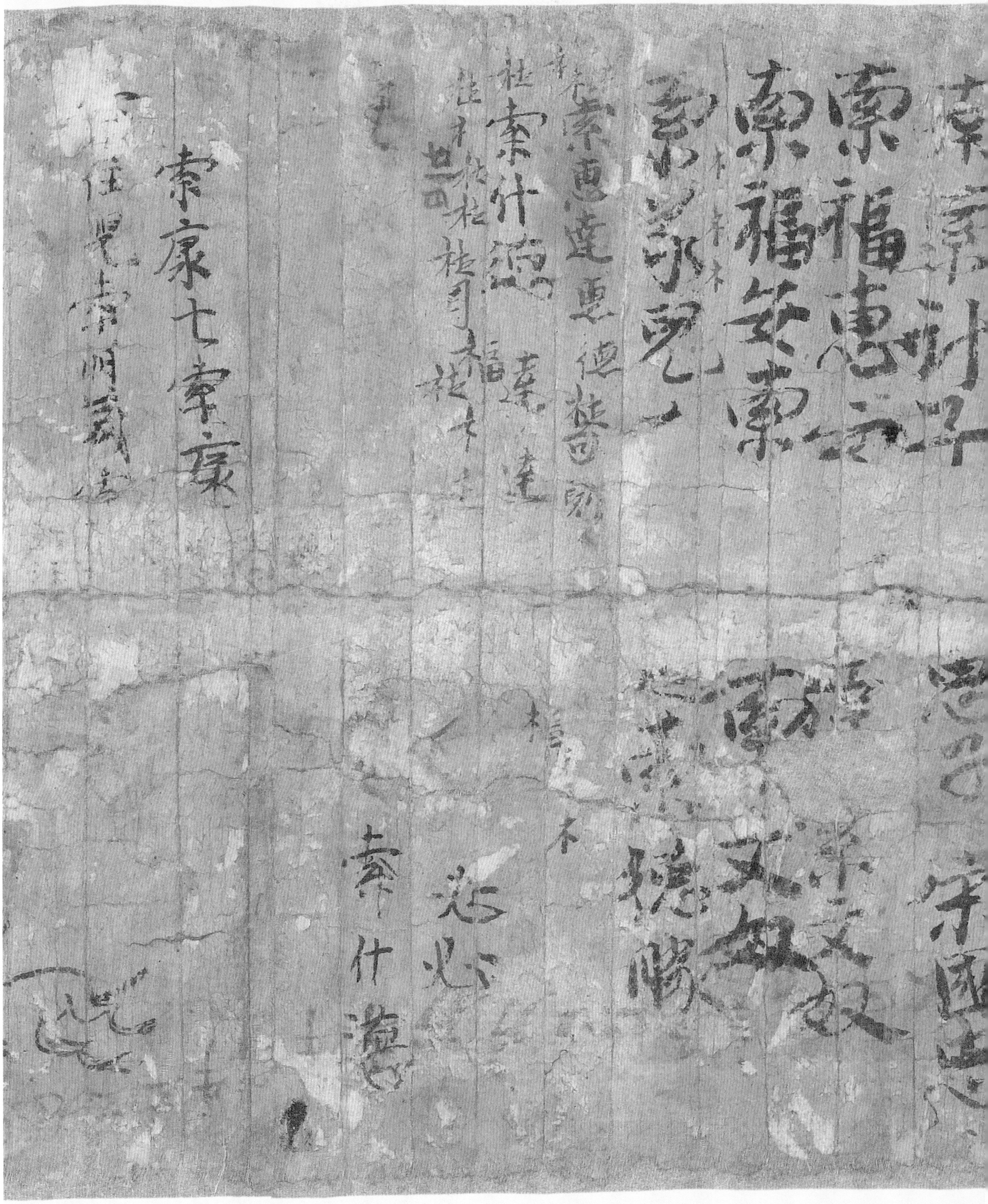

（P.4775v+）P.3369v　2. 上大夫牛羊千口等習字　3. 白畫奔鹿　（4—2）

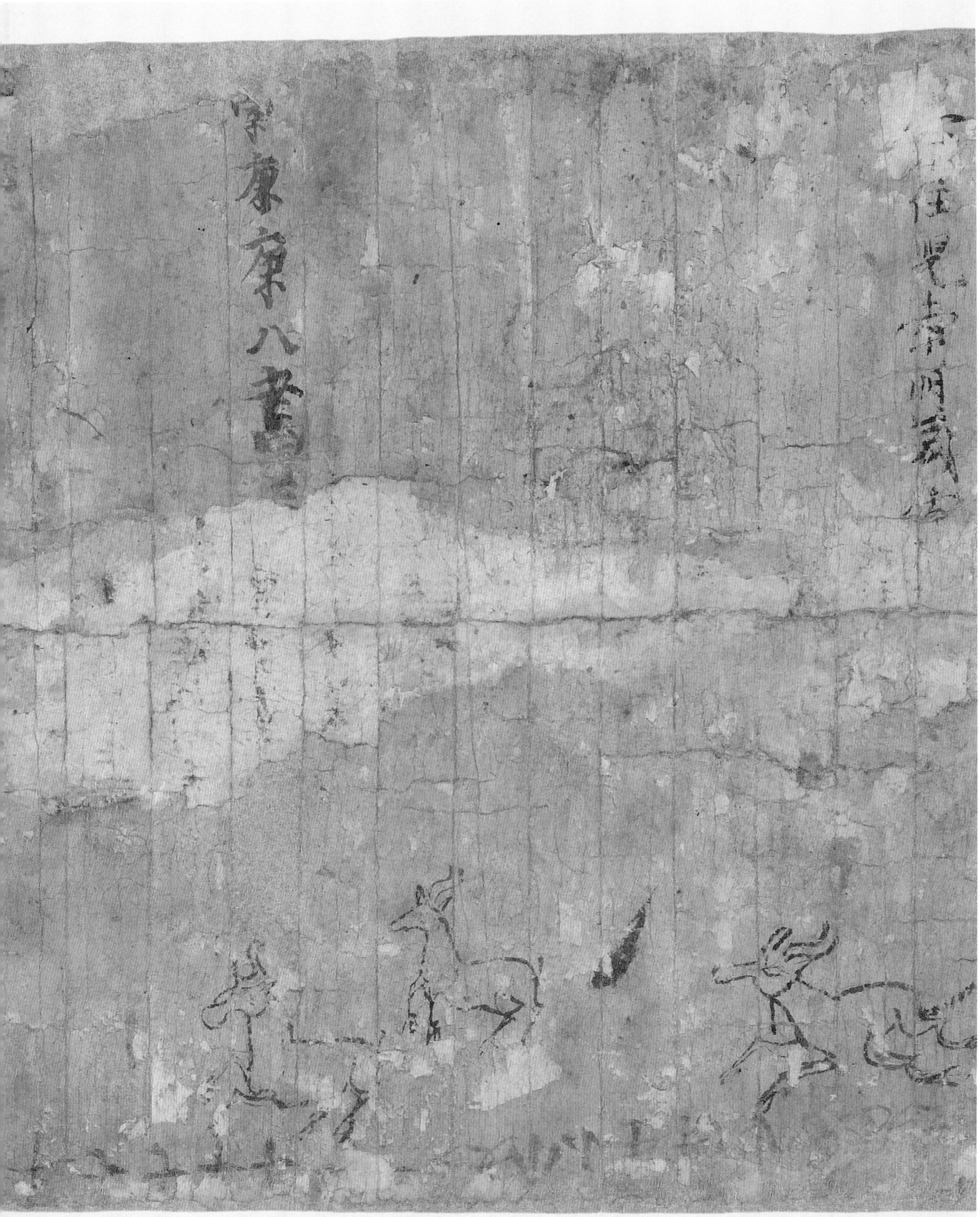

（P.4775v+）P.3369v　　2. 上大夫牛羊千口等習字　　3. 白畫奔鹿　　（4—3）

（P.4775v+）P.3369v　　2. 上大夫牛羊千口等習字　　（4—4）

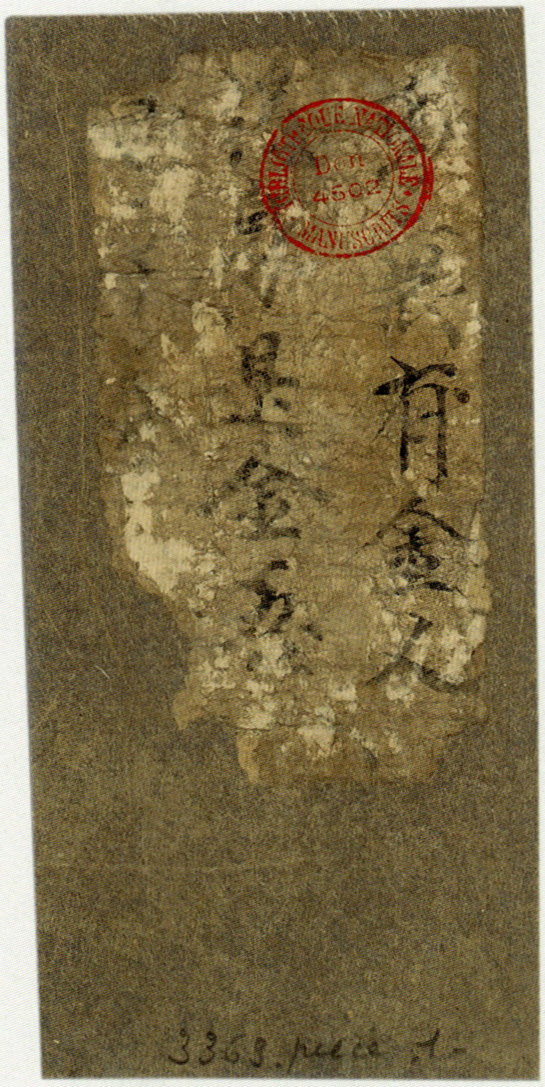

P.3369 pièce 1　　兒郎偉

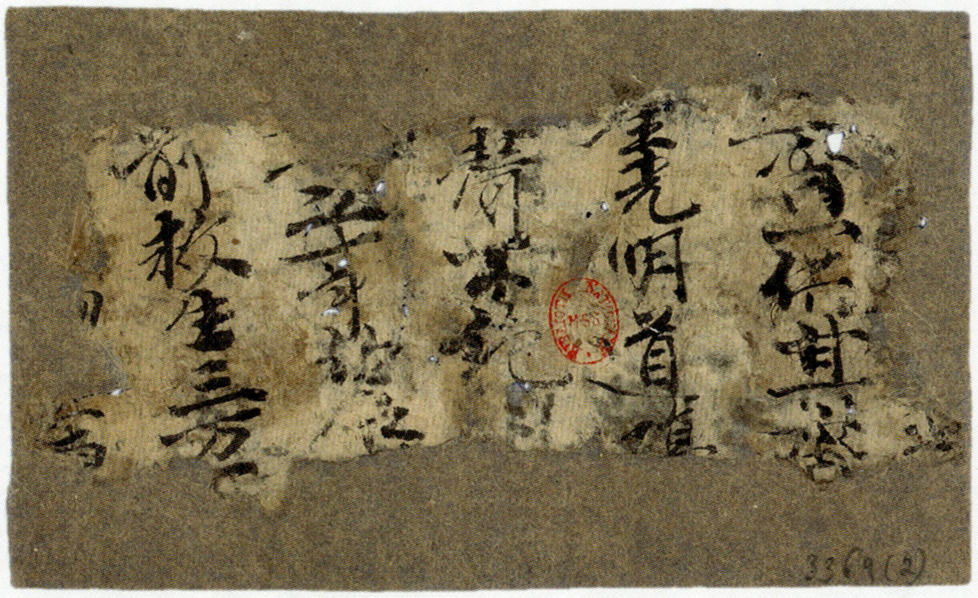

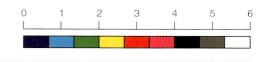

P.3369 pièce 2　　齋文

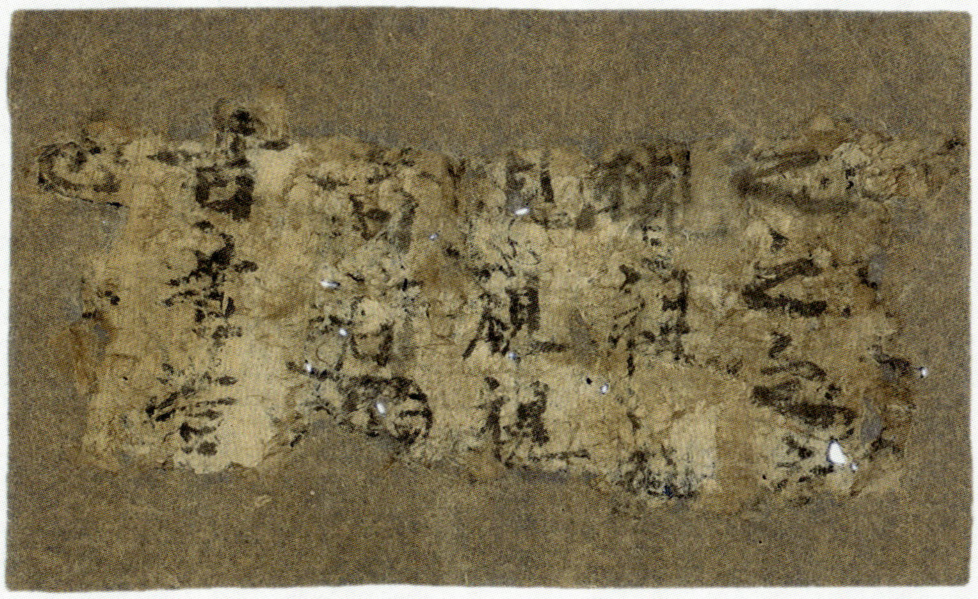

P.3369 pièce 2v　　蘭亭序習字

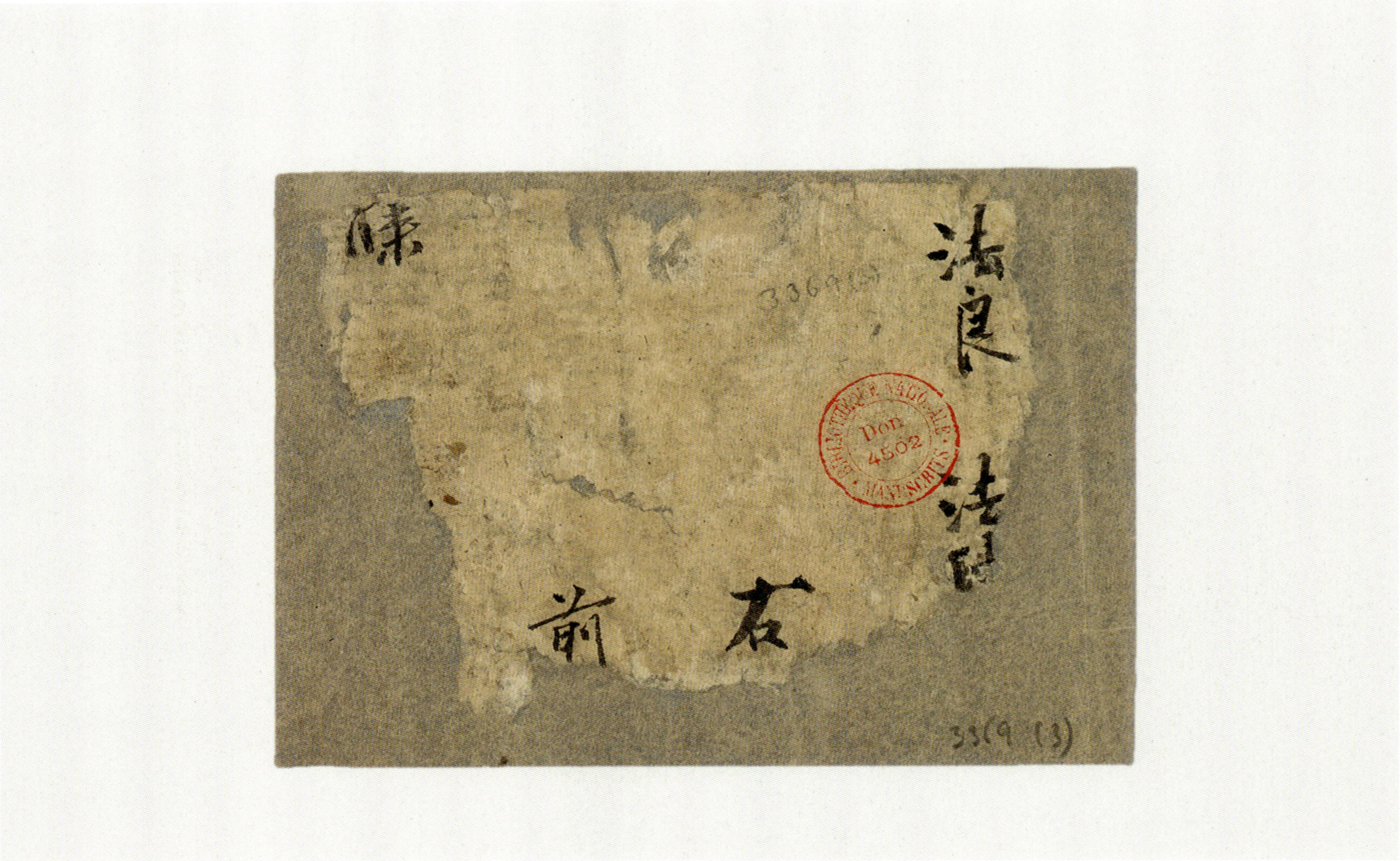

P.3369 pièce 3　　某寺狀

P.3369 pièce 5　　殘文

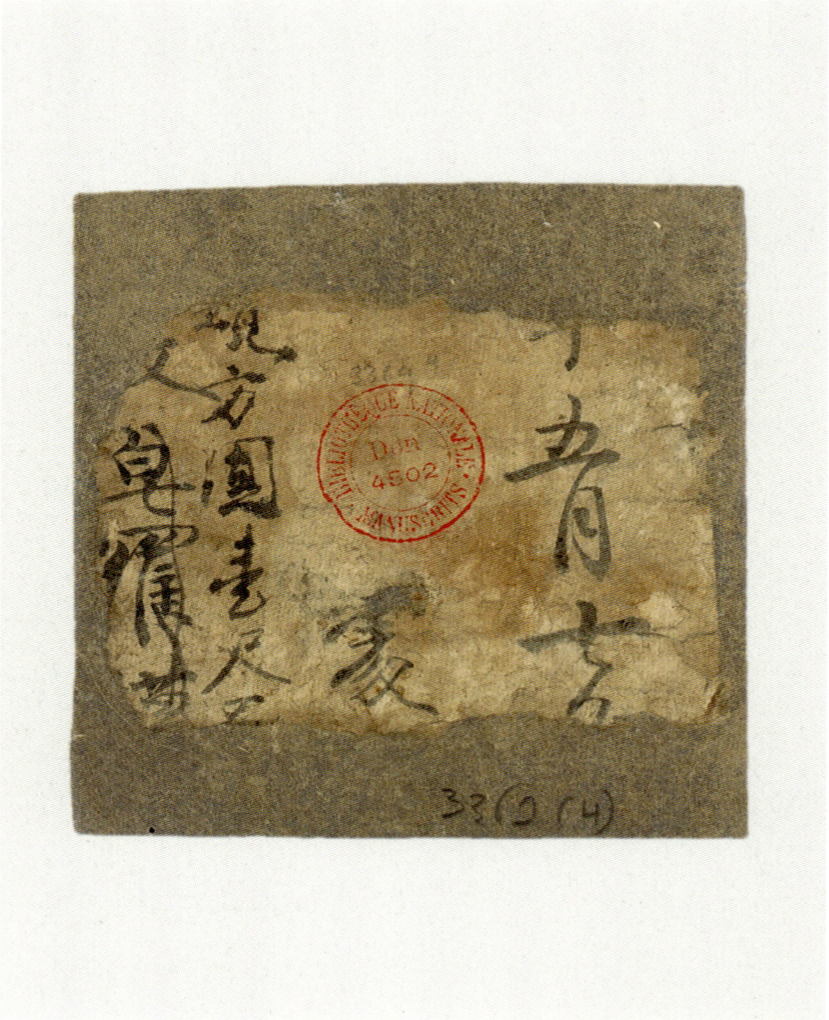

P.3369 pièce 4　　某年五月七日什物曆

P.3369 pièce 6　　付糧曆

P.3369 pièce 7　　習字

P.3369 pièce 8v　藏文名籍

（P.3369 pièce 11+）P.3369 pièce 9　（見 P.3369 pièce 11）

P.3369 pièce 8　名籍

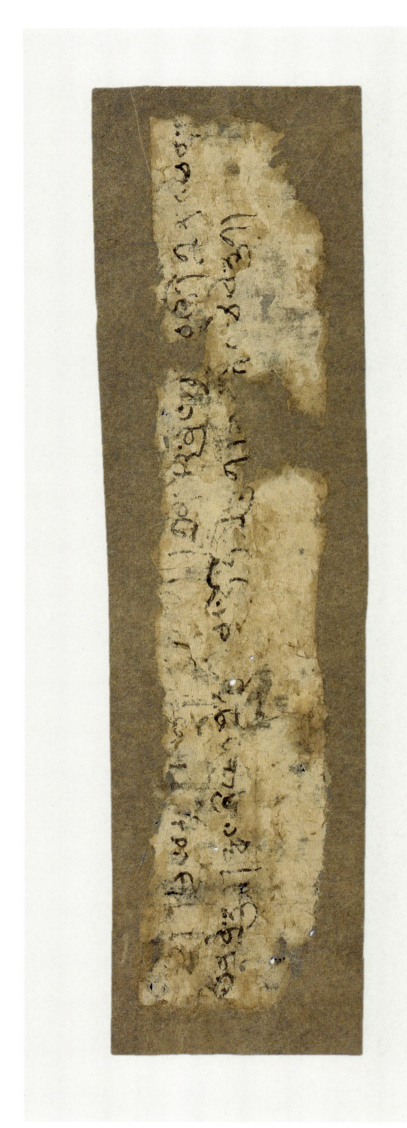

P.3369 pièce 10　　小篆習字

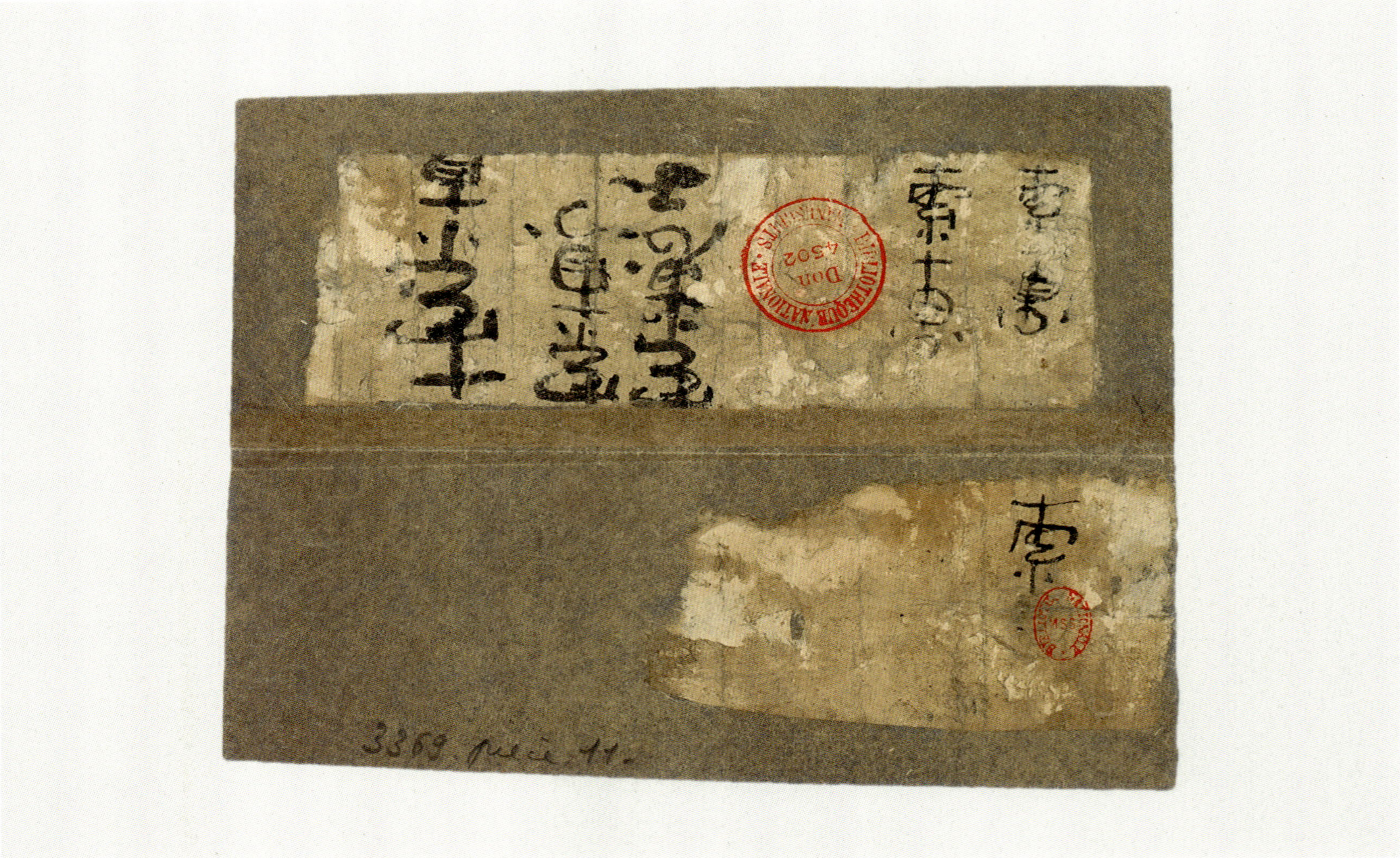

P.3369 pièce 11（+P.3369 pièce 9）　　索惠子雜寫

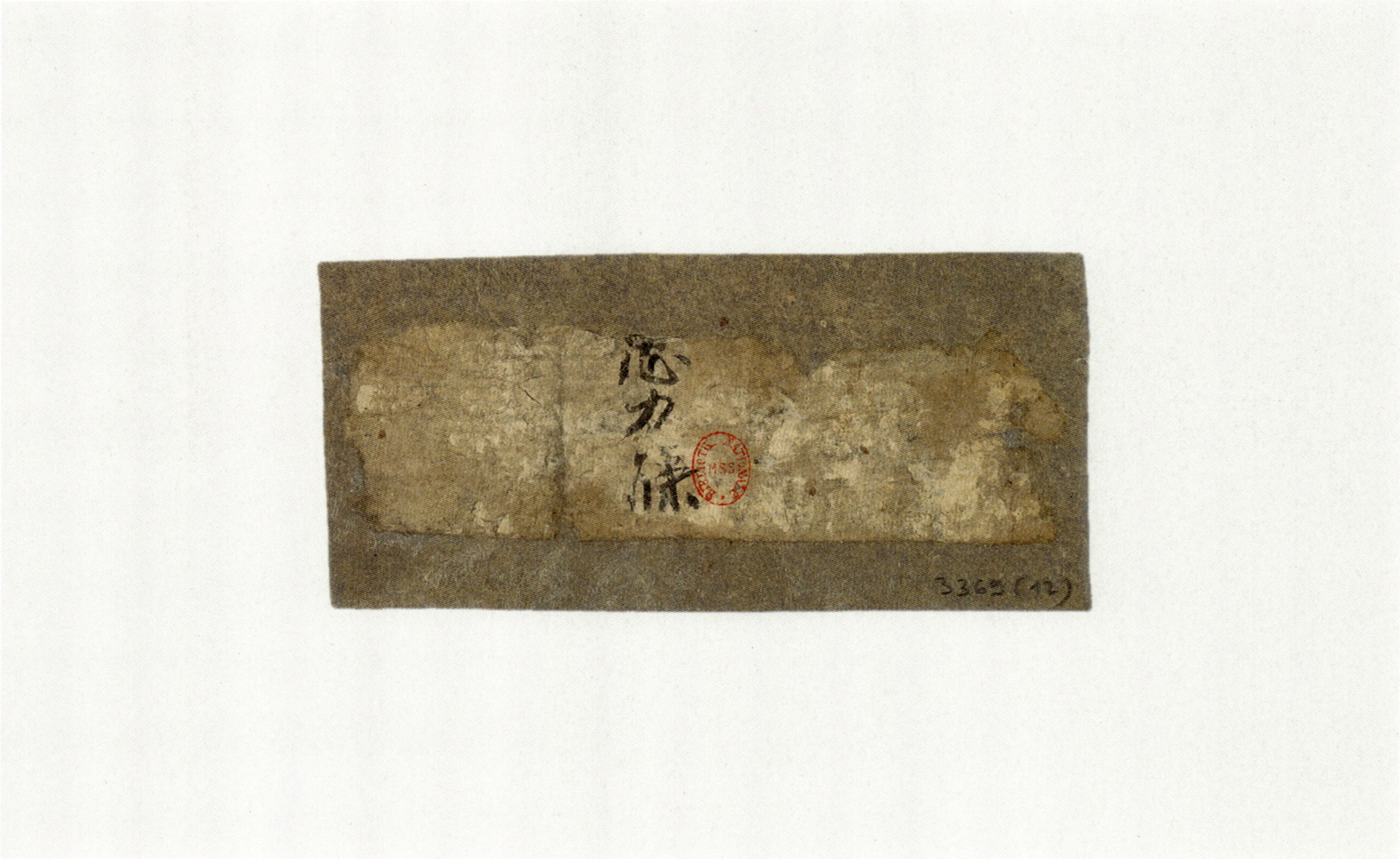

P.3369 pièce 12　　殘牒

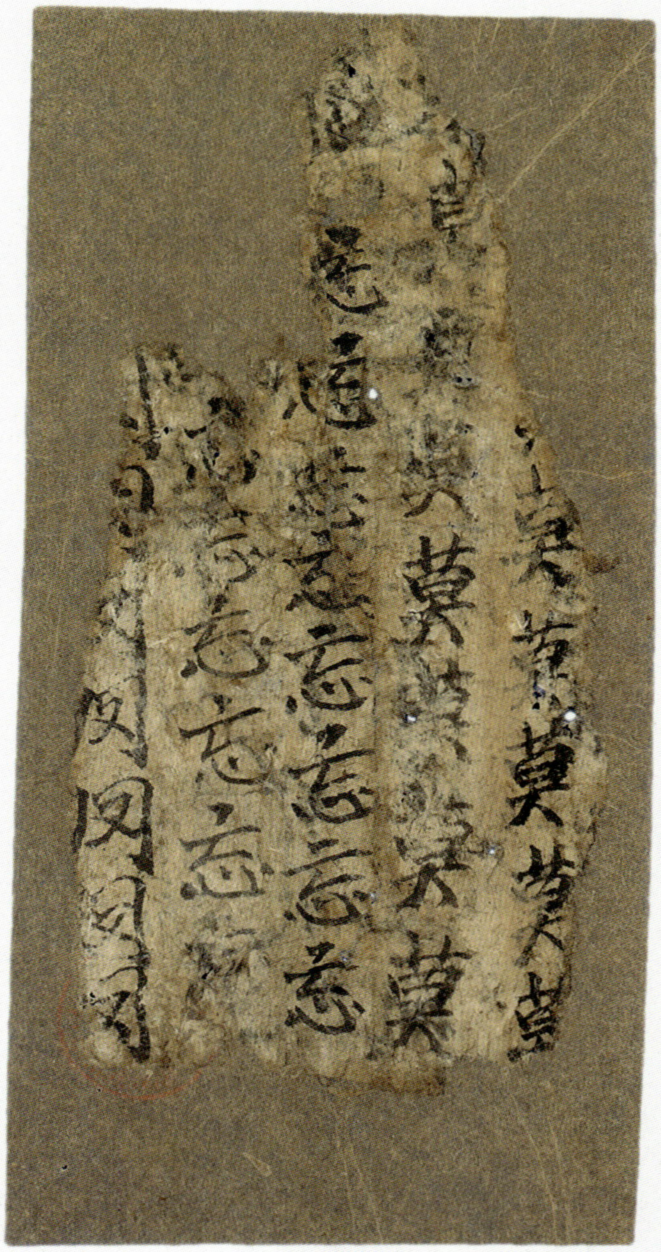

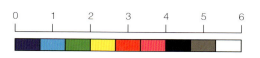

P.3369 pièce 13v　　千字文習字

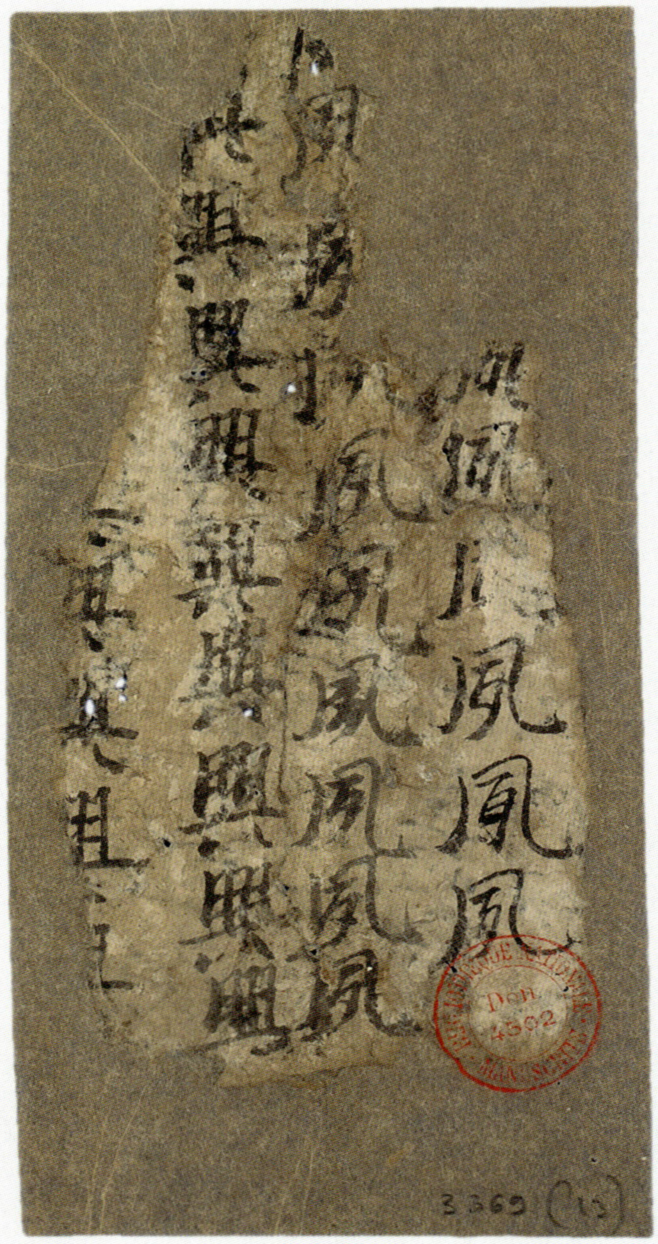

P.3369 pièce 13　　千字文習字

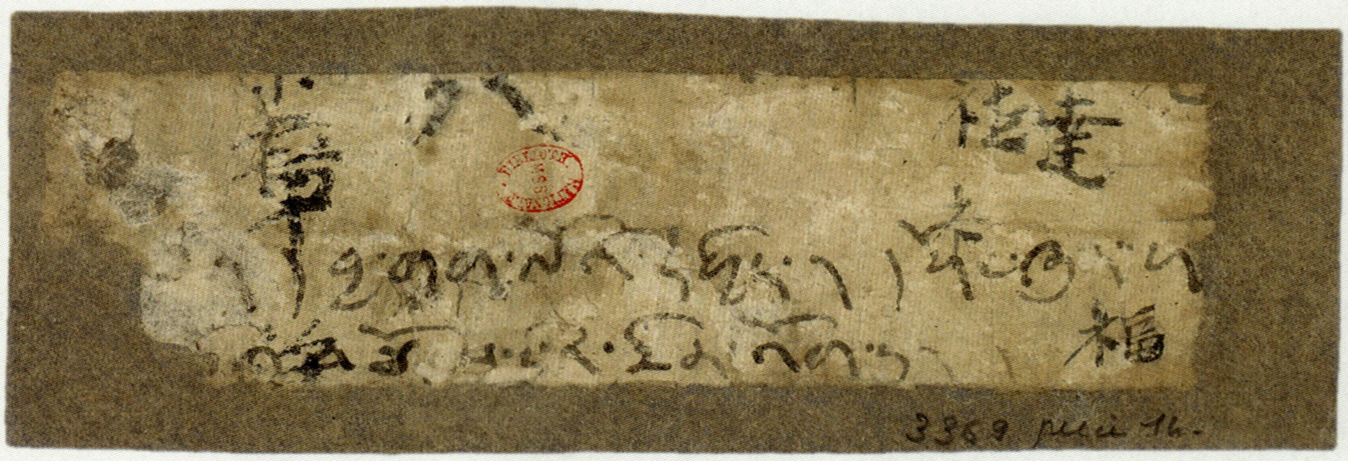

P.3369 pièce 14　　藏文雜年文書

Bibliothèque nationale de France

Pelliot chinois 3370

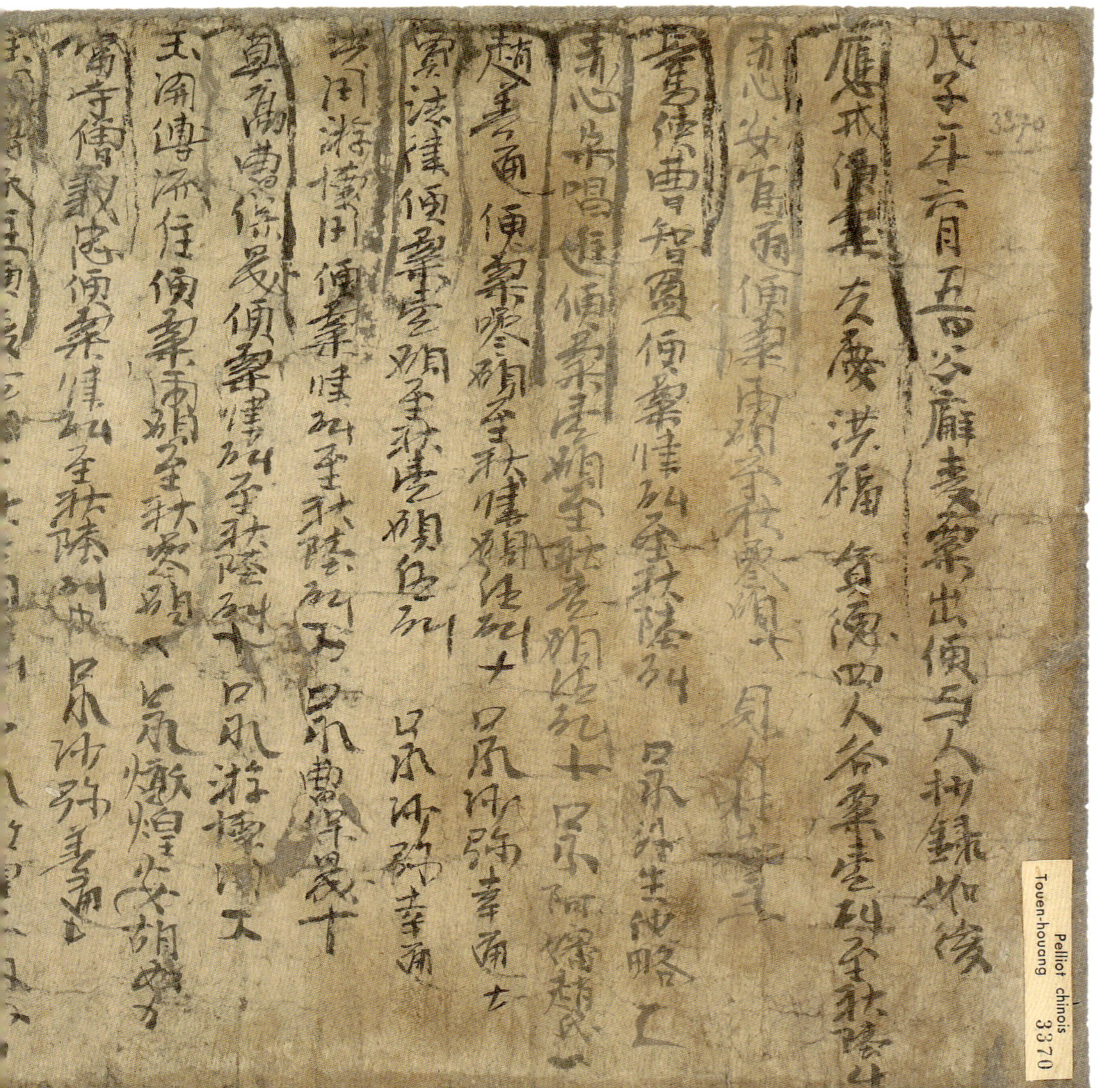
戊子年六月五日公廨麥粟出便與人抄錄如後
3370
Pelliot chinois
Touen-houang
3370

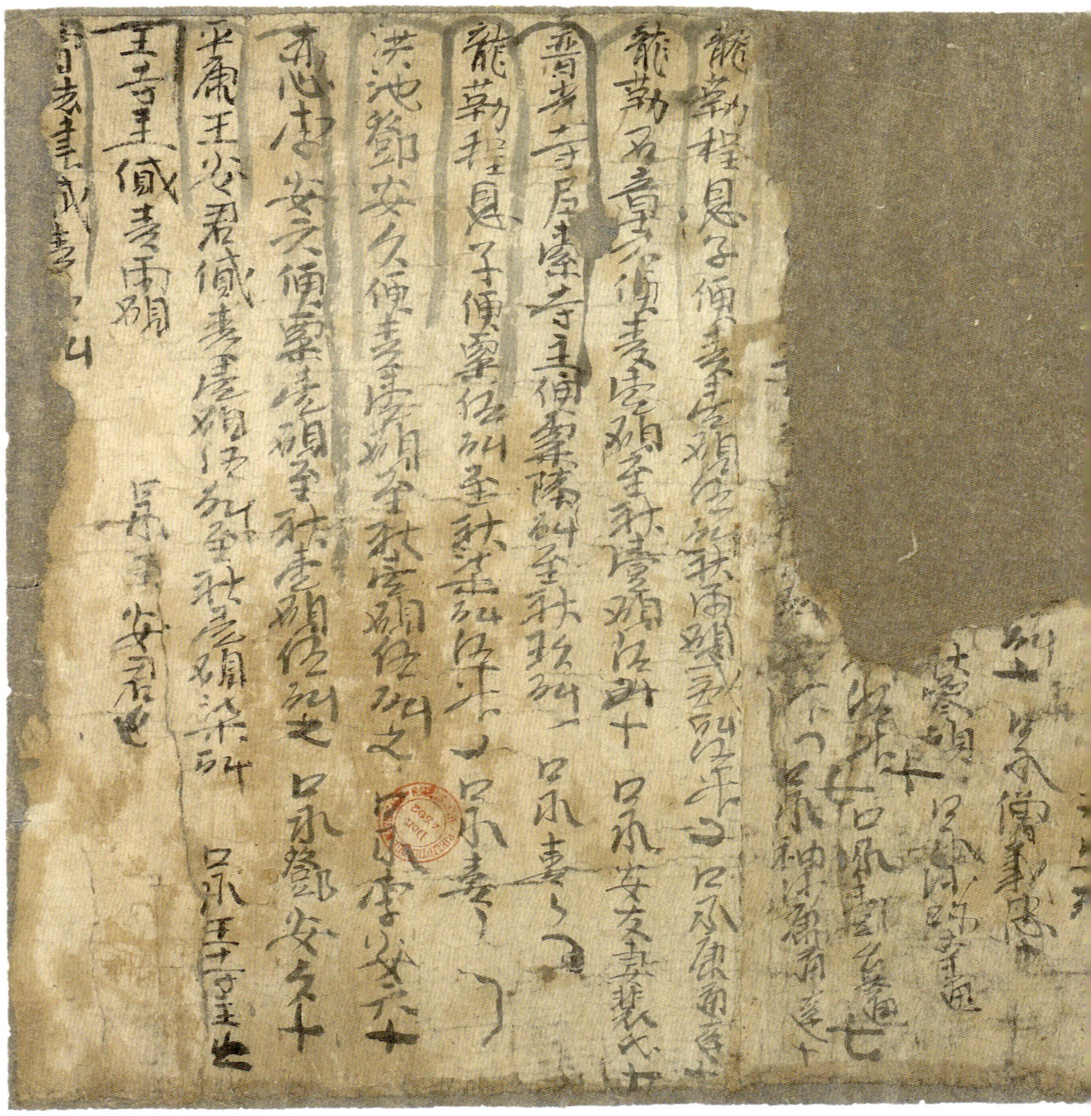

P.3370　後唐戊子年（928）六月五日公廨麥粟出便曆（總圖）

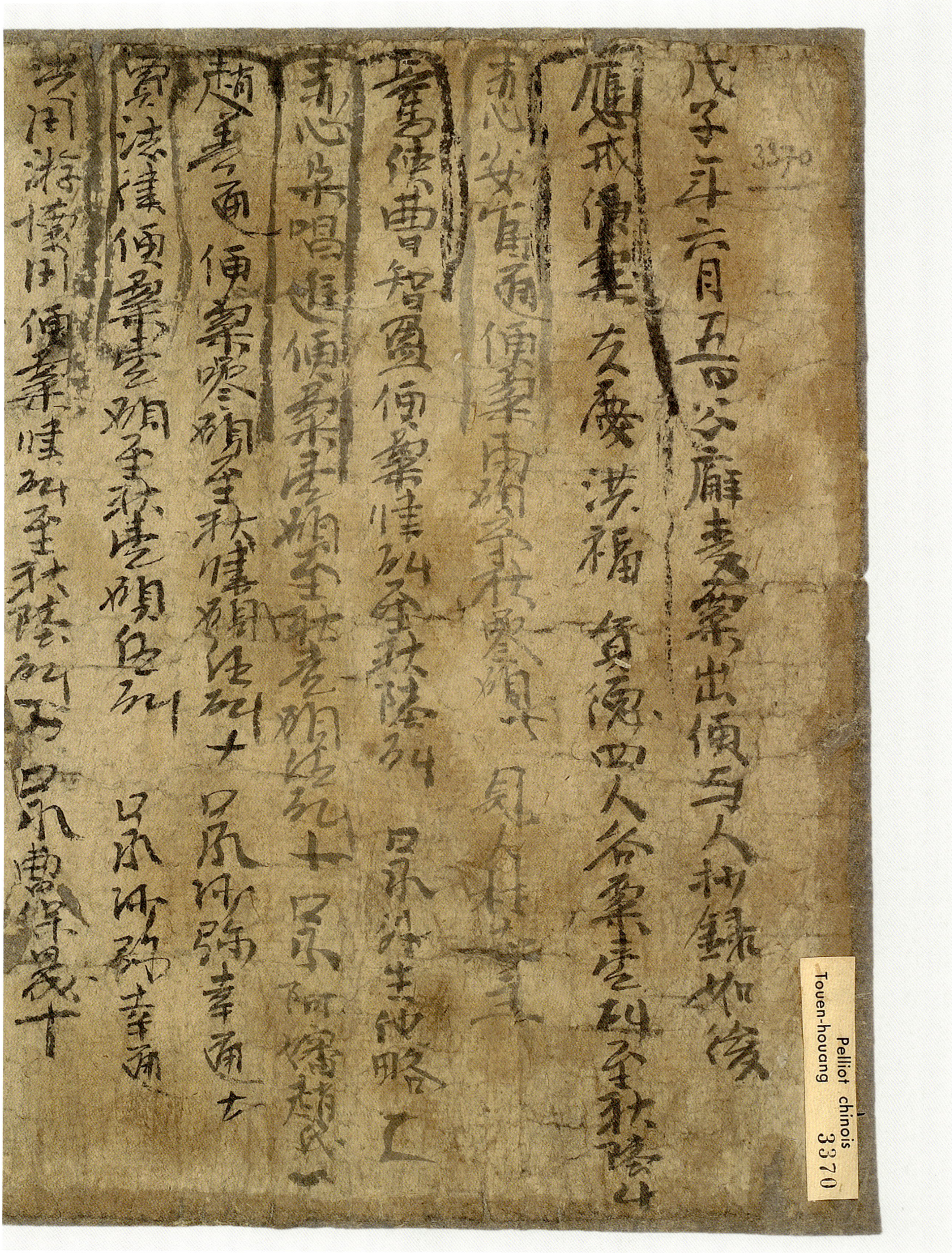

P.3370　　後唐戊子年（928）六月五日公廨麥粟出便曆　　（3—1）

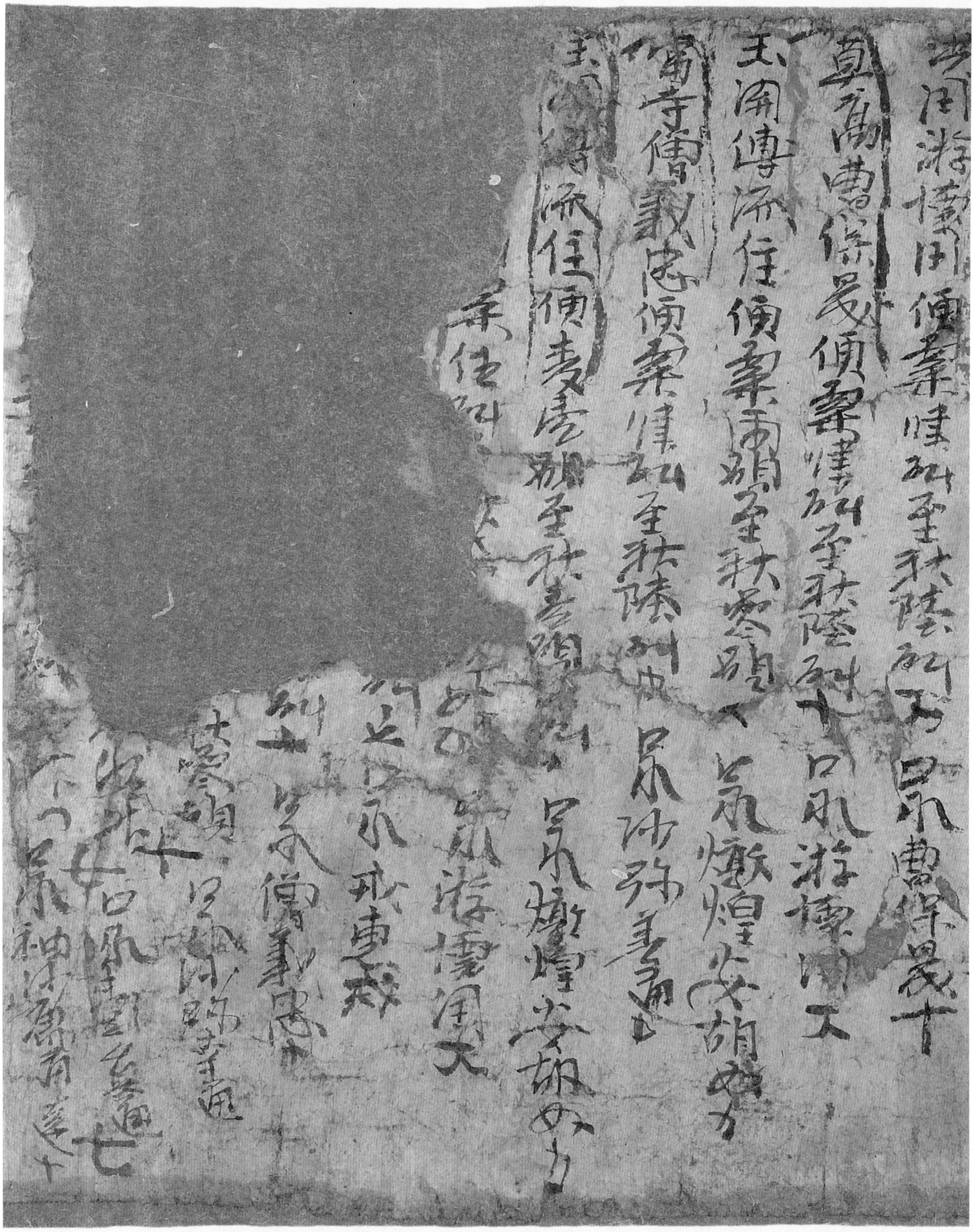

P.3370　後唐戊子年（928）六月五日公廨麥粟出便曆　（3—2）

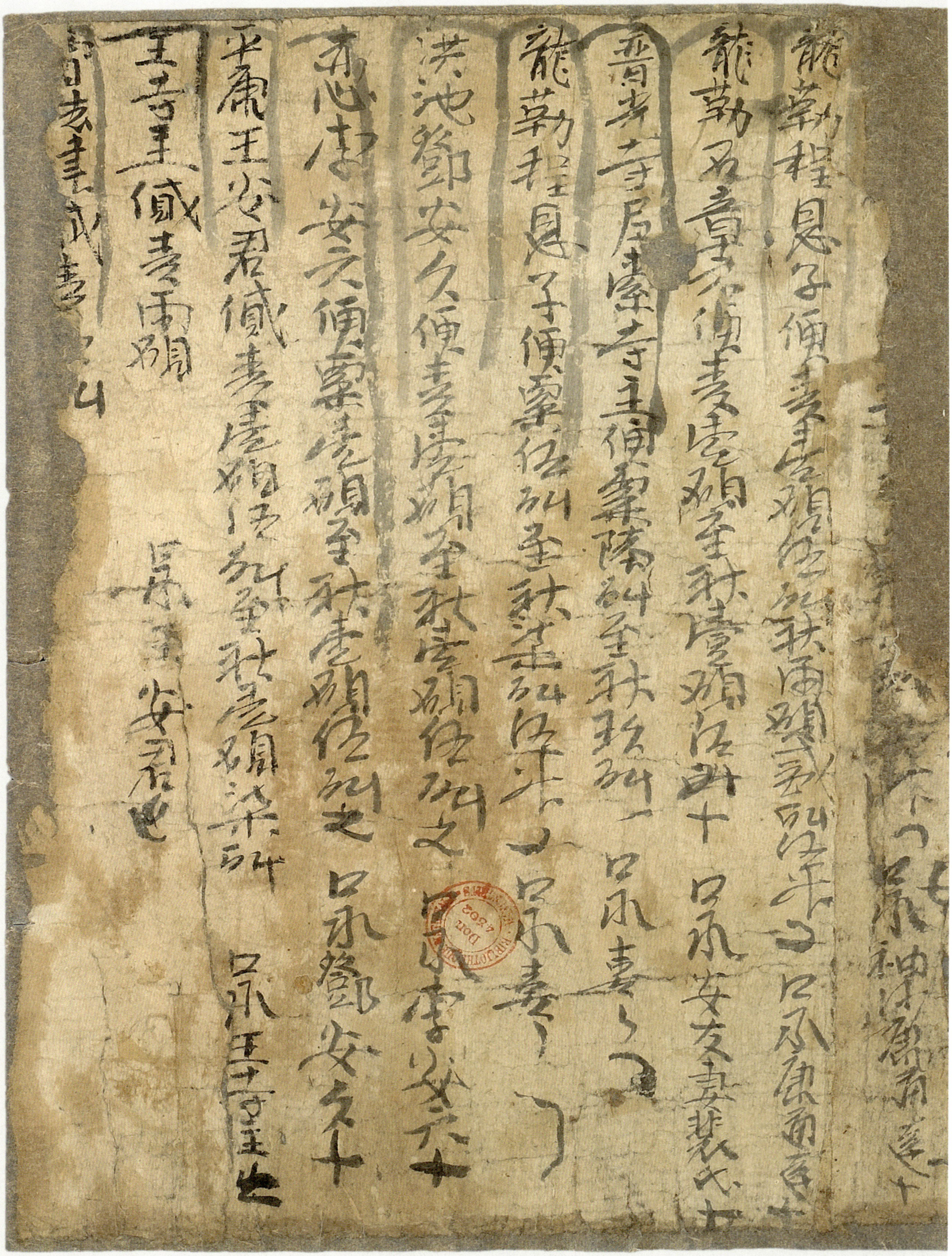

P.3370　　後唐戊子年（928）六月五日公廨麥粟出便曆　　（3—3）

Bibliothèque nationale de France

Pelliot chinois 3371

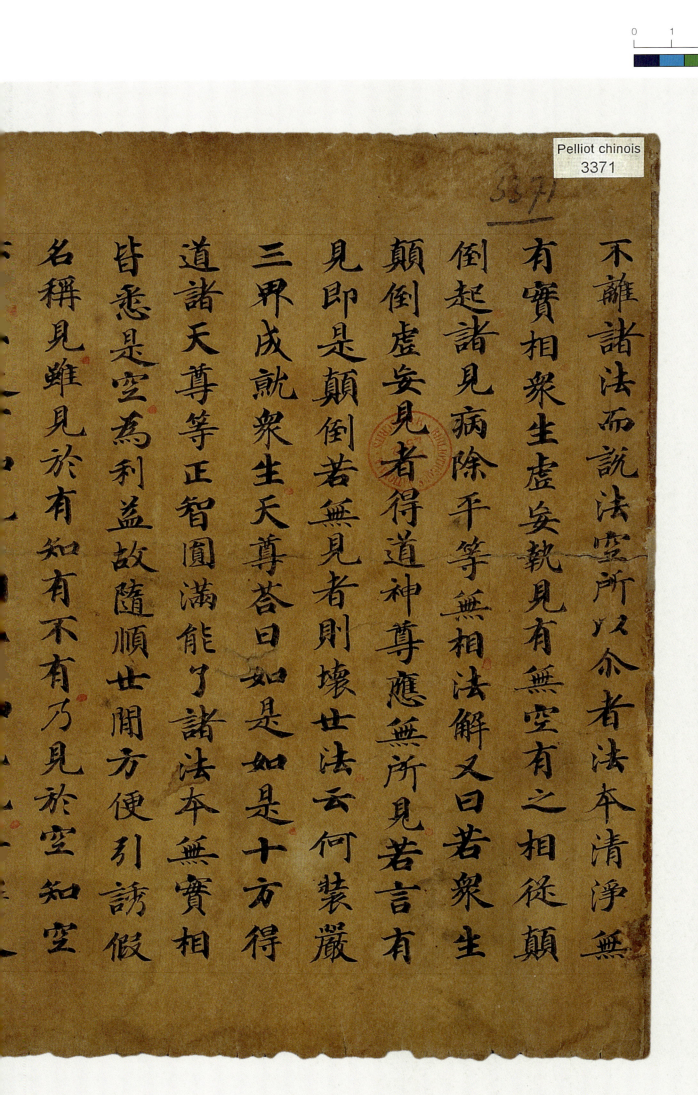

不離諸法而說法空所以尒者法本清淨無
有實相衆生虛妄執見有無空有之相從顛
倒起諸見病除平等無相法解又曰若衆生
顛倒虛妄見者得道神尊應無所見若言有
見即是顛倒若無見者則壞世法云何裝嚴
三界成就衆生天尊荅曰如是如是十方得
道諸天尊等正智圓滿能了諸法本無實相
皆悉是空為利益故隨順世間方便引誘假
名稱見雖見於有知有不有乃見於空知空

非謂無法天尊荅曰無本為本法解又曰無
本為本何所返邪天尊荅曰返於無本是名
返本法解又曰本於無本無本則無依天尊
曰依無所依法解又曰無依無本無斷無得
云何復言斷滅煩惱而得道邪有道可得非
謂無本天尊荅曰所謂得道得無所得所謂
斷滅斷無所斷何以故煩惱性空執計為有
以執心故名為煩惱若知煩惱本性是空心
無所著諸計皆盡名斷煩惱煩惱病除故名
得道雖名得道實無所得無得無斷假名方
便為化衆生名為得道法解曰天尊所說分
別法相忮如是子猶有疑昧願更開曉向言

P.3371　　太玄真一本際經卷一　　（12—1）

便為化衆生名為得道法解曰天尊所説分
別法相狀如是子猶有疑昧願更開曉向言
爲性假合名之為有體無真實故名為空若
法性無相則無有相亦無無相云何有於假
有而體實空有假有空何名無相天尊荅曰
為執性故因緣方便説諸法假為執假故因
緣方便説諸法空空假之相還復成假是名
無相法解又曰云何方便隨順世間為利益
故而為説法天尊曰衆生劣弱未有正見猶
藉資憑不能無待願任世間求世安樂是故
為説成就五方嚴淨國土使得安樂若有衆
生稍習真解學相似空願離世間不任諸有

稱善各隨心力增益正位人天四衆咸發道
心稽首天尊而作頌曰
善哉元始尊 三界所共宗 神力不思議 智德無等雙
自然七寶座 踊見寨林中 具足有形相 無礙猶虛空
將示重玄義 開發衆妙門 了出無上道 運轉大乘轅
善巧說諸法 不有亦不無 空假無異相 權實固同途
道場與煩惱 究竟並無餘 我等聞是法 蕭然心垢除
不勝情欣悅 稽首礼玉虛
是時衆內有一仙人名曰普得妙行從座而
起於大衆中安庠雅步到天尊前長跪啓曰
臣從昔來侍覲天尊屢聞正法未有得如今
日所說最深最妙無上要術開祕密藏重玄

P.3371 太玄真一本際經卷一 （12—2）

起於大衆中安庠雅步到天尊前長跪啓曰
臣從昔来侍覲天尊屢聞正法未有得如今
日所説最深最妙無上要術開祕密藏重玄
義門臣以有本得預斯集餐甘露味聞無上
道有所未解願垂告誨向者天尊荅法解云
衆生願任世間求世安樂我即爲其成就五
方嚴淨國土大慈平等無所偏隔云何國土
優劣不同有穢有淨苦樂不等唯垂旨訣吉
所未聞天尊荅曰善得妙行汝可復座諦聽
在心諸法清淨一相平等本無淨穢優劣之
別皆由衆生業緣所感隨其福報所見不同
譬如寶珠色無偏正若正色照者其色即正

心感頞任世者即見其國所有城池臺榭山
林静治皆是七寶自然裝挍地如瑠璃無諸
穢悪其土人民皆習道德不貪不欲無嫉無
妒遠離諸塵不受諸受晝夜所學常在法味
形容端正壽命長遠是故此國名為淨土若
有衆生心有欲著飄浪生死流轉世間所感
之土其土穢雜瓦石丘墟荆棘毒草禽獸虎
狼更相残害所有人民諸悪遍造具三毒心
作十悪業躭著聲色愛樂世間諸不善法邪
婬放蕩瞋恚殺盗執見愚癡綺妄無實自作
自受如影隨形五苦八難三災九厄無常逼
惱不得自在形相毘陋壽無定年是故此國

P.3371　太玄真一本際經卷一　（12—3）

婬放蕩瞋恚殺盜執見愚癡綺妄無實自作
自受如影隨形五苦八難三災九厄無常逼
惱不得自在形相畢陋壽無定年是故此國
名為穢土以是義故淨穢不同皆由衆生業
緣所感譬如聲響聲若清者其響即清若聲
濁者其響即濁響之清濁隨其本聲普得妙
行復白天尊言唯願大慈哀愍一切復以何
法令彼穢土其中衆生免離世間無常苦惱
兵戈水火毒疫災害使得歡泰國土安寧天
尊告普得妙行曰汝昔已於久遠無量劫來
常為衆生護持世界乃於今日能發此心諮
問請我護世之法汝令善聽譬如病人諸根

妄想執見無常逼迫不得自在虛妄病愈自
然安樂普得妙行曰云何能得煩惱病愈天
尊荅曰先當修習三善行法一者心善行二
者身善行三者口善行何謂心善行一不貪
愛二不瞋怒三不愚癡清廉剋己少欲知足
制伏貪取求利之心慈忍恬柔寬容隱恕挫
解瞋恚常無忿怒觀妙守靜達有通無能於
諸法智慧明了是名心善行所謂身善行者
一不殺害二不盜竊三不邪婬仁惠博施隱
念羣生不殺不害濟生度死謙卑退讓非義
不取捨身命財無所悋惜貞正清潔遠離邪
婬不色不欲心無放蕩是名身善行所謂口

P.3371　太玄真一本際經卷一　（12—4）

念羣生不殺不害濟生度死謙卑退讓非義
不取捨身命財無所悋惜貞正清潔遠離邪
婬不色不欲心無放蕩是名身善行所謂口
善行者一不嬌妄二不華綺三不兩舌四不
惡罵發言信實常無虛誑所説真正能不華
飾辭旨中平清直不二能不彼此背向兩端
聲氣恬和柔軟清潤巧説法相吟詠洞章是
名口善行三業既淨則六根淨六根淨已則
六塵淨六塵淨已則諸法淨諸法淨已則國
土淨國土既淨則無所染無所染故則無煩
惱既無煩惱則為安樂天尊又曰若復讀誦
此經依經修行晝夜不懈是人所在之處自

内魔鬼賊宿結煩惱開發真道自然正性若
人脤行四迷業障諸漏根本自然差愈若復
有人於此經中受持一句意樂諷誦一念之
中即能滅除無量無邊宿根罪惱譬如積夜
暗室一念燈明諸暗皆盡若入大海遭值惡
風波浪揚激迷路失道又無導師誦念是經
風浪恬静神龍負舟即值同伴還至本處若
入山林峻嶮之地毒蟲猛獸來欲害己誦念
是經蟲獸却退不見中傷若值寇賊寇對相
逢誦念是經寇讎歡適反成至親若在怖畏
暗冥之中誦念是經鬼魅消却朗覩光明若
在囹圄牢獄之中誦念是經即得解脫枉曲

P.3371　太玄真一本際經卷一　（12—5）

迯誦念是經寃讎歡適反成至親若在怖畏
暗冥之中誦念是經鬼鬼消却朗觀光明若
在囹圄牢獄之中誦念是經即得解脫枉曲
得申若有終亾三日七日乃至七七家人同
學為其燒香誦念是經即得開度魂昇南宫
不入三徒還生善道是知此經進行法中冣
為第一斷伏法中冣為第一定慧法中冣為
第一禳災法中冣為第一嚴淨法中冣為第
一降伏法中冣為第一此經功德不可思議
猶如虛空無有邊際神仙兵馬侍直騎吏仙
童玉女五帝直符金光童子悉屬此經何以
故此經大乘兼包衆經一切官屬悉從其敎

法具及以齋食供養資給持此經人所得功
德最爲無量何以故是人能成就十方天尊
出生衆聖若復有人無有資財自捨身力給
侍驅使不憚苦辛此人得其善力功德難思
衆聖共説不能令盡若復有人紙墨縑素刻
玉鐫金抄寫書治裝潢條軸流通讀誦宣布
未聞當知其人已入道分名書金格列字玉
篇若復有人一心正念聽讀此經歡喜踊躍
得其義味忘於寢食不覺爲久當知此人過
去世中已曾聞值暫生下世寄惠人間不久
仙度終歸得道天尊復告普得妙行曰令以
十方盡虛空際滿於空内所有微塵此之塵

P.3371　太玄真一本際經卷一　（12—6）

去世中已曾聞值暫生下世寄惠人間不久
仙度終歸得道天尊復告普得妙行曰今以
十方盡虛空際滿於空内所有微塵此之塵
數得爲多不普得妙行曰甚多甚多天尊曰
將此塵數一一復數十方盡虛空際虛空之
數如彼微塵滿此空内所有微塵而此塵數
得爲多不普得妙行曰甚多甚多天尊曰取
此塵數譬於此經所生功德還以此之塵數
數之不得其一所以尒者此經說真道根本
能生法身慧命十方得道過去未來見在三
世諸天尊等莫不履行而得至真具一切智
成無上道到解脫處爲大法王

下鬼受諸苦報備歷異形始得受生還於人
道愚癡觸壁無所解知習惡種因不能信受
所行非法動為罪田背正入邪違真信俗三
官九府記其功過書名黑簿死錄之中或在
見世恒嬰諸苦或犯王法執縶鞭笞或得惡
風蟲癩之病憂戹惱難貧窮困之或為外魔
異道或亂其心雖在世間人所棄薄周詣遊
處不值善緣一失生道永乖賢域死入地獄
無有還期受報幽牢緘閉重檻晝夜拷掠不
覩三光或抱銅柱形體燋傷或上刀山痛毒
難忍冥冥長夜萬劫無出縱得受生還為六
畜非人之類永失人道汝等四衆廣加開化

P.3371　太玄真一本際經卷一　（12—7）

覩三光或抱銅柱形體燋傷或上刀山痛毒
難忍冥冥長夜萬劫無出縱得受生還為六
畜非人之類永失人道汝等四衆廣加開化
宣告男女咸使一心遵承正法
天尊復告諸弟子等若有國王及以臣庶殿
堂帳座寶蓋幡幢香華燈燭供養此經者汝
等四衆及諸天帝三五吏兵天龍神鬼金剛
力士侍經真官應將徒衆隨逐尊奉礼敬供
養護其國土保祐人臣若有講說敷揚妙義
應當讚歎稱其功德無使外魔破亂其事作
是說已即有十方大聖與諸真人無央之衆
項負圓明各廕華蓋控御龍鳳手執靈幡天

首發大鴻音善哉天尊不違本願能入生死
度脫衆生開秘密藏説無上道此法深妙其
義淵微非是二乘之所能解當由此土大福
堂國七百劫來得值真文與道結緣善根深
重能感天尊爲説妙法能於此法力堪受行
隨分得悟增益慧解我等昔持此經致得真
道聞説其義心懷喜躍是故到此國土礼拜
神尊讃揚妙化稱傳功德一心瞻仰而作頌
言
甚深無上法　功德難思議　十方諸神尊　莫不皆受持
致得成真道　受号天人師　非是二乘界　智力所能思
此土諸衆生　已於無量劫　積善值真文　往生長樂國

P.3371　太玄真一本際經卷一　（12—8）

致得成真道　受号天人師　非是二乘界　智力所能思
此土諸衆生　已於無量刧　積善值真文　往生長樂國
能感大慈尊　爲説微妙法　稱力如説行　隨分得利益
我等昔尊奉　出離生死纒　唯願慧日光　遍照於愚冥
唯願甘露雨　普霔於人天　故来到此國　稽首天尊前
是時天尊歡喜含笑即吐五色微妙光明從
口中出其光遍照十方無極世界五億諸天
乃至三清衆聖之境一一國土皆見天尊各
於其處在寨木下坐七寶座爲諸大衆宣説
正道衆妙義門一一國土皆見左玄真人及
諸大衆諮請妙義開示未聞亦見十方大聖
諸真人等浮空步虚来到尊所讃歎供養礼

愈當尒之時三惡道空九幽罷對識其宿命
離諸罪惱生者得度死者得還預是有心皆
發道意天尊又曰汝等旣聞經已受行讀誦
堅持在心廣開法門宣化愚暗令入法檻遠
離邪道是諸弟子及諸來衆一心受命稽首
奉行
正一真人三天法師白天尊曰臣以愚劣忝
在道流受命三天法師之任旣奉尊命不敢
藏情若將來世有善男子善女人來詣師門
求欲請受不審傳授其法云何天尊荅曰傳
此經者不須法信當觀其心具十善願便可
授之何謂十願一者願離世間穢雜境土二

P.3371　太玄真一本際經卷一　（12—9）

求欲請受不審傳授其法云何天尊荅曰傳
此經者不須法信當觀其心具十善願便可
授之何謂十願一者願離世間穢雜境土二
者願得出家捨俗恩愛隨緣告乞廣建福田
常行慈忍永離人我三者願逢勝友引接開
示四者願值明師諮受上道五者願聞正法
如說奉行六者願見天尊親承聖旨七者願
度一切後己先人八者願以法音廣宣愚暗
九者願諸衆生皆發道意勸造經像修營靈
觀香花燈燭隨力供養令諸未悟普見法門
十者願我此心堅固不退具此十願授與此
經時諸天帝及諸龍鬼自相語曰我受天尊

所有神兵助其消却令彼寇害時即退屏若
其國分五星失度七耀差移廿八宿不依分
野日月勃蝕陰陽不調我等當與南上司命
韓君丈人周天八極君長生司馬調政璿璣
復於分位災殃變異皆使消滅若復大旱人民
潡之即與龍王震雷注雨以滅旱災若復大
水洪注滔天連陰不解人民淪沒我等當與
河上玉女九海北玄君天翁正炁君等為收
水炁開雲止雨水即消退無所損傷時諸鬼
神亦各念言若有惡魔邪精惡鬼魍魎魑魅
入其境土欲行病者當共斥逐不使留停時
彼東方有一國土名曰大梵其國大旱自春

P.3371　太玄真一本際經卷一　（12—10）

神亦各念言若有惡魔邪精惡鬼魍魎魑魅
入其境土欲行病者當共斥逐不使留停時
彼東方有一國土名曰大梵其國大旱自春
及夏弥歷十旬風日猛熾天不降雨淵泉枯
竭草穀燋然百姓憂惶人多渴之其王大懼
祈請神祇烹殺衆生鼓儛禱祀日光轉盛金
石銷融一國君臣莫知所向時有大臣名曰
法喜往白王言臣聞太玄真一本際妙經功
德甚重不可思議天神地祇一切官屬咸皆
敬侍人天誦念隨心剋果長樂舍中有於此
經唯願大王遣使往彼奉請尊文必致靈應
王曰甚善甚善法喜汝以斯事應早告我云

王稽首尊足問訊天尊起居安不小臣愚劣
德化未堪雖統世界不能王領莊失天心風
雨不節國內大旱草穀不生百姓飢窮人民
困弊伏聞真經威德尊重一切神靈受持敬
讃願請其文還國供養唯願大慈特垂開許
天尊告四衆曰大梵國王其國大旱遣使詣
我求請法文我今付與汝等徒衆當隨守讃
即出寶藴授與法喜法喜得經稽首辭別還
向本國大梵國王與諸大臣及以民吏百姓
男女無大無小各持花香幢蓋妓樂中道奉
迎既至國內王以正殿燒衆妙香施大寶座
安置真經請諸道士王及皇后并與國人四

P.3371 太玄真一本際經卷一 （12—11）

迎既至國内王以正殿燒衆妙香施大寶座
安置真經請諸道士王及皇后并與國人四
面圍繞礼拜恭敬讀誦讚歎是諸龍王及其
徒衆自相語曰我受尊命隨逐真經受持之
者應當保護令得利益即與五岳四瀆山水
靈祇風師雨師雷師電師九江水帝十二溪
女浮雲使者四洲九谷君小玄明君河上真
人海中玉女湖中玉女千二百官君將軍騎
吏一時嚴裝往到其國各以神力吹噓雲氣
震動天地雷電激揚内外暗暝風雨大至俄
頃之間高下均足國人大小君臣吏民咸皆
喜踊各各相慶自共語曰今日欣樂皆由法

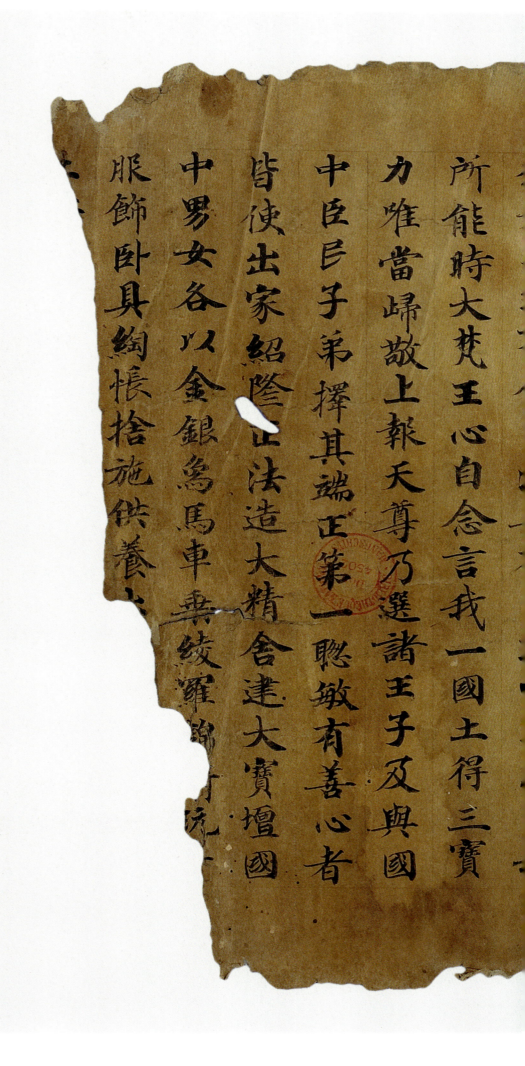

所能時大梵王心自念言我一國土得三寶
力唯當歸敬上報天尊乃選諸王子及與國
中臣民子弟擇其端正第一聰敏有善心者
皆使出家紹隆正法造大精舍建大寶壇國
中男女各以金銀象馬車乘綾羅[illegible]
服飾臥具絢帳捨施供養[illegible]

P.3371　太玄真一本際經卷一　（12—12）

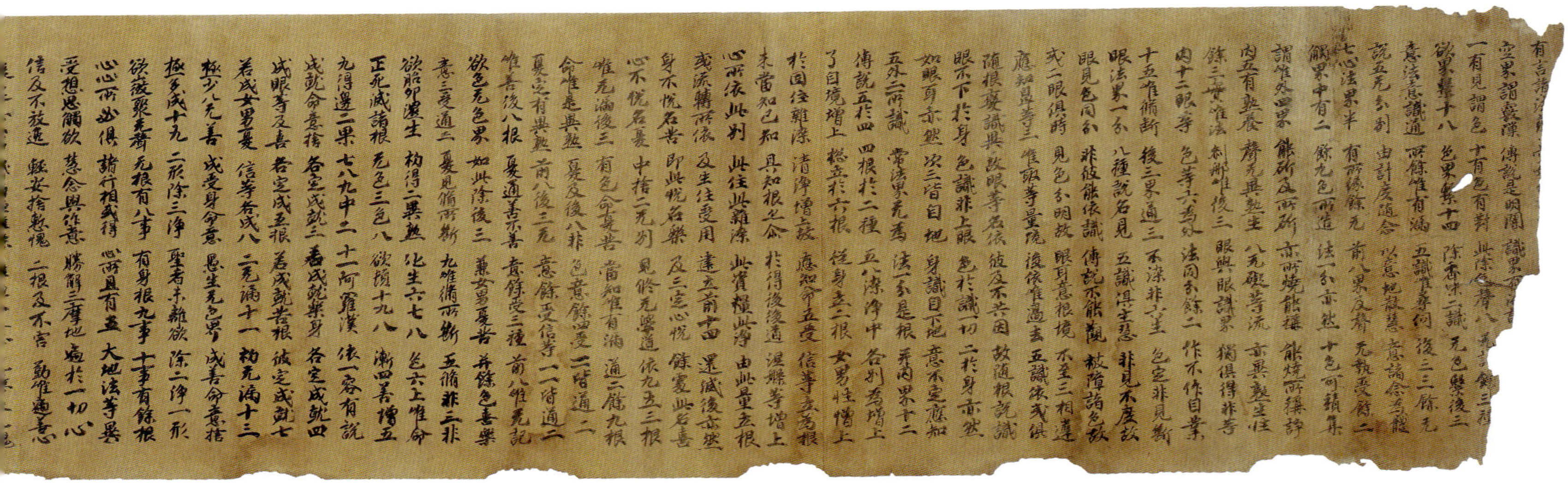

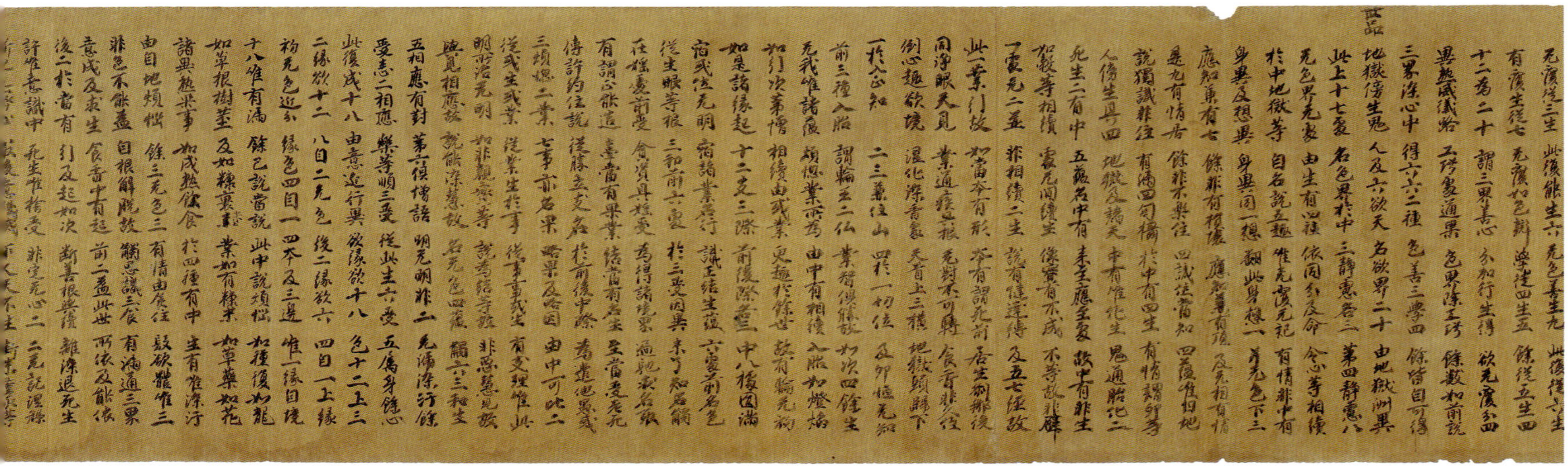

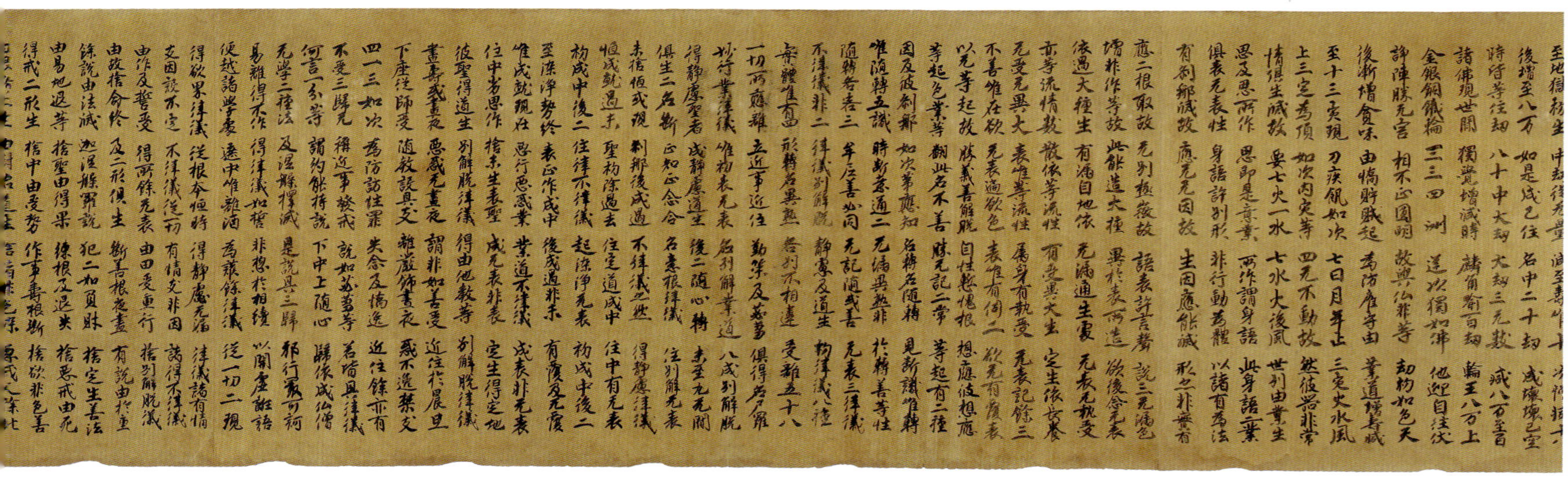

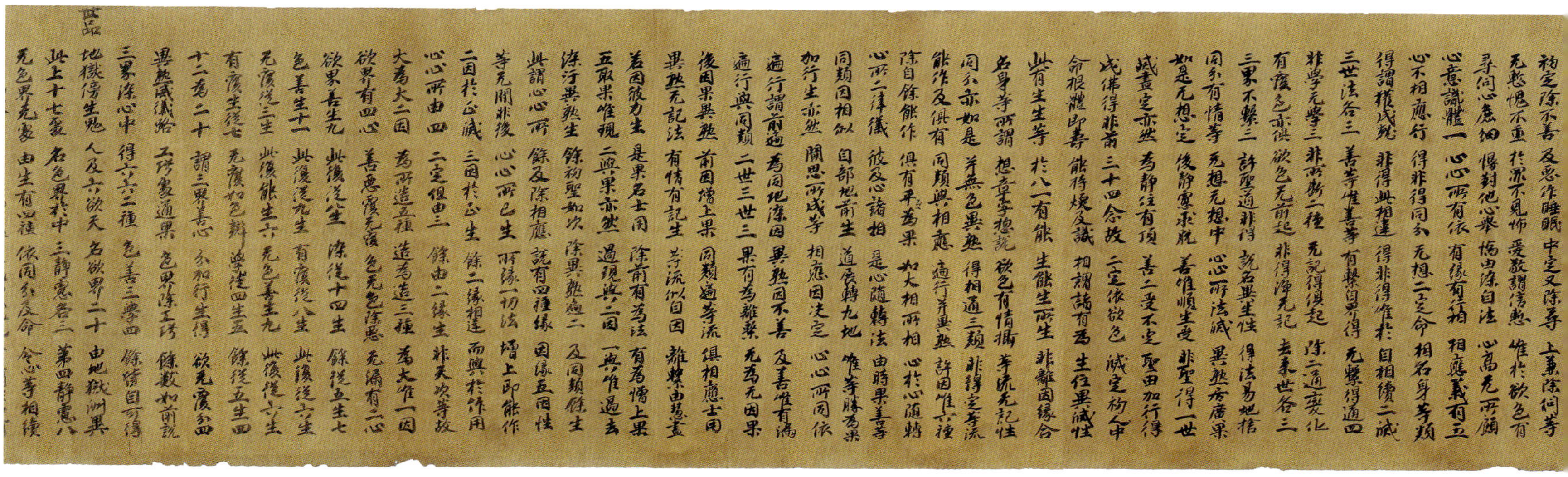

P.3371v　阿毗達磨俱舍論本頌（總圖）　（一）

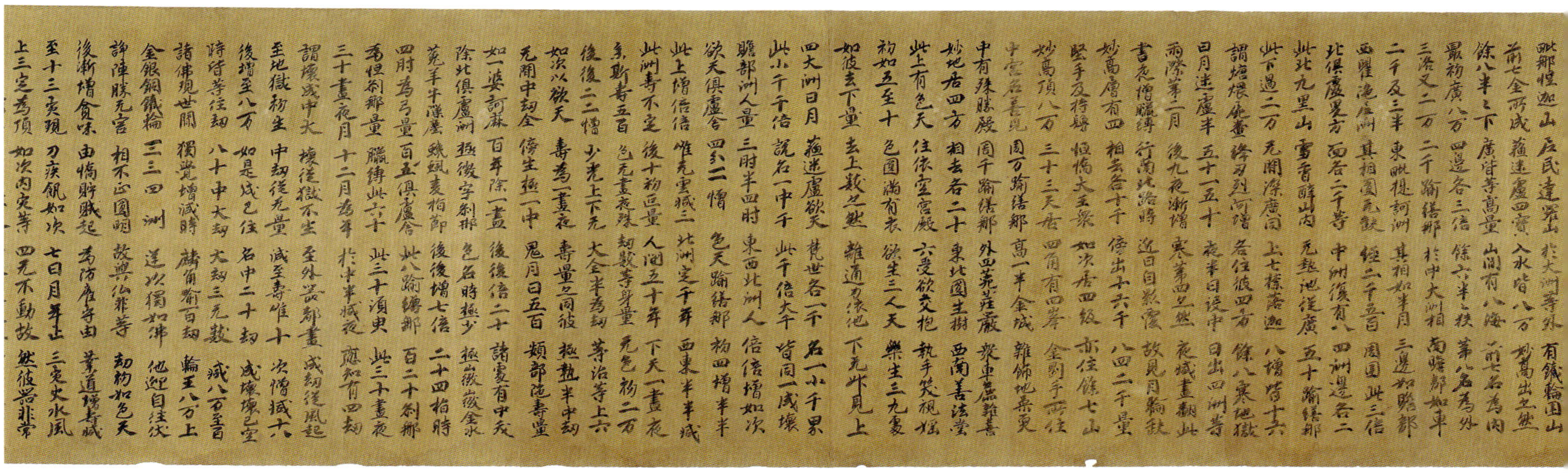

P.3371v　阿毗達磨俱舍論本頌（總圖）　（二）

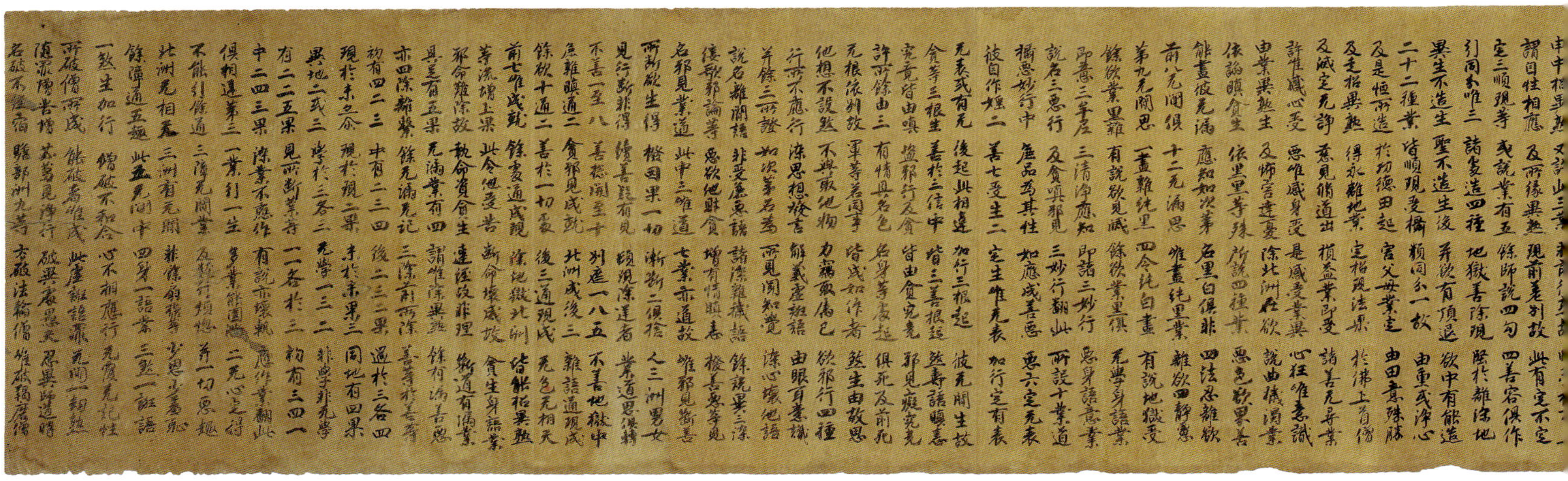

P.3371v　阿毗達磨俱舍論本頌（總圖）　（三）

有言諸法藴　亦如[illegible]

空界謂竅隟　傳說是明闇　識界有[illegible]

一有見謂色　十有色有對　此除色聲八　无記餘三種

欲界繫十八　色界繫十四　除香味二識　无色繫後三

意法意識通　所餘唯有漏　五識唯尋伺　後三三餘无

說五无分別　由計度隨念　以意地散慧　意諸念為體

七心法界半　有所緣餘无　前八界及聲　无執受餘二

觸界中有二　餘九色所造　法一分亦然　十色可積集

謂唯外四界　能斫及所斫　亦所燒能稱　能燒所稱諍

內五有熟養　聲无異熟生　八无礙等流　亦異熟生性

餘三實唯法　剎那唯後三　眼與眼識界　獨俱得非等

內十二眼等　色等六為外　法同分餘二　作不作自業

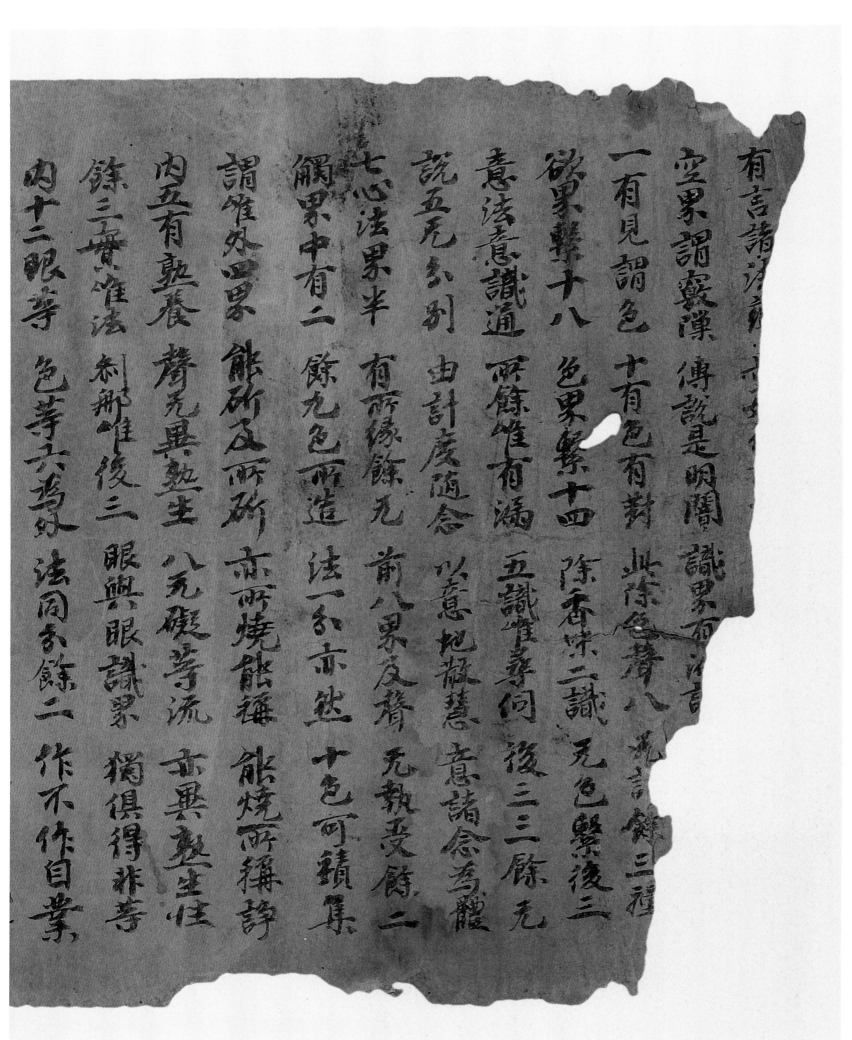

P.3371v　阿毗達磨俱舍論本頌　（27—1）

餘三無唯法　刹那唯後三　眼與眼識界　獨俱得非等
內十二眼等　色等六為外　法同分餘二　作不作自業
十五唯脩斷　後三界通三　不染非六生　色定非見斷
眼法界一分　八種說名見　五識俱生慧　非見不度故
眼見色同分　非彼能依識　傳說不能觀　被障諸色故
或二眼俱時　見色分明故　眼耳意根境　不至三相違
應知鼻等三　唯取等量境　後依唯過去　五識依或俱
隨根變識異　故眼等名依　彼及不共因　故隨根說識
眼不下於身　色識非上眼　色於識一切　二於身亦然
如眼耳亦然　次三皆自地　身識自下地　意不定應知
五外二所識　常法界无為　法一分是根　并內界十二
傳說五於四　四根於二種　五八染淨中　各別為增上
了自境增上　總立於六根　從身立二根　女男性增上

P.3371v　阿毗達磨俱舍論本頌　（27—2）

傳說五於四 四根於二種 五八染淨中 各別爲增上
了自境增上 總立於六根 從身立二根 女男性增上
於因住雜染 清淨增上故 應知命五受 信等立爲根
未當知已知 具知根亦尒 於得後後道 涅槃等增上
心所依此別 此住此雜染 此資糧此淨 由此量立根
或流轉所依 及生住受用 建立前十四 還滅後亦然
身不悅名苦 即此悅名樂 及三定心悅 餘處此名喜
心不悅名憂 中捨二無別 見修無學道 依九立三根
唯無漏後三 有色命憂苦 當知唯有漏 通二餘九根
命唯是異熟 憂及後八非 色意餘四受 一一皆通二
憂定有異熟 前八後三無 意餘受信等 一一皆通二
唯善後八根 憂通善不善 意餘受三種 前八唯無記
欲色無色界 如此除後三 兼女男憂苦 并餘色喜樂

P.3371v 阿毗達磨俱舍論本頌 （27—3）

唯善後八根 憂通善不善 意餘受三種 前八唯无記
欲色无色界 如此除後三 兼女男憂苦 并餘色喜樂
意三受通三 憂見脩所斷 九唯脩所斷 五脩非三非
欲胎卵濕生 初得二異熟 化生六七八 色六上唯命
正死滅諸根 无色三色八 欲頓十九八 漸四善增五
九得還二果 七八九中二 十一阿羅漢 依一容有說
成就命意捨 各定成就三 若成就樂身 各定成就四
成眼等及喜 各定成五根 若成就苦根 彼定成就七
若成女男憂 信等各成八 二无漏十一 初无漏十三
極少八无善 成受身命意 愚生无色界 成善命意捨
極多成十九 二形除三淨 聖者未離欲 除二淨一形
欲微聚无聲 无根有八事 有身根九事 十事有餘根

P.3371v 阿毗達磨俱舍論本頌 （27—4）

極多成十九　二形除三淨　聖者未離欲　除二淨一形
欲成聚无香　无根有八事　有身根九事　十事有餘根
心心所必俱　諸行相或得　心所且有五　大地法等異
受想思觸欲　慧念與作意　勝解三摩地　遍於一切心
信及不放逸　輕安捨慙愧　二根及不害　勤唯遍善心
癡逸怠不信　惛掉恒唯染　唯遍不善心　无慙及无愧
忿覆慳嫉惱　害恨諂誑憍　如是類名為　小煩惱地法
欲有尋伺故　於善心品中　二十二心所　有時增惡作
於不善所共　見俱唯二十　四煩惱忿等　惡作二十一
有覆有十八　无覆許十二　睡眠遍不違　若有皆增上
初定除不善　及惡作睡眠　中定又除尋　上兼除伺等
无慙愧不重　於罪不見怖　愛敬謂信慙　唯於欲色有

初定除不善　及惡作睡眠　中定又除尋　上兼除伺等
无慙愧不重　於罪不見怖　愛敬謂信慙　唯於欲色有
尋伺心麁細　慢對他心舉　憍由染自法　心高无所顧
心意識體一　心心所有依　有緣有行相　相應義有五
心不相應行　得非得同分　无想二定命　相名身等類
得謂獲成就　非得此相違　得非得唯於　自相續二滅
三世法各三　善等唯善等　有繫自界得　无繫得通四
非學无學三　非所斷二種　无記得俱起　除二通變化
有覆色亦俱　欲色无前起　非得淨无記　去來世各三
三界不繫三　許聖道非得　說名異生性　得法易地捨
同分有情等　无想无想中　心心所法滅　異熟居廣果
如是无想定　後靜慮求脫　善唯順生受　非聖得一世

P.3371v　阿毗達磨俱舍論本頌　（27—6）

同分有情等　无想无想中　心心所法滅　異熟居廣果
如是无想定　後靜慮求脫　善唯順生受　非聖得一世
滅盡定亦然　為靜住有頂　善二受不定　聖由加行得
成佛得非前　三十四念故　二定依欲色　滅定初人中
命根體即壽　能持煖及識　相謂諸有為　生住異滅性
此有生生等　於八一有能　生能生所生　非離因緣合
名身等所謂　想章字總說　欲色有情攝　等流無記性
同分亦如是　并無色異熟　得相通三類　非得定等流
能作及俱有　同類與相應　遍行并異熟　許因唯六種
除自餘能作　俱有互為果　如大相所相　心於心隨轉
心所二律儀　彼及心諸相　是心隨轉法　由時果善等
同類因相似　自部地前生　道展轉九地　唯等勝為果

P.3371v　阿毗達磨俱舍論本頌　（27—7）

心所二律儀　彼及心諸相　是心隨轉法　由時果善等
同類因相似　自部地前生　道展轉九地　唯等勝為果
加行生亦然　聞思所成等　相應因決定　心心所同依
遍行謂前遍　為同地染因　異熟因不善　及善唯有漏
遍行與同類　二世三世三　果有為離繫　无為无因果
後因果異熟　前因增上果　同類遍等流　俱相應士用
異熟无記法　有情有記生　等流似自因　離繫由慧盡
若因彼力生　是果名士用　除前有為法　有為增上果
五取果唯現　二與果亦然　過現與二因　一與唯過去
染汙異熟生　餘初聖如次　除異熟遍二　及同類餘生
此謂心心所　餘及除相應　說有四種緣　因緣五因性
等无間非後　心心所已生　所緣一切法　增上即能作

P.3371v　阿毗達磨俱舍論本頌　（27—8）

此謂心心所　餘及除相應　說有四種緣　因緣五因性
等无閒非後　心心所已生　所緣一切法　增上即能作
二因於正滅　三因於正生　餘二緣相違　而與於作用
心心所由四　二定但由三　餘由二緣生　非天次等故
大為大二因　為所造五種　造為造三種　為大唯一因
欲界有四心　善惡覆无覆　色无色除惡　无漏有二心
欲界善生九　此復從八生　除從十四生　餘從五生七
色善生十一　此復從九生　有覆從八生　此復從六生
无覆從三生　此復能生六　无色善生九　此復從六生
有覆生從七　无覆如色辯　學從四生五　餘從五生四
十二為二十　謂三界善心　分加行生得　欲无覆分四
異熟威儀路　工巧處通果　色界除工巧　餘數如前說

P.3371v　阿毗達磨俱舍論本頌　（27—9）

世品

十二為二十　謂三界善心　分加行生得　欲无覆分四
異熟威儀路　工巧處通果　色界除工巧　餘數如前說
三界染心中　得六六二種　色善三學四　餘皆自可得
地獄傍生鬼　人及六欲天　名欲界二十　由地獄洲異
此上十七處　名色界於中　三靜慮各三　第四靜慮八
无色界无處　由生有四種　依同分及命　令心等相續
於中地獄等　自名說五趣　唯无覆无記　有情非中有
身異及想異　身異同一想　翻此身想一　并无色下三
應知兼有七　餘非有情壞　應知兼有頂　及无相有情
是九有情居　餘非不樂住　四識住當知　四蘊唯自地
說獨識非住　有漏四句攝　於中有四生　有情謂卵等
人傍生具四　地獄及諸天　中有唯化生　鬼通胎化二

第一一二冊　伯三三五五至伯三三八〇背

P.3371v　阿毗達磨俱舍論本頌　（27—10）

說獨識非住　有滿四句攝　於中有四生　有情謂卵等
人傍生具四　地獄及諸天　中有唯化生　鬼通胎化二
死生二有中　五蘊名中有　未至應至處　故中有非生
如穀等相續　處无間續生　像實有不成　不等故非譬
一處无二並　非相續二生　說有健達縛　及五七經故
此一業引故　如當本有形　本有謂死前　居生剎那後
同淨眼天見　業通疾具根　无對不可轉　食香非久住
倒心趣欲境　濕化染香處　天首上三橫　地獄頭歸下
一於入正知　二三兼住出　餘於一切位　及卵恒无知
前三種入胎　謂輪王二佛　業智俱勝故　如次四餘生
无我唯諸蘊　煩惱業所為　由中有相續　入胎如燈焰
如引次第增　相續由惑業　更趣於餘世　故有輪无初

P.3371v　　阿毗達磨俱舍論本頌　　（27—11）

无我唯諸蘊　煩惱業所為　由中有相續　入胎如燈焰
如引次第增　相續由惑業　更趣於餘世　故有輪无初
如是諸緣起　十二支三際　前後際各二　中八據圓滿
宿惑位无明　宿諸業名行　識正結生蘊　六處前名色
從生眼等根　三和前六處　於三受因異　未了知名觸
在婬愛前受　貪資具婬愛　為得諸境界　遍馳求名取
有謂正能造　牽當有果業　結當有名生　至當受老死
傳許約位說　從勝立支名　於前後中際　為遣他愚惑
三煩惱二業　七事亦名果　略果及略因　由中可比二
從惑生惑業　從業生於事　從事事惑生　有支理唯此
明所治无明　如非親實等　說為結等故　非惡慧見故
與見相應故　說能染慧故　名无色四蘊　觸六三和生

P.3371v　阿毗達磨俱舍論本頌　（27—12）

明所治无明　如非親實等　說為結等故　非惡慧見故
與見相應故　說能染慧故　名无色四蘊　觸六三和生
五相應有對　第六俱增語　明无明非二　无漏染汙餘
愛恚二相應　樂等順三受　從此生六受　五屬身餘心
此復成十八　由意近行異　欲緣欲十八　色十二上三
二緣欲十二　八自二无色　後二緣欲六　四自一上緣
初无色近分　緣色四自一　四本及三邊　唯一緣自境
十八唯有漏　餘已說當說　此中說煩惱　如種復如龍
如草根樹莖　及如糠裹米　業如有糠米　如草藥如花
諸異熟果事　如成熟飲食　於四種有中　生有唯染汙
由自地煩惱　餘三无色三　有情由食住　段欲體唯三
非色不能益　自根解脫故　觸思識三食　有漏通三界
意成及求生　食香中有起　前二益此世　所依及能依

P.3371v　　阿毗達磨俱舍論本頌　　（27—13）

非色不能益　自根解脫故　觸思識三食　有漏通三界
意成及求生　食香中有起　前二益此世　所依及能依
後二於當有　引及起如次　斷善根與續　離染退死生
許唯意識中　死生唯捨受　非定無心二　二無記涅槃
漸死足齊心　最後意識滅　下人天不生　斷末摩水等
正邪不定聚　聖造無間餘　安立器世間　風輪最居下
其量廣無數　厚十六洛叉　次上水輪深　十一億二万
下八洛叉水　餘凝結成金　此水金輪廣　徑十二洛叉
三千四百半　周圍此三倍　蘇迷盧處中　次踰健達羅
伊沙馱羅山　朅地洛迦山　蘇達梨舍那　頞濕縛羯拏
毗那怛迦山　尼民達羅山　於大洲等外　有鐵輪圍山
前七金所成　蘇迷盧四寶　入水皆八万　妙高出亦然
餘八半半下　廣皆等高量　山間有八海　前七名為內

P.3371v　　阿毗達磨俱舍論本頌　　（27—14）

前七金所成　蘇迷盧四寶　入水皆八万　妙高出亦然
餘八半〻下　廣皆等高量　山間有八海　前七名為內
最初廣八万　四邊各三倍　餘六半〻狹　第八名為外
三洛叉二万　二千踰繕那　於中大洲相　南贍部如車
二千及三半　東毗提訶洲　其相如半月　三邊如贍部
西瞿陁尼洲　其相圓无缺　徑二千五百　周圍此三倍
北俱盧畟方　面各二千等　中洲復有八　四洲邊各二
此北九黑山　雪香醉山內　无熱池縱廣　五十踰繕那
此下過二万　无間深廣同　上七㮈落迦　八增皆十六
謂煻煨屍糞　鋒刃烈河增　各住彼四方　餘八寒地獄
日月迷盧半　五十一五十　夜半日沒中　日出四洲等
雨際第二月　後九夜漸增　寒第四亦然　夜減晝翻此
晝夜增臘縛　行南北路時　近日自影覆　故見月輪缺

P.3371v　阿毗達磨俱舍論本頌　（27—15）

雨際第二月　後九夜漸增　寒第四亦然　夜減晝翻此
晝夜增臘縛　行南北路時　近日自影覆　故見月輪缺
妙高層有四　相去各十千　傍出十六千　八四二千量
堅手及持鬘　恒憍大王衆　如次居四級　亦住餘七山
妙高頂八万　三十三天居　四角有四峯　金剛手所住
中宮名善見　周万踰繕那　高一半金城　雜飾地柔軟
中有殊勝殿　周千踰繕那　外四苑莊嚴　衆車麁雜喜
妙地居四方　相去各二十　東北圓生樹　西南善法堂
此上有色天　住依空宮殿　六受欲交抱　執手笑視婬
初如五至十　色圓滿有衣　欲生三人天　樂生三九處
如彼去下量　去上數亦然　離通力依他　下無升見上
四大洲日月　蘇迷盧欲天　梵世各一千　名一小千界

P.3371v　阿毗達磨俱舍論本頌　（27—16）

如彼去下量　去上數亦然　離通力依他　下无昇見上
四大洲日月　蘇迷盧欲天　梵世各一千　名一小千界
此小千千倍　說名一中千　此千倍大千　皆同一成壞
贍部洲人量　三肘半四肘　東西北洲人　倍倍增如次
欲天俱盧舍　四分一一增　色天踰繕那　初四增半半
此上增倍倍　唯无雲減三　北洲定千年　西東半半減
此洲壽不定　後十初叵量　人間五十年　下天一晝夜
乘斯壽五百　色无晝夜殊　劫數等身量　无色初二万
後後二二增　少光上下无　大全半為劫　等治等上六
如次以欲天　壽為一晝夜　壽量亦同彼　極熱半中劫
无間中劫全　傍生極一中　鬼月日五百　頻部隨壽量
如一婆訶麻　百年除一盡　後後倍二十　諸處有中夭

P.3371v　　阿毗達磨俱舍論本頌　　（27—17）

无間中劫全　傍生極一中　鬼月日五百　頻部隨壽量
如一婆訶麻　百年除一盡　後後倍二十　諸處有中夭
除北俱盧洲　極微字刹那　色名時極少　極微微金水
兎羊牛隙塵　蟣虱麦指節　後後增七倍　二十四指肘
四肘為弓量　五百俱盧舍　此八踰繕那　百二十刹那
為怛刹那量　臘縛此六十　此三十須臾　此三十晝夜
三十晝夜月　十二月為年　於中半減夜　應知有四劫
謂壞成中大　壞從獄不生　至外器都盡　成劫從風起
至地獄初生　中劫從无量　減至壽唯十　次增減十八
後增至八万　如是成已住　名中二十劫　成壞壞已空
時皆等住劫　八十中大劫　大劫三无數　減八万至百
諸佛現世間　獨覺增減時　麟角喻百劫　輪王八万上
金銀銅鐵輪　一二三四洲　逆次獨如佛　他迎自往伏

P.3371v　阿毗達磨俱舍論本頌　（27—18）

諸佛現世間　獨覺增減時　麟角喻百劫　輪王八万上
金銀銅鐵輪　一二三四洲　逆次獨如佛　他迎自往伏
諍陣勝无害　相不正圓明　故與仏非等　劫初如色天
後漸增貪味　由惰貯賊起　為防雇守田　業道增壽減
至十三災現　刀疾飢如次　七日月年止　三災火水風
上三定為頂　如次內災等　四无不動故　然彼器非常
情俱生滅故　要七火一水　七水火後風　世別由業生
思及思所作　思即是意業　所作謂身語　此身語二業
俱表无表性　身語許別形　非行動為體　以諸有為法
有剎那滅故　應无无因故　生因應能滅　形亦非實有
應二根取故　无別極微故　語表許言聲　說三无漏色
增非作等故　此能造大種　異於表所造　欲後念无表
表過大種生　有漏自地依　无漏通生處　无表无執受

P.3371v　阿毗達磨俱舍論本頌　（27—19）

增非作等故　此能造大種　異於表所造　欲後念无表
依過大種生　有漏自地依　无漏隨生處　无表无執受
亦等流情數　散依等流性　有受異大生　定生依長養
无受无異大　表唯等流性　屬身有執受　无表記餘三
不善唯在欲　无表通欲色　表唯有伺二　欲无有覆表
以无等起故　勝義善解脫　自性慚愧根　相應彼相應
等起色業等　翻此名不善　勝无記二常　等起有二種
因及彼剎那　如次第應知　名轉名隨轉　見斷識唯轉
唯隨轉五識　時斷意通二　无漏異熟非　於轉善等性
隨轉各善三　牟尼善亦同　无記隨或善　无表三律儀
不律儀非二　律儀別解脫　靜慮及道生　初律儀八種
實體唯有四　形轉名異故　各別不相違　受離五十八
一切所應離　五近事近住　勤策及苾芻　俱得名尸羅
妙行業律儀　唯初表无表　名別解業道　八成別解脫

P.3371v　阿毗達磨俱舍論本頌　（27—20）

一切所應離　立近事近住　勤策及苾芻　俱得名尸羅
妙行業律儀　唯初表无表　名別解脫業道　八成別解脫
得靜慮聖者　成靜慮道生　後二隨心轉　未至九无間
俱生二名斷　正知正念合　名意根律儀　住別解无表
未捨恒成現　剎那後成過　不律儀亦然　得靜慮律儀
恒成就過未　聖初除過去　住定道成中　住中有无表
初成中後二　住律不律儀　起染淨无表　初成中後二
至染淨勢終　表正作成中　後成過非未　有覆及无覆
唯成就現在　惡行惡戒業　業道不律儀　成表非无表
住中劣思作　捨未生表聖　成无表非表　定生得定地
彼聖得道生　別解脫律儀　得由他教等　別解脫律儀
盡壽或晝夜　惡戒无晝夜　謂非如善受　近住於晨旦
下座從師受　隨教說具支　離嚴飾晝夜　戒不逸禁支
四一三如次　為防諸性罪　失念及憍逸　近住餘亦有

P.3371v　阿毗達磨俱舍論本頌　（27—21）

下座從師受　隨教說具支　離嚴飾晝夜　或不逸禁支
四一三如次　爲防諸性罪　失念及憍逸　近住餘亦有
不受三歸无　羸近事缺戒　說如苾芻等　若皆具律儀
何言一分等　謂約能持說　下中上隨心　歸依成佛僧
无學二種法　及涅槃擇滅　是說具三歸　邪行最可訶
易離得不作　得律儀如昔　非想於相續　以開虛誑語
便越諸學處　遮中唯離酒　爲護餘律儀　從一切二現
得欲界律儀　從根本恒時　得靜慮无漏　律儀諸有情
支因說不定　不律儀從一切　有情支非因　諸得不律儀
由作及誓受　得所餘无表　由田受重行　捨別解脫儀
由故捨命終　及二形俱生　斷善根夜盡　有說由於重
餘說由法滅　迦涅槃羅說　犯二如負財　捨定生善法
由易地退等　捨聖由得果　練根及退失　捨惡戒由死
得戒二形生　捨中由受勢　作事壽根斷　捨欲非色善

P.3371v　阿毗達磨俱舍論本頌　（27—22）

由易地退等　捨聖由得果　練根及退失　捨惡戒由死
得戒二形生　捨中由受勢　作事壽根斷　捨欲非色善
由根斷上生　由對治道生　捨諸非色染　惡戒人除北
二黃門二形　律儀亦在天　唯人具三種　生欲天色界
有靜慮律儀　无漏并无色　除中定无想　安不安非業
名善惡无記　福非福不動　欲善業名福　不善名非福
上界善不動　約自地處所　業果无動故　順樂苦非二
善至三順樂　諸不善順苦　上善順非二　餘說下亦有
由中間異熟　又許此三業　非前後熟故　順受總有五
謂自性相應　及所緣異熟　現前差別故　此有定不定
定三順現等　或說業有五　餘師說四句　四善容俱作
引同分唯三　諸處造四種　地獄善除現　堅於離染地
異生不造生　聖不造生後　并欲有頂退　欲中有能造
二十二種業　皆順現受攝　類同分一故　由重或淨心

P.3371v　阿毗達磨俱舍論本頌　（27—23）

異生不造生 聖不造生後 并欲有頂退 欲中有能造
二十二種業 皆順現受攝 類同分一故 由重或淨心
及是恒所造 於功德田起 害父母業定 由田意殊勝
及走招異熟 得永離地業 定招現法果 於佛上首僧
及滅定无諍 慈見脩道出 損益業即受 諸善无尋業
許唯感心受 惡唯感身受 是感受業異 心狂唯意識
由業異熟生 及怖害違憂 除北洲在欲 說曲穢濁業
依諂瞋貪生 依黑黑等殊 所說四種業 惡色欲界善
能盡彼无漏 應知如次第 名黑白俱非 四法忍離欲
前八无間俱 十二无漏思 唯盡純黑業 離欲四靜慮
第九无間思 一盡雜純黑 四令純白盡 有說地獄受
餘欲業黑雜 有說欲見滅 餘欲業黑俱 无學身語業
即意三牟尼 三清淨應知 即諸三妙行 惡身語意業
說名三惡行 及貪瞋邪見 三妙行翻此 所說十業道

P.3371v　阿毗達磨俱舍論本頌　（27—24）

即意三牟尼 三清淨應知 即諸三妙行 惡身語意業
說名三惡行 及貪嗔邪見 三妙行翻此 所說十業道
攝惡妙行中 麁品為其性 如應成善惡 惡六定無表
彼自作婬二 善七受生二 定生唯無表 加行定有表
無表或有無 後起此相違 加行三根起 彼無間生故
貪等三根生 善於三位中 皆三善根起 煞麁語瞋恚
究竟皆由嗔 盜邪行及貪 皆由貪究竟 邪見癡究竟
許所餘由三 有情與名色 名身等處起 俱死及前死
無根依別故 軍等若同事 皆成如作者 煞生由故思
他想不誤煞 不與取他物 力竊取屬己 欲邪行四種
行所不應行 染思想發言 解義虛誑語 由眼耳意識
并餘三所證 如次第名為 所見聞知覺 染心壞他語
說名離間語 非愛麁惡語 諸染雜穢語 餘說異三染
佞歌邪論等 惡欲他財貪 憎有情瞋恚 撥善惡等見
名邪見業道 此中三唯道 七業亦道故 唯邪見斷善

P.3371v　阿毗達磨俱舍論本頌　（27—25）

後欲邪論等　惡欲他財貪　增有情瞋恚　撥善惡等見
名邪見業道　此中三唯道　七業亦道故　唯邪見斷善
所斷欲生得　撥因果一切　漸斷二俱捨　人三洲男女
見行斷非得　續善疑有見　頓現除逆者　業道思俱轉
不善一至八　善揔開至十　別遮一八五　不善地獄中
貪雜瞋通二　貪邪見成就　北洲成後三　雜語通現成
餘欲十通二　善於一切處　後三通現成　无色无相天
前七唯成就　餘處通成現　除地獄北洲　皆能招異熟
等流增上果　此令他受苦　斷命壞威故　貪生身語業
邪命難除故　執命資貪生　違經故非理　斷道有漏業
具足有五果　无漏業有四　諸雜除異熟　餘有漏善惡
亦四除離繫　餘无漏无記　三除前所除　善等於善等
初有四二三　中有二三四　後二三二果　遍於三各四
現於未亦爾　現於現二果　未於未果三　同地有四果
異地二或三　學於三各三　无學一三二　非學非无學

P.3371v　阿毗達磨俱舍論本頌　（27—26）

現於未亦尒　現於現二果　未於未果三　同地有四果
異地二或三　學於三各三　無學一三二　非學非無學
有二二五果　見所斷業等　一一各於三　初有三四一
中二四三果　除業不應作　有說亦壞軌　應作業翻此
俱相違第三　一業引一生　多業能圓滿　二無心定得
不能引餘通　三障無間業　及數行煩惱　并一切惡趣
北洲無想天　三洲有無間　非餘扇搋等　少恩少羞恥
餘障通五趣　此五無間中　四身一語業　三殺一誑語
一殺生加行　僧破不和合　心不相應行　無覆無記性
所破僧所成　能破爲唯成　此虛誑語罪　無間一劫熟
隨罪增苦增　苾芻見淨行　破異處愚夫　忍異師道時
名破不經宿　贍部洲九等　方破法輪僧　唯破羯磨僧

P.3371v　阿毗達磨俱舍論本頌　（27—27）

Bibliothèque nationale de France

Pelliot chinois 3372

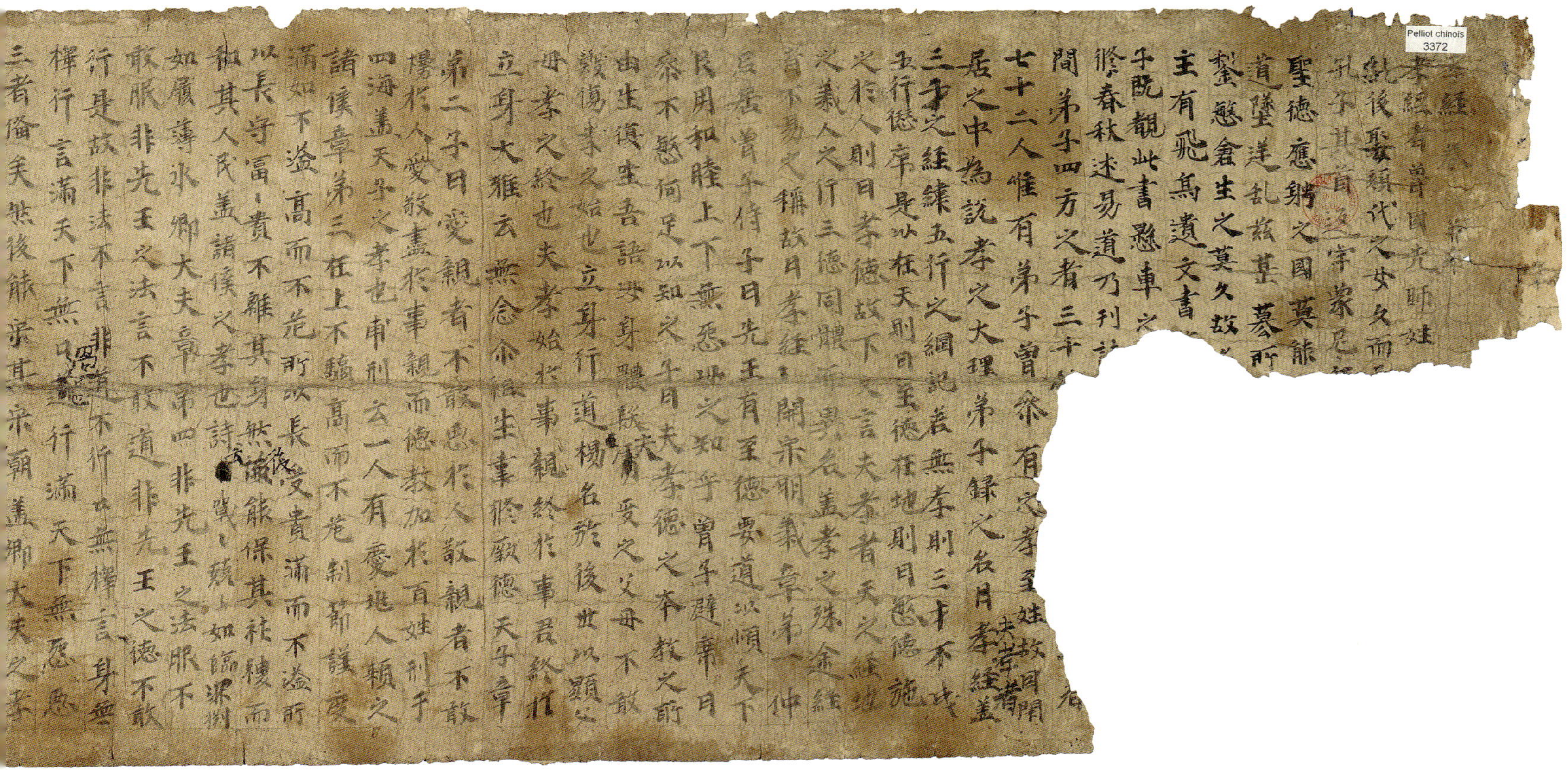

法國國家圖書館藏敦煌文獻

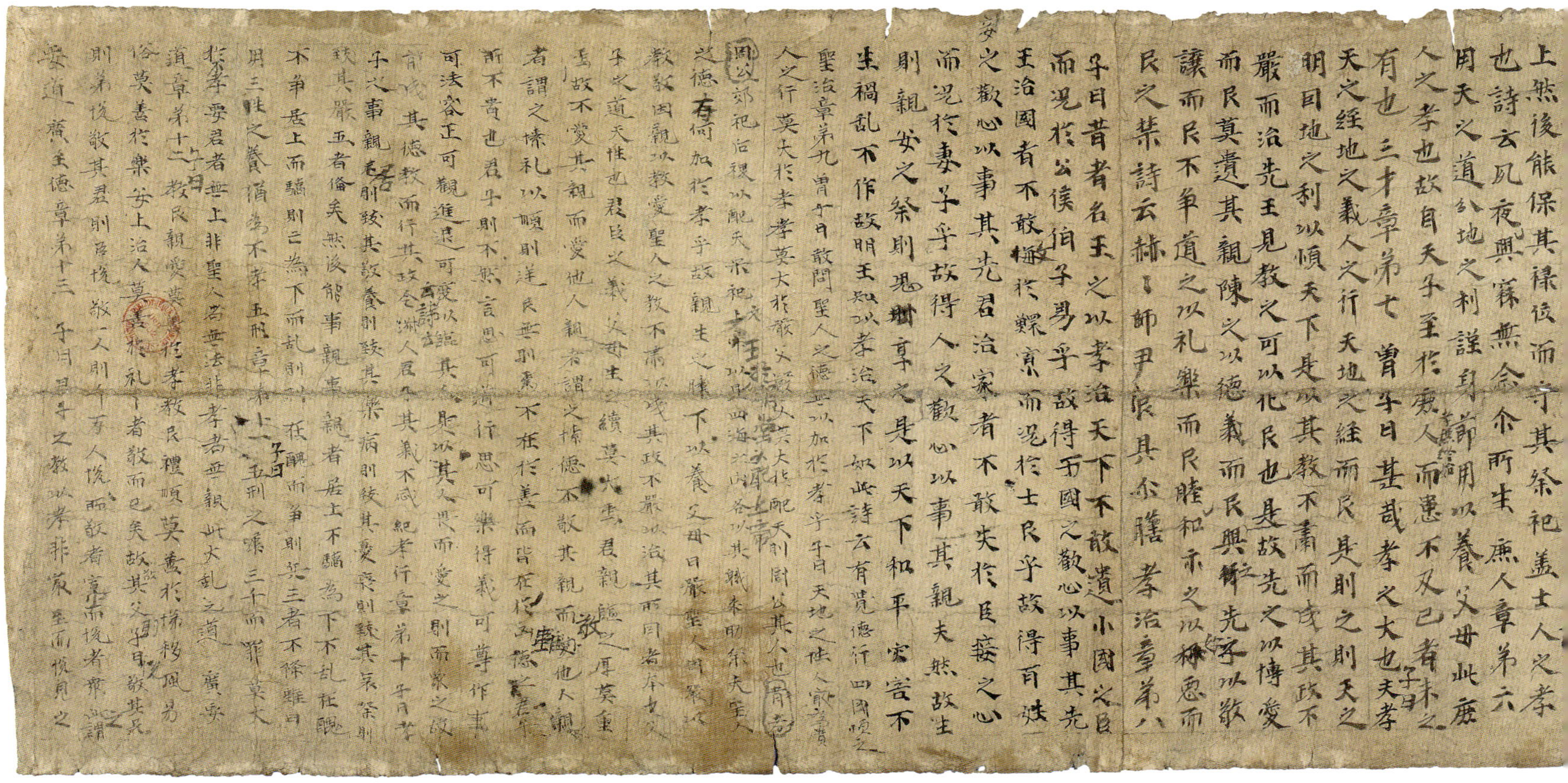

P.3372　孝經并序（總圖）

孝經一卷 并序
孝經者昔魯國先師姓
亂後娶顔代之女久而
孔子其首有宗家尼
聖德應聘之國莫能
道墜逆乱茲甚慕所
鑿懸會生之莫久故
主有飛烏遺文書
子既覩此書懸車之
脩春秋述易道乃刊詩
問弟子四方之者三千
七十二人唯有弟子曾參有之孝至姓故因閑
居之中為說孝之大理弟子録之名曰孝經盖 夫孝者

P.3372　　孝經并序　　（6—1）

居之中為說孝之大理弟子録之名曰孝經蓋
三才之經緯五行之綱紀若無孝則三才不成
五行僭序是以在天則曰至德在地則曰愍德施
之於人則曰孝德故下文言夫孝者天之經地
之義人之行三德同體而異名蓋孝之殊途經
者不易之稱故曰孝經 開宗明義章第一 仲
尼居曾子侍子曰先王有至德要道以順天下
民用和睦上下無怨汝之知乎曾子避席曰
參不愍何足以知之子曰夫孝德之本教之所
由生復坐吾語汝身體髮膚受之父母不敢
毀傷孝之始也立身行道揚名於後世以顯父
母孝之終也夫孝始於事親終於事君終於
立身大雅云無念爾祖聿脩厥德 天子章
第二 子曰愛親者不敢惡於人敬親者不敢
慢於人愛敬盡於事親而德教加於百姓刑于

P.3372 孝經并序 （6—2）

揚於人愛敬盡於事親而德教加於百姓刑于
四海蓋天子之孝也甫刑云一人有慶兆人賴之
諸侯章第三　在上不驕高而不危制節謹度
滿而不溢高而不危所以長守貴滿而不溢所
以長守富富貴不離其身然後能保其社稷而
和其人民蓋諸侯之孝也詩云戰戰兢兢如臨深淵
如履薄冰　卿大夫章第四　非先王之法服不
敢服非先王之法言不敢道非先王之德不敢
行是故非法不言非道不行口無擇言身無
擇行言滿天下無口過行滿天下無怨惡
三者備矣然後能守其宗廟蓋卿大夫之孝
也詩云夙興夜寐以事一人　士人章第五　資於
事父以事母而愛同資於事父以事君而敬同
故母取其愛而君取其敬兼之者父也故以
孝事君則忠以敬事長則順忠順不失以事其

P.3372　孝經并序　（6—3）

孝事君則中以敬事長則順忠順不失爾事其
上然後能保其祿位而守其祭祀盖士人之孝
也詩云夙夜興寐無忝尒所生庶人章弟六
用天之道分地之利謹身節用以養父母此庶
人之孝也故自天子至於庶人孝無終始而患不及已者未之
有也三才章弟七曾子曰甚哉孝之大也子曰夫孝
天之經地之義人之行天地之經而民是則之則天之
明因地之利以順天下是以其教不肅而成其政不
嚴而治先王見教之可以化民也是故先之以博愛
而民莫遺其親陳之以德義而民興行先之以敬
讓而民不爭道之以礼樂而民睦和示之以好惡而
民知禁詩云赫赫師尹民具尒瞻孝治章弟八
子曰昔者名王之以孝治天下不敢遺小國之臣
而况於公侯伯子男乎故得万國之歡心以事其先
王治國者不敢悔於鰥寡而况於士民乎故得百姓

第一一二冊　伯三三五五至伯三三八〇背

P.3372　孝經并序　（6—4）

王治國者不敢侮於鰥寡而況於士民乎故得百姓

妾之歡心以事其先君治家者不敢失於臣妾之心

而況於妻子乎故得人之歡心以事其親夫然故生

則親安之祭則鬼享之是以天下和平災害不

生禍亂不作故明王知以孝治天下如此詩云有覺德行四國順之

聖治章第九 曾子曰敢問聖人之德無以加於孝乎子曰天地之性人最爲貴

人之行莫大於孝孝莫大於嚴父嚴父莫大於配天則周公其人也 昔者

周公郊祀后稷以配天宗祀文王於明堂以配上帝是以四海之內各以其職來助祭夫聖人

之德又何以加於孝乎故親生之膝下以養父母日嚴聖人因嚴以

教敬因親以教愛聖人之教不肅而成其政不嚴而治其所因者本也父

子之道天性也君臣之義也父母生之續莫大焉君親臨之厚莫重

焉故不愛其親而愛他人親者謂之悖德不敬其親而敬他人親

者謂之悖禮以順則逆民無則焉不在於善而皆在於凶德雖得之君子

所不貴也君子則不然言思可道行思可樂德義可尊作事

可法容止可觀進退可度以臨其民是以其民畏而愛之則而象之故

P.3372 孝經并序 （6—5）

所不貴也君子則不然言思可道行思可樂得義可尊作事
可法容正可觀進退可度以臨其人是以其人畏而愛之則而象之故
能成其德教而行其政令詩云淑人君子其儀不忒　紀孝行章第十　子曰孝
子之事親也居則致其敬養則致其樂病則致其憂喪則致其哀祭則
致其嚴五者備矣然後能事親事親者居上不驕為下不乱在醜
不争居上而驕則亡為下而乱則刑在醜而争則兵三者不除雖日
用三牲之養猶為不孝　五刑章第十一　子曰五刑之屬三千而罪莫大
於不孝要君者無上非聖人者無法非孝者無親此大乱之道　廣要
道章第十二　子曰教民親愛莫善於孝教民禮順莫善於悌移風易
俗莫善於樂安上治人莫善於礼礼者敬而已矣故敬其父則子悦敬其兄
則弟悦敬其君則臣悦敬一人則千万人悦所敬者寡而悦者衆此之謂
要道　廣至德章第十三　子曰君子之教以孝非家至而日見之

P.3372　孝經并序　（6—6）

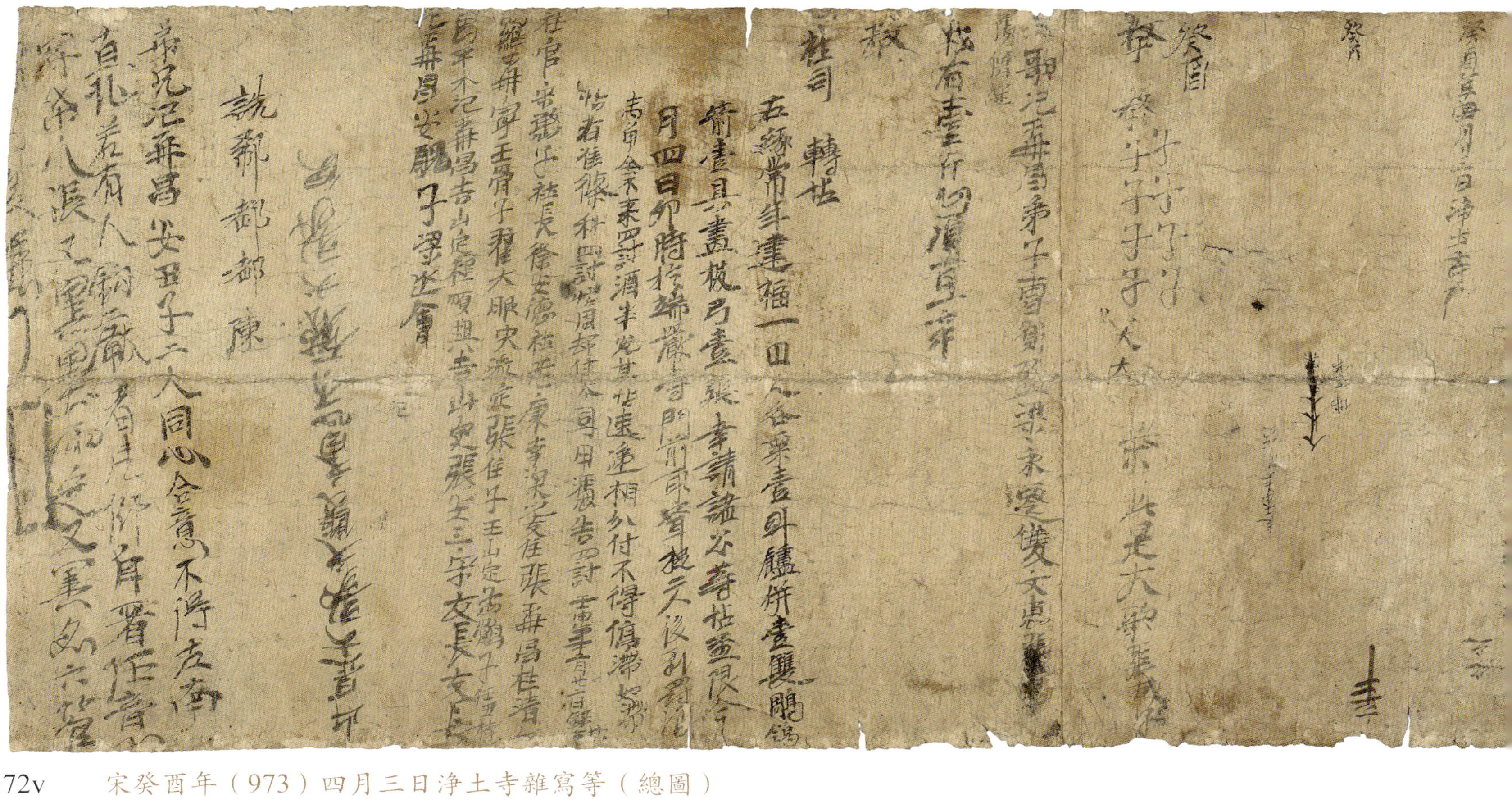

P.3372v　宋癸酉年（973）四月三日淨土寺雜寫等（總圖）

P.3372v　　1. 宋癸酉年（973）四月三日浄土寺等雜寫　　（5—1）

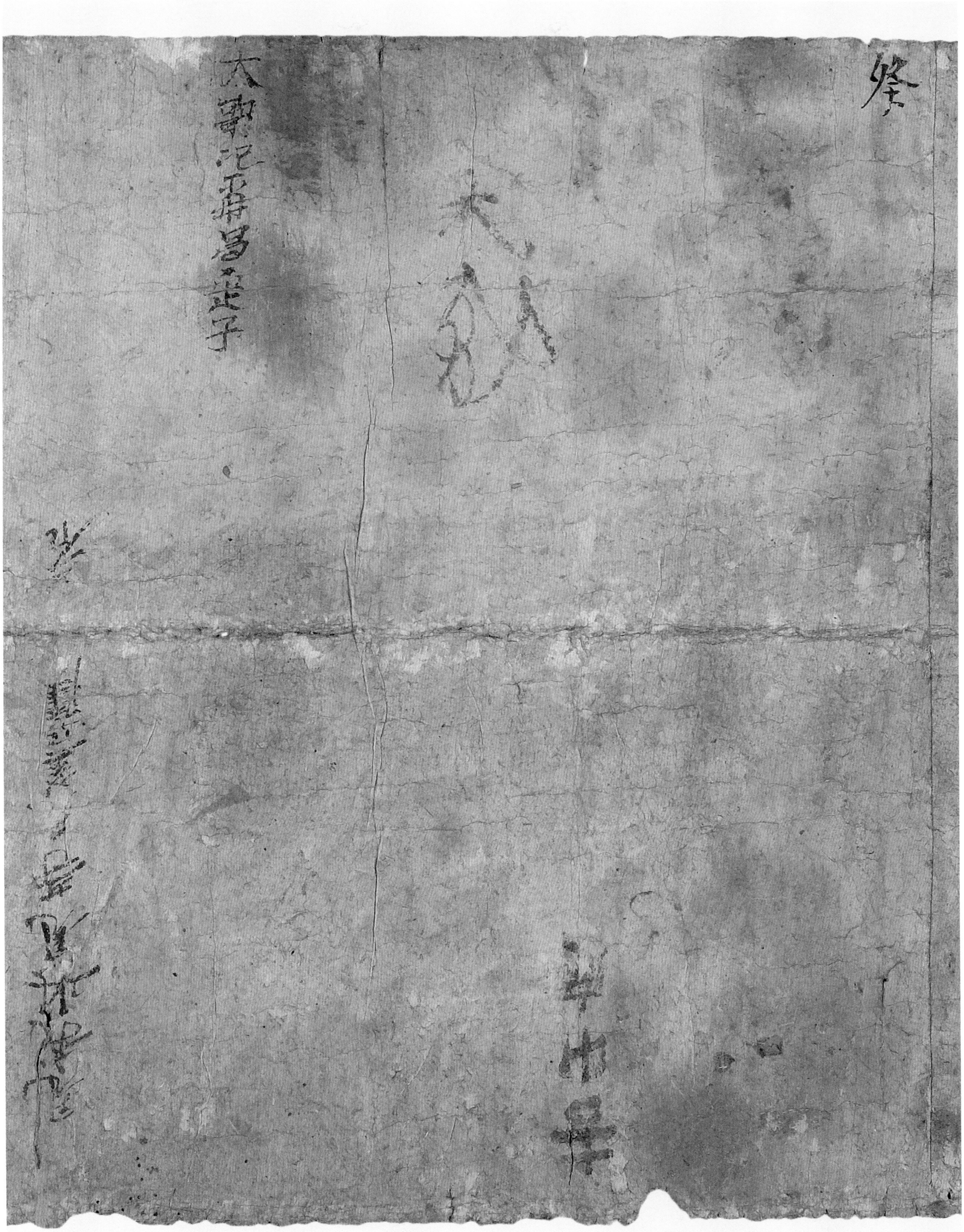

P.3372v　　1. 宋癸酉年（973）四月三日浄土寺等雜寫　　（5—2）

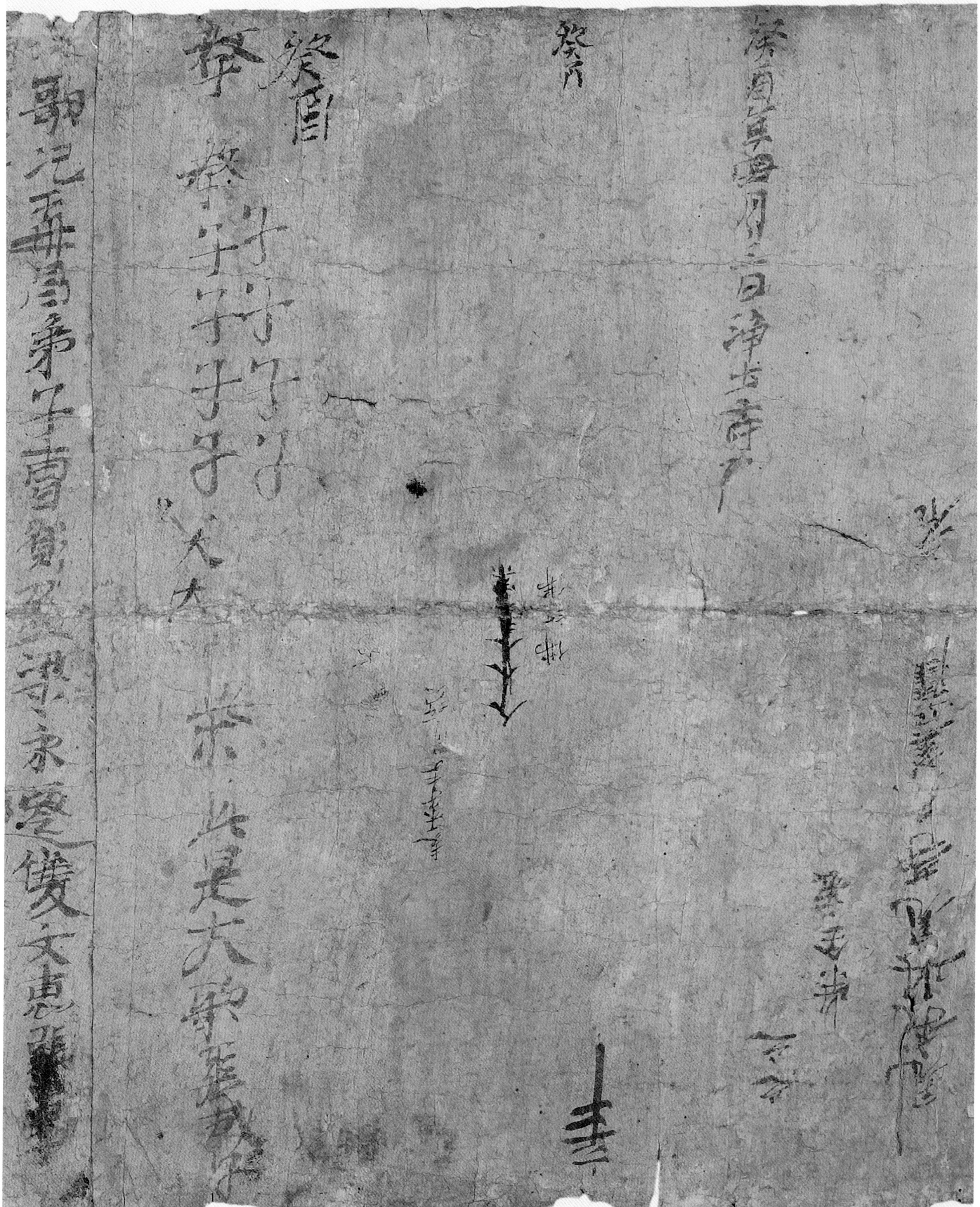

P.3372v　　1. 宋癸酉年（973）四月三日浄土寺等雜寫　　（5—3）

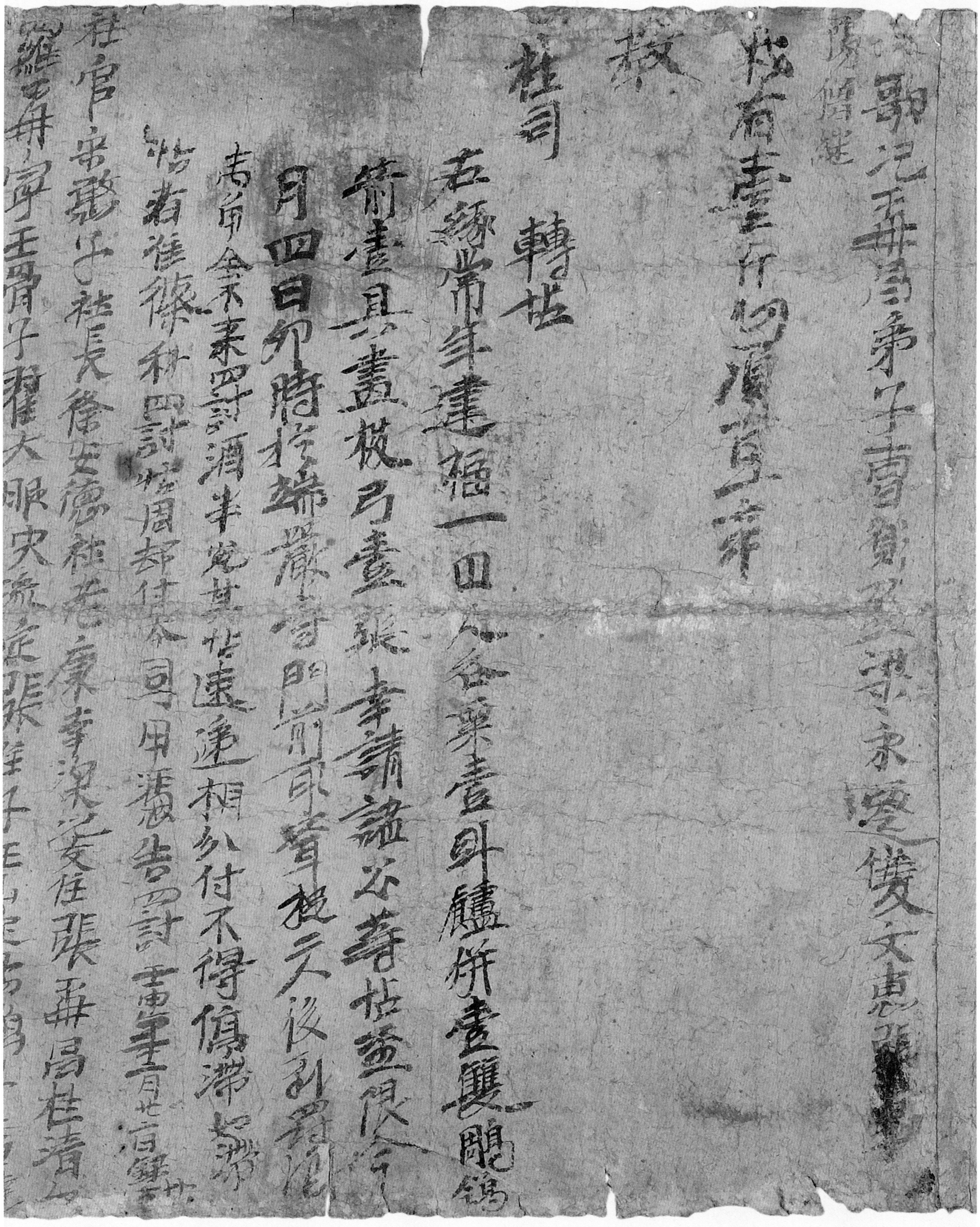

P.3372v　1. 宋癸酉年（973）四月三日浄土寺等雜寫　2. 宋壬申年（973）十二月廿二日社司常年建福轉帖抄
（5—4）

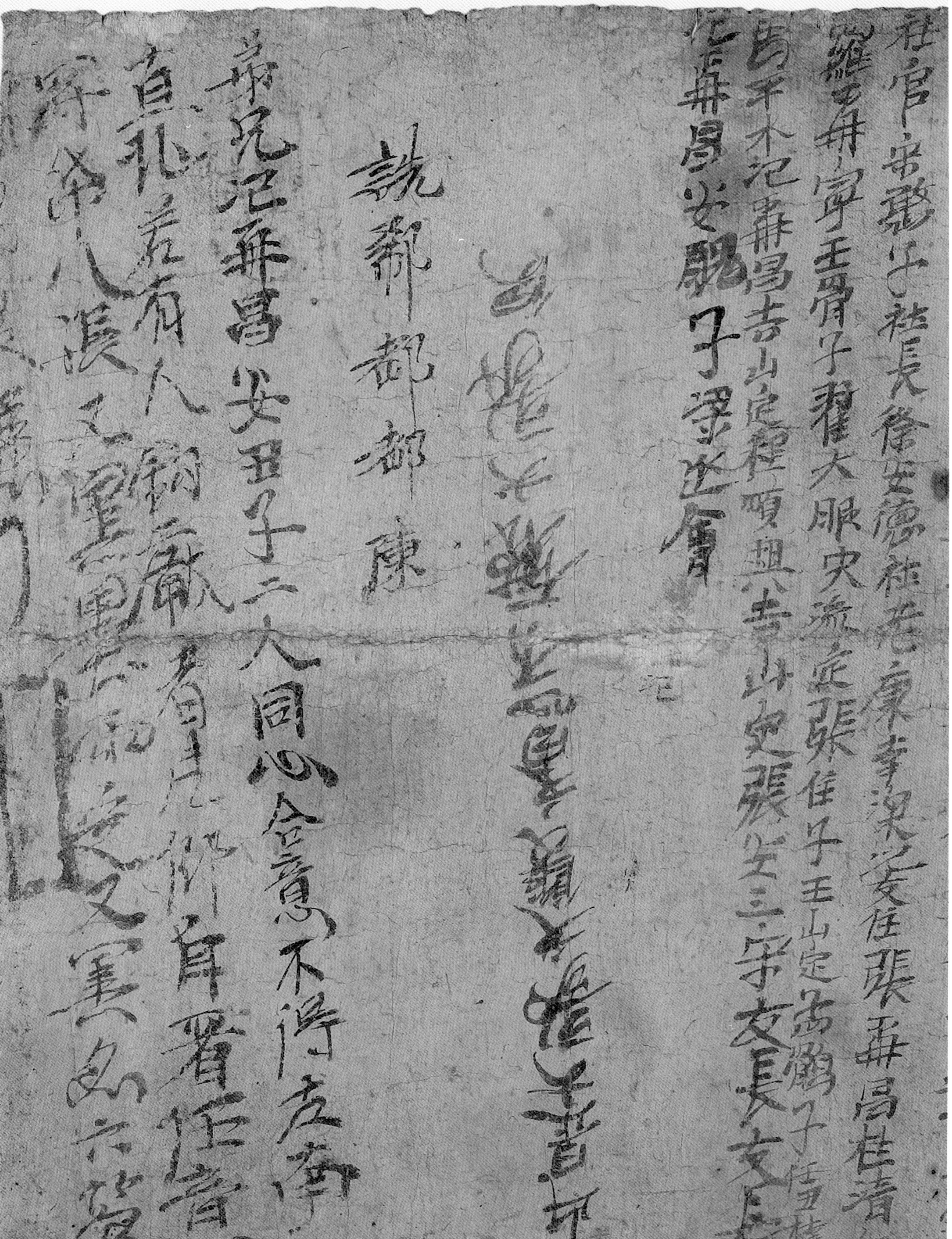

P.3372v　1. 宋癸酉年（973）四月三日浄土寺等雜寫　2. 宋壬申年（973）十二月廿二日社司常年建福轉帖抄
3. 氾再昌安丑子結爲兄弟契抄　（5—5）

Pelliot chinois 3373

敬法門　念不乘座　見本性禪　本性无性
无性法身　法身无身　故為佛儀　雖善諸識門裏懲來
何市生死業　生死免塵　免免德甚　象别覺見　人導宣
衆生　甚是衆生　種多心生　名為衆生　流浪生死　三戒
聚　甚是三戒　欲戒色戒　无色戒　甚是五聚　地獄
餓鬼　畜生　人道　天道　覺見名佛　覺覺何等法得佛
覺見眼　耳鼻舌身意　眼見色　耳聞聲　鼻聞香
舌嘗味　身受觸　意攀緣　意攀何等緣　眼見无攀
色　耳聞无攀聲　鼻識乎等香　舌當不分别味　身
不受觸　意不攀緣　識諸塵忘　當卽沐　者甚法
如自法　者是如自法　合有心性　甚是心性　者可了是
不立丁是性　心性一以　不一不以　說介心　說介性　名别
故不可心性不可得　躰同故不以　有不以　无不以　裏
有裏无　自性治吾　自性者　甚治　本来治　畢竟不說
有无　者甚法　心性法　者是心性法　合有心敬法　甚是
心敬　氣可了是心　使見了是敬　心生敬　生心　心也不
能生敬　也不能生心　心也不能生敬　也不能生心
三戒畫鏡　為心所藏　念不起氣　託鏡方生　有
别有鏡　无光亦无鏡　此如衆共形　有光别有形
无光亦无形　心生鏡　者甚法　心鏡法　者是心鏡　有
㮤種　合有二種　甚是二種　一者外　二者內　將外
衆外　將內衆外也　衆生攀勿城身也　九勿城身　何者為
九勿　地水火風　色受想行識　地想生得大名　地當國　无
牙并　變一切處　无分别　地得大名　水想生得大名
水无高下无　變一切處　无分别　水得大名　火想
生得大名　火燒燒山河石礦　變一切處　无分别
火得大名　風想生得大名　動山河石礦　變
切處　无分别　風得大名　者是外四大　合有內四大　甚
是內四大　骨肉堅硬　以為地大　血隨澤潤　以為水
大　躰知温暖　以為火大　出識入諍　以為風大　甚
甚內外四大　合有五蘊　甚是五蘊　色蘊形　以為色
蘊　礼納以為受蘊　思想以為想蘊　造作以為
行蘊　分别以為色蘊　色如求衆　末受即求

識曇曇者是俱曇，合有六根六識。根者何語？
曇摩諸語。處者何語？本識之語。識者何語？了
知語。眼根耳根鼻根舌根身根意根。眼處耳
處鼻處舌處身處意處。眼識耳識鼻
識舌識身識意識。內有六根，外有六塵，爲
相易受名，名爲十二入。甚是十二入？眼入色，色入眼；耳
入聲，聲入耳；鼻入香，香入鼻；舌入味，味入舌；
身入觸，觸入身；意入法，法入意。甚是十八界？
眼界色界眼識界耳界聲界耳識界鼻界香界鼻
識界舌界味界舌識界身界觸界身識界意界法識界
識界。循行魏識三界。甚是三界？四大五蘊十二入
十八界，名諸三界。四大甚人語？合得个契根人語。十二入
甚人語？合得重見人語。十八界甚人語？合得頭根人
語。五蘊之中，幾个髓身，幾个髓心？四个髓身，五个
髓心。七个髓身，十一个髓心。六根門治說六个愁亦者治
說七个。第六憶識重餘而變，名之七个。言下直入得
甚人語？五得治根人語。十二入能生惡法，共甚人語？
合得重根人語。十八界甚人語？行人跡心，不過悟入得構
根人語。　也珠重　三課一本

眾生無邊誓願度　煩惱無邊誓願斷
法門無邊誓願學　無上菩提誓願成
誓願眾生出三界　誓願我佛莫奉緣
誓願專心求解脫　誓願勤苦不流殘
身口長談樂羅蜜　身擬長談種種香
我普爲眾生普我佛道　願我眼中長見佛
願我長聞說法聲　願心莫見
傳有相緣　願身早發菩提聲　菩提路上新同緣
我等爲眾生皆願成佛道

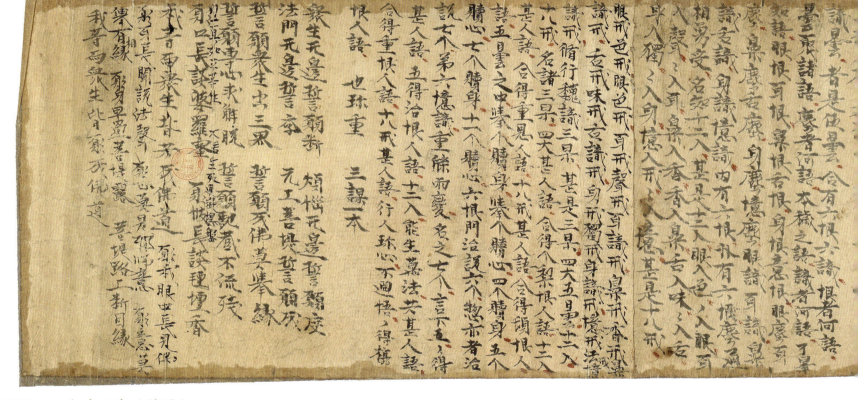

P.3373　大乘三窠（總圖）

敬法門　念不棄度　見本性禪　本性无性
无性法身　法身无身　故爲戒懺　聽善諸識門裏懃悉來
何布生死來　生死是塵　見見德甚　家別唯覺　亭甚
衆生　甚是衆生　種多心生　名爲衆生　流浪生死　三戒
衆　甚是三戒　欲戒色戒　无色戒　甚是五衆地獄
餓鬼畜生　人道天道　唯覺名佛　唯覺何等法得佛
覺見眼耳鼻舌身憶　眼見色　耳聞聲　鼻聽香
舌嘗味　身受觸　憶攀緣　憶攀何等緣　眼見无攀
色　耳聞无攀聲　鼻識无攀香　舌嘗不分別味　身
不受觸　憶不攀緣　識諸虛忘　當躰性者甚法
如自法　者是如自法　合有心性　甚是心性　者可丁是
下豈丁是性　心性一以　不一不以　說个心說个性　名別

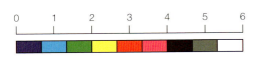

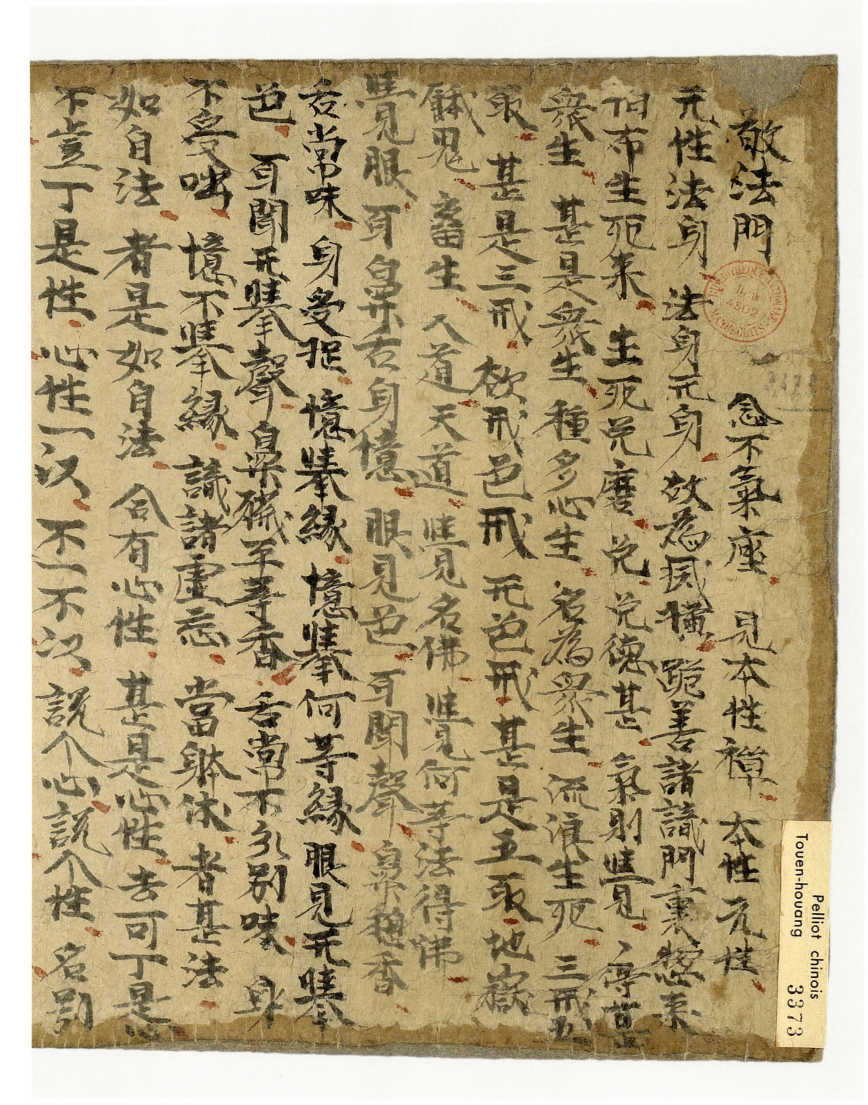

P.3373　大乘三窠　（6—1）

下豈丁是性心性一以不一不以說个心說个性名別
故不以心性不可得躰同故不以有不以无不以熏
有熏无自性治吾自性丟甚治本来治畢竟不說
有无者甚法心性法者是心性法合有心敬法甚是
心敬氣可丁是心使見丁是敬心生敬生心心也不
能生敬也不能生心心也不能生敬也不能生心
三戒畫鏡為心所藏念不光氣託鏡方生有异
別有鏡无光亦无鏡比如虛空丟形有光別有形
无光亦无形心生鏡者甚法心鏡法者是心鏡有
種合有二種甚是二種一者外二者內將外敵內將內
敵外將內敵外也衆生集勿城身也九勿城身何者為
九勿地水文風色受相行識世想生得大名地廣國乘
羽井变一切處无弘別地得大名水想生得大名

牙井變一切處无分別地得大名水想生得大名
水无高下无變一切處无分別水得大名火想
生得大名火燒燒山河石礦變一切處无分別
火得大名風想生得大名吹動山河石礦變一
切處无分別風得大名者是外四大合有內四大其
是內四大骨肉堅硬以為地大血隨津潤以為水
大煖知溫暖以為火大出識入講以為風大者
其內外四大合有五陰其是色陰形體以為色
陰札納以為受陰思想以為想陰造作以為
行陰分別以為色陰色如聚沫受如水
上泡相如清陽稻行如抱蕉堅識如晉患
師治物外物是色陰吾受樂受是受陰

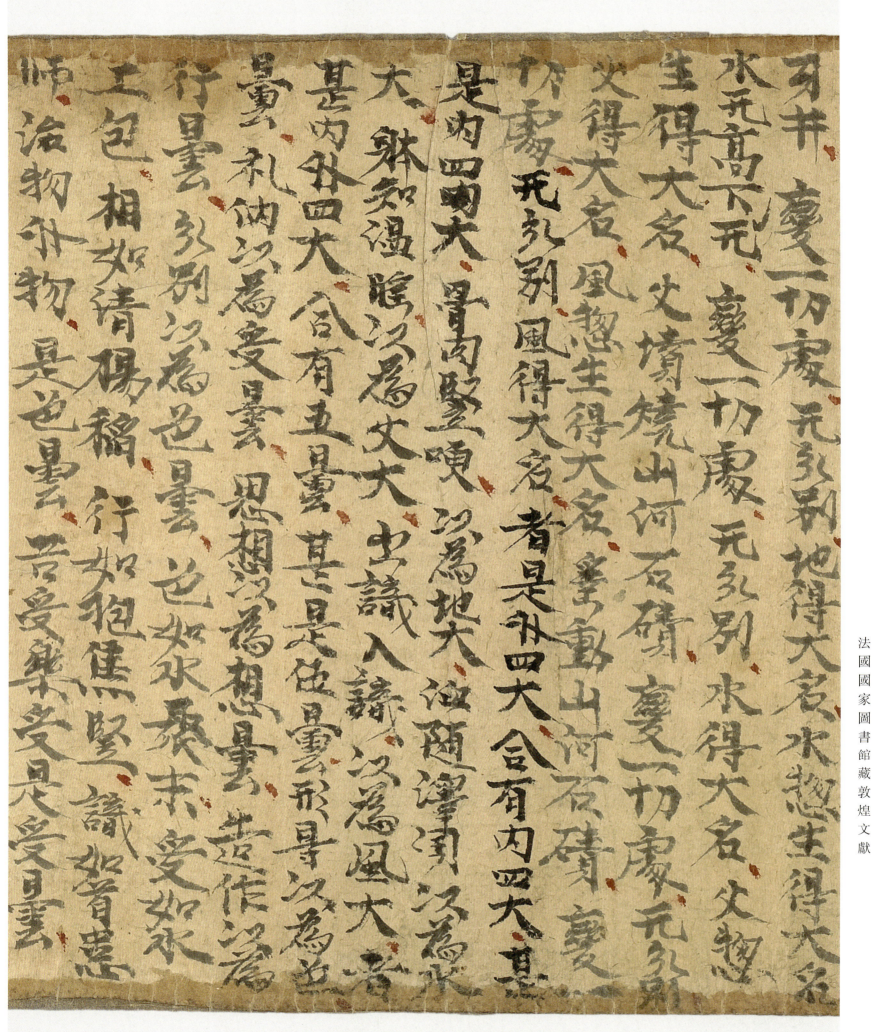

師治物外物 是色蘊 苦受樂受是受蘊
思想名想 是想蘊 造作以爲行蘊 分別爲
識蘊 者是伍蘊 合有六根六識 根者何語
蘊聚諸語 塵者何語 本識之語 識者何語 了畢
知語 眼根耳根鼻根舌根身根意根 眼塵耳
塵鼻塵舌塵 身塵憶塵 眼識耳識 鼻
識舌識 身識憶識 內有六根外有六憶塵之
相易受 名爲十二入 甚是十二入 眼入色ミ入ミ眼耳
入聲ミ入耳 鼻入香ミ入鼻 舌入味ミ入舌
身入觸ミ入身 憶入界ミ入憶 甚是十八界

眼界色界眼色界耳界聲界耳識界鼻界香界鼻界
識界 舌界味界舌識界身界觸界身識界憶界法憶

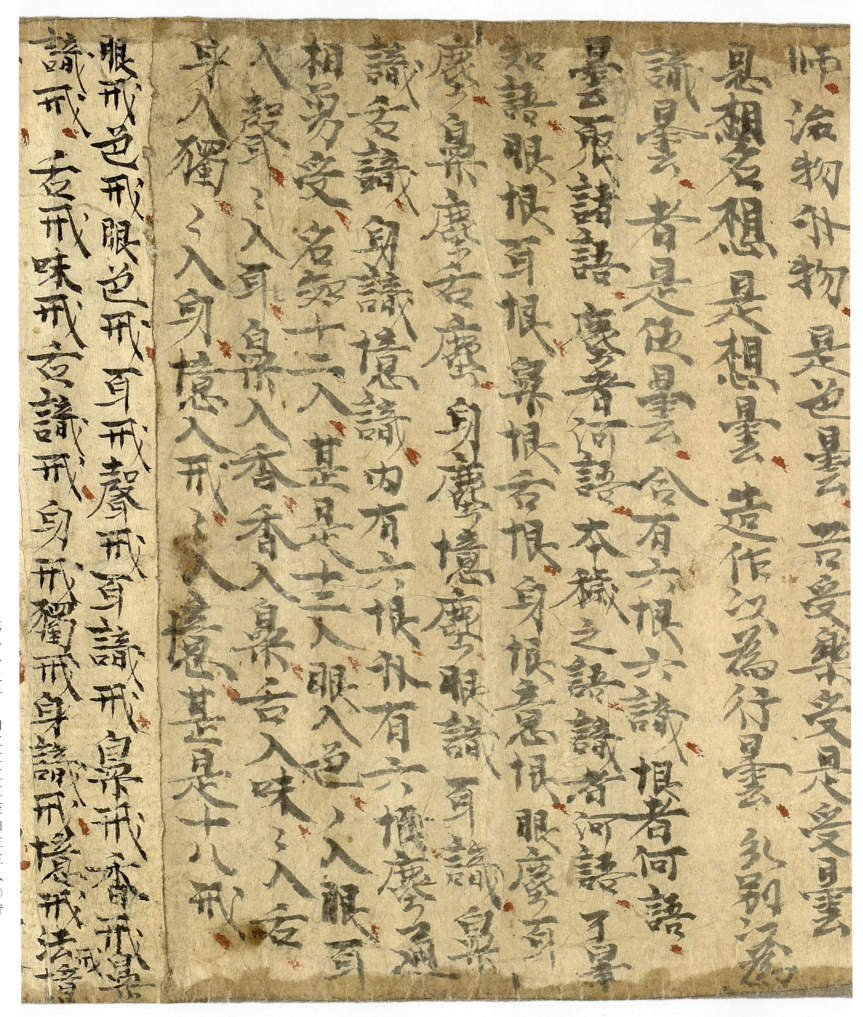

P.3373　大乘三窠　（6—4）

識戒舌戒味戒舌識戒身戒觸戒身識戒意戒法戒
識戒脩行魏識三界 甚是三界 四大五量十二入
十八戒 名諸三界 四大甚人語 合得个梨根人語 十二入
甚人語 合得重見人語 十八戒甚人語 合得頓根人
語五目雲之中十二个觸身十二个觸心四个觸身五个
觸心七个觸身十一个觸心 六根門治護六个惣亦者治
說七个第六憶識重條而變 名之七个 言下五个得
甚人語 五得治根人語 十二入能生萬法 共甚人語
合得重根人語 十八戒甚人語 行人欲心不迴悟人得攝
根人語 也殊重 三課一本
衆生无邊誓願斷 煩惱无邊誓願度
法門无邊誓學 无上菩提誓願成

衆生无邊誓願斷　煩惱无邊誓願度
法門无邊誓願學　无上菩提誓願成
誓願衆生出三界　誓願成佛莫攀緣
誓願專心求解脱　誓願勤藏不流殘
但莫道知三苦性　不若生死渡涅槃
身口長談婆羅蜜　身被長談種種香
我等爲衆生皆求成佛道　身戒眼出長見佛
身耳長聞說法聲　身心莫見邪師意　有身意悉莫
集有相緣　身身早遇菩提路　菩提路上斷因緣
我等爲衆生皆求成佛道

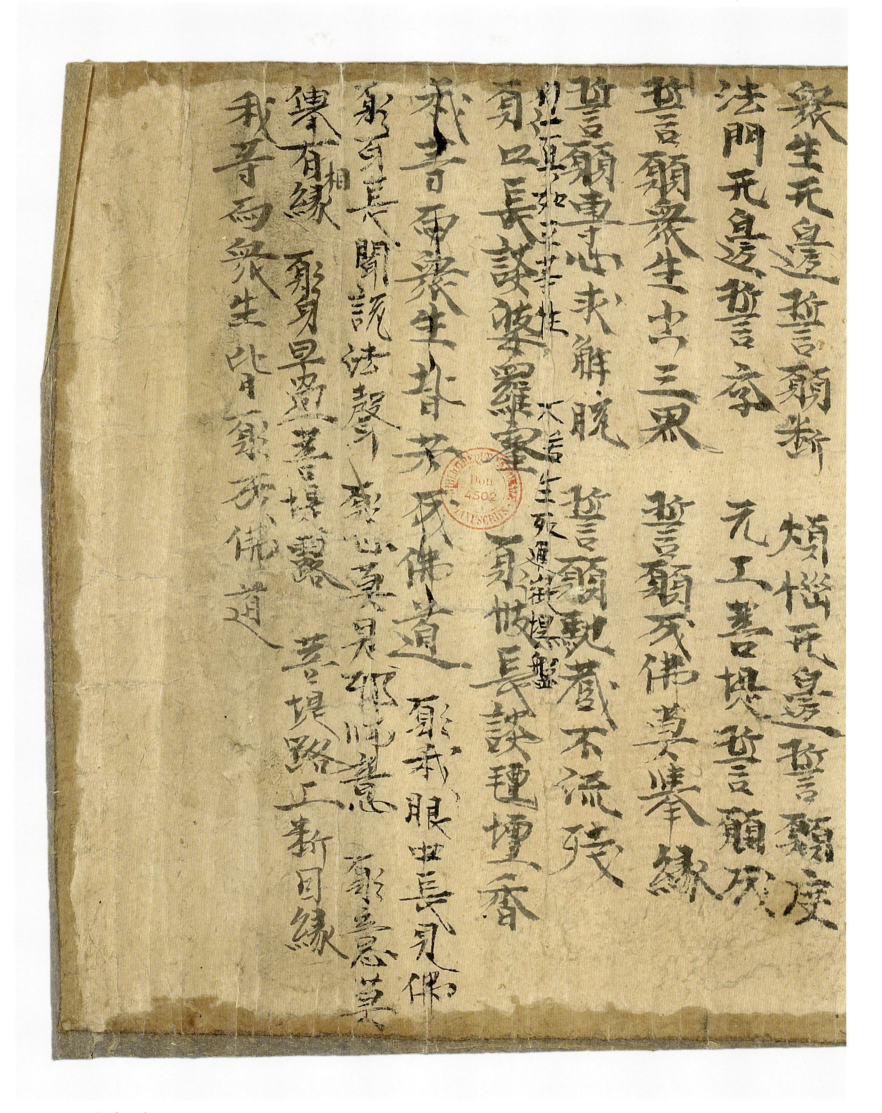

P.3373　　大乘三窠　　（6—6）

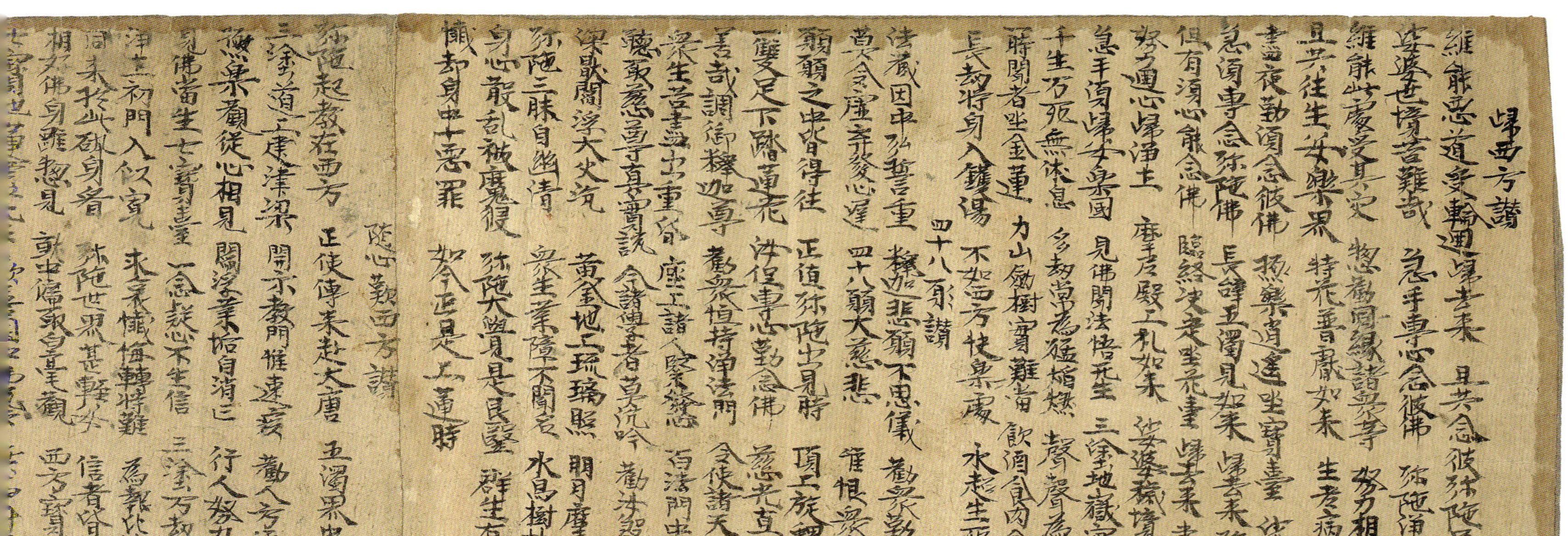

歸西方讚
維能惡道受輪迴 歸去來 且共念彼彌陀號 往生極樂坐花臺
娑婆世境苦難哉 急手專心念彼佛 彌陀淨土法門開 歸去來
維能此處受其災 總勸同緣諸弟子 努力相將歸去來
且共往生安樂界 持花普獻如來 生老病死苦相催
晝夜勤須念彼佛 極樂逍遙坐寶臺 娑婆苦處哭哀哀
急須專念彌陀佛 長辭五濁見如來 歸去來 彌陀淨剎法門開
但有須心能念佛 臨終決定坐花臺 歸去來 晝夜唯聞鳴苦哉
努力迴心歸淨土 摩尼殿上禮如來 娑婆穢境不堪停
急手須歸安樂國 見佛聞法悟無生 三途地獄實堪憐 歸去來
千生万死無休息 多劫常為猛焰燃 聲聲為念彌陀號
一時聞者坐金蓮 刀山劍樹實難當 飲酒食肉貪射色
長劫將身入鑊湯 不如西方快樂處 永超生死離無常

四十八願讚
法藏因中弘誓重 釋迦悲願不思議 勸眾努力無間斷
莫令虛棄發心遲 四十八願大慈悲 唯恨眾生念佛遲
願願之中皆得往 正值彌陀出見時 項上旋[illegible]千万願
一雙足下踏蓮花 淨住專心勤念佛 慈光直入行人家
善哉調御釋迦尊 勸眾恒持淨法門 令使諸天空裏讚
眾生苦盡出重昏 座上諸人緊發心 百法門中須入深
聽取慈悲真實說 令請諸君莫沉吟 勸汝努力勤修道
深歎閻浮大丈夫 黃金地上琉璃照 明月摩尼隨意生
彌陀三昧自幽清 眾生業障不聞名 水鳥樹林皆說法
身心散亂被魔侵 彌陀大覺是良醫 群生有病善能治
識却身中十惡罪 如今正是上蓮時

隨心歎西方讚
彌陀起教在西方 正使傳來赴大唐 五濁界中崇淨土
三途道上建津梁 開示教門雖速妄 勸人方便獻花香
極樂觀從心相見 閻浮業垢自消亡 行人努力勸觀佛
見佛當生七寶臺 一念疑心不生信 三途万劫旋輪迴
淨土初門入似寬 永來懺悔轉將難 為報比懷疑謗者
同來於此取身看 彌陀世界甚輕安 信者皆須審諦看
相好佛身雖總見 就中偏取白毫觀 西方寶戒當嚴域

P.3373v 淨土五會念佛誦經觀行儀卷下抄（總圖）

歸西方讚
維能惡道受輪迴 歸去來 且共念彼彌陀號 往生極樂坐花臺
娑婆世境苦難哉 急手專心念彼佛 彌陀淨土法門開 歸去來
維能此處受其災 總爲因緣諸惡業 努力相將歸去來
且共往生安樂界 持花普獻如來 生老病死苦相催
晝夜勤須念彼佛 極樂逍遙坐寶臺 娑婆苦處哭哀哀
急須專念彌陀佛 長辭五濁見如來 歸去來 彌陀淨刹法門開
但有須心能念佛 臨終決定坐花臺 歸去來 晝夜唯聞唱苦哉
努力迴心歸淨土 摩尼殿上礼如來 娑婆穢境不堪停
急手須歸安樂國 見佛聞法悟無生 三塗地獄實堪憐 歸去來
千生萬死無休息 多劫常爲猛焰燃 聲聲爲念彌陀號
一時聞者坐金蓮 刀山劍樹實難當 飲酒食肉貪財色

P.3373v　淨土五會念佛誦經觀行儀卷下抄　（5—1）

千生万死無休息　多劫常為猛焰燃　聲聲為念彌陀號
一時聞者坐金蓮　力山劍樹實難當　飲酒食肉貪財色
長劫將身入鑊湯　不如西方快樂處　永超生死離无常

四十八願讚

法藏因中弘誓重　釋迦悲願不思儀　勸衆勤求無間斷
莫令塵境弄愛心遲　四十八願大慈悲　唯恨衆生念佛遲
願願之中皆得往　正值彌陀出見時　項上旋環千万願
一雙足下踏蓮花　淨但專心勤念佛　慈光直入行人家
善哉調御釋迦尊　勸衆恒持淨法門　令使諸天空裏讚
衆生苦盡出重昏　座上諸人緊發慈　百法門中須入深
聽取慈心學真實說　令諸學者莫沉吟　勸淨發勤普增道
深歎閻浮大丈流　黃金地上琉璃照　明月摩尼隨意生
彌陀三昧自幽清　衆生業障不聞名　水鳥樹林皆說法
身心散亂被魔侵　彌陀大聖見是人登　群生有戒善能台

P.3373v　淨土五會念佛誦經觀行儀卷下抄　（5—2）

彌陀三昧自幽清　衆生業障不聞名　水鳥樹林皆說法
身心散亂被魔侵　彌陀大覺是良醫　群生有病善能治
懺却身中十惡罪　努正是上蓮時

隨心歎西方讚

彌陀起教在西方　正使傳來赴大唐　五濁界中崇淨土
三塗道上建津梁　開示教門雖遠妄　勸人方便散花香
修果觀從心相見　閻浮業垢自消亡　行人努力勸觀佛
見佛當生七寶臺　一念疑心不生信　三塗万劫被輪迴
淨土初門入似寬　求哀懺悔轉將難　爲執此壞疑謗者
同來於此臥身看　彌陀世界甚難安　信者皆須審諦看
相好佛身雖總見　就中偏取白毫觀　西方寶刹廣嚴域
七寶身池蓮盡化生　歡喜園中佛說法　無憂樹裏息談緣

P.3373v　　淨土五會念佛誦經觀行儀卷下抄　　（5—3）

七寶池蓮盡化生　歡喜園中佛說法　無憂樹裏息談經
觀音相好破諸邪　稱取蒼生入佛家　七日遣修極樂觀
觀成便得坐蓮花　無生極樂寶堪求　同心往者莫悠悠
三昧忽然隨念得　觀音勢志是男兒　西方淨土寶樓高
同心去者莫餘勞　一念正觀便即到　到時先上紫金橋

西方雜讚

竊見人間罪業多　煞生自作亦教他　身色貪求眼不樂
口中不肯念彌陀　口中終日總胞鮮　斷他性命不慈憐
佛說惡難無不報　三塗還被鑊湯煎　刀山劍刃白如銀
劍樹千峯霜雪新　猛炎火爐常不息　口持關孚食肉人
西方進道勝娑婆　緣無五欲及邪魔　成佛不勞諸善業
花臺端坐念彌陀　五濁眾生多退轉　不如念佛往西方
到彼自然成正覺　還來苦海作津梁　法王普勸念彌陀
[illegible]

花臺端坐念彌陀　五濁眾生多退轉　不如念佛往西方

到彼自然成正覺　還來苦海作津梁　法王普勸念彌陀

意在群生出愛河

P.3373v　　淨土五會念佛誦經觀行儀卷下抄　　（5—5）

Pelliot chinois 3374

使抄經造像起塔造作一切有為
功德滿閻浮提欲感此罪終生可
滅何以故為向眾生上造罪乃抄經造
像起塔作諸功德不相當故是罪
不滅假使盡供養三寶一切終生罪
亦不滅何以故為取貪嗔病心供養
故違情取不供養順情取供養是
以罪還不滅晝夜六時精進懺悔

[illegible]
悔時短又為不相當故是罪不滅
又如有至打東家何西家至邊乞
歡喜相當以不相當故西家至雖
復歡喜只合有報東家至惡結金夫
相放又如有至煞菟々手東南走把鉞
西北遮相當以不不相當何以故直為
衆生愚癡應求不求不應求處懷
求是非不識所以愛作惡親金剛
[illegible]

第一一二冊　伯三三五五至伯三三八〇背

P.3374　佛教論釋　（3—1）

求是罪不滅所以受作惡觀金剛
惡、既不滅以因驗果必定不免墮
地獄何以故一、惡之根本並由邪
見從身口意業生故名思此惡不滅
即應悲泣雨淚深心慚愧何因又自
諱惡純見他惡觀察此身惡業
因果並以成就隨念速速即入三惡
道中受大苦惱何故不觀此苦獨無
至諍世間一切功集其世間功集只是

者出死常是生死法不是出生死法者
出生死法者真常真樂真我真淨
是譬如有至錯悟打煞一王世間雖
冥安足無塞何況一切衆生並皆
煞盡猶故不生慚愧宣傳名至若
論外書說至義禮智信具足如得名
至何者是至義禮智信尚書云父義
母慈兄有弟恭子孝父義者儀也
謂所作皆合其儀式母慈者慈音

P.3374　佛教論釋　（3—2）

謂所作皆合其儀式毋慈者慈育
男女令其長大兄友者与弟如朋友
弟恭者恭敬其兄子孝者昏定晨
省出必告反必面左右親養無方聽
於無聲視於形恒若親之將有教使
是名至義禮智信始得名至若説
內説涅槃經云四親近一者親近善
友二者恒聞正法三者繫念思惟四
者如法脩行四事具足乃名爲至以

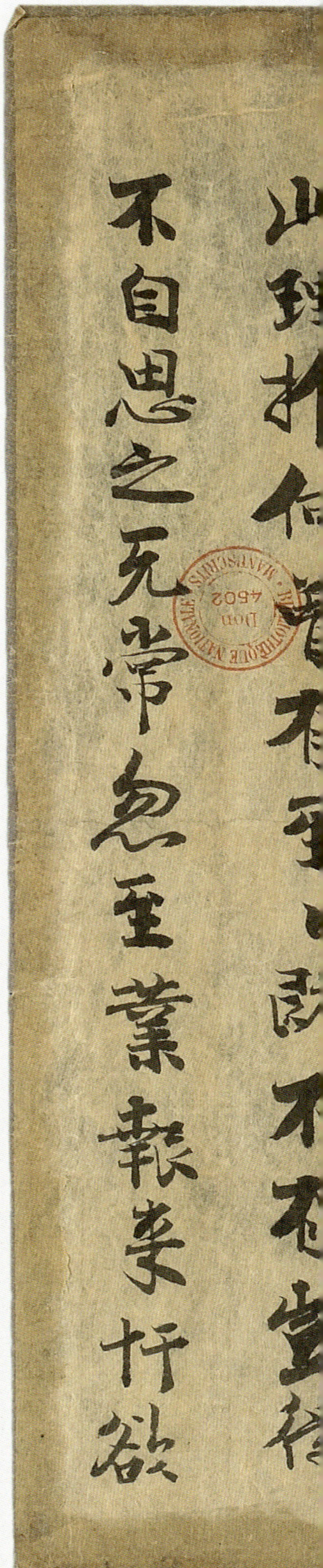
不自思之无常忽至業報來忏欲

P.3374　　佛教論釋　　（3—3）

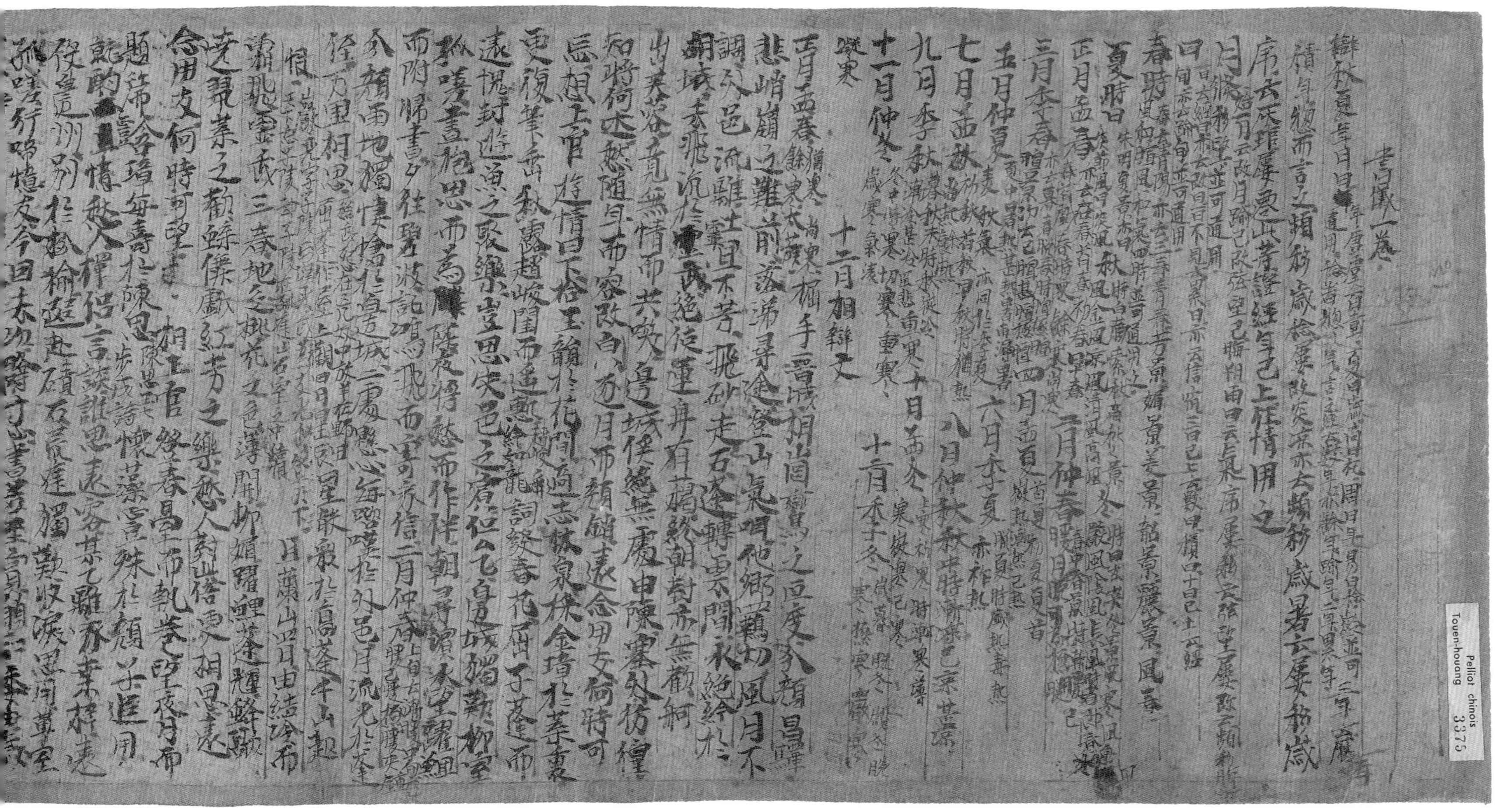

書儀一卷
Pelliot chinois
Touen-houang 3375

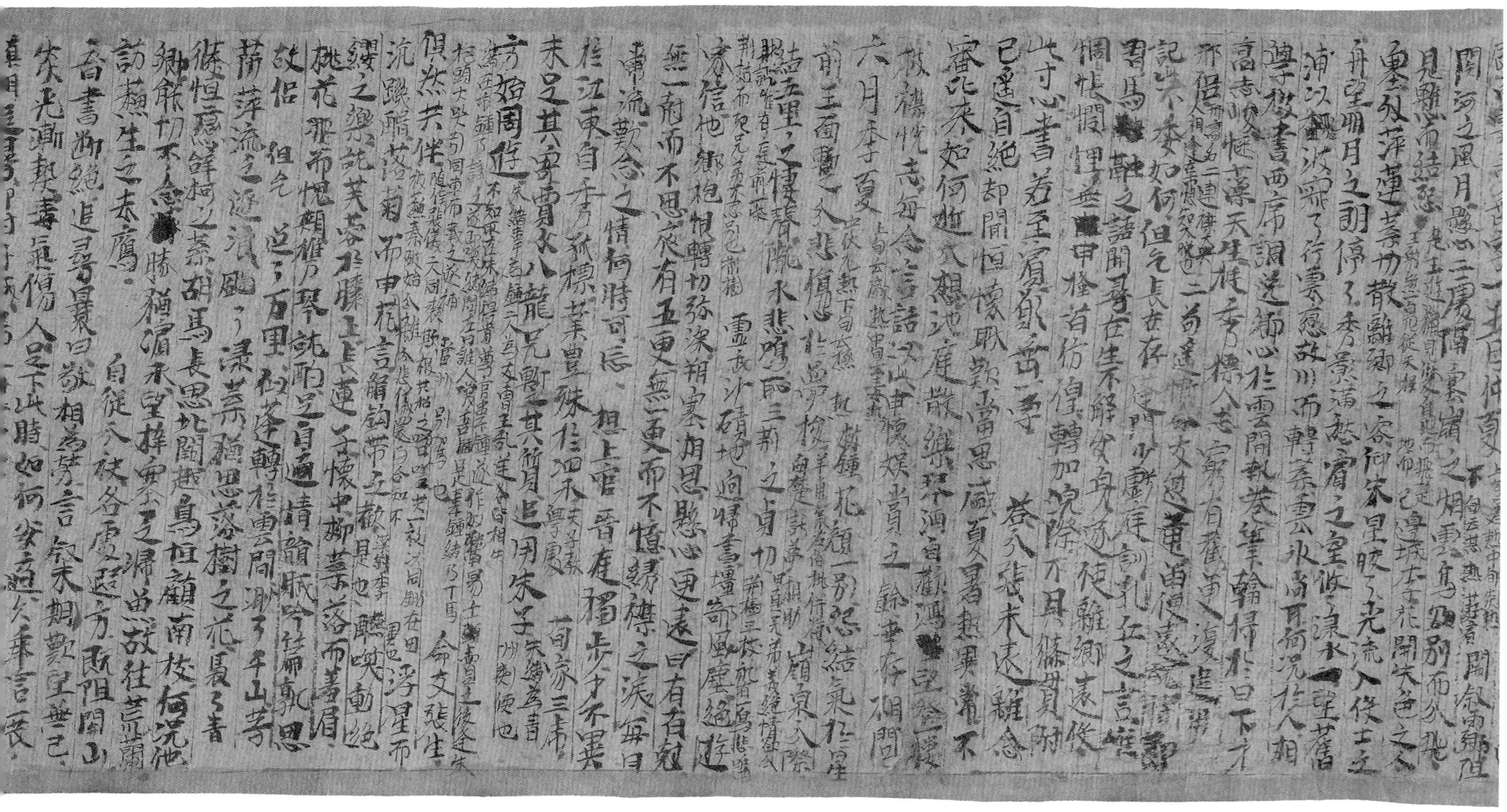

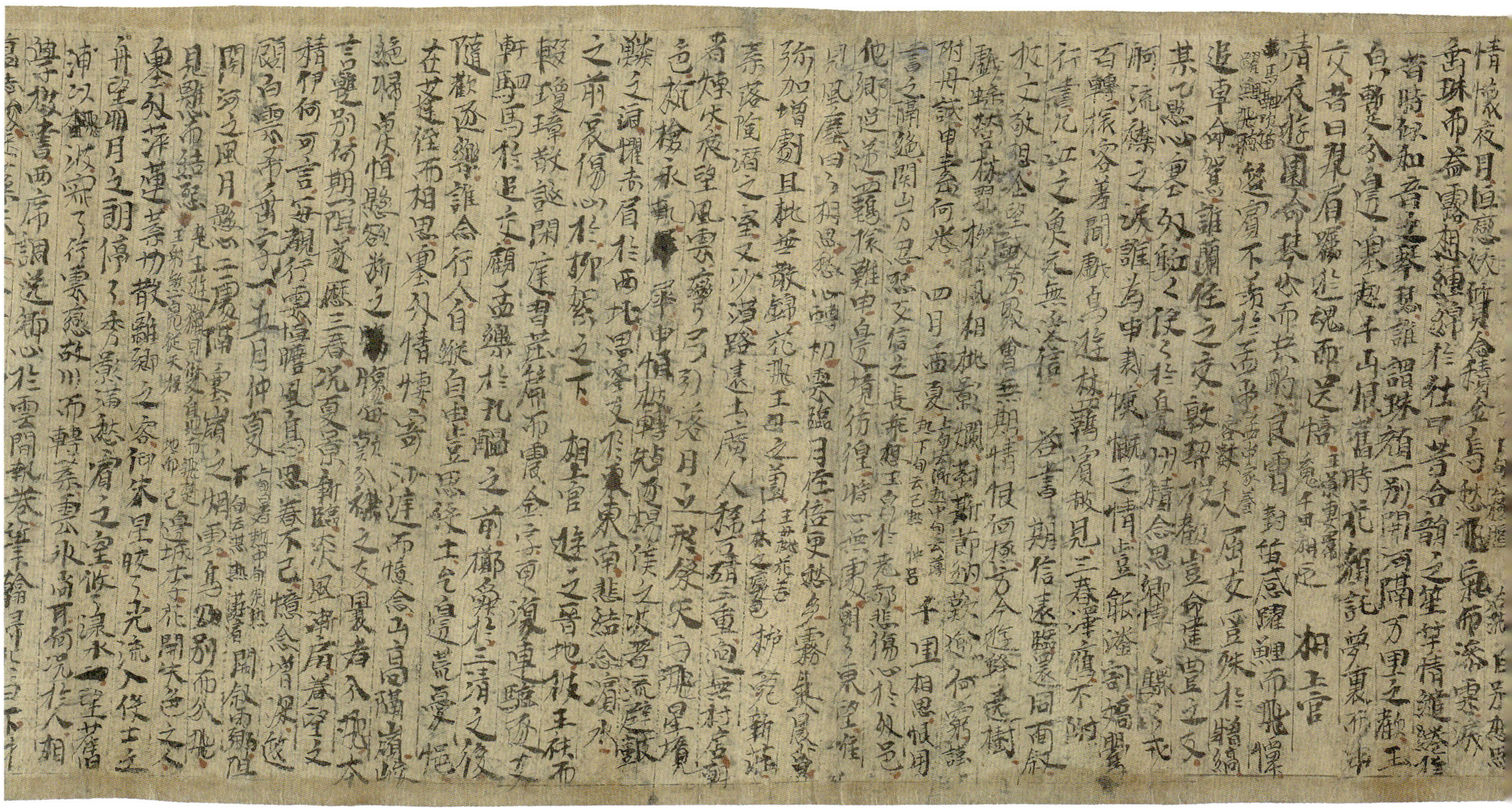

P.3375　　朋友書儀（總圖）　　（一）

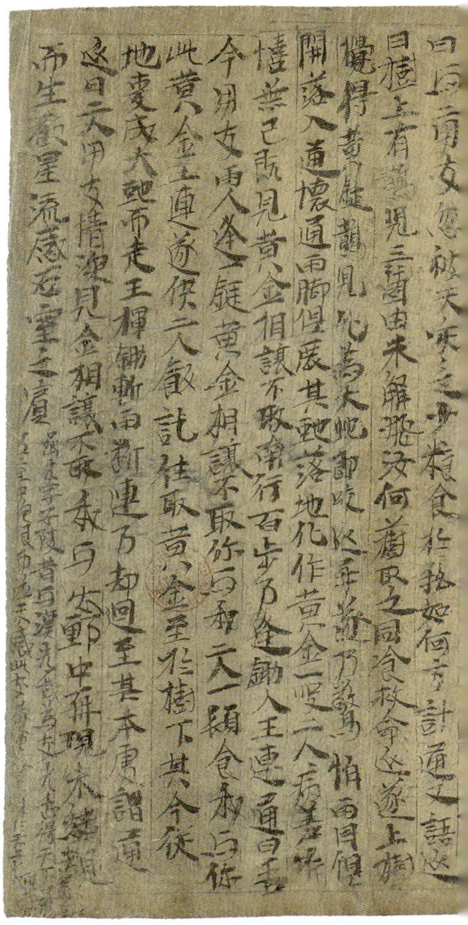

P.3375　　朋友書儀（總圖）　　（二）

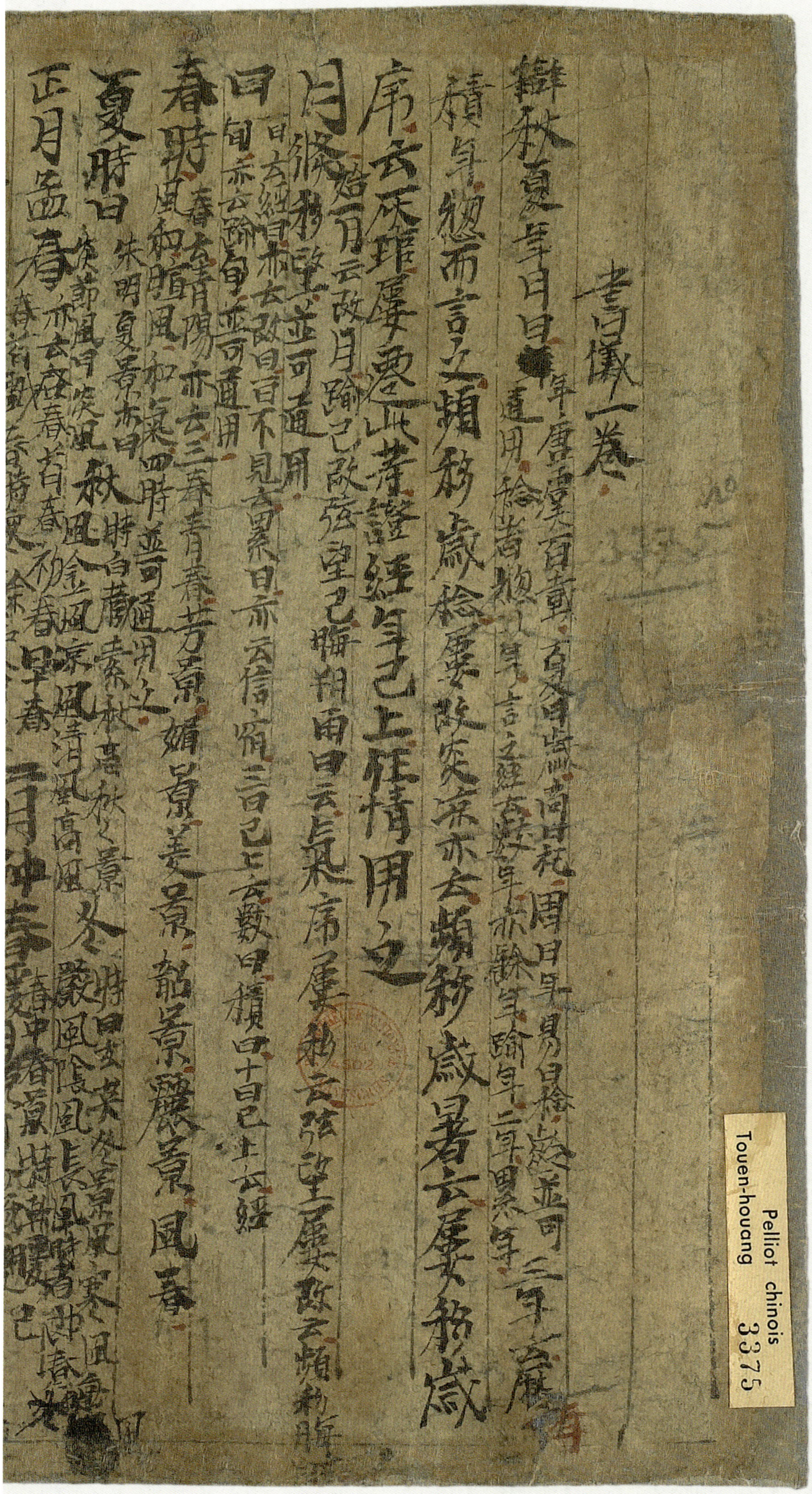

P.3375　朋友書儀　（10—1）

夏時曰朱明 夏景 炎節 秋時白藏 素秋 高秋 秋景 冬時曰玄英 玄冬 [illegible]寒

正月孟春 春節 亦云孟春 首春 初春 早春 二月仲春 暖月 亦云中春 春中 [illegible]

三月季春 亦云暮春 晚春 春時 餘寒尚寒 暄景 已暄 甚暄 漸暄 四月孟夏 首夏 初夏 夏首 漸熱 已熱

五月仲夏 麦秋 夏中 暑熱 甚熱 暑雨 溽暑 六月季夏 晚夏 時熱 酷熱 毒熱 亦作熱

七月孟秋 初秋 首秋 [illegible] 亦同於季夏 秋時猶熱 八月仲秋 大秋 秋中 時漸涼 已涼 甚涼

九月季秋 暮秋 秋末 時秋 已冷 漸冷 甚冷 風悲 霜寒 十月孟冬 上冬 初冬 寒時 漸寒 寒薄 寒凝 冰寒 已寒

十一月仲冬 冬中 時寒 寒切 寒重 寒寒 歲寒 寒氣凌 十二月季冬 歲暮 暮冬 歲冬 晚冬 寒寒 極寒 嚴寒

凝寒

十二月相辯文

正月孟春猶寒 餘寒 太簇 尚寒 摑手晉城 捐背[illegible]之邑 度分頡昌驛

悲峭嶺之難前 落涕尋途 登山氣咽 他鄉[illegible] 切風月不

調分邑流離 霏 士豈不苦 飛砂走石 逢轉雲 不聞秋絕 給於

胡域 去飛流於[illegible]武 絕徒運 舟有蒲 終朝對 亦無勸餉

出英蓉竟無情而共嘆 身邊城 使絕 無處申陳 塞久傍徨

知將何述 然隨身而容改白 分月而頹鎖 遠念用友 何時可

忘 想上官遊情 日下於王韻於花間 適志林泉 挾金璔於蒜裏

更復筆無山 秋露趙峻 閨而逢懸 給如龍 詞發春花 屈子逢而

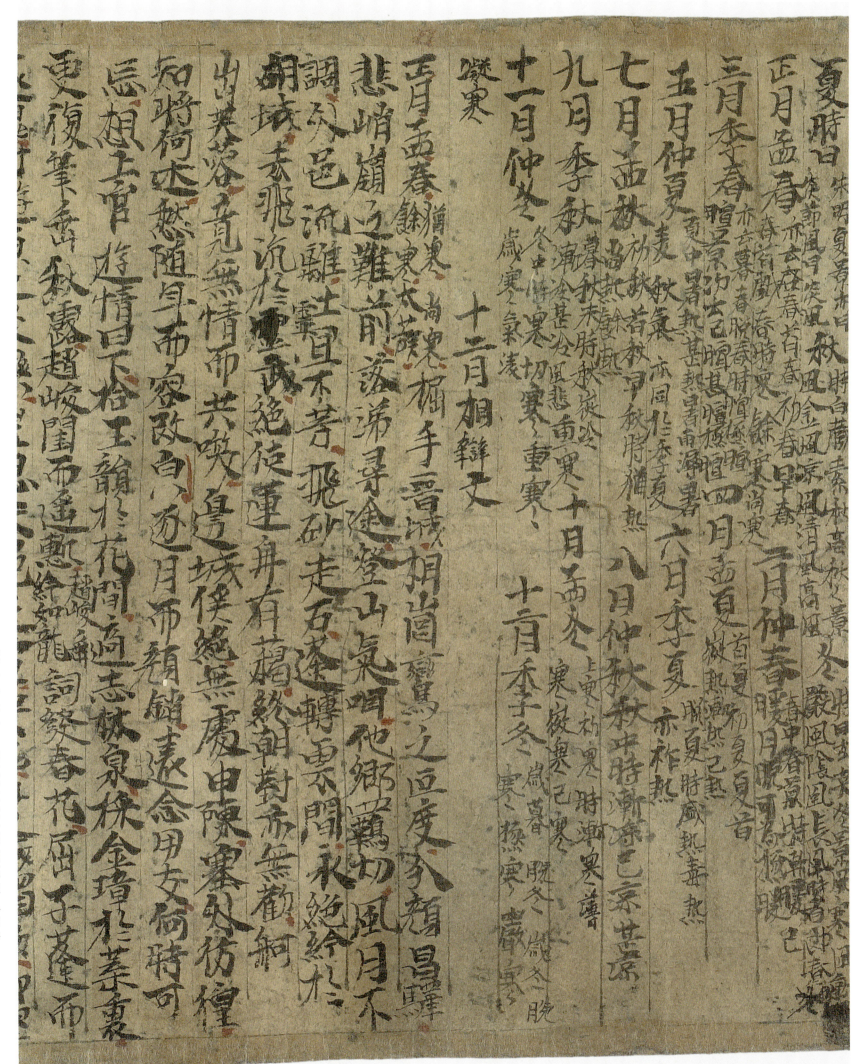

P.3375 朋友書儀 （10—2）

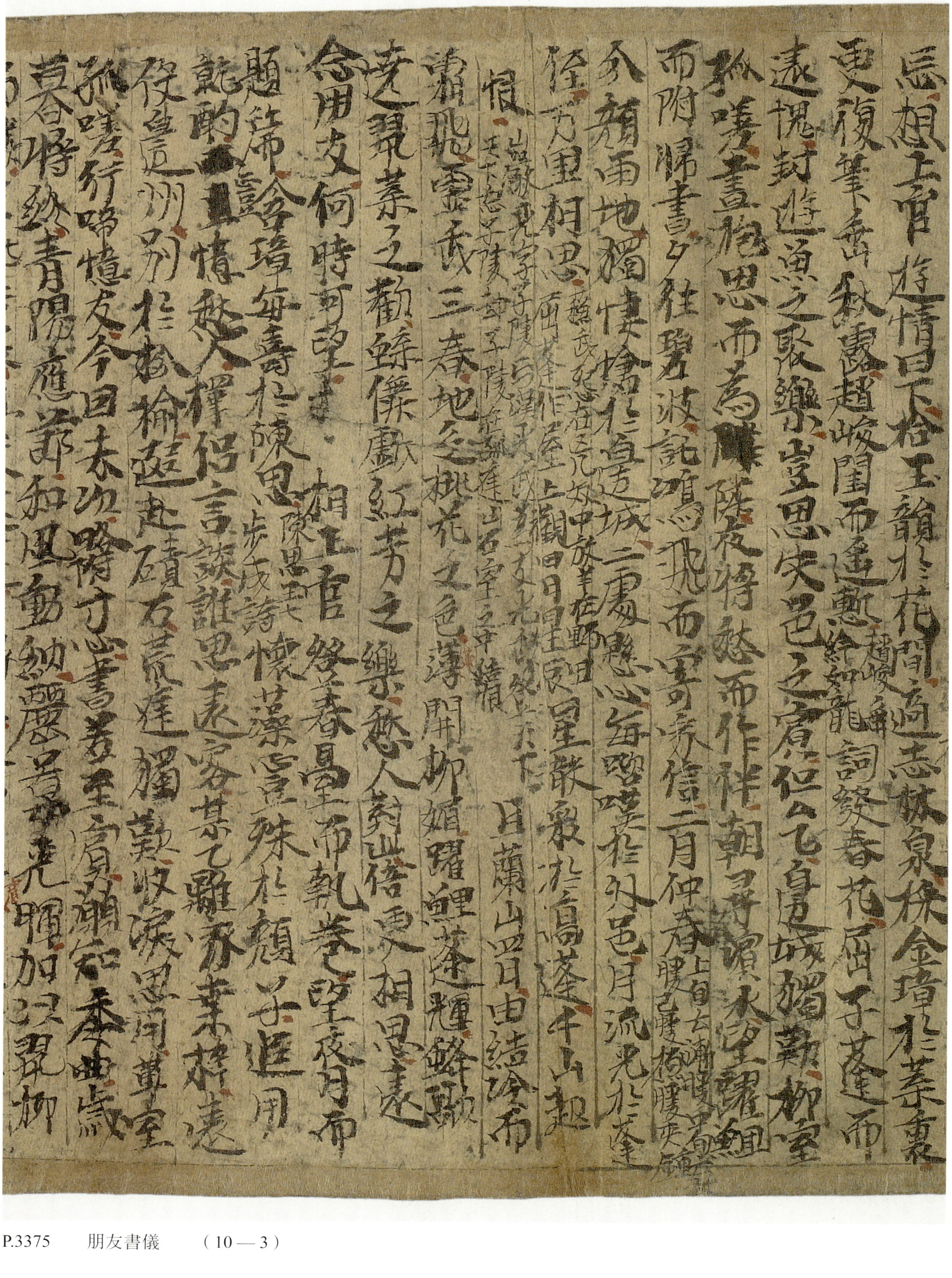

法國國家圖書館藏敦煌文獻

P.3375　朋友書儀　（10—3）

孤嗟行啼憶友今因去次略附寸心書若至宜願知委曲歲

暮春將終青陽應節和風動細麗景舒光暉加以碧柳

飾鮮紅桃結綠想彼散遊存而踢地花賞嘉時桂觴以申

心懷琴書而寫志每念花飛獨坐雁書無因望遠數行希

垂一字

三月季春 上旬云已暄中旬云時暄 下旬云餘暄 云流 自別想思

情懷夜月恒憶談所負念積分金烏馳飛兔疾而添悲淚

垂珠而益露想遊纏綿於杜日昔合韻之望竽情纏綣任

昔時深知音之琴思諠謂珠貊一別開河隔万里之勸王

自聾是令息邊塞來起千山恨舊時花顏記夢裏形求

交昔日見眉顰進魂而送情 王昌東憂嘴 龜千日相見 相上宮

清夜遊園命琴笙而共酌良霄 對笛感躍鱗而飛憬

車馬馳功錯 躍鱗飛鞭

遥賓不勞於盃爵 子由中家養 客數千人 屈文賓珠於騰鴻

追車命賀恩誰蘭任之交敦契伐散豈命遠由是之交

某乙思心憂奴駆之促之於息州情念思鄉情之驟之戒

胸流礫之淚誰為申裁慷慨之情豈能潘割嬌豐

百轉樑客著聞獻鳥遊林藤賓被見三春澤應不附

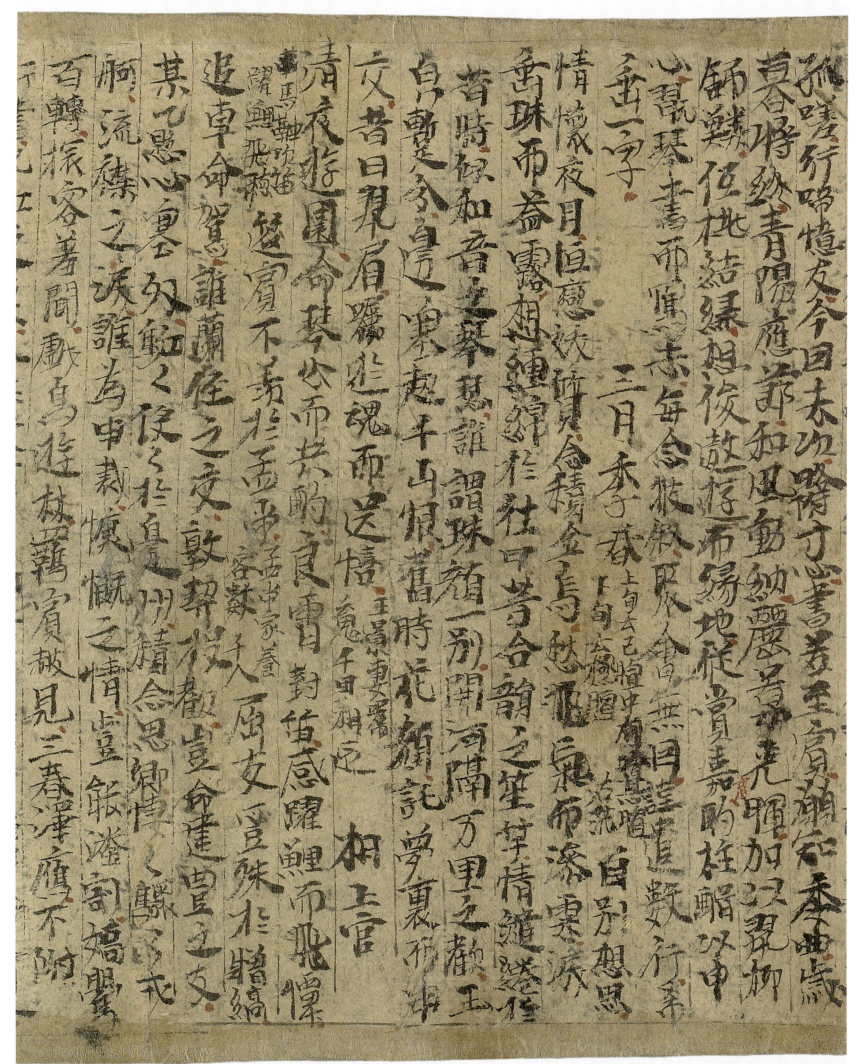

P.3375 朋友書儀 （10—4）

澗流傑之浜誰為申裁懷慨之情豈能潘岳嬉嬰
百轉振容善聞獻鳥遊林覊賓敝見三春澤鴈不附
行書丸江之魚元無遞信　答書　期信遠臨還同面叙
披文敬想企望踰勞聚會無期情很何極方今遊蜂遶樹
戲蝶棲林翠柳摇風相桃散爛對斯節物歎念何窮謹
附丹誠申嘉何悉　四月孟夏（上旬云漸熱中旬云薄熱下旬云已熱）仲呂　千里相思悵望
書之隔絕關山乃思怨文信之長乖想王朗作苑郡悲傷心於外邑
他鄉送遊覊旅雖申身邊境彷徨將心無累朝朝東望崔
見風塵日日相思愁心轉切覊臨月佳倍更愁多霧氣晨分黃
旅加增劇且桃無散錦花飛王母之菌（王母獻花云千林之處）邑柳苑新莊
慕落陶涵之室又沙漠路遠土廣人稀百碩三重迥無村店
昔煉夜夜望風雲攀引乃乃洛月立飛發天而飛星境
色孤檣永軌■羊中悵極轉憶嗟愢侯之波署流聲逾弱
鱗之滴耀赤眉於西北思深交於東南悲結念憤水
之前哀傷心於柳絮之下　相望宮　違之晉地枝王秩而
轂壇壇散誕閑庭遠習莊舒帋而書展金字而更復歎東臨遊之

P.3375　　朋友書儀　　（10—5）

之前哀傷心於柳絮之下 胡宮 婕之晉地被王使而
殺瓊璋散誕閑逢習莊籍而震金字更潒連驛迹之
軒駟馬於遐之顧孟樂於孔顏之前鄉舜於三清之後
隨歡逐樂誰念行人自縱自豈思發土氣自邊荒憂悒
在蓬徑而相思塞外情悽寄沙漳遠而憶念山高隔嶺峻
絕歸萬里恨懸劔斷之[illegible]腸淚盈襟之丈夫量著入飛衣
言變別何期一限蓬歷三春况夏景漸臨秋風漸肩暮望之
積伊何可言每觀行雲悼聽風直鳥思暮不已憶念增深悠遠
顧白雲而垂淚子一五月仲夏上旬若熱中旬炎熱下旬云甚熱熱蒸闕叙而鄉阻
關河之風月懸心三處隔雲嶺之烟雲鳥物別而分飛
見離思而結怨楚王遊獵見燕自飛而挑楚王躬欲已鳥飛征天模地而已邊城之花開失色之
塞外萍蓬逐葉而散離鄉之客何家星眸光流入從士之
看望明月之調停之秀景蒲愁眉之望悠之淚水一望舊
浦以翻波寒之行雲愁故川而轉蓁雲永尚有荷况於人相
學樹書西席調遣鄉心於雲間執卷筆翰歸於日下才
高意峻悵藻天生挺秀標人志寄有蕃第復遊

P.3375　　朋友書儀　　（10—6）

學校書西席調送鄉心於雲間執卷筆翰歸於日下才
高志峻懐藻天生挺秀乃標人志家有舊第復還邢
邢侶（邢高名二連標大興人相逢在市相知交久悦也）二尚逢懐抱文通道由便遠（云魂精）鄣
記出不委如何但元長在存（往）許少劇庭訓孔丘之言鑒
習馬[illegible]融之語聞尋在生不解安身遂使離鄉遠從
惆悵憫悝無[illegible]申拴首彷徨轉加流除不具脩貫附
此寸心書若至肩煩垂一季　答八張未遠離念
已遥自絶卻聞恒懐耿歎當思嚴夏暑熱異常不
審比來如何進八想池庭散樂琴酒自歡鴻[illegible]望登一樓
披襟悦志每念言話於山中懐娛嘗貫之餘年存相問
（上旬云盛熱中旬云甚熱）
六月季夏（中伏極熱下旬云極熱）熱　炎鍾花顔一別怨結氣於三星
前王面歎之分悲損恨於異夢桉（羊角某某伯桃佇情）（白楚許亭相助）嶺泉入際（申息兄弟義絶情叙）
結五里之悽聲隴水悲鳴恥三荊之上身切（弟楊王枝分有一鳥悲鳴）
（聯話惟有庭前一株）（荊樹布兒兄弟亦志另也荊樹）　靈武沙磧地迴遠歸書壇部風塵遥逆
索信他鄉抱恨轉切弥深翔塞相思懸心更遠日有有冤

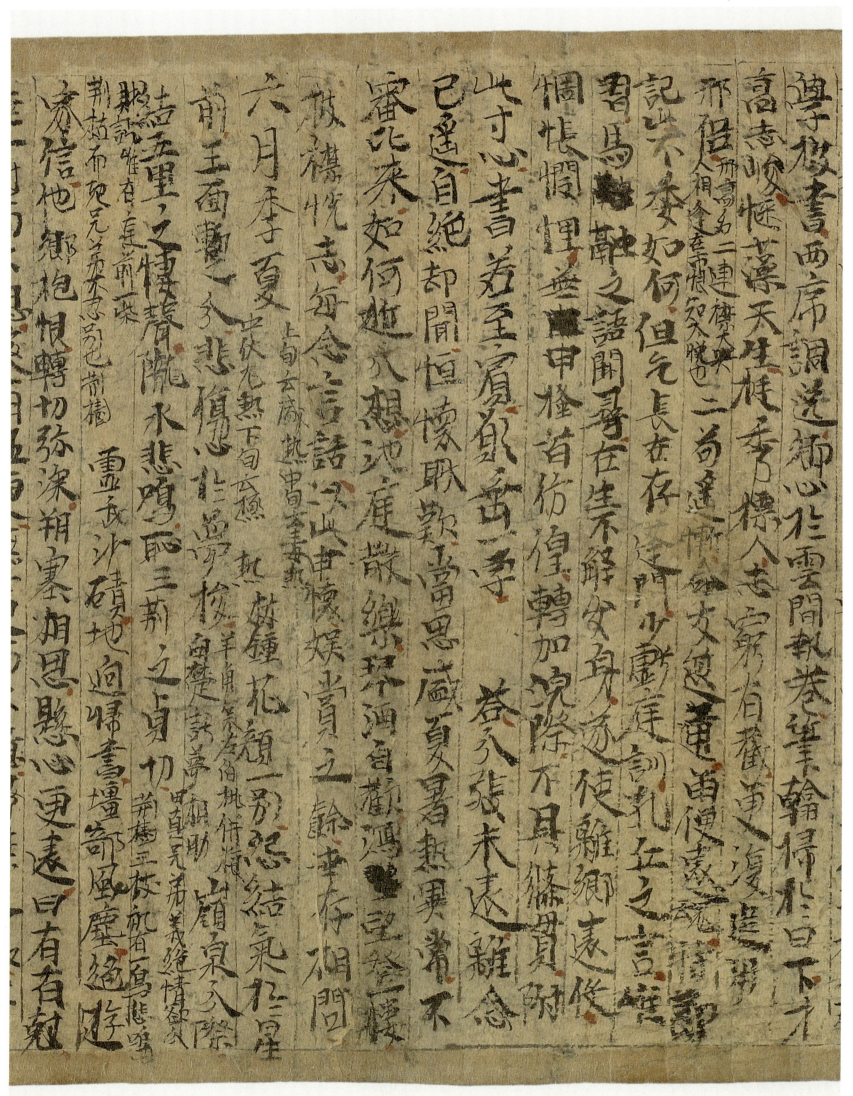

P.3375　朋友書儀　（10—7）

荆茹而兜兄弟各恩别也荆樹　晝千石池迎將晝塔寄座壓從庭

淚信他鄉，抱恨轉切，彌深翔塞，湘思懸心，更遠，日有有冤

無一剋而不思，夜有五更，更無一更而不憶，綿襟之淚，每日

常流，歎念之情，何時可忘。　想上官　晉庭，獨步不異

於江東，自秀方薪標，葉豈殊於四禾夫子教學處　荀家三虎

未足其奇，賈氏八龍，兄數一其所貴，豈同宋子宋緒為青州刺使也

方始周遊宋緒憲爲鍾二人為友，曹王乱，遂各皆相失不知兄在洙緒，得貴，尊官。恚緒鍾遊作奴，郵易主，曹昌立，後遂逆宋緒在鍾下識之，遂即嗚咽，緒問左右，誰人哭？吾兄是者鍾緒，乃下馬　命友悲生

抱頭大哭，問同車而載之，遂補雷州別駕也

俱然共伴隨侯、張儀二人同處，敷被共枕之時，嗟共一被，以同衾在田　浮星而被蘇秦破，始分離，分去，張儀置亡合如不里也

流蹤解落，萌而申花，言解鈎帶之歡渠劉李是也　醼嘆動絕

纓之樂，就芙蓉於膝上長蓮，子懷中鄉葉，落而蓋眉

桃花飛而愧頰，稚乃琴，就酌是自適情，韻賦吟詠，孰思

故侶　但兄　逆于万里，似落蓬轉於雲間，渺于千山等

萍萍流之逆浪，颻于綠葉，猶思落樹之花，裊于青

條，恒慼鮮枝之葉，胡馬長思北闕，越鳥恒顧南枝，何況他

鄉辭，切不念[illegible]勝，猶顧未望，捧血歲之歸，由故往芸蘭

坊蘇熙生之恭寫　自從人史各同[illegible]

茾萍流之遊，浪颺ゝ綠葉猶思落樹之花，晨子書
條恒處鮮柯之葉，胡馬長思北闕，越鳥恒顧南枝，何況他
鄉飄切不念勝，猶潤未望梓桑之歸，由然故往兰蘭
訪蓬生之去鳥。　自從分袂，各處遐方，既阻關山，
音書斷絕，追尋舊日，敬相為苦言，敘未期，數里無已。
失光漸契壽氣傷人之下，此時如何安適？久乖言展，
鎮相追尋，聊附片誠，希垂高采。孔七日，函鍬上旨猶契中旬上旬　下旬云餘熱暑月
象下斷金，玉連分而兩絕。昔蔡邕道超二人為友　值天大暑，道遇患兩腳
獨逃乃天，安遊患變，曰：二人俱患，不更東西，遊為獨輪車遣
豫上坐，遂推行至中路，遇逢一大樹，二人但飢困，不能前進，道語遂
曰：白角友，恩赦天寒之少，求食於執，如何方計？道之語遂
曰：樹上有葉現三箇，由未解撥，汝何蔭之回冷食，枚命遂遂上樹
攬得黃金鋌，龍見化為大蛇，齧咬從手蓋，乃驚，怕兩自但
開落入道，懷道兩腳但展，其地落地化作黃金一鋌，二人去
懷無已，既見黃金，相讓不敢前，行百步，乃逢勧人王連，道白手
令朋友兩人逢一鋌黃金，相讓不取，所以和二人一類，食叔以係

P.3375　　朋友書儀　　（10—9）

攔得黃鋌,覩見化為大蛇,即欲煞之,并遂乃驚怕,兩同傳
開,落入道邊壞道,兩脚俱展,其蛇落地,化作黃金一鋌。二人歡喜,
懽喜已,既見黃金,相讓不敢前行。百步乃逢鋤人王連,遇道旁
今月友兩人逢一鋌黃金,相讓不敢取,今與君一頭,食取與依
此黃金。王連遂便二人教訖,往取黃金,至於樹下,其人今欲
地變成大蛇而走。王連揮鋤斬爲兩斷。連乃却迴,至其本處,謂道
邊曰:二人朋友情深,見金相讓不敢,我與汝鄭中拜現本縂觀
而生歡星流歲逕望三

[illegible]

P.3375 朋友書儀 (10—10)

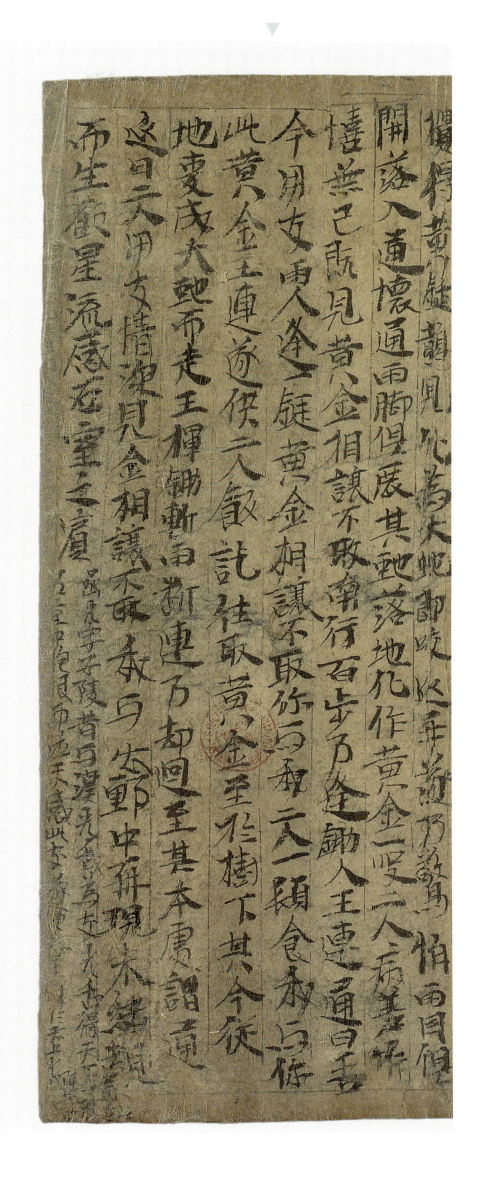

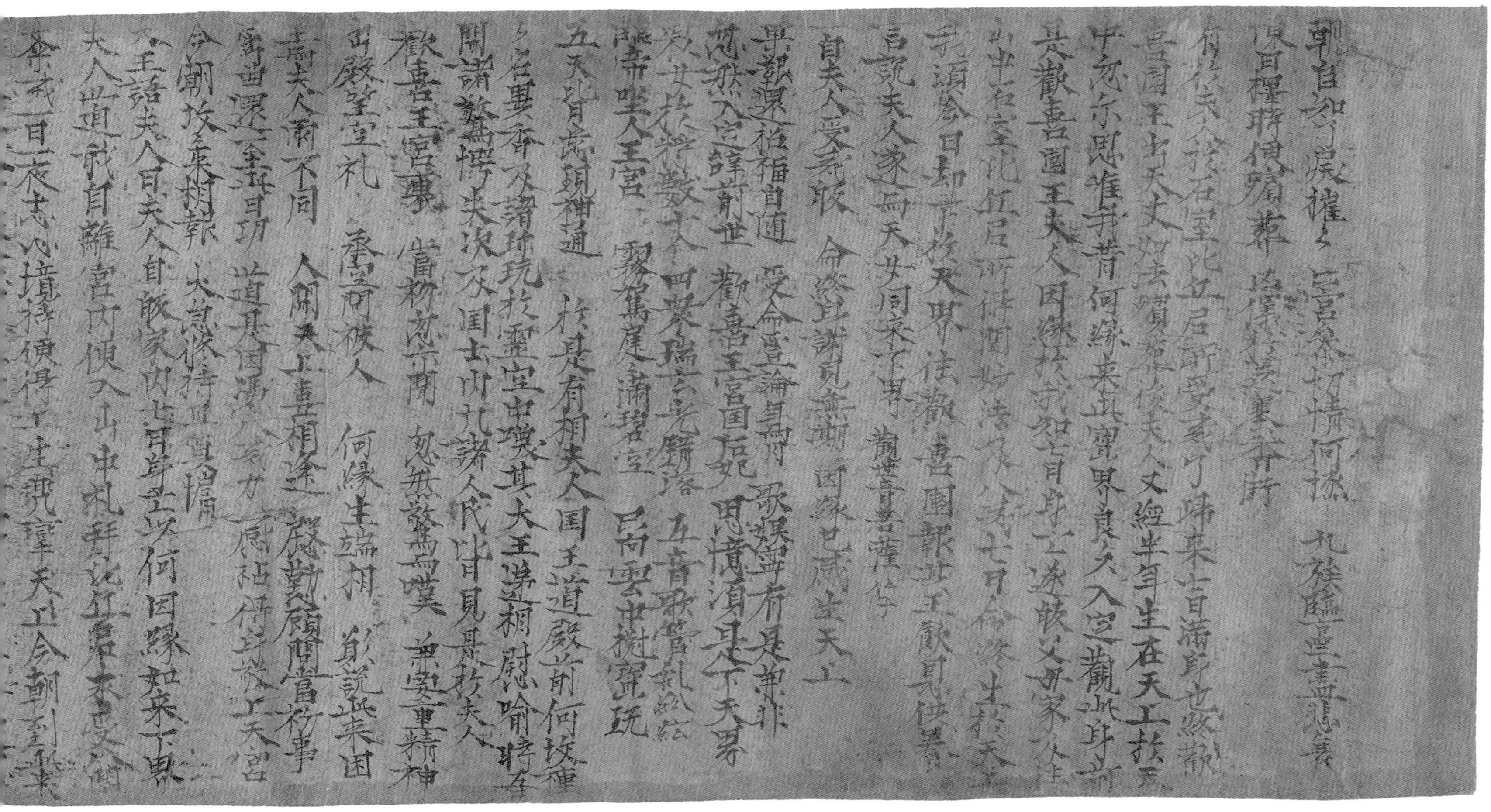

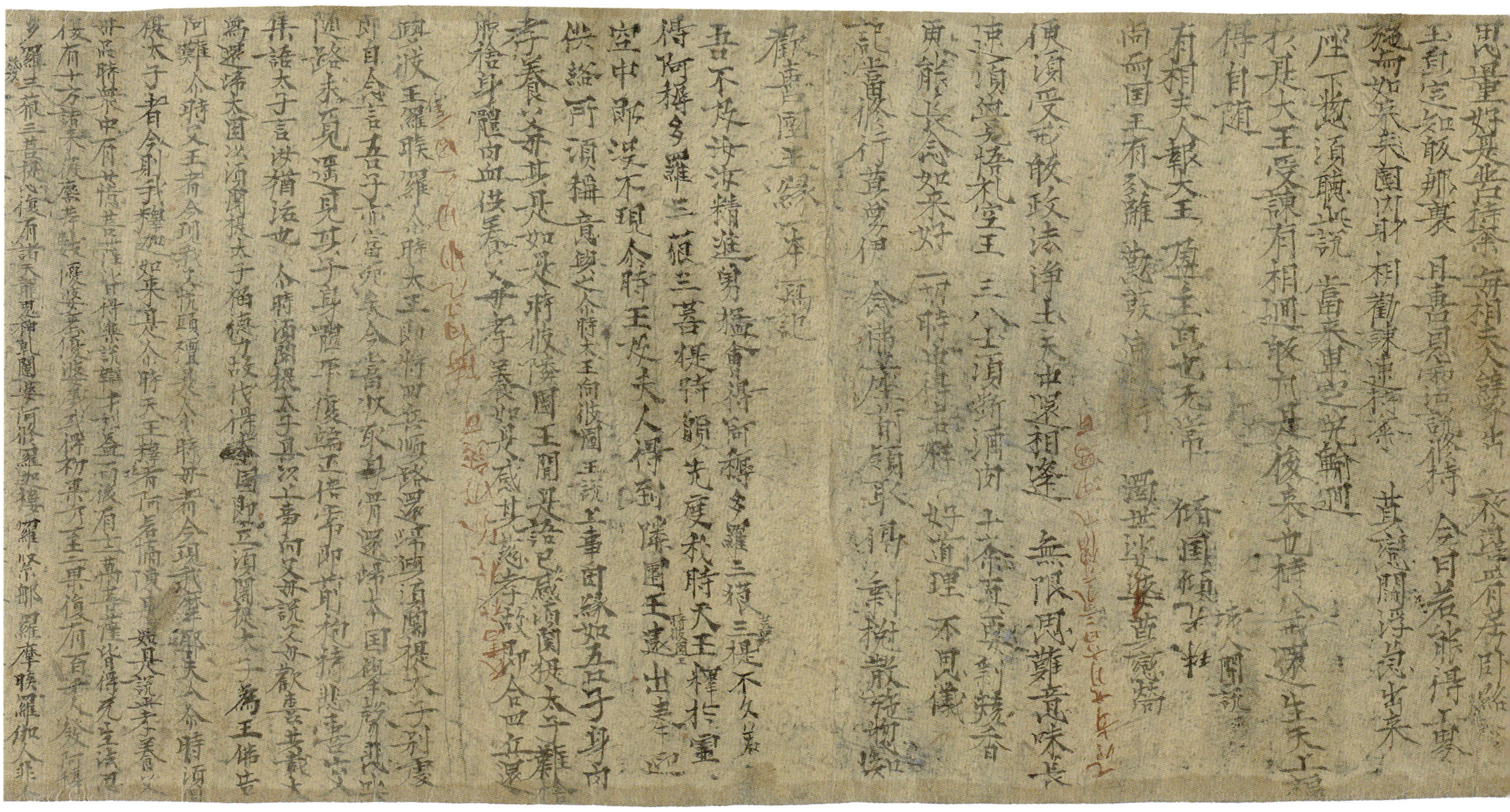

P.3375v　　歡喜國王緣等（總圖）　　（一）

P.3375v　　歡喜國王緣等（總圖）　　（二）

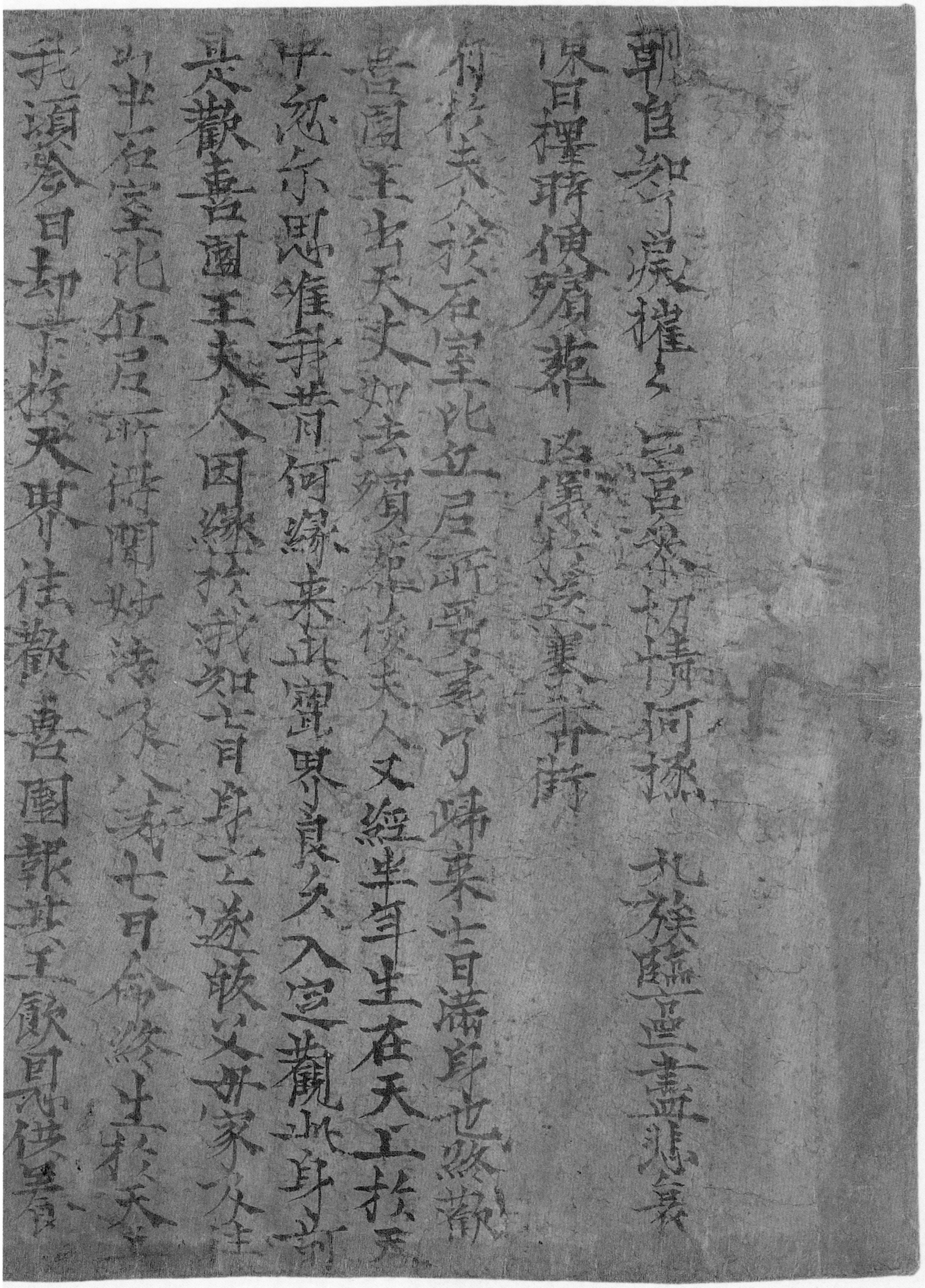

郎自知寵擢々　一言哭切情何極　九族臨空盡悲哀
淚目擇將便殯葬　收儀投葬奔街
有相夫人於石室比丘尼所受戒了　歸來七日滿身也終　歡
喜國王出天丈如法殯葬了便夫人　又經半年生在天上於天
中忽尔思惟我昔何緣來此寶界良久入定觀此身前
是歡喜國王夫人因緣於我知七日身亡遂敀父母家人往
此中石室比丘尼所得聞好法承夫人壽七日命終生於天
我須今日卻下於天界往歡喜國報其王願見使看

P.3375v　　1. 歡喜國王緣　　（8—1）

此中名室比丘尼所得聞好法及以壽七日命終生於天上
我須今日却下於天界往歡喜國報其王頗見慈悲言
言說天人漸近而天女同來下界　觀世音菩薩等
一自夫人受氣報　命終身謝見無期　因緣已感生天上
畢歡還拾福自隨　受命豈論身為何　歌娛須有是兼非
忽然入宮違前世　歡喜王宮國后妃　思憶須是下天界
彩女於時擊鼓丈人　四衆瑞云光瓔珞　五音聲管亂絲絃
隱帝坐人王宮　霧集霞蓬滿碧空　已向雲中擬賀既
五天皆有歲頭神通　於是有相夫人国王道殿前何故種
乃名異香及諸珠玩於虛空中墜其大王遂相慰喻將在
聞諸驚為悸失次及国土内九諸人民皆見異於夫人
歡喜王宮裏　富物免亦聞　忽然驚為嘆　無要重精神

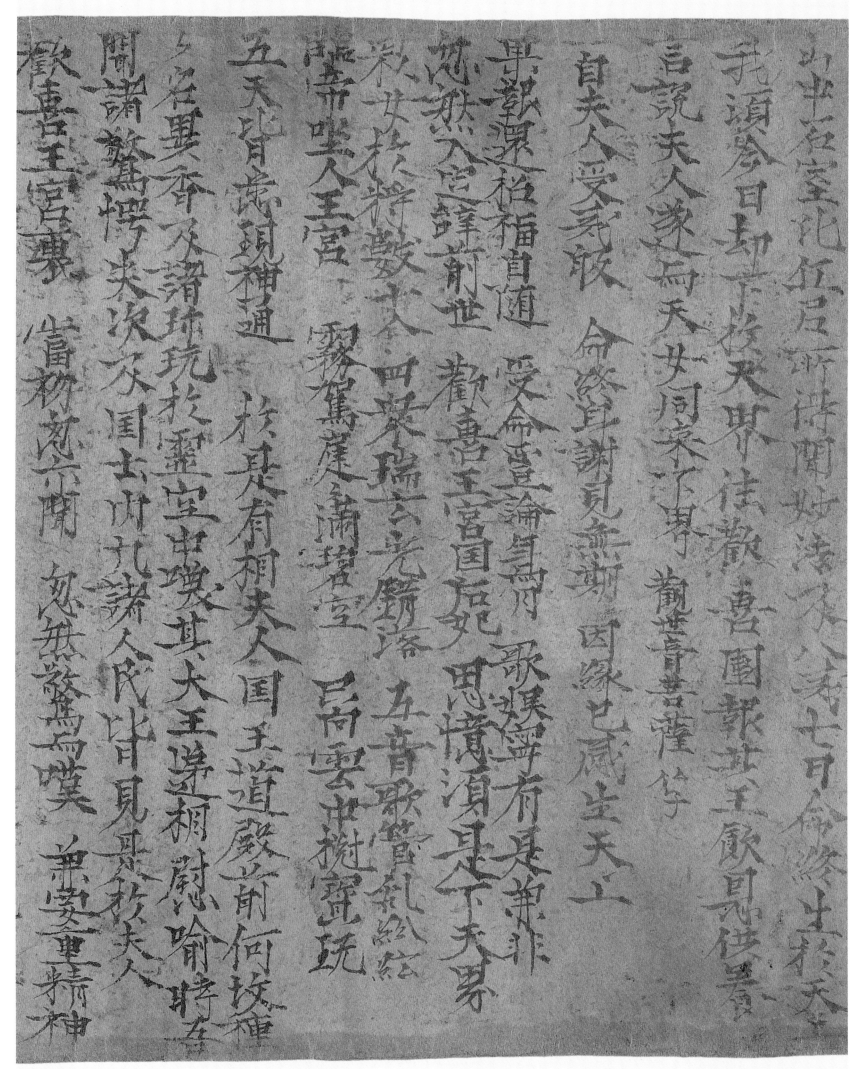

P.3375v　　1. 歡喜國王緣　　（8—2）

聞諸驚愕矣 次及國土州九諸人民皆見異於夫人
歡喜王宮裏 當初花開 忽然驚嘆 無要畢精神
奇殿望室禮 尋言何被人 何緣生端相 身說出來因
壽夭人前不同 今聞夫王喜相逢 慇懃顧問當初事
歸由還全壽日功 道其因緣之氣力 感祐得登上天宮
今朝故來相報 大王憶修持莫惜
大王語夫人自夫人自從家内亡日身亡以何因緣却來下界
夫人道我自離宮内便入山中礼拜比丘尼求受八戒
奈戒一日一夜志心境持便得上生兜率天上今朝至此來
報 大王伏望不戀閻浮 求生天上 兩爲同上再遂意
萬千万年三速求出離
大王聞說便心迴 日夜燒香禮望臺 自別夫人經數月

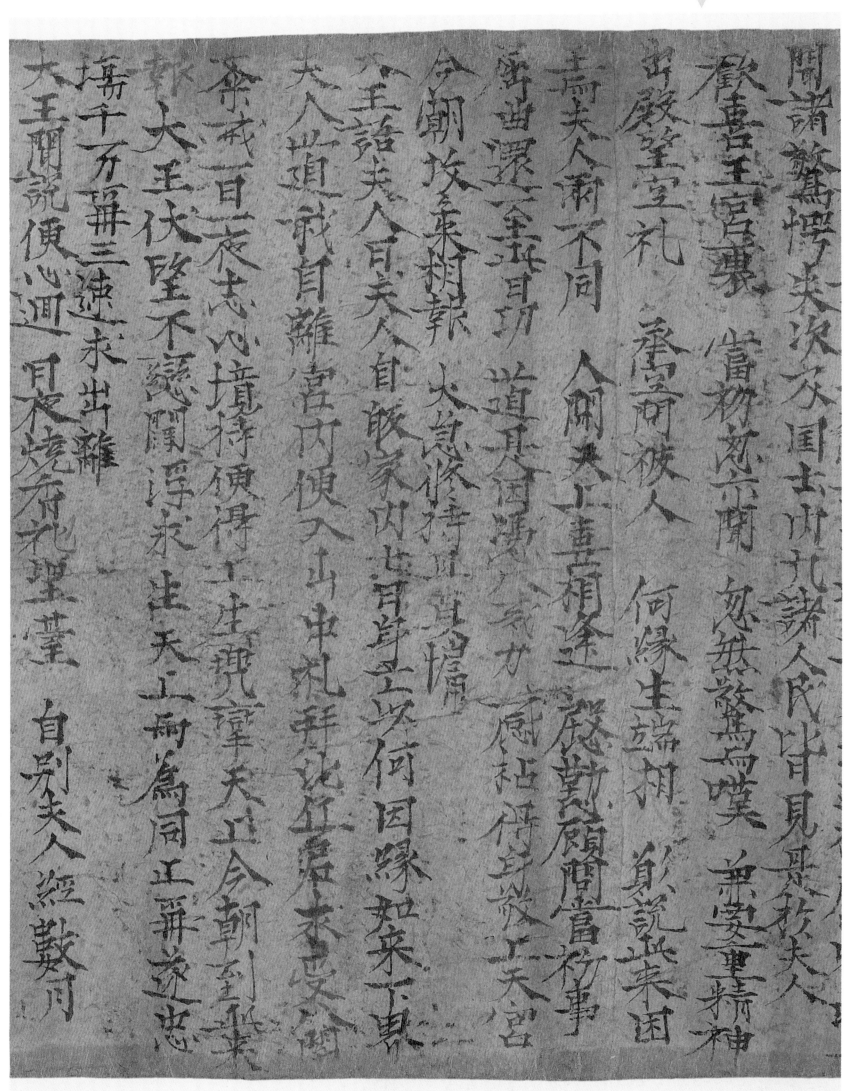

P.3375v　　1. 歡喜國王緣　　（8—3）

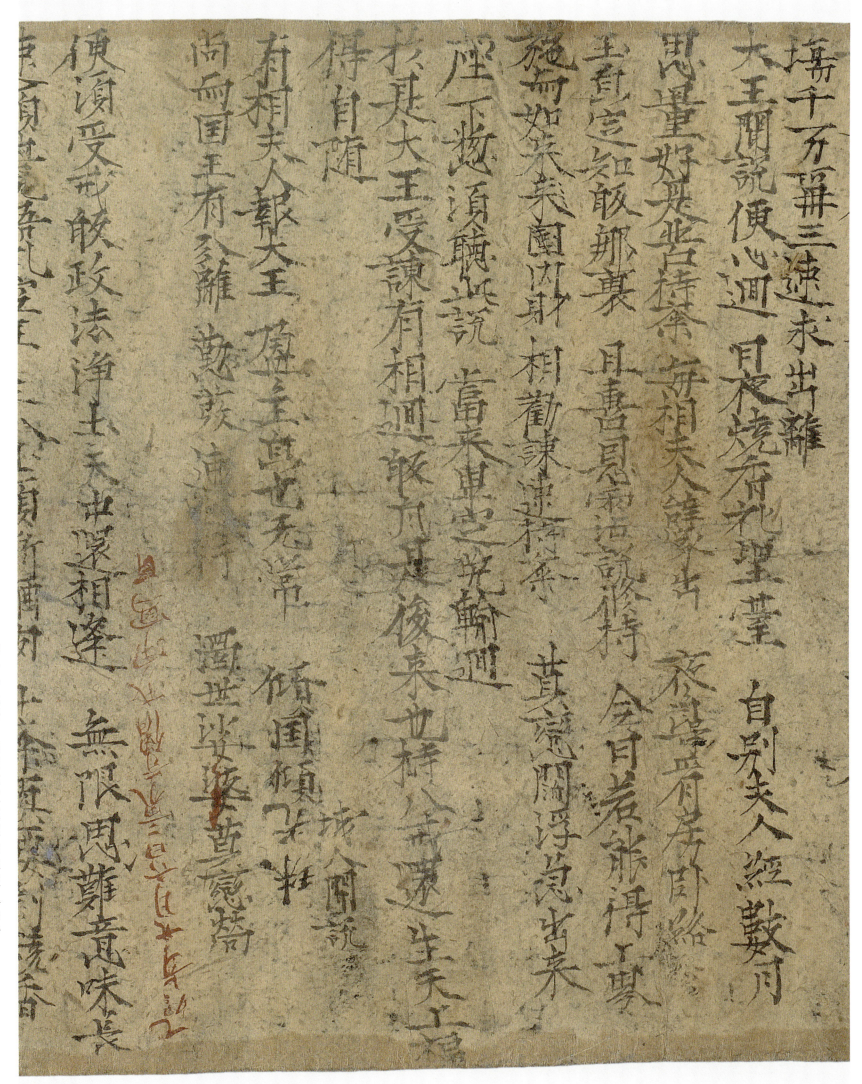

壞千万劫三塗遠求出離
大王聞說便心迴　見夜燒香禮聖堂　自別夫人經數月
思量好是皆持齋　每相夫人離宮出　夜半五更房臥絡
王道宣知敢那裏　月喜見家語修持　今日若能得下界
施如來來國內財　相勸諫速持齋　其窟閻浮總出來
座下數須聽此說　當來早定免輪迴
於是大王受諫有相迴敬月且後來也持八戒遂生天上宮
得自隨　城人聞說
有相夫人報大王　痛王自也無常　惰國項禮林
尚向國王有分離　勤蔬涼仃　還共娑婆苦惱
便須受戒修政法　淨土天中還相逢　無限恩難意味長
東人須[illegible]

P.3375v　　1. 歡喜國王緣　　（8—4）

便須受戒斷政法 淨土天中還相逢 無限恩難意味長
速須與免悟禮空王 三八士須斷酒肉 十齋直要剩燒香
更能長念如來好 一切時中持菩薩 好道理 不見儀
記當修行莫勞伊 念佛座前頭取傳 剩樹散施物
歡喜國王緣一本 寫記
吾不疼汝汝精進勇猛會得得阿耨多羅三藐三菩提 不久之家
得阿耨多羅三藐三菩提 特領先度我 時天王釋於靈
空中即沒不現 爾時王及夫人得到隣國王特彼國王遠出奉迎
供給所須稱意與之 爾時太王向彼國王說上事因緣如吾子身肉
孝養父母其是如是 時彼隣國王聞是語已 感須闍提太子難
取捨身體肉血供養父母 孝養如是 感其慈孝故 即合四五還

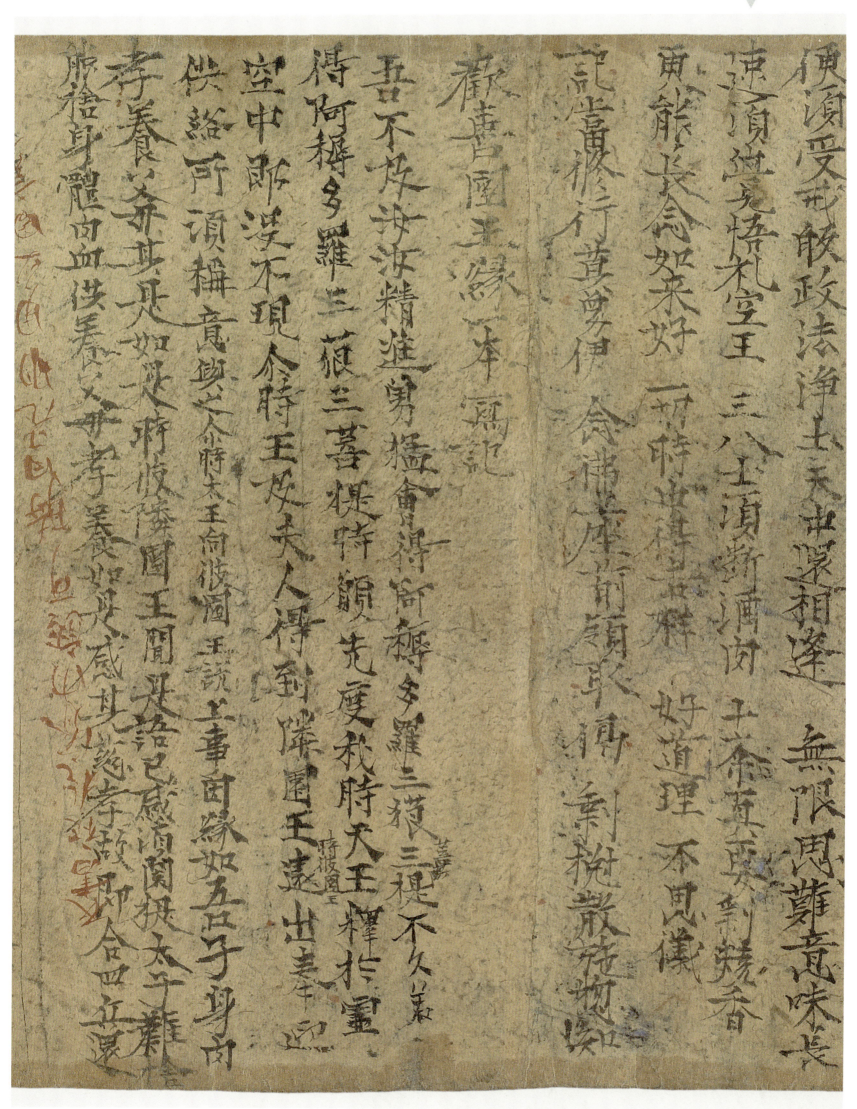

P.3375v　　1. 歡喜國王緣　　2. 須闍提太子因緣　　（8—5）

孝□……

肢捨身體肉血供養父母孝養如是感其慈孝故即合四兵還

與彼王羅睺羅爾時大王即將四兵送路還歸與須闍提太子別處

即自念言吾子亦當死矣今當收取身骨還歸本国舉聲悲哭

隨路求覓還見其子身體平復端正倍常即前抱持悲喜交

集語太子言汝猶活也爾時須闍提太子具以上事向父母說父母歡喜無載

為還歸大国從須闍提太子福德力故伐得本国即立須闍提太子為王佛告

阿難爾時父王者今現我父悅頭檀是爾時母者今現我摩耶夫人爾時須闍

提太子者今則我身釋迦如來是爾時天王釋者今阿若憍陳如是如是說其孝養父

母品時衆中有□□菩薩得樂說辯才利益一切復有十萬菩薩皆得無生法忍

復有十方諸來優婆塞優婆夷或得初果乃至三果復有百千人發阿耨

多羅三藐三菩提心復有諸天龍鬼神乾闥婆阿修羅迦樓羅緊那羅摩睺羅伽人非

人等或菩提乃至聲聞辟支佛心佛告阿難菩薩如是為一切衆生故難行苦行孝養

父母身體血肉供給父母其事如是爾時大衆聞佛說法各得勝利歡喜作禮右繞而去

須闍提太子因緣一卷寫記

P.3375v　2. 須闍提太子因緣　（8—6）

又再其體而前供給，又再其事……眾聞佛說法，各得勝利，歡喜信受，右遶而去。

須闍提太子因緣一遍了記

爾時有國號波羅捺，去城不遠有山名曰聖所遊居山，以有一自千辟支佛住此山中，故无量遊

神仙亦在住其中，以名仙聖所住其中，故号聖遊居山。其山有一仙人住在南窟，復有一仙人住在

北窟。二山中間有一泉水，其泉水邊有一平石。爾時南窟仙人在此石上浣衣洗足已，便還

所止。去後未久，有一雌鹿來飲泉水，次第至浣衣處，飲其浣衣垢汁，此衣垢汁已，迴顧

又顧自舐小便處。爾時雌鹿尋便懷妊，月滿產生，法要還向本浣衣處，即還水邊樹下

石上悲鳴婉轉，產生一女。爾時仙人聞此鹿悲聲大喚。爾時南窟仙人聞是鹿大

悲鳴聲，心生憐愍，即出往看，見此雌鹿產生一女。爾時鹿母舐其婉轉訖之，見仙人往，便捨而

去。爾時仙人見此女兒形相端政，人相具足，見是事已，心生憐愍，即以草衣裹拭，將還

養。好草菓隨時將養，漸漸長大，至年十四，其父愛念，常使宿火，令不絕斷。忽於一日心不謹慎，便火滅。

其父苦責罵已，語其女言：我養汝已來，未曾教汝火滅，汝今日何令火滅？北窟有火，汝可

往取。爾時鹿女即隨父教，往詣北窟，步步舉足，皆生蓮花，隨其蹤跡，行伍次第，如似街

陌。往至北窟，從彼仙人乞火。爾時仙人見此女人福德如是，足下生於蓮華，語言欲得火

者，汝當右遶我窟，滿足七匝，行伍次第，了了分明，隨其舉足，皆生蓮華，要七匝

語其女言：欲得火者，復當在此右遶還歸去者，當與汝火。爾時鹿女為得火故，隨教而去。其女

者汝當右遶我宮庭滿足七匝行位次第門門分明隨其舉足步步生蓮華步步遶七匝遶
語其女言欲得汝者後當在其左遶匝歸去者當與汝夫人余時鹿女為得人故隨教而去其女去
後未久之間波羅捺王將諸大臣百千万衆前後圍遶千乘万騎入山遊獵馳逐群鹿至波羅
捺王獨棄衆在留馬後到北窟仙人所見其蓮華遶窟行列分時大王心生歡喜歎言善哉善哉
我大得福仙大仙遶所福德巍巍其母如是令勝仙人所白王言大王當知其蓮華者非我所能
之言非大師有其誰所為鹿部言

P.3375v　3. 鹿母夫人緣　（8—8）

Pelliot chinois 3376

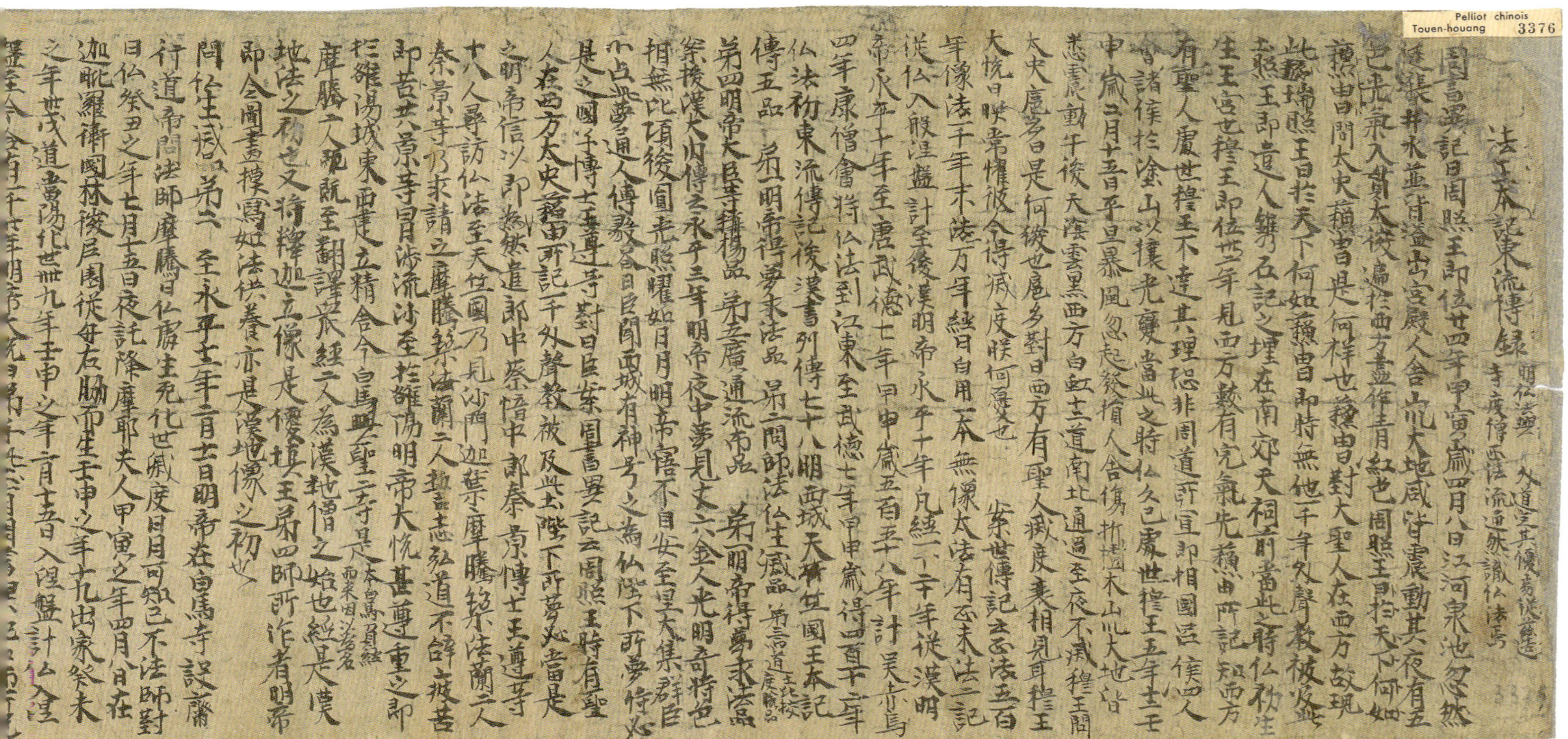

法國國家圖書館藏敦煌文獻

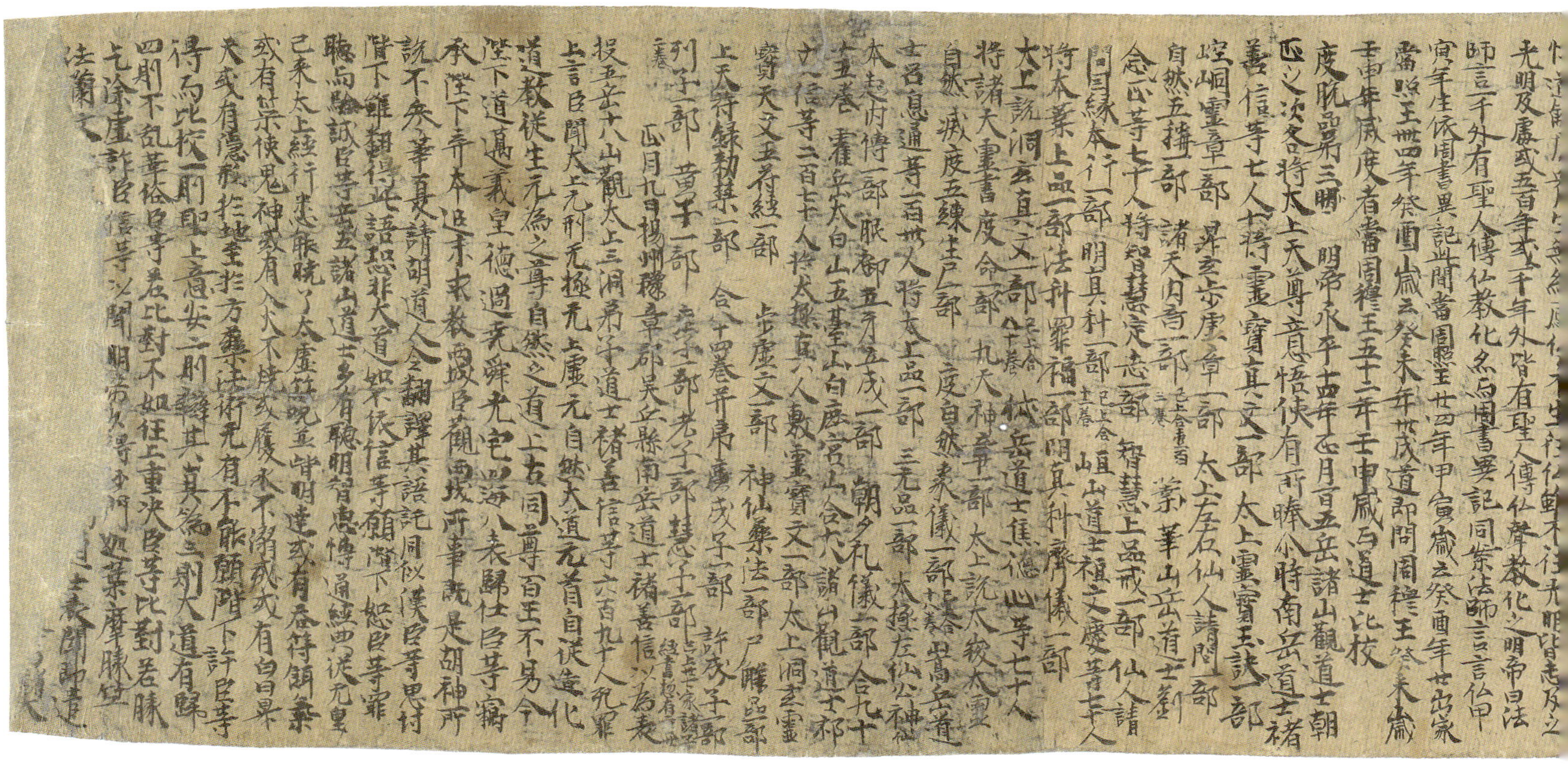

P.3376　佛法東流傳（總圖）

法王本記東流傳録 明仏法興 外道並其優劣蕩諸篇述 幷度僧西法流通然識仏法焉

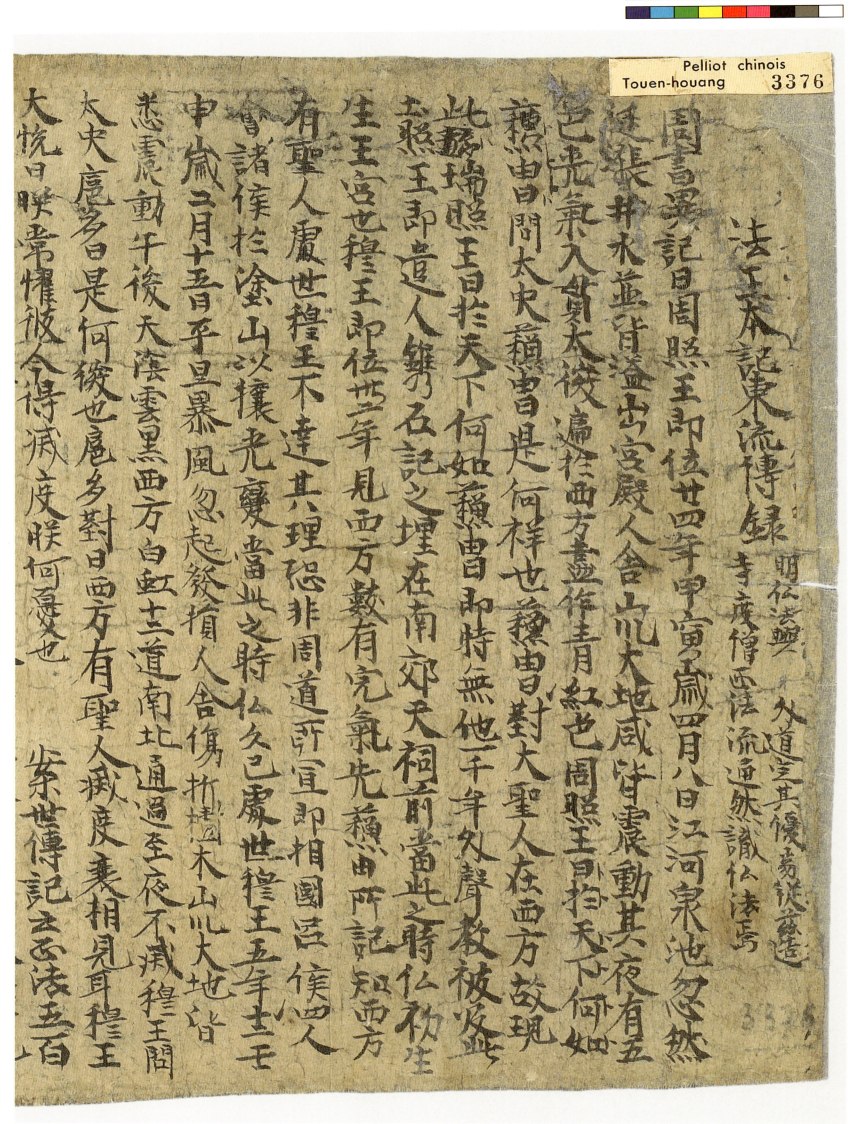

周書異記曰周照王即位廿四年甲寅歲四月八日江河泉池忽然
泛漲井水並皆溢出宮殿人舍山川大地咸皆震動其夜有五
色光氣入貫太微遍於西方盡作青紅色周照王曰於天下何如
蘇由曰問太史蘇由曰是何祥也蘇由對大聖人在西方故現
此瑞照王曰於天下何如蘇由曰即時無他一千年外聲教被及此
土照王即遣人鐫石記之埋在南郊天祠前當此之時仏初生
王宮也穆王即位卅二年見西方數有光氣先蘇由所記知西方
有聖人處世穆王不達其理恐非周道所宜即相國呂侯四人
會諸侯於塗山以禳光變當此之時仏久已處世穆王五年壬
申歲二月十五日平旦暴風忽起發損人舍傷折樹木山川大地皆
悉震動午後天陰雲黑西方白虹十二道南北通過至夜不滅穆王問
太史扈多曰是何徵也扈多對曰西方有聖人滅度衰相見耳穆王
大悅曰朕常懼彼今得滅度朕何憂也　案世傳記云正法五百

P.3376　　佛法東流傳　　（6—1）

大悦曰朕常懽彼人得戒度朕何憂之也　案世傳記云正法五百
年像法一千年末法万年經目自用一本無像大法有正末法二記
從仏入般涅槃計至後漢明帝永平十年凡經一千年從漢明
帝永平十年至唐武德七年甲申歲五百五十八年計吴赤烏
四年康僧會將仏法到江東至武德七年甲申歲得四百十年
仏法初東流傳記後漢書列傳七十八明西域天竺國王本記
傳五品　第一明帝得夢求法品　第二問師法仏生藏品　第三高道士比校度脉品
第四明帝大臣等稱揚品　第五廣通流布品　第一明帝得夢求法品
案後漢大臣傳之永平三年明帝夜中夢見丈六金人光明奇特色
相無比頂後圓光照曜如日月明帝寤不自安至旦大集群臣
以占此夢通人傳毅啓曰臣聞西域有神号之為仏陛下所夢將必
是之國子傳士王遵等對曰臣案周書異記云周昭王時有聖
人在西方太史蘇由所記一千外聲教被及此土陛下所夢必當是
之明帝信以即遣郎中蔡愔中郎秦景傳士王遵等
十八人尋訪仏法至天竺國乃見沙門迦葉摩騰竺法蘭二人
秦景等乃求請立摩騰竺法蘭二人誓志弘道不辭艱苦

秦景等乃求請立摩騰竺法蘭二人誓志弘道不辭辛苦
即共景等冒涉流沙至於雒陽明帝大悦甚尊重之即
於雒陽城東西雍門外立精舍今白馬寺是（本白馬負經西來因以為名）
摩騰二人既至翻譯華嚴經二人為漢地僧之始也經是大漢
地法之初也又將釋迦立像是優填王第四師所作者明帝
即令圖畫摸寫如法供養亦是漢地像之初也
問仏生滅第二　至永平十二年十二月十五日明帝在白馬寺設齋
行道帝問法師摩騰曰仏虜生死化世滅度日月可知已不法師對
曰仏癸丑之年七月十五日夜託降摩耶夫人甲寅之年四月八日在
迦毗羅衛國林微尼園從母右脇而生壬申之年十九出家癸未
之年卅成道當陽化世卌九年壬申之年二月十五日入涅槃計仏入涅
槃至今合有一千廿年明帝大悦曰弟子此土有周書異記如師所說
恰然無同帝復齋問法師曰仏是大慈法王當時出世何不化及此土
摩騰對曰迦毗羅衛國三千大千世界百億日月之中心三世諸仏皆
從彼生不問天龍鬼神有願行力者皆生於彼受仏正化感得

從彼生不問天龍鬼神有願行力者皆生於彼受仏正化感傳
悟道餘處衆生無緣感仏，下生往往仏雖不往光明皆悉及之
光明及處或五百年或一千年外皆有聖人傳仏聲教化之明帝白法
師言一千外有聖人傳仏教化名曰周書異記同案法師言仏甲
寅年生依周書異記此間當周昭王廿四年甲寅歲至癸酉年廿出家
當昭王卅四年癸酉歲至癸未年卅成道即周穆王癸未歲
壬申年成度者當周穆王五十二年壬申歲至道士比校
度脫品第三　明帝永平十四年正月十五日五岳諸山觀道士朝
正之次各將太上天尊意悟使有所睹尔時南岳道士褚
善信等七人各將靈寶真文一部　太上靈寶王訣一部
崆峒靈章一部　昇玄步虛章一部　太上左右仙人請問一部
自然五稱一部　諸天內音一部　已上合壹百三卷　紫華山岳道士劉
念正等七十人將智慧定志一部　智慧上品戒一部　仙人請
問因緣本行一部　明真科一部　已上合十卷　恒山道士祖文慶等廿七人
將本業上品一部　法輪罪福一部　明真科靡修儀一部

P.3376　佛法東流傳　（6—4）

將本業上品一部 法輪罪福一部 明真科儀一部
太上說洞玄真文一部 三元合八十卷 械岳道士焦德心等七十人
將諸天靈書度命一部 九天神章一部 太上說太微靈
自然滅度五練生尸一部 度自然券儀一部 三元合十八卷 中岳道
士呂息通等一百卅人將太上品一部 三元品一部 太極左仙公神仙
本起內傳一部 服御五方五牙一部 朝夕礼儀一部 合九十
五卷 霍岳太白山五臺山白鹿宮山合九諸山觀道士祁
文信等二百七十人將太極真人敷靈寶文一部 太上洞玄靈
寶天文五符經一部 步虛文一部 神仙藥法一部 尸解品一部
上天符錄勅禁一部 合八十四卷幷帛 廣成子一部 許成子一部
列子一部 黃子一部 莊子一部 老子一部 惠子一部 右上廿七家諸子經書總有二
卷 正月九日揚州穆章郡吳丘縣南岳道士褚善信以為表
投五岳十八山觀太上三洞弟子道士褚善信等六百九十人死罪
上言臣聞太上无刑无極无上虛无自然大道元首自從造化
道教從生无為之尊自然之道上古同尊百王不易今
陛下道邁羲皇德過堯舜光宅四海八表歸仁臣等竊

道教從生元為之尊自然之首道上古同尊百王不易今
陛下道邁羲皇德過堯舜光宅四海八表歸仁臣等竊
承陛下弃本逐末求教西域臣觀西域所事乃是胡神所
說不參華夏請胡道人今翻譯其語託同似漢臣等思忖
陛下雖翻得此語恐非大道然依信等願陛下恕臣等罪
聽為驗試臣等五岳諸山道士多有聰明智惠博通經典從元皇
已來太上經行悉能曉了太虛符呪並皆明達或有吞符餌氣
或有策使鬼神或有入火不燒或履水不溺或有白日昇
天或有隱形於地至於方藥法術无有不能願陛下許臣等
得与比校一則聖上意安二則辯其真偽三則大道有歸
四則不亂華俗臣等若比對不如任上重決臣等比對若勝
乞除虛詐臣信等以聞　明帝從之尋沙門迦葉摩騰竺
法蘭之　道士表聞勅遣

P.3376　　佛法東流傳　　（6—6）

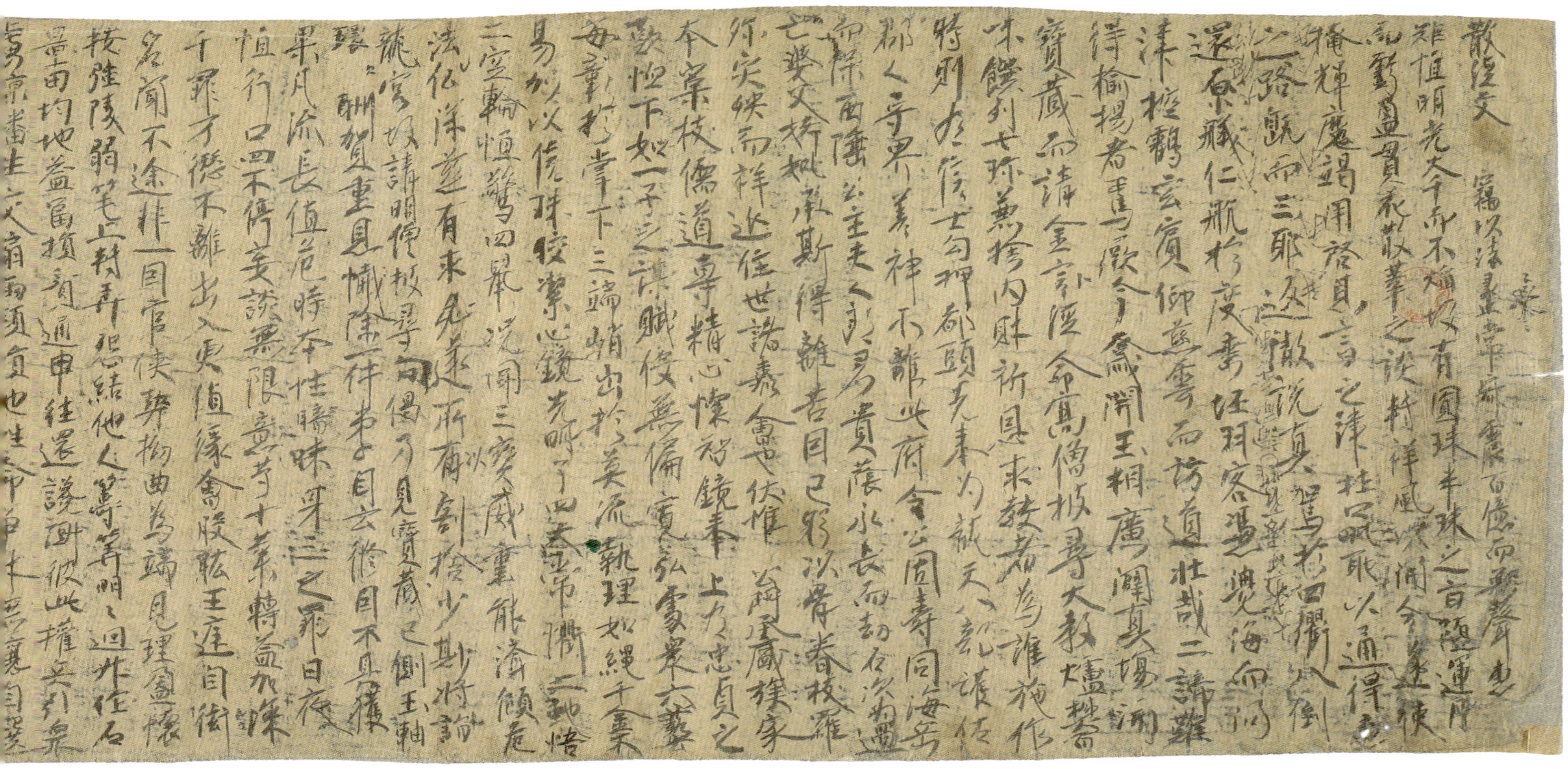

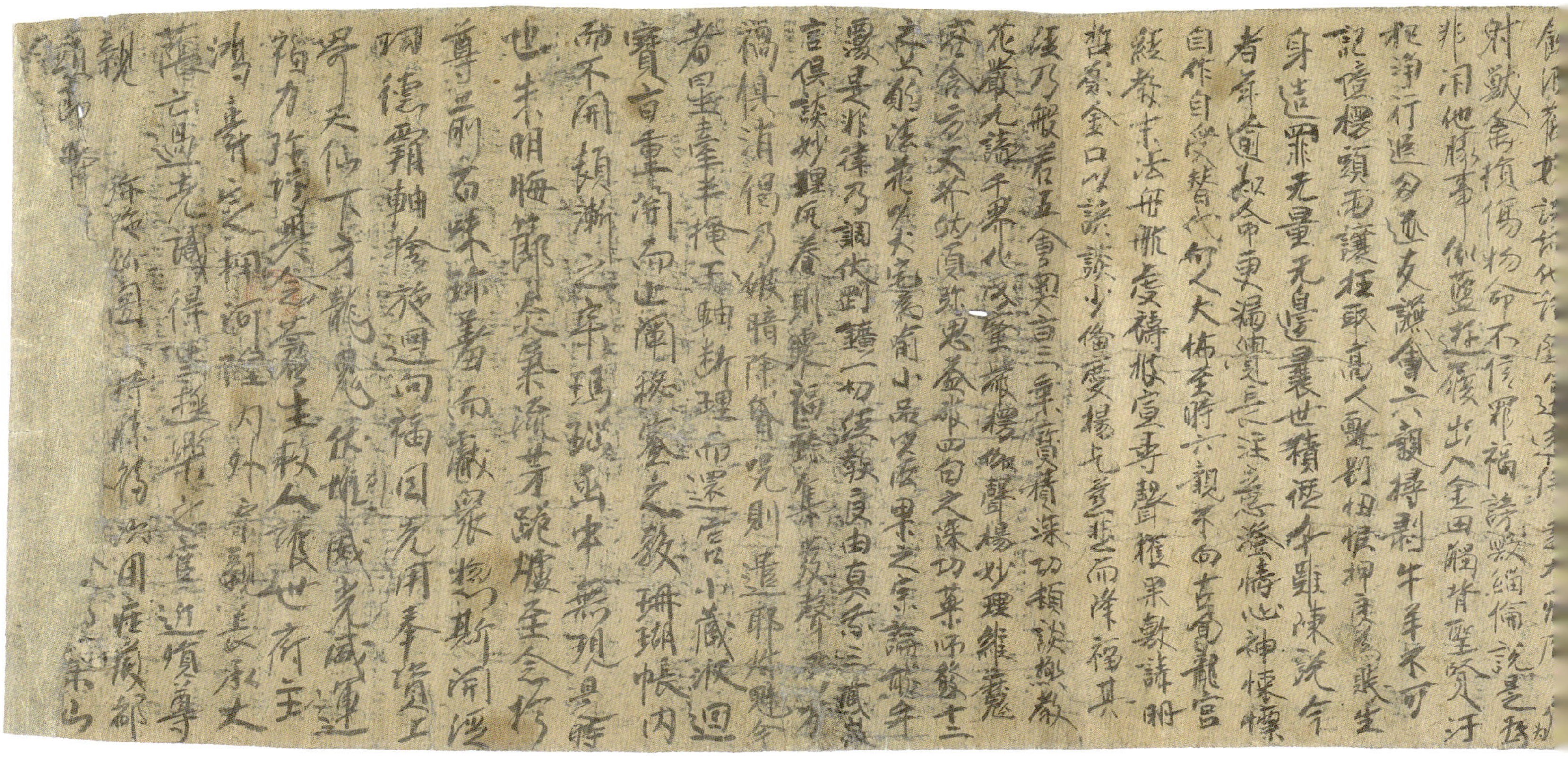

P.3376v　雜齋儀（總圖）

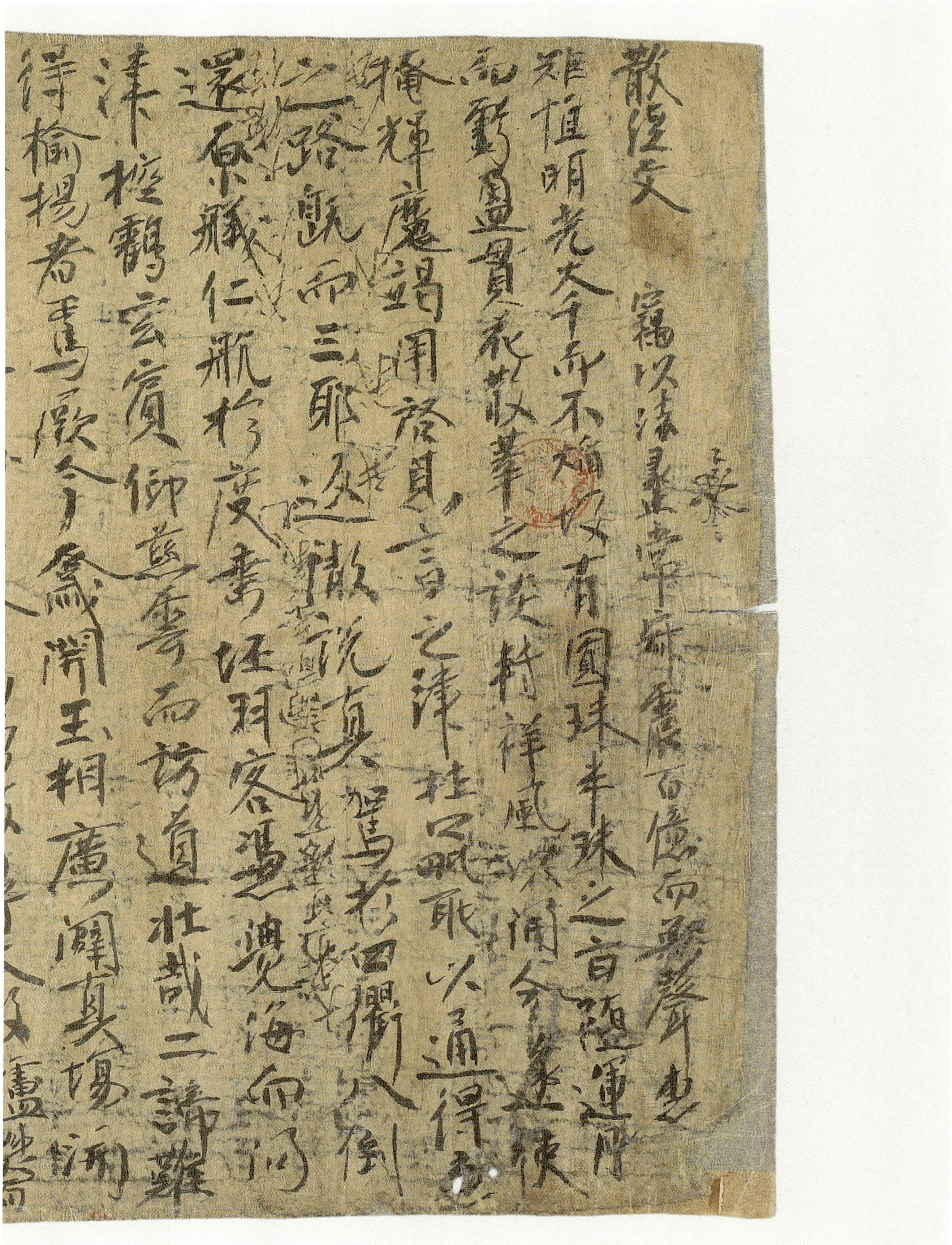

P.3376v　雜齋儀　（7—1）

津梁鶴玄賓仰慈雲而訪道壯哉二諦雙
得揄揚者焉欲令爲霑王相廣闡真場潤
寶藏而請金字經命高僧披尋大教爐焚香
味饌列七珍兼捨內財祈恩求教若爲誰施作
時則有信士勾押衙頭先來爲祇尅護信
郡人寺界善神不離此府令公同壽同海安
命保西陲公主夫人永易貴葆永長而劫石以當道
亡婆父姑姒叔承斯得離苦因已形以骨春枝羅
殊實殃而祥迩任世諸義會也伏惟公府昆藏棟家
本掌枝儒道專精心懷豁鏡奉上乃忠貞之
勤恤下如一子之誠賦俊無偏實弘雲衆六藝

P.3376v　雜齋儀　（7—2）

本宗枝儒道專精心懷智鏡奉上亦忠貞之
務恤下如一子之諫賦俊無偏實弘象衆六藝
每彰於掌下三端崩出於英流執理如繩千寨
易於以偉殊校案心鏡光明了四大無常懈一地悟
二空輪恒驚四界況開三寶威重能濟傾危
法依佛蓋有來年新遂所有剖捨少斯將諸
瓏寶坂請明偉板尋向偈乃見寶藏已側玉軸
瓌々酬賀重見懺儀件孝目玄德國不見獲
果凡流長值危時本性曠昧耳三之罪日夜
恒行口四業停美談無限意無等十業轉益加深
千罪可懲不離出入更值緣會肢骸王庭自衛
名聞不途非一國官夫勢物由為論見理留囊

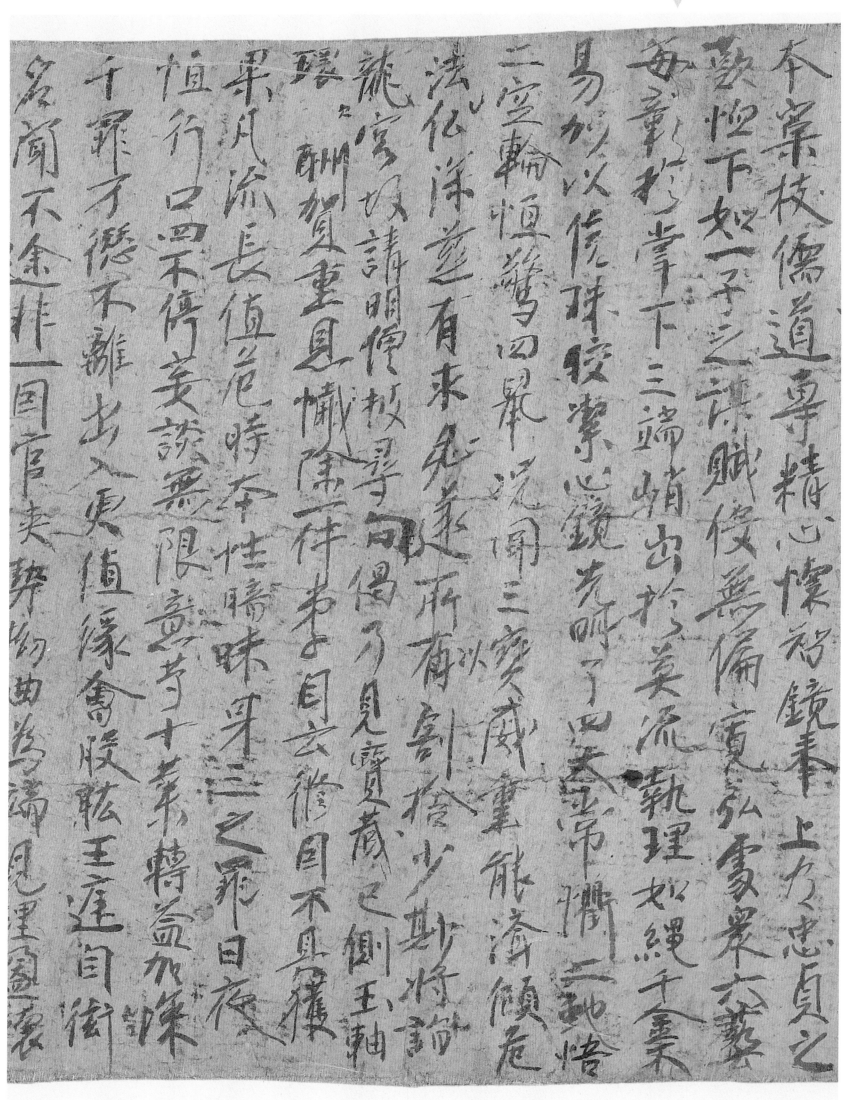

P.3376v　雜齋儀　（7—3）

千罪万愆不離出入更值緣會股肱王庭進自衛
名聞不途非一固官僚彝拗曲為端見理盧懷
接強陵弱筆上封奏怨結他人籌筭明明迴非作石
侵田均地畜富積類通申往還讒謗彼此權其利臬
虜掠潘生交莭雨頭積他性命爭財無讓自選
稱情不表甚同難觀萬性染情熾盛欲火燒
心有甚有怨見生等顛少有公服會些豈述
飲酒蔽娛談論他語隨軍逐律走大衣纏鴦彈
射獸禽損傷物命不信罪福謗毀緇倫說是為非
非用他財事僧藍於邊履出入金田腦背聖賢入汙
根淨行過多遞支識會六親屠剝牛羊不可
三寶頁田寶王取萬人雕刷田度甲更為張生

P.3376v　　雜齋儀　　（7—4）

非用他物事，似藍於遷履出入金田，腦背聖賢汗
抂淨行過多，逃交讚會，六親得剃牛羊不可
說。億標頭而讓，狂取高人，毀罰佃恨押衷為張生
身遣罪無量無邊，曇曩世積經年，雖陳說令
者弃逾叔命，更漏與見是注意澄情迄神懷懔
自作自受，替代何人。大佛在時，六親不向古會龍宮
經教，末法毌流，慶禱於宣壽，譬獲果數，請明
哲發金口以談，談少僧愛揚七意悲而降福，其
經乃般若五會，要言三乘，寶積深功，頓談樂教
花嚴九請，千界化成，毫藏標於聲揚，妙理維囊鬼
咨含方文，非紡負兹思，益發四句之深功，葉滿發十二
部之能法花奔文宣為前，小品叉去果，果之宗等齋悲年

舍方丈芥納須彌思益發四句之深功業師發十二
文立能法花以大宅爲喻小品以後果之宗論能令
靈是非律乃調伏罰譏一切經教良由真乘三藏是
宣俱談妙理既眷則衆福齊集發聲有力
彌俱消偈乃破暗除奮呪則遣耶魅鬼令
者回星毫半捲玉軸斷理而還居小藏派迴
寶亘重瀉而止瀾珠鑾之藏珊瑚帳內
而不開頓漸之牢瑪瑙函中無項見時
也未明悔節炎乘流芽踊爐登金之擇
尊前香味彌著而藏衆物斯開經
周遶羅軸捨施迴向福因先用奉資上

P.3376v　雜齋儀　（7—6）

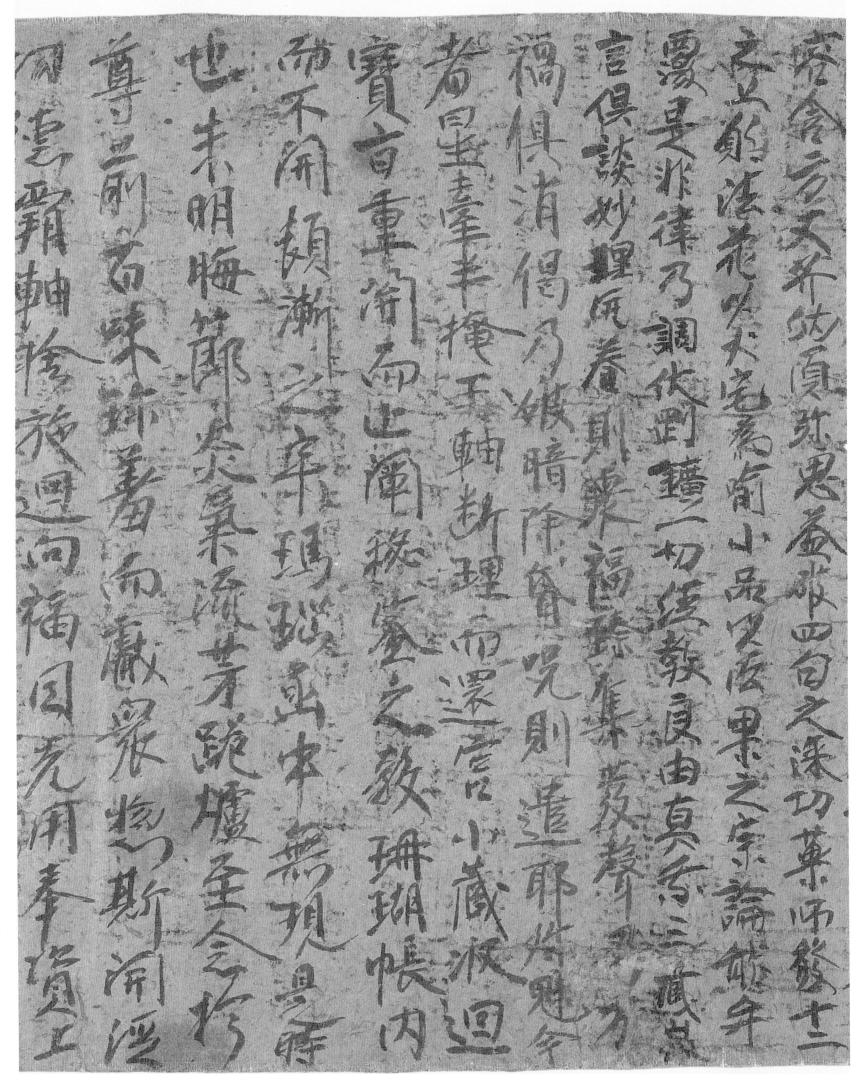

第一一二冊　伯三三五五至伯三三八〇背

尊前百味珍羞而嚴衆想斯涅
明德賴軸捨施迴向福因先用奉資上
界天仙下方龍鬼伏惟威光盛運
福力弥增興人之善主救人護世府主
鴻壽定擁河湟内外宗親長承大
蔭亡過先識得往生極樂之宮近墳尊
親　齋施於國將將福然用莊嚴都
[illegible]頂面禮[illegible]　[illegible]樂山

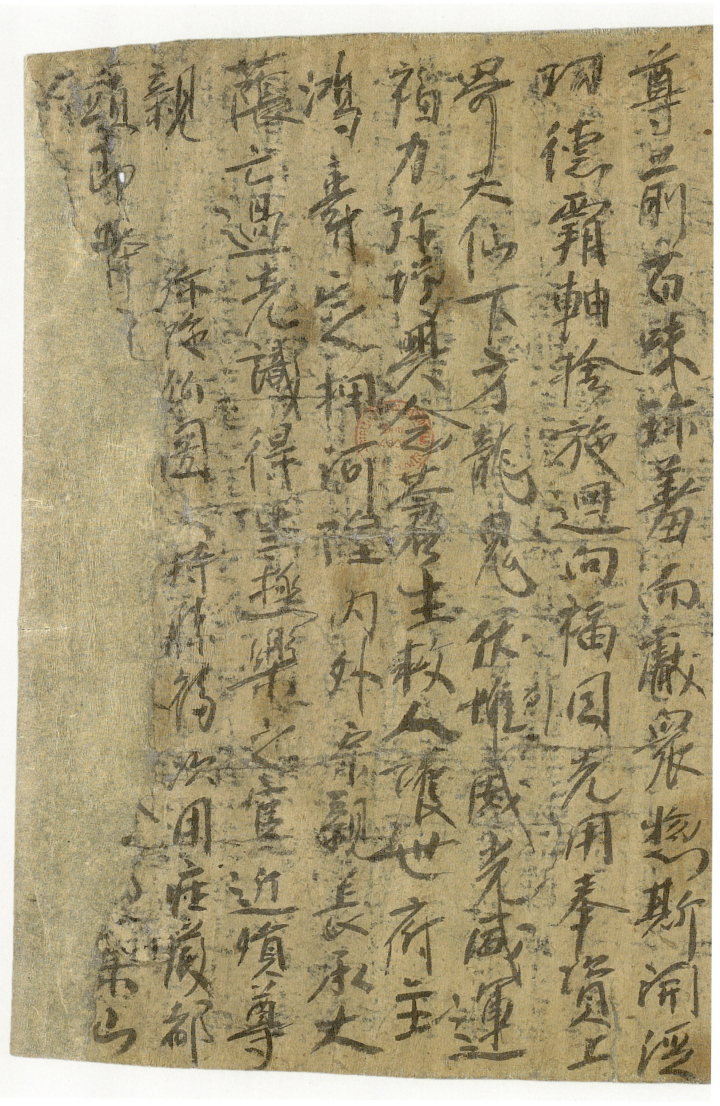

P.3376v　　雜齋儀　　（7—7）

Bibliothèque nationale de France

Pelliot chinois 3377

冣上乘者說若復有人能受持讀誦廣為人
說如来悉知是人悉見是人皆成就不可量
不可稱无有邊不可思議功德如是人等則
為荷擔如来阿耨多羅三藐三菩提何以故
須菩提若樂小法者著我見人見衆生見壽
者見則於此經不能聽受讀誦為人解說須
菩提在在處處若有此經一切世間天人阿
脩羅所應供養當知此處則為是塔皆應恭
敬作礼圍遶以諸華香而散其處
復次須菩提善男子善女人受持讀誦此經
若為人輕賤是人先世罪業應墮惡道以今
世人輕賤故先世罪業則為消滅當得阿耨

多羅三藐三菩提須菩提我念過去无量阿
僧祇劫於然燈佛前得值八百四千万億那
由他諸佛悉皆供養承事无空過者若復有
人於後末世能受持讀誦此經所得功德於
我所供養諸佛功德百分不及一千万億分
乃至筭數譬喻所不能及須菩提若善男子
善女人於後末世有受持讀誦此經所得功
德我若具說者或有人聞心則狂乱狐疑不
信須菩提當知是經義不可思議果報亦不
可思議
尒時須菩提白佛言世尊善男子善女人發
阿耨多羅三藐三菩提心云何應住云何降
伏其心佛告須菩提善男子善女人發阿耨
多羅三藐三菩提者當生如是心我應滅度

P.3377　金剛般若波羅蜜經　（3—1）

伏其心佛告須菩提善男子善女人發阿耨
多羅三藐三菩提者當生如是心我應滅度
一切衆生滅度一切衆生已而无有一衆生
實滅度何以故若菩薩有我相人相衆生相
壽者相則非菩薩所以者何須菩提實无有
法發阿耨多羅三藐三菩提者須菩提於意
云何如來於然燈佛所有法得阿耨多羅三
藐三菩提不世尊如我解佛所說義佛於然
燈佛所无有法得阿耨多羅三藐三菩提佛
言如是如是須菩提實无有法如來得阿耨
多羅三藐三菩提須菩提若有法如來得阿
耨多羅三藐三菩提者然燈佛則不與我受
記汝於來世當得作佛号釋迦牟尼以實无

有法得阿耨多羅三藐三菩提是故然燈佛
與我受記作是言汝於来世當得作佛号釋
迦牟尼何以故如来者即諸法如義若有人
言如来得阿耨多羅三藐三菩提須菩提實
无有法佛得阿耨多羅三藐三菩提須菩提
如来所得阿耨多羅三藐三菩提於是中无
實无虛是故如来説一切法皆是佛法須菩
提所言一切法者即非一切法是故名一切
法須菩提譬如人身長大須菩提言世尊如
来説人身長大則為非大身是名大身須菩
提菩薩亦如是若作是言我當滅度无量衆
生則不名菩薩何以故須菩提无有法名為
菩薩是故佛説一切法无我无人无衆生无

P.3377　　金剛般若波羅蜜經　　（3—2）

菩薩是故佛說一切法无我无人无衆生无
壽者須菩提若菩薩作是言我當莊嚴佛土
是不名菩薩何以故如來說莊嚴佛土者即
非莊嚴是名莊嚴須菩提若菩薩通達无
我法者如來說名真是菩薩
須菩提於意云何如來有肉眼不如是世尊
如來有肉眼須菩提於意云何如來有天
眼不如是世尊如來有天眼須菩提於意云
何如來有慧眼不如是世尊如來有慧眼須
菩提於意云何如來有法眼不如來世尊如
來有法眼須菩提於意云何如來有佛眼不
如是世尊如來有佛眼須菩提於意云何恒河
中所有沙佛說是沙不如是世尊如來說是

如是等恒河是諸恒河所有沙數佛世界如
是寧為多不甚多世尊佛告須菩提尒所
國土中所有衆生若干種心如來悉知何以
故如來說諸心皆為非心是名為心所以者
何須菩提過去心不可得現在心不可得未
來心不可得

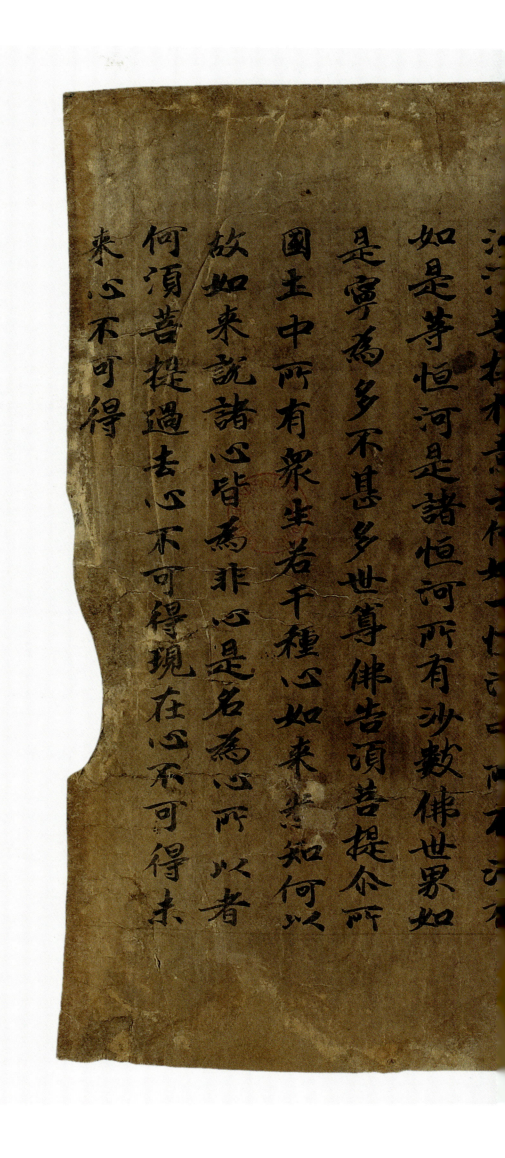

P.3377　金剛般若波羅蜜經　（3—3）

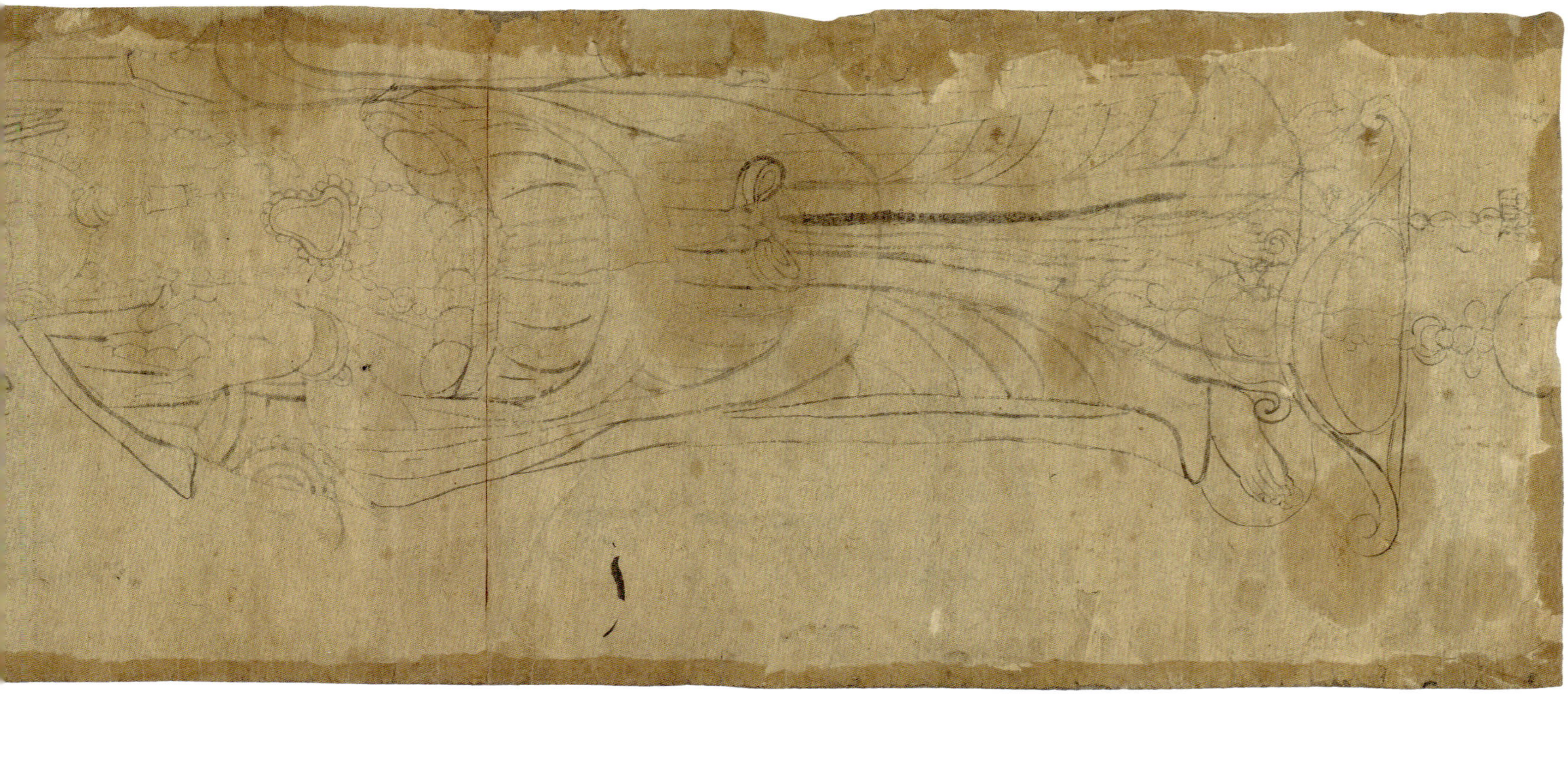

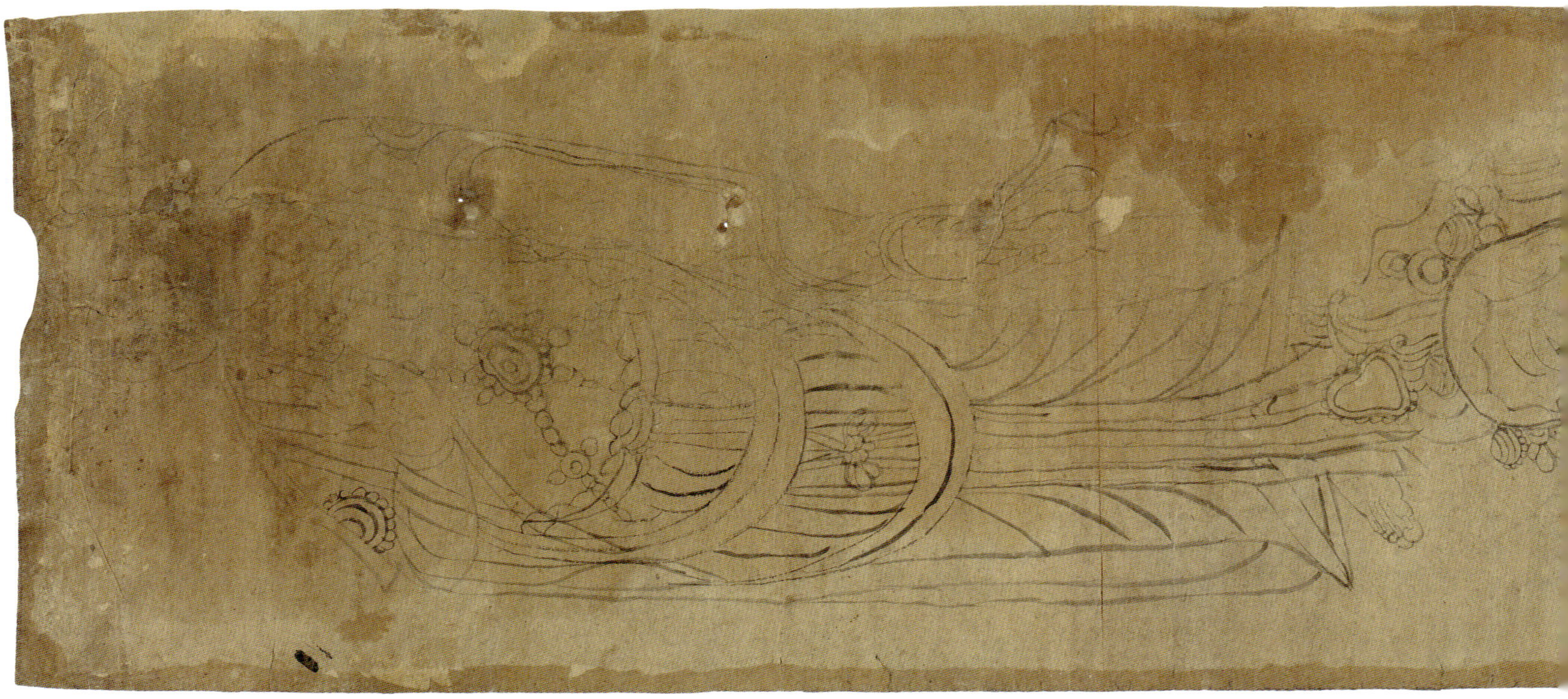

P.3377v　白畫觀音菩薩像（總圖）

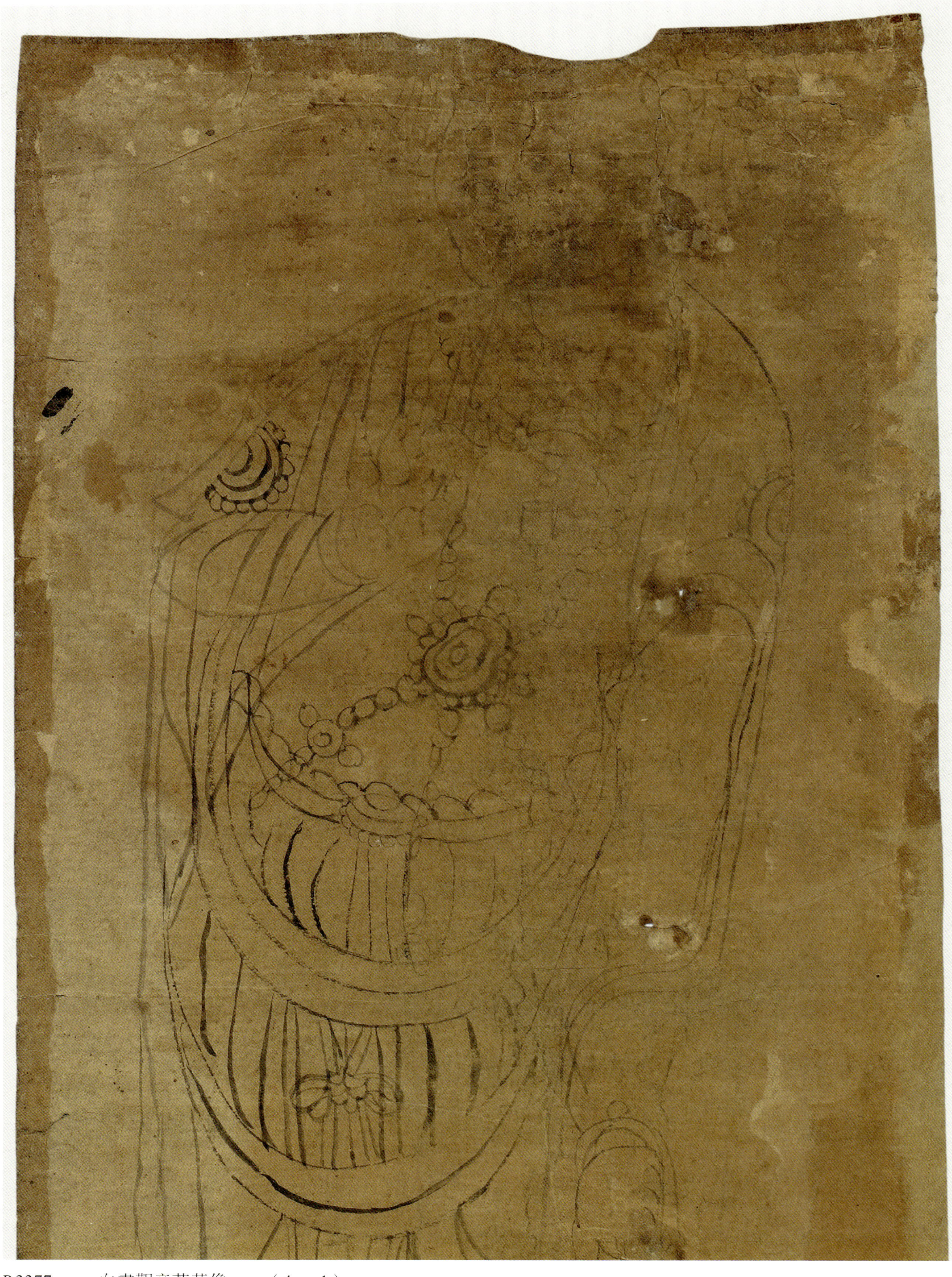

P.3377v　白畫觀音菩薩像　（4—1）

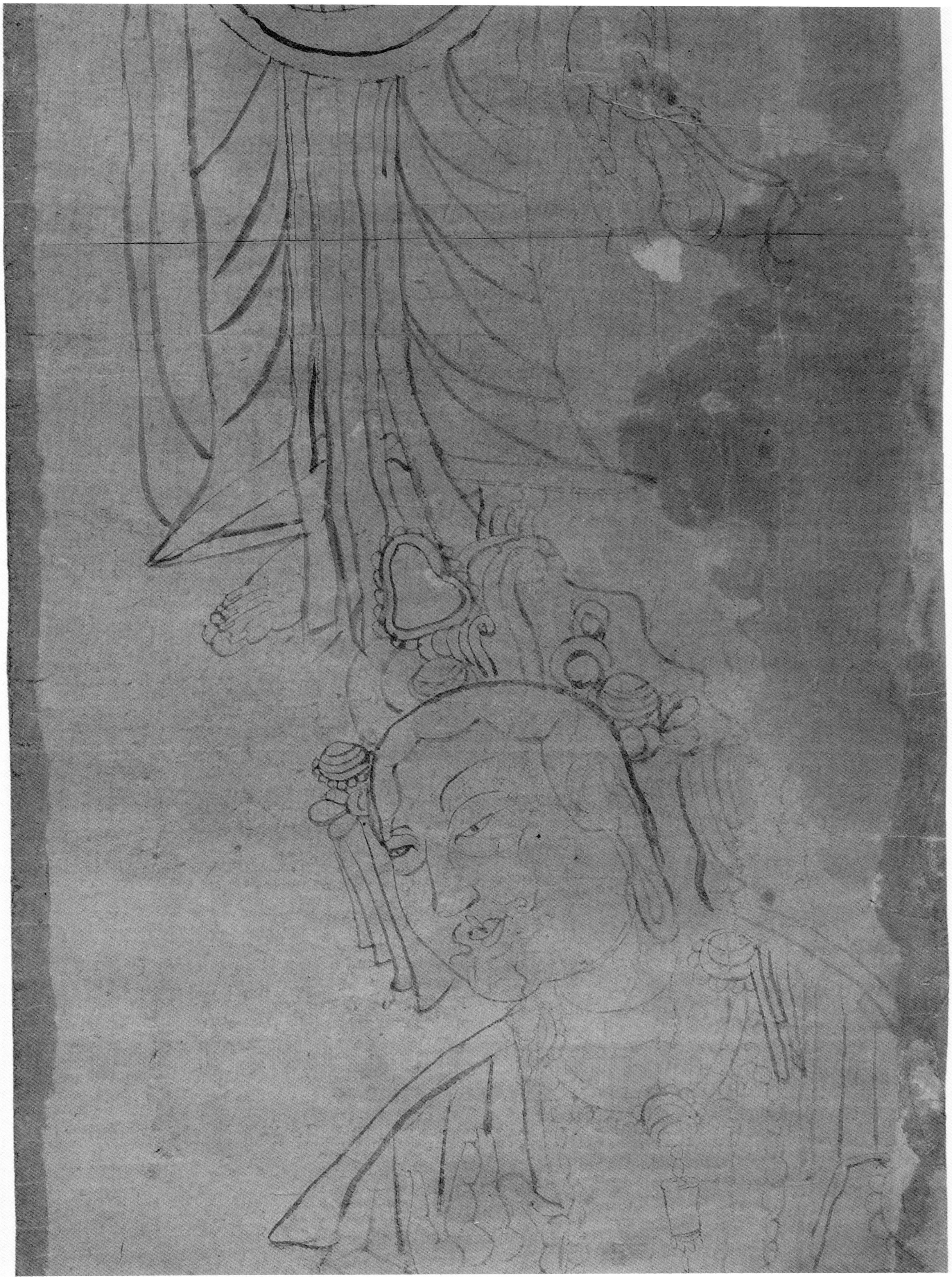

P.3377v　　白畫觀音菩薩像　　（4—2）

P.3377v　白畫觀音菩薩像　（4—3）

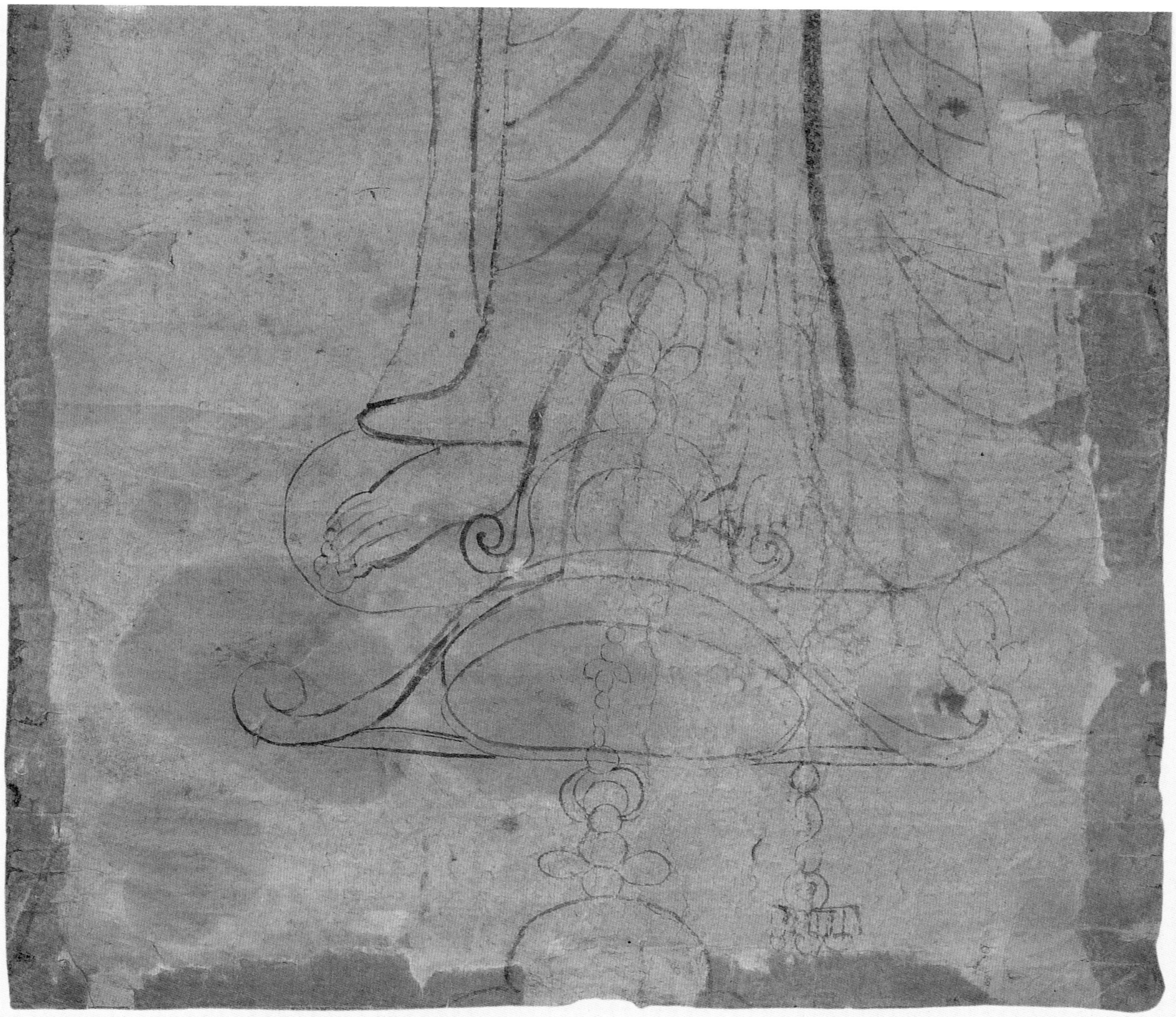

P.3377v　白畫觀音菩薩像　（4—4）

P.3377v　白畫觀音菩薩像（局部圖一）

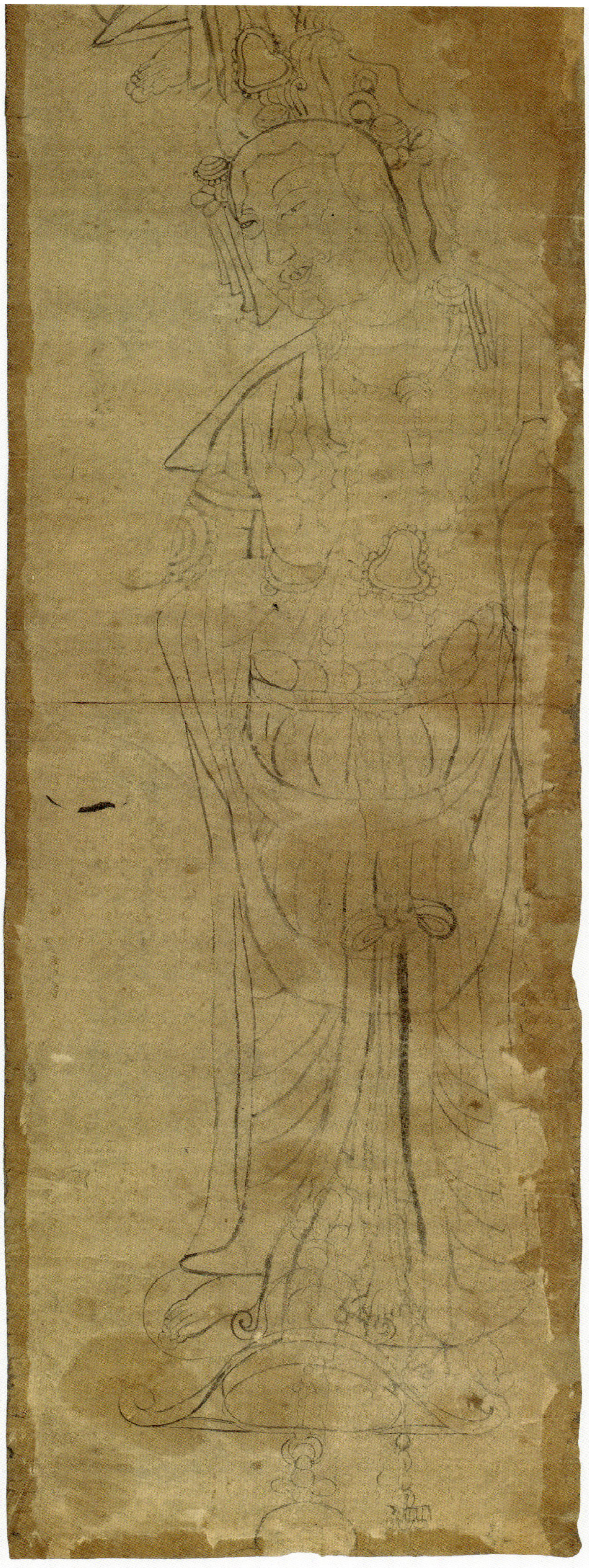

P.3377v　白畫觀音菩薩像（局部圖二）

Bibliothèque nationale de France

Pelliot chinois 3378

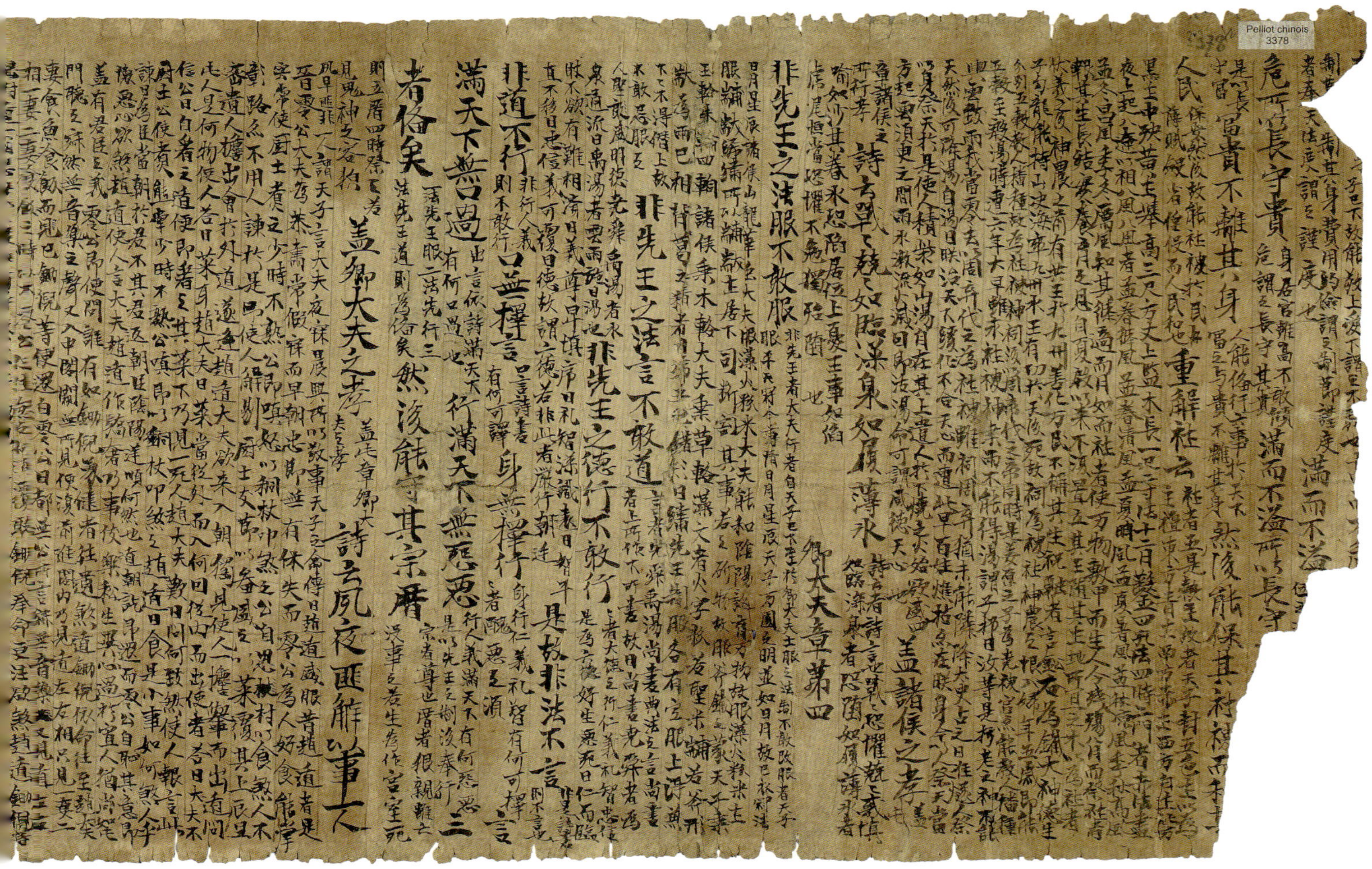
Pelliot chinois
3378

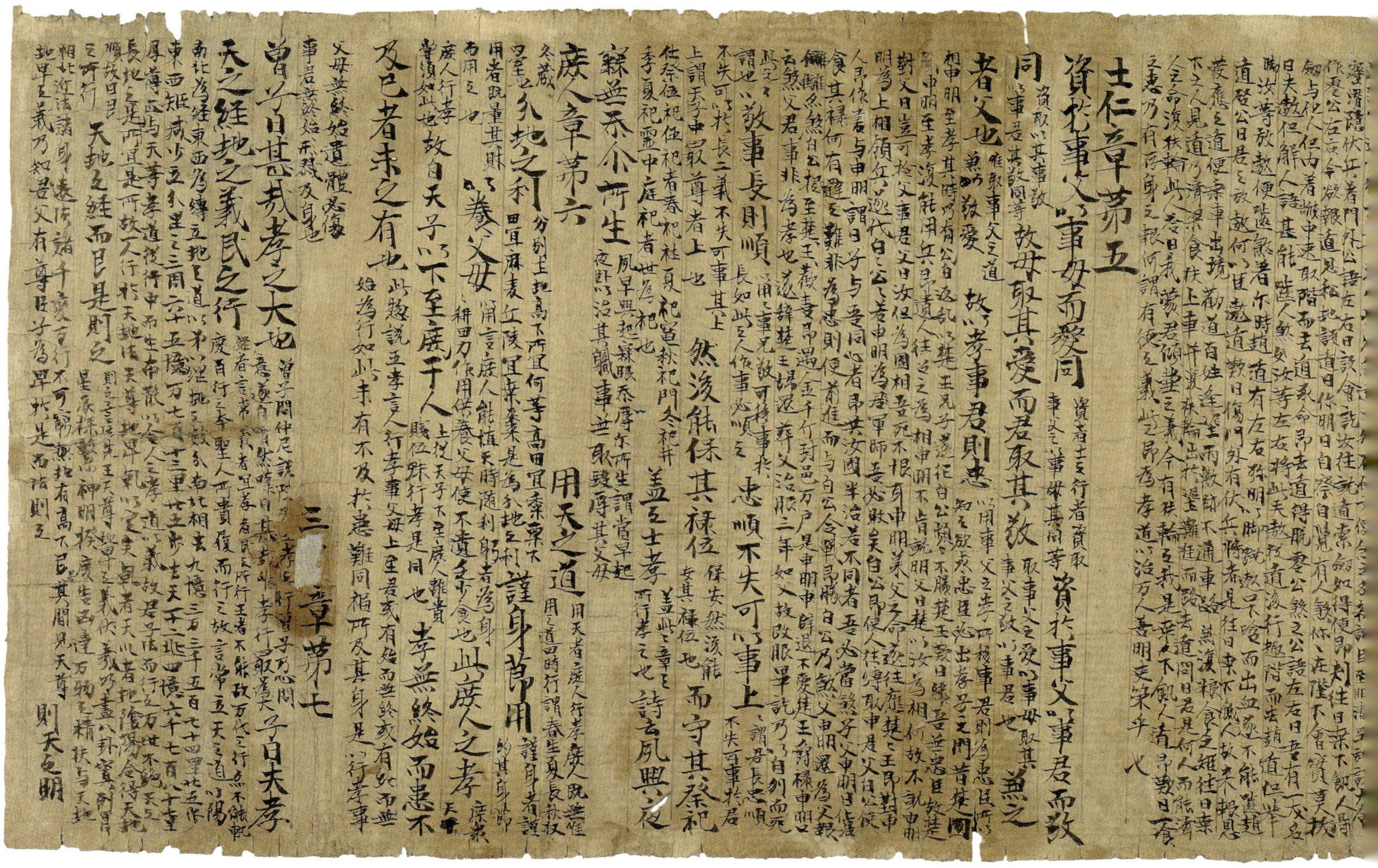

P.3378　孝經注（總圖）

…子已不敢能教上愛下謂臣不…也…
制節…制其身費用約儉謂之制節謹度
者奉天法度謂之謹度也　滿而不溢　位之…
危所以長守貴　身居官雖高不敢驕危謂之長守其貴　滿而不溢所以長守
是以長守富　富貴不離其身　人能脩行六事於天下富之与貴不離其身　然後能保其社稷而和其
人民　保安然後故能社稷於民和薄賦斂省傜役而人民和也　重解社云　社者五土是爲王故者天子封五色土以爲社主禮東方青土南方赤土西方白土
黑土中央黃土壘高三尺方丈上豎木長一丈二寸法十二月壘四面法四時…者赤法盡
夜上起八風之相風八風者孟春條風孟春清風孟夏明風孟夏暑風孟秋涼風季秋高風
孟冬昌風季冬廣風知其候而月然而社者使万物敷甲而生人令殘陽月而祭社者
報其生長結實養育之恩自夏數以來不須置立其王隨其土地所宜之木爲社者
狀義之夜神農之前有世王於九州善化万民不稱其生稅穀者言盛石爲鏞大神德生
子句龍能持山決海平九州水王有功於天後死故祠爲稷社神農之根八歸年五歲即能
分別五穀教人播種故爲社稷神祠須周爲代之帝同時是姜原之子爲先稷官能教人播種
五穀至殷湯時遭六年大旱雖求社稷神累雨不能得湯謂子柳日汝等是稷老之神不能
興雲致雨我當廢去周弃代之爲社稷雖祠周弃猶未能降大史占之日往遶人祭
天然後可降湯自湯日朕治天下不能合天心而遭此旱百姓燋枯在朕身令人祭天當
以身祭天於是使人積柴如山湯自在其上遣人於下燒之火始欲盛
方起雲須臾之間雨水激流火滅日即法湯命可謂咸德天心也　蓋諸侯之孝　蓋
章諸侯之所行孝　詩云戰戰兢兢如臨深泉如履薄氷　詩云者詩言也戰戰恐懼兢兢戒慎如臨深泉者恐墮如履薄氷者
喩如涉其春氷恐陷居位上憂王事如陷
虎尾恒當恐懼不免獨殆陷也

卿大夫章第四

非先王之法服不敢服　非先王者大夫行者自天子已下至於卿大夫士服之法制不敢改服者天子
日月星辰諸侯山龍華虫大夫服藻火粉米大夫能和陰陽諸育万物故服藻火粉米士
服黼黻絺繡所以黼黻主居下司斷割其事若之所物故服斧鉞之象天子兼
王輪朱輪四輔諸侯乘木輅大夫乘草輅藻文者火字粒若聖米黼若斧形
黻爲兩已相背葛之精者曰絺五彩鑑彩曰繡先王制服各有定服上得兼
下下不得僭上故　非先王之法言不敢道　言者先聖舜禹湯尚書典法之言尚書
不敢忌服之　者上所依不於書故日尚書也者書者爲

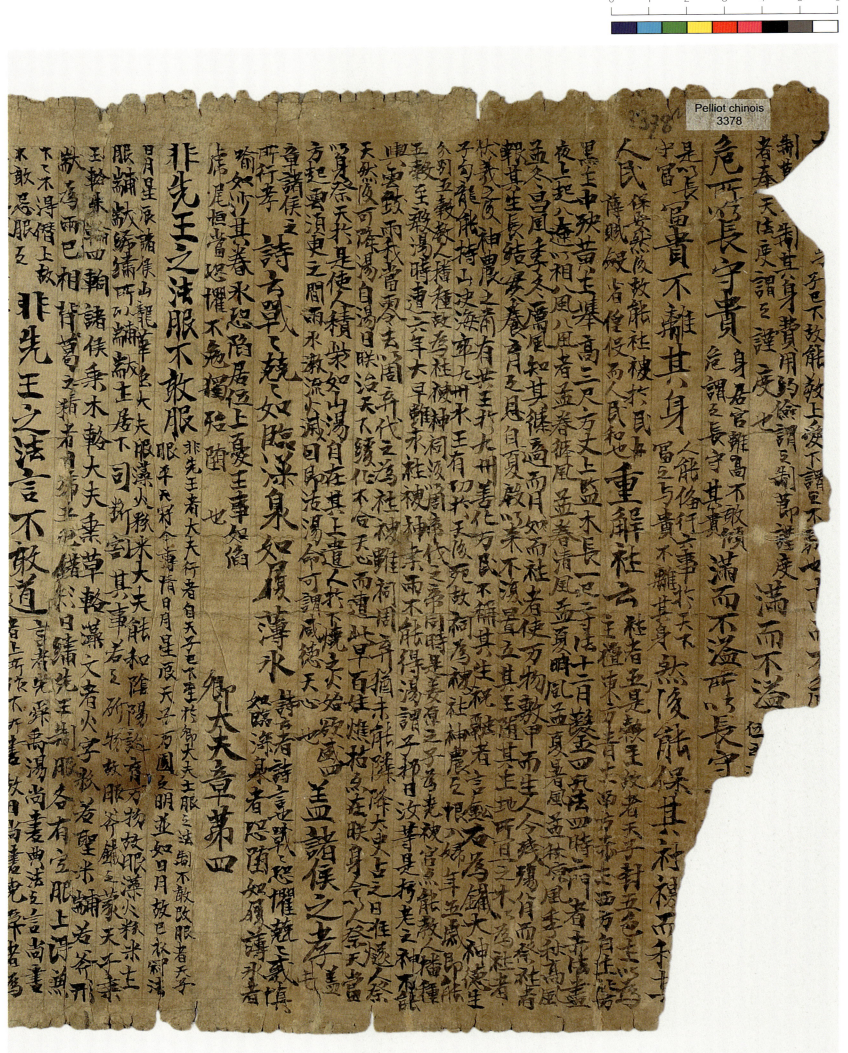

P.3378　孝經注　（4—1）

下ㄟ木淂僣上故永不敢忌服之 非先王之法言不敢道 言者先舜禹湯尚書典法之言尚書者上所依下所書故日尚書尭舜者為
人聖能感明德尭舜禹湯者永
衆通流日禹湯者雲雨踣日湯也 非先王之德行不敢行 ㄟ者大德之行仁義礼智忠信是為六德好生惡死日仁而臨
財不欲有雜相濟日義尊早慎序日礼智深識表日智早
直不移日忠信義可覆日德故謂六德若非此者嚴行朝廷 是故非法不言 則不言也 皆是詩書
非道不行 非行人義則不敢行 口無擇言 口言詩書有何可譯 身無擇行 身行仁義礼智有何可擇 ㄟ者醜惡之源 言
滿天下無口過 出言依詩滿天下有何口過也 行滿天下無怨惡 行人義滿天下有何怨惡 是以先王之御後奉行 三
者備矣 活先王服ㄟ法先行三法先王道則為備矣 然後能守其宗廟 宗者尊也廟者貌親雖亡没事之若生為作宮室ㄟ宛
則立廟四時祭ㄟ若見鬼神之容貌 蓋卿大夫之孝 蓋是章卿大夫之孝 詩云夙夜匪懈以事一人
夙早匪非一人謂天子言大夫夜寐早晨興所以敬事天子之命傳日趙盾盛服昔趙盾者是
晉靈公大夫為恭肅常假寐而早朝忠節無有休失而靈公為人好食能宰
宍常使厨士煮之少時不熟公即嗔怒以銅杖叩煞之公自思横村以食煞人不
欲路人不用人諫於是以使人解剔厨士支節以畚盛之以菜覆其上恨且
審遺人擔出會於外道遂逢趙盾大夫欲來入朝獨見使人一擔擧而出盾問
此人是何物使人答日菜有趙大夫日菜當從外而入何回從内而出使者答日大夫不
信公日自看之盾便即看之其菜下乃見一死人趙大夫數日問何故然使人報言此
厨士公使煮熊掌少時不熟公嗔即以銅杖叩煞之趙盾日食是小事如何煞人乎
諫日為臣當朝於君不其君返朝臣陰陽達順何然也盾朝訖即退而靈公自恥其意即
懷惡心欲煞趙盾使人言大夫趙盾作驕奢乃事依樂私生異心過於宜人猶尚生
蓋有君臣之義靈公即便問誰有如鉏麑家健者往遣煞盾鉏麑依命往至趙盾
門聽之寂然無音樂之聲又入中閨闌無所見便須前進閤内乃見盾左右相只見一妻二
妻食魚飧而見已鉏麑等便退白靈公日都無所言ㄟ寂無音樂又見盾左右
相一妻二妻飧食之時以不靈公仁性煞之何須賓饑鉏麑奉命更注欲煞趙盾鉏麑等
思村盾一國忠賢之臣如何得煞我等鉏麑只得為趙大夫一死便即叩頭在槐樹自致而死
目方使盾退治大夫於後出境勵課人民乃見盾幸不有餓人氣息微然口不能語盾
目下車傾壺中酪ㄟ含數口与之餓人便得甦活盾問日君是何人在此弊臥餓人答日
日僕晉靈公宰輒指於育遊學今欲還家貴糧計日旌幸盾遂急至天雨银食盡

[illegible]
目下車傾蓋中酪口含數口与之飢人便得甦活道問曰君是何人在此弊卧飢人答曰
日僕晉靈公宰輒指於育姓學今欲還家責粮討日應達道路急逢天雨粮食並
少至此弊卧道間此語〻數日男女窮達有時道併与餘人粮食使達前所去飢人歸
還到家遂乃得事晉靈公恒欲煞道不知有何方便煞之各勑諸臣至明清旦施設大會
密潜隱伏兵〻着門外公語左右曰設會〻訖汝往就道索劍如得便即刺往日桑下飢人得
作靈公左右令欲報道恩私地語道曰作明日自察自覺有人欲你〻在階下會寶莫扶
劍与他人但內着被中速取階而去道承命即去道得脫靈公煞之公語左右曰吾有一友名
曰天敖但解人語甚能噬人欲〻汝等左右將此天敖嗾道〻後行越階而去趙道但嫌
脚汝等敖〻便噬遂〻敖着尔時趙道有左右孫明〻脚蹴敖〻口下喧而出血遂不能噬趙
道登公曰君之敖〻何以甚敖道〻數日傷門外有伏兵將者是往日桑下飢人故來報恩
發應之道便乘車出境勸道百姓逢歷雨激踰不通車路無復粮食之継往日桑
下之人見道乃濟粟食扶上車并復扶輪出於邃難而路去道問曰君是何人而能濟
人之命復扶車輪此人答曰我蒙君傾蓋之義今有扶輪之報是桑下飢人道即數日一飡
之恩乃有存身之報何謂有德之義此之即為孝道以治万人善明吏榮乎也

士仁章第五

資於事父以事母而愛同 資者士之行者資取 事父之以事母其同等 資於事父以事君而敬
同 資取以其事敬 以事君其敬同等 故母取其愛而君取其敬 取事父之愛以事母取其 事父之敬以事君也 兼之
者父也 雅取事父之道 兼以敬愛 故以孝事君則忠 以用事父之孝所移事君則為忠臣所以 知之敬求忠臣必出孝子之門昔楚國
相申明至孝其時乃有公白遂亂以楚王兄子遂託白公願〻不勝楚王歎曰縁吾無忠臣致楚
聞申明至孝復能用兵即遣人往召之為相申明不肯就明父曰楚〻以汝為相何故不就申明
對父曰豈可捨父事君父曰汝但為國相吾死不恨有申明受父之命遂往庭楚〻王即對申
明為上相領兵〻遂伐白〻公〻若申明為君軍師吾必敗矣白公即使人往縛取申明父白公使
人即依書与申明〻謂曰子与吾同心者即共汝國半治若不同者吾必當煞子父申明曰依違
食其祿何有避之難非為忠則便前進而与白公合戰即勝白公乃煞父申明還為父報
雖名煞白公捉至楚〻王〻歡喜即遇金千斤封邑万戶是申明申辭退不受楚王爵祿申明曰
云煞父君事非為孝也遂辭楚王歸還葬父治服三年如父故服畢訖乃以自刎而死
此之〻 謂也 以敬事長則順 以用事兄敬可移事於 長如此之人作事必順之 忠順不失可以事上 謂君長忠順 不失可事於君
不失可以於長二義不失可事其上 然後長保其祿位 保安然後能
[illegible]

不失可以於長二義不失可事其上　保安然後能
上謂天子中最尊者上也　然後能保其祿位　安其祿位也　而守其祭祀
仕祭位祀位祀者春祀社夏祀竈秋祀門冬祀井　蓋此之章之
季夏祀霤中庭祀者世為祀也　蓋士之孝　所行孝之也　詩云夙興夜
寐無忝尒所生　夙早興起寐眠忝辱尒所生謂當早起
夜臥以治其職事無取毀辱其父母

庶人章第六　用天之道　用天者庶人行孝庶人既無唯
用之道四時行謂春生夏長秋收
冬藏　分地之利　分別土地高下所宜何等高田宜黍粟下　謹身者謹
□室也　田宜麻麦丘陵宜棗栗是為分地之利　謹身節用　約其身節
用者既量其財以用言之庶人能植其時隨利躬者為身
而用之也　以養父母　耕田力作用供養父母使不遺乏少食也　此庶人之孝　庶眾
庶人行孝當須如此也　故自天子以下至庶人　上從天子下至庶人雖貴賤位殊行孝是同也　孝無終始而患不　天下
及己者未之有也　此總說五孝之人行孝事父母上至君或有始而無終或有終而無
始為行如此未有不及於患難同禍所及其身是以行孝事
父母無終始遺體必傷
事君無終始形戮及身也
曾子曰甚哉孝之大也　曾子問仲尼說所以孝之行曾子乃心問　意遂自謂然歎曰甚哉孝行最為大

三才章第七

子曰夫孝
天之經也地之義也民之行也　經者言常義者宜孝者民之所行王者不能改万代之行無不能軌
度百行之本聖人所貴復而行之故言常立天之道以陽
南北為緯東西為縛立地之道以柔以剛地之數分南北相去九億三万三千五百七十四里廿五步
東西短減少立外里之三周六千五億万七百十三里廿五步立天千二兆四億六千七百八十童
厚尊立與天等孝道從行中而生布散以合人之孝道以義故君子法而行之万世不絕天之
長地之是所宜是所故一人行於天地法天尊地卑氣以定尊卑者天以君地陰陽合得天地
順故曰臣　天地之經而民是則之　則之言法先王天尊地卑之義伏羲乃畫八卦窮其則
之所行　星辰䘵鬟以神明授廣告西達万物之精伏與天地
相比近法諸身遠法諸物千變万行不可窮極地有高下民其間見天尊
地卑之義乃知君父有尊臣子為卑於是而法則之　則天之明

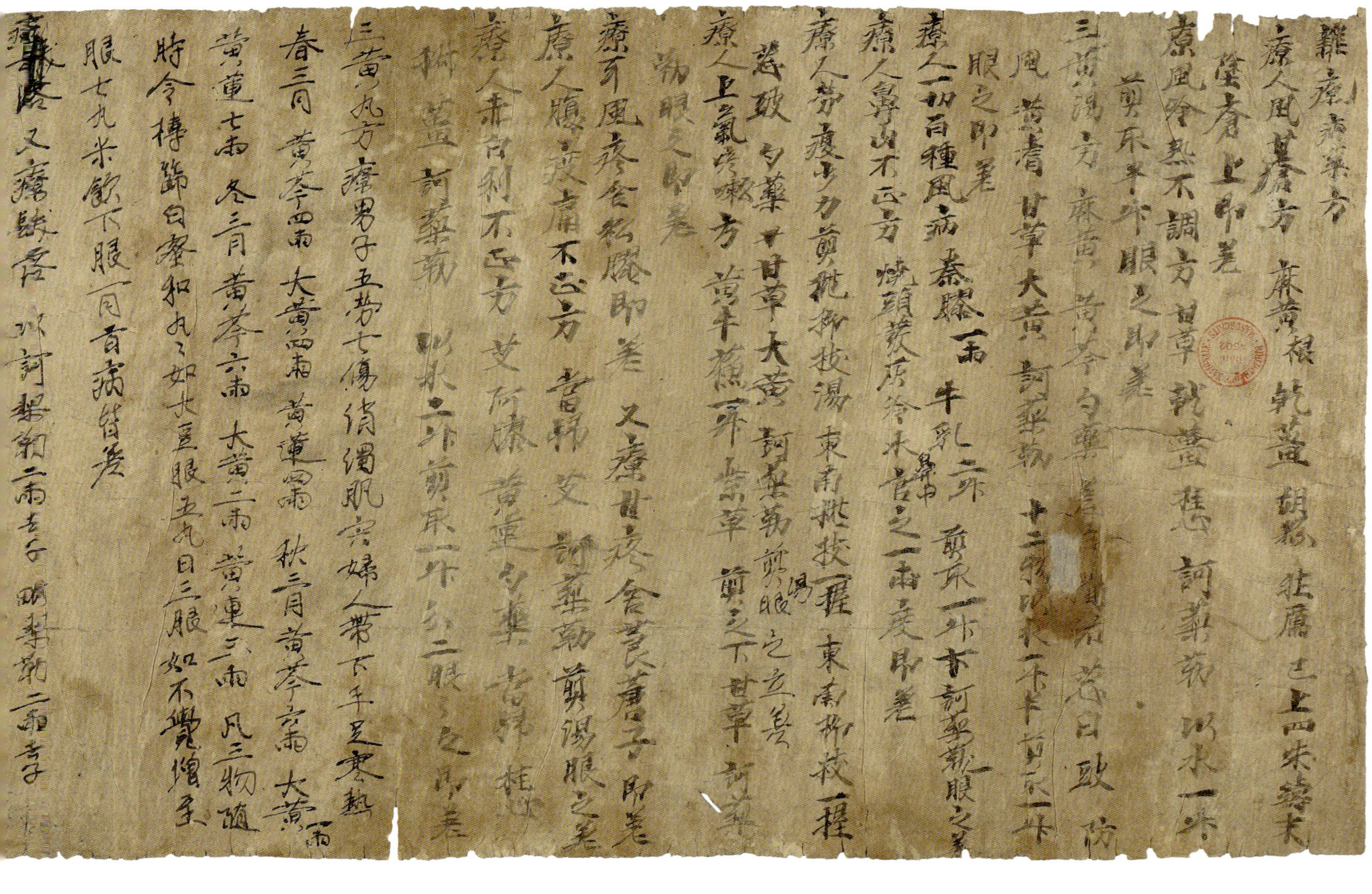
雜療病藥方
療人風[illegible]痛方 麻黄根 乾薑 胡椒 牡厲 已上四味擣末
塗瘡上即差
療風冷熱不調方 甘草 乾薑 桂心 訶梨勒 以水一升
煎取半升服之即差
三黄湯方 麻黄 黄芩 白藥 [illegible] 白豉 防
風 黄耆 甘草 大黄 訶梨勒 十二物以水一斗半煎取一升
服之即差
療人一切百種風病 秦膠一兩 牛乳二升 煎取一升 末訶梨勒服之差
療人鼻中肉不消方 燒頭髮灰 以冷水吉之一兩度即差
療人勞瘦少力煎枇杷湯 東南枇杷枝一握 東南柳枝一握
道致 白藥 甘草 大黄 訶梨勒 煎湯服之立差
療人上氣咳嗽方 黄耆 檳榔一升 紫草 煎之下甘草 訶梨勒
物眼之即差
療牙風疼含松腬即差 又療牙疼含茛菪子即差
療人腹疼痛不止方 當歸 艾 訶梨勒 煎湯服之差
療人赤白痢不止方 艾 阿膠 黄連 白薑 當歸 桂心
檳榔 訶梨勒 以水二升 煎取一升 分二服之即差
三黄丸方 療男子五勞七傷消渴肌肉 婦人帶下手足寒熱
春三月 黄芩四兩 大黄四兩 黄連四兩 秋三月 黄芩六兩 大黄一兩
黄連七兩 冬三月 黄芩六兩 大黄二兩 黄連三兩 凡三物隨
時令擣篩白蜜和丸如大豆服五丸日三服 如不覺增至
服七丸 米飲下服一月 百病皆差
療[illegible] 又療瘧疾 以訶梨勒二兩去子 [illegible]二兩去子

法國國家圖書館藏敦煌文獻

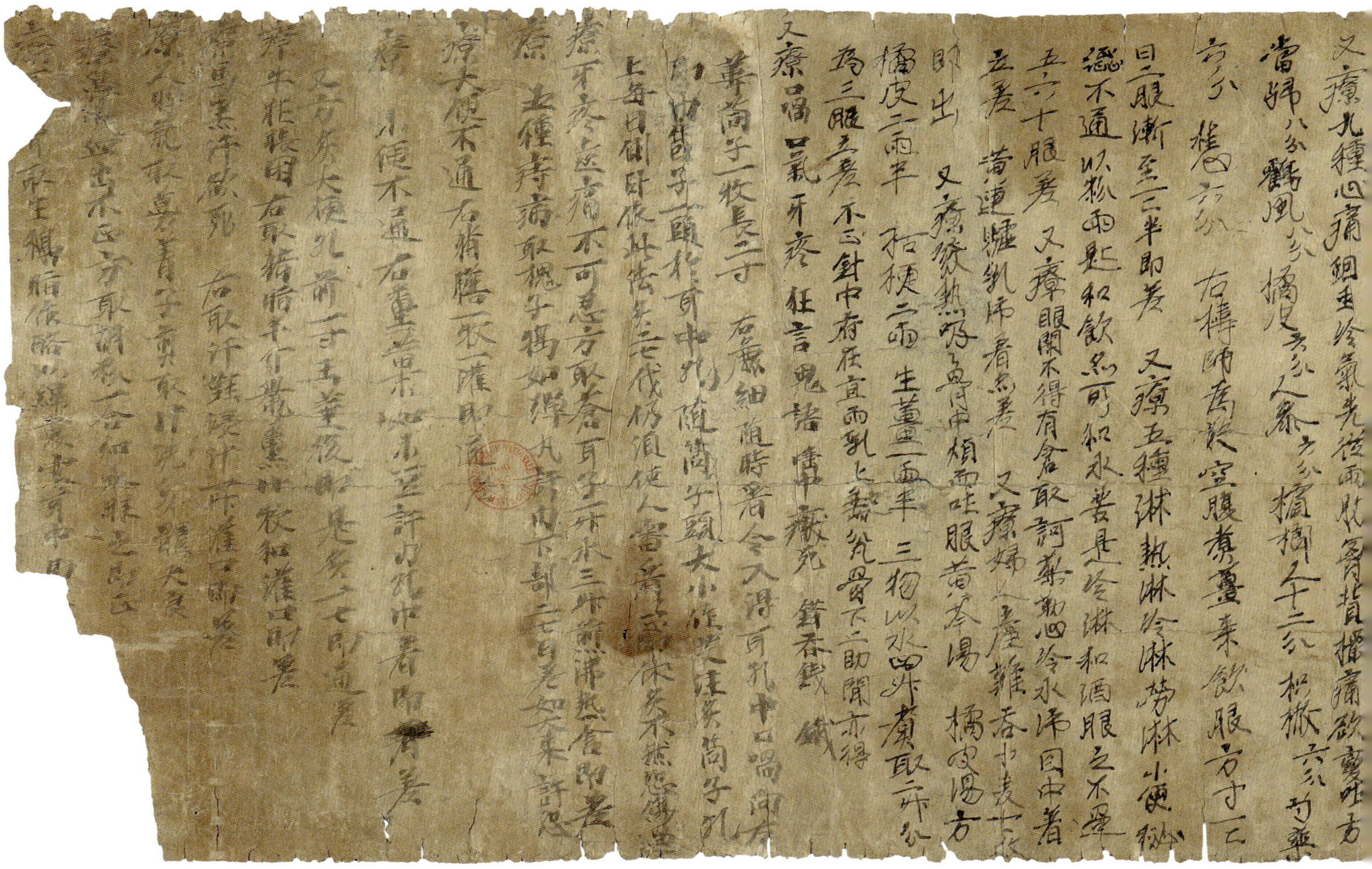

又療九種心痛蛔虫冷氣先從兩肋胸背撮痛欲變吐方
當歸八分 鶴虱八分 橘皮六分 人參六分 檳榔十二分 枳殼六分 芍藥
六分 桂心六分 右搗篩為散空腹煮薑棗飲服方寸匕
日二服漸至一匕半即差 又療五種淋熱淋冷淋勞淋小便澀
澀不通以松兩匙和飲熱可和水若是冷淋和酒服之不過
五六十服差 又療眼闇不得有倉取訶藜勒心冷水磨目中著
立差 黃連蠟乳汁漬點差 又療婦人產難[illegible]
即出 又療發熱鼻中煩悶吐眼黃茶湯 橘皮湯方
橘皮二兩半 桔梗二兩 生薑四兩半 三物以水四升煮取二升分
[illegible]

P.3378v　療雜病藥方（總圖）

雜療病藥方
療人風黃瘡方 麻黃根 乾薑 胡粉 牡厲 已上四味搗末
塗瘡上即差
療風冷熱不調方 甘草 乾薑 遠志 訶梨勒 以水一升
煎取半升服之即差
三黃湯方 麻黃 黃芩 白藥 [illegible] 右 薏日致 防
風 黃耆 甘草 大黃 訶梨勒 十二物以水一斗半煎取一升
眼之即差
療人一切百種風病 秦膠一兩 牛乳二升 煎取一升下 訶梨勒 眼之差
療人鼻血不止方 燒頭髮灰 冷水 鼻中 吉之一兩度即差
療人勞瘦少力黃耆桃柳枝湯 東南桃枝一握 東南柳枝一握

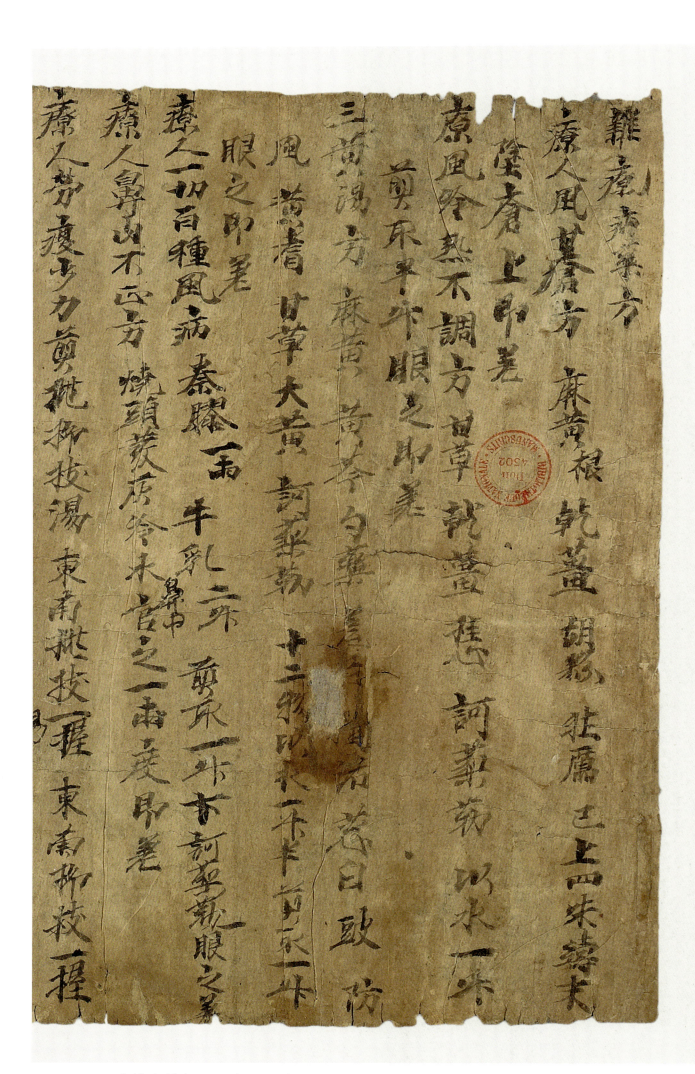

P.3378v　療雜病藥方　（5—1）

療人鼻塞不通方　燒頭髮灰末吹之一兩度即差
療人勞瘦少力煎桃柳枝湯　東南桃枝一握　東南柳枝一握
惡破　芍藥　甘草　大黃　訶梨勒　煎湯服之立差
療人上氣咳嗽方　黃牛蘇一升　紫草　煎之下甘草　訶梨
勒　服之即差
療牙風疼含松膠即差　又療甘疼含莨菪子即差
療人腹疫痛不止方　當歸　艾　訶梨勒　煎湯服之差
療人赤白利不止方　艾　阿膠　黃連　芍藥　當歸　桂心
檳榔　訶梨勒　以水二升煎取一升分二服之即差
三黃丸方　療男子五勞七傷消渴肌肉婦人帶下手足寒熱
春三月　黃芩四兩　大黃四兩　黃連四兩　秋三月　黃芩六兩　大黃一兩
黃連七兩　冬三月　黃芩六兩　大黃二兩　黃連三兩　凡三物隨
時合擣篩白蜜丸如大豆服五丸日三服不知稍增至

第一一二冊　伯三三五五至伯三三八〇背

P.3378v　療雜病藥方　（5—2）

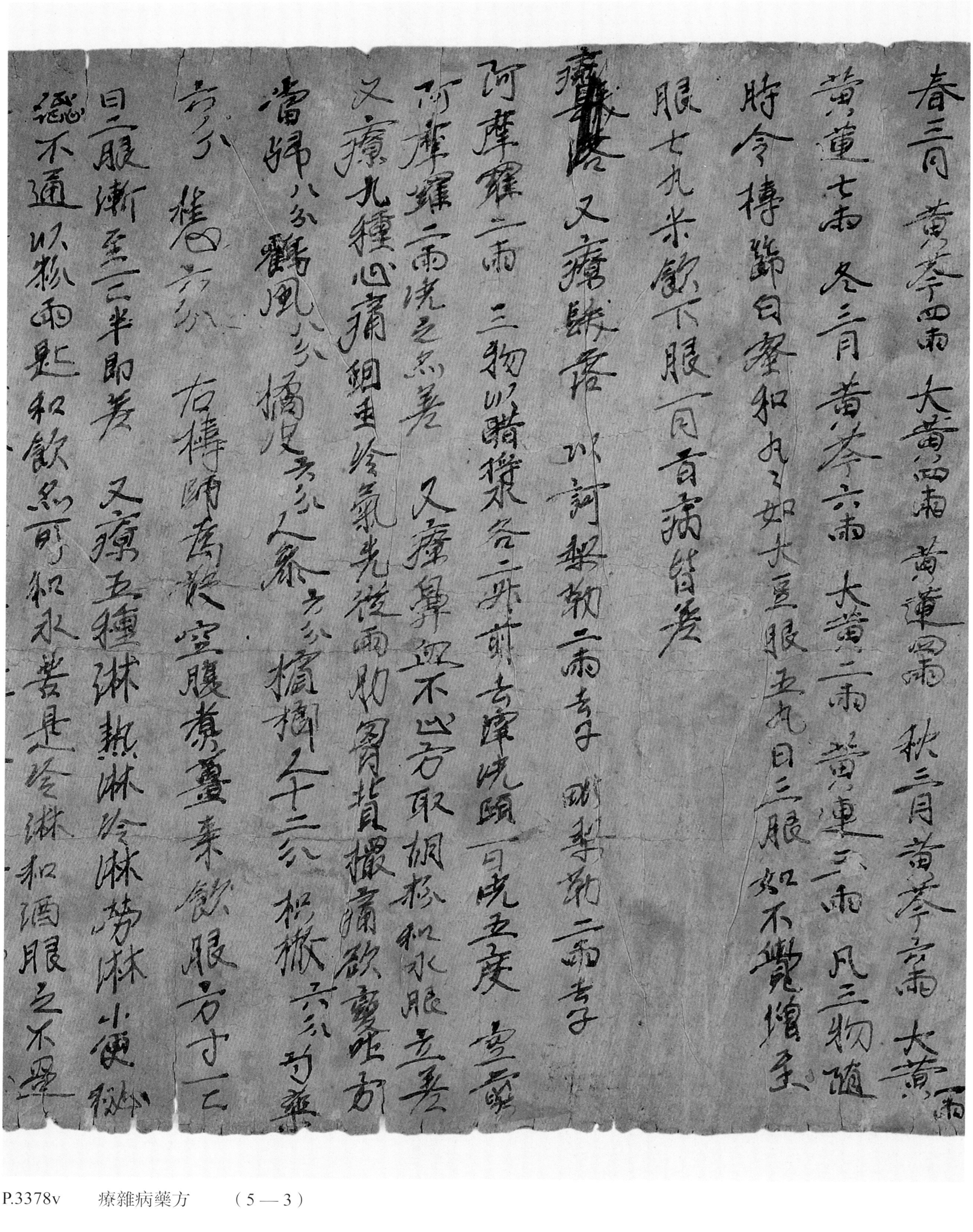

春三月 黄芩四兩 大黄四兩 黄連四兩 秋三月 黄芩六兩 大黄一兩
黄連七兩 冬三月 黄芩六兩 大黄二兩 黄連三兩 凡三物隨
時令擣篩白蜜和丸之如大豆服五丸日三服如不覺增至
服七丸米飲下服一月百病皆差
療腰脚 又療腰脚疼 以訶梨勒二兩去子 毗梨勒二兩去子
阿摩羅二兩 三物以臘攪各二兩 煎去滓洗頭一日洗五度 空腹
阿摩羅二兩洗之愈差 又療鼻衄不止方取胡粉和水服立差
又療九種心痛胸痛冷氣先從兩肋胸背撮痛欲變吐方
當歸八分 鶴虱八分 橘皮六分 人參六分 檳榔仁十二分 枳殼六分 芍藥
六分 桂心六分 右擣篩為散空腹煮薑棗飲服方寸匕
日二服漸至三匕半即差 又療五種淋 熱淋 冷淋 勞淋 小便秘
澁不通 以粉兩匙和飲服可和水當是冷淋和酒服之不畢

P.3378v　　療雜病藥方　　（5—3）

日二服漸至三二半即差　又療五種淋熱淋冷淋勞淋小便秘
澀不通以粉兩匙和飲無可和水暑是冷淋和酒服之不過
五六十服差　又療眼闇不得有倉取訶藜勒四冷水浸目中着
立差　黃連雞乳浸着亦差　又療婦人產難吞小麥七枚
即出　又療發熱嘔逆胃中煩而吐服黃芩湯　橘皮湯方
橘皮二兩半　桔梗二兩　生薑一兩半　三物以水四升煮取二升分
為三服立差　不已針中府在直兩乳上第三肋間下二肋間亦得
又療口喎口氣牙疼　狂言鬼語　懷孕癥瘕　錯吞錢　鐵
蓽茇子一枚長二寸　右細擣隨時着令入得耳孔中口喎向右
即以茴子一頭於耳中孔隨茴子頭大小任發灌茴子孔
上每日倒臥依此法經二七日仍須使人當耳宿火不然恐傷
療耳疼立痛不可忍方取蒼耳子一斤水三升煎沸熱含即差
療五種痔痛取槐子搗如彈丸內下部二七日差如大棗許忌
療大便不通石榴臍一丸一灌即差

P.3378v　療雜病藥方　（5—4）

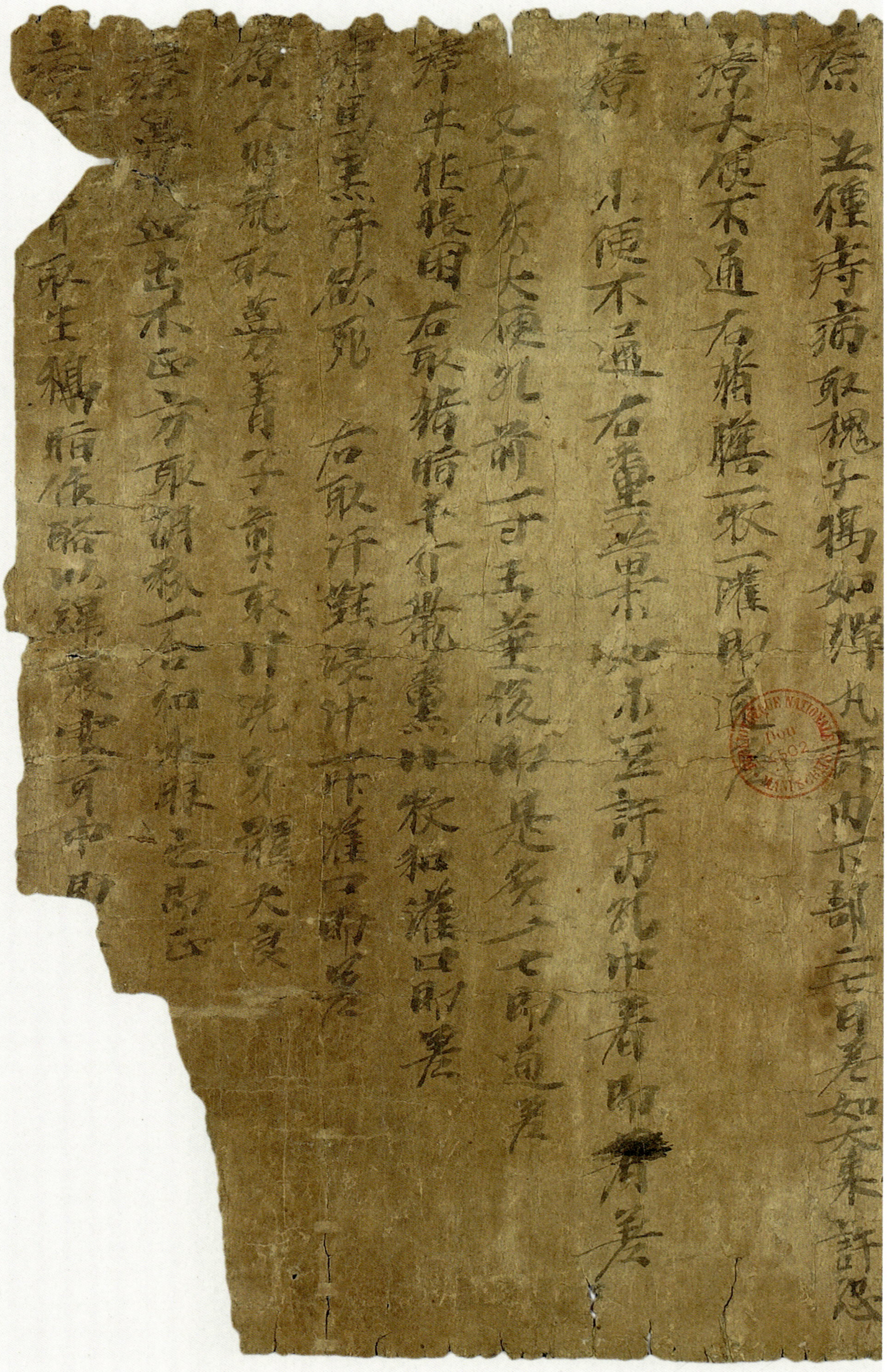
療五種痔病取槐子搗如彈丸許內下部二七日差如大棗許忍
療大便不通石楮膽一兩一灌即通
療小便不通石葦葉末如小豆許內孔中著即[illegible]差
又方灸大便孔前一寸五華後即是灸之七即通差
療牛脹肚右取猪脂半斤燒熏汁教和灌口即差
療馬熱汗欲死　右取汗鞋浸汁一升灌口即差
療人時氣取蔓菁子煮取汁洗身體大良
療鼻衄血不止方取蒲黃一合和水服之即止
□□□取生楓脂依酪以綿裹塞耳中即

P.3378v　　療雜病藥方　　（5—5）

Pelliot chinois 3379

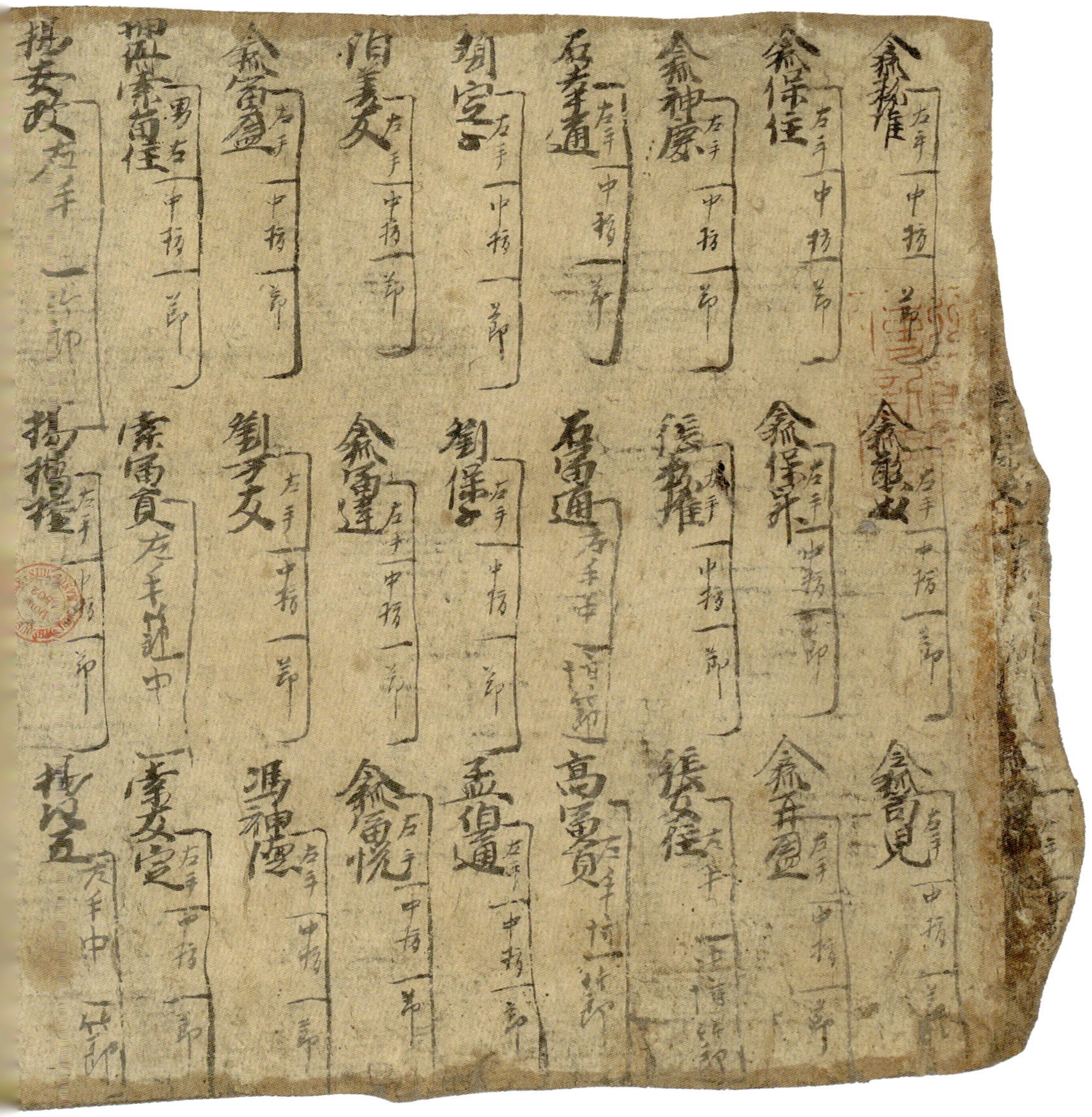

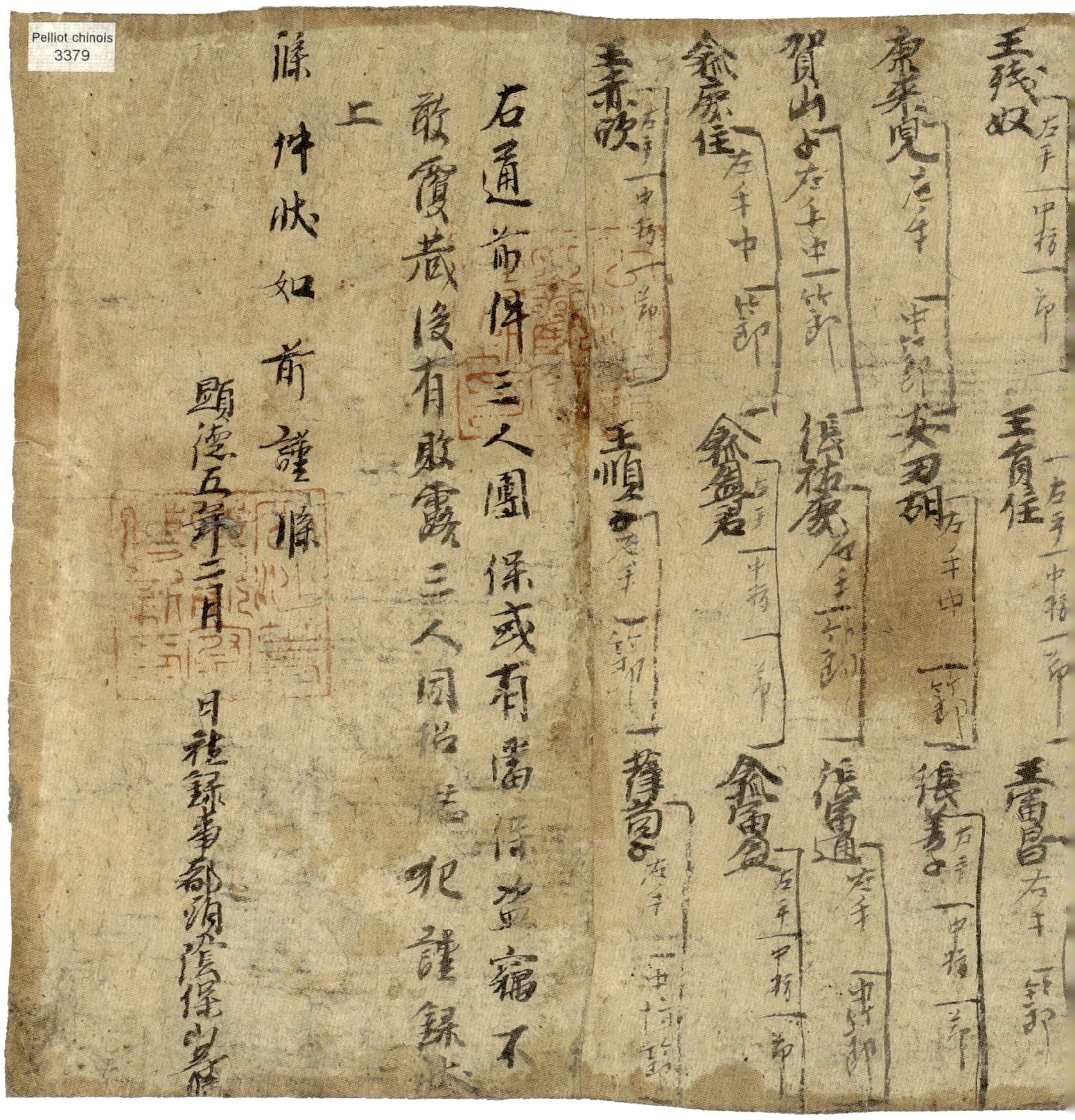

P.3379　　後周顯德五年（958）二月社録事都頭陰保山等狀（總圖）

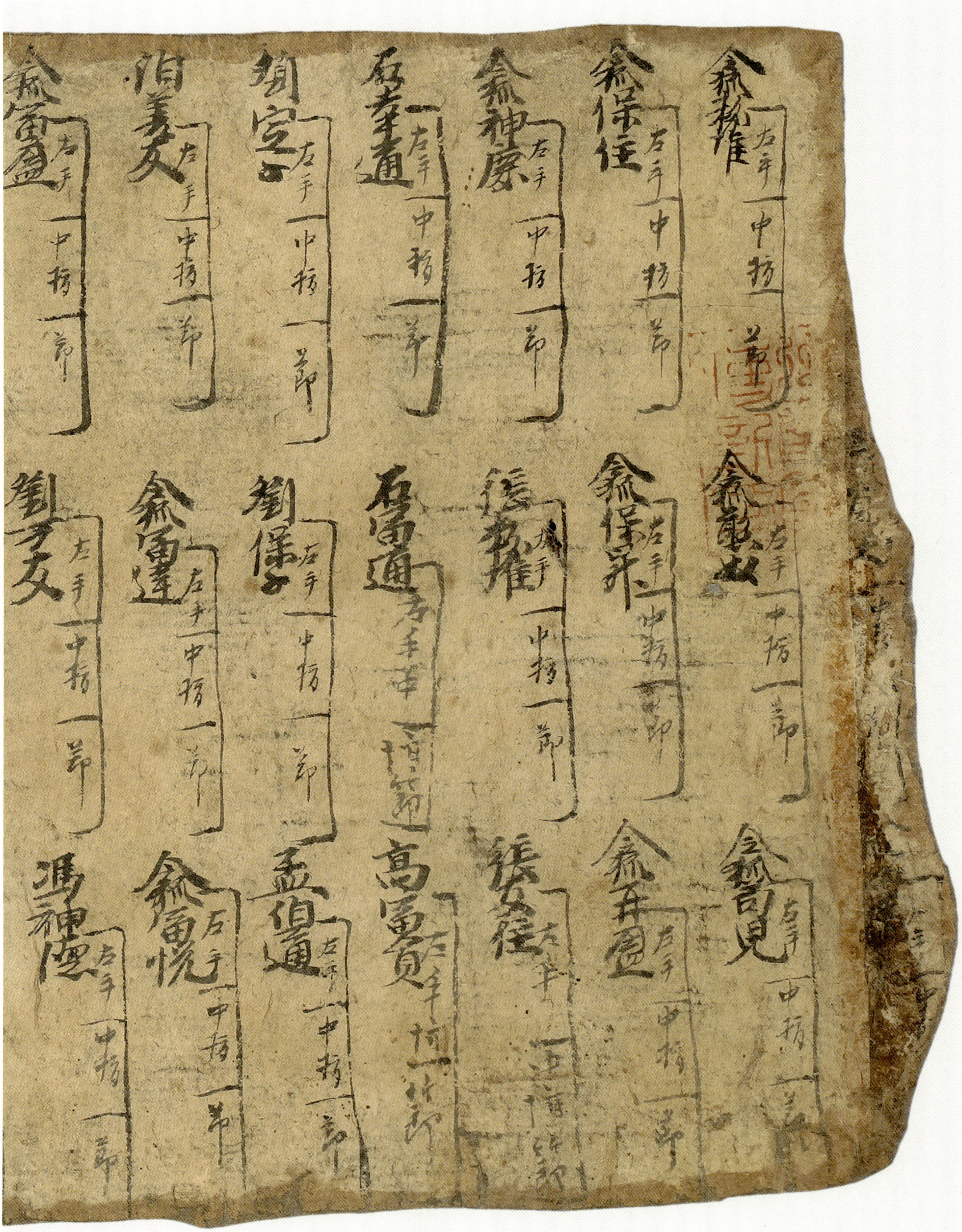

P.3379　後周顯德五年（958）二月社録事都頭陰保山等狀　（3—1）

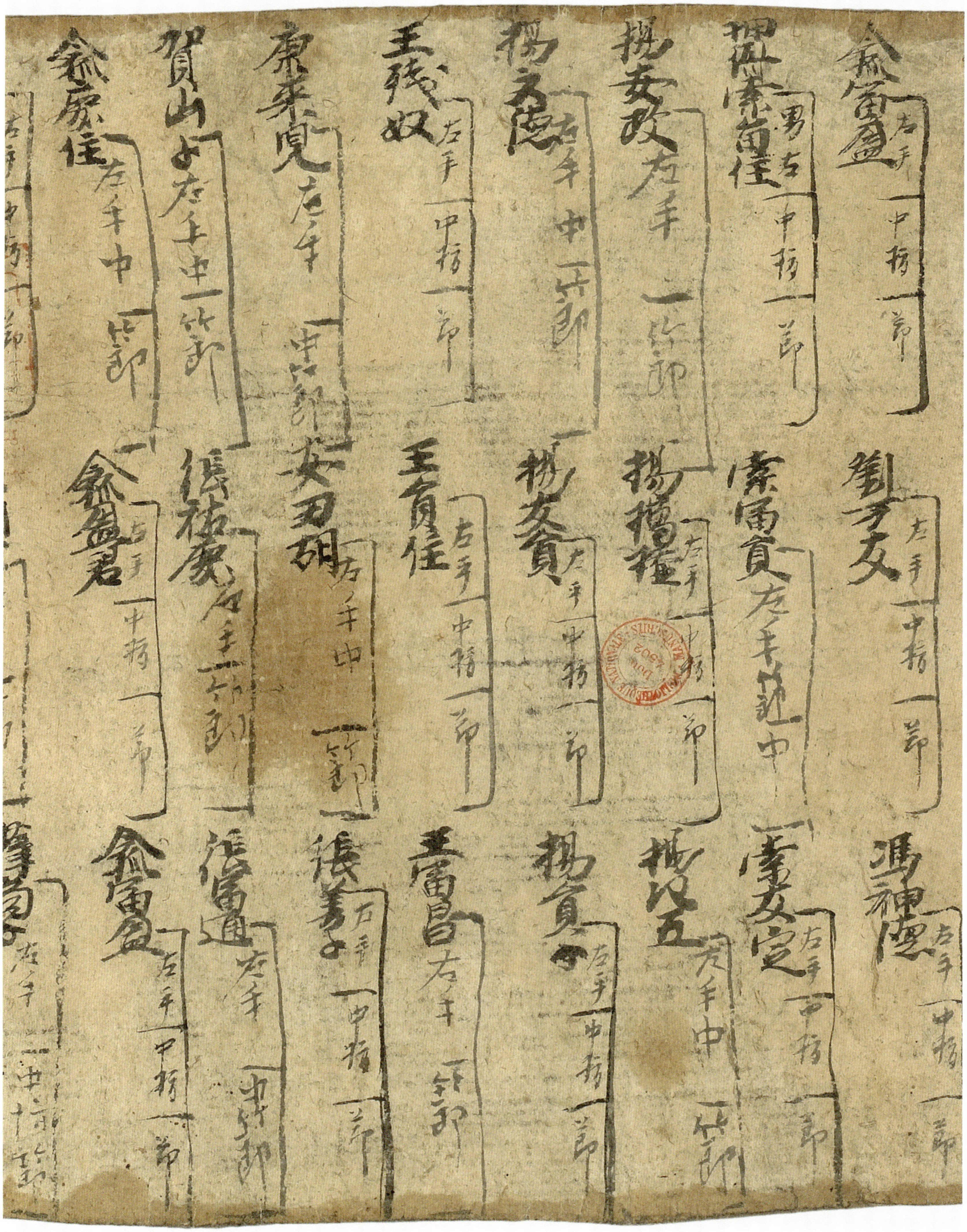
陰富盈 右手中指一節
翟滿富住 男右手中指一節
楊安政 左手一指節
楊文德 右手中指節
王殘奴 右手一中指一節
康來覓 左手中指節
賀山子 左手中一指節
陰願住 左手中指節
劉文友 右手中指一節
索富貴 左手節中
楊富權 右手中指一節
楊友貴 右手中指一節
王貴住 右手中指一節
安再胡 右手中一指節
張祐慶 右手一指節
陰盈君 右手中指一節
馮神德 右手中指一節
索友定 右手中指一節
楊代五 左手中一指節
楊貴 右手中指一節
王富昌 右手一指節
張善子 右手中指一節
張富通 左手中指節
陰富盈 右手中指一節

P.3379　後周顯德五年（958）二月社録事都頭陰保山等狀　（3—2）

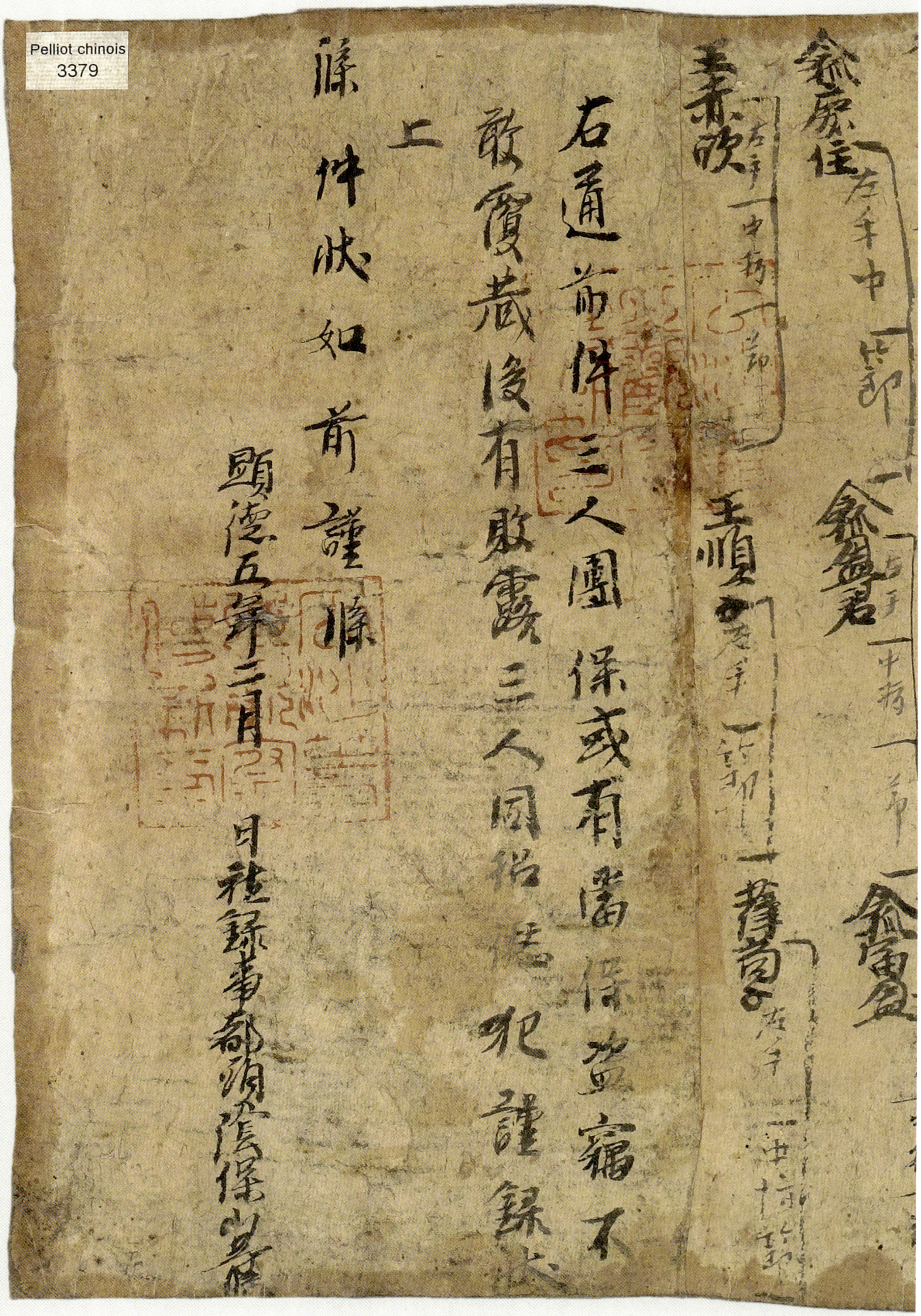
Pelliot chinois 3379

鄧康住 左手中指節

王[illegible]吹 左手中指節

鄧盈君 左手中指節

王順[illegible] 左手中指節

鄧富盈

聶[illegible] 左手中指節

右通前件三人團保或有當保盜竊不敢覆藏後有敗露三人同招愆犯謹錄狀

上

牒件狀如前謹牒

顯德五年二月 日社錄事都頭陰保山等牒

P.3379　　後周顯德五年（958）二月社録事都頭陰保山等狀　　（3—3）

Bibliothèque nationale de France

Pelliot chinois 3380

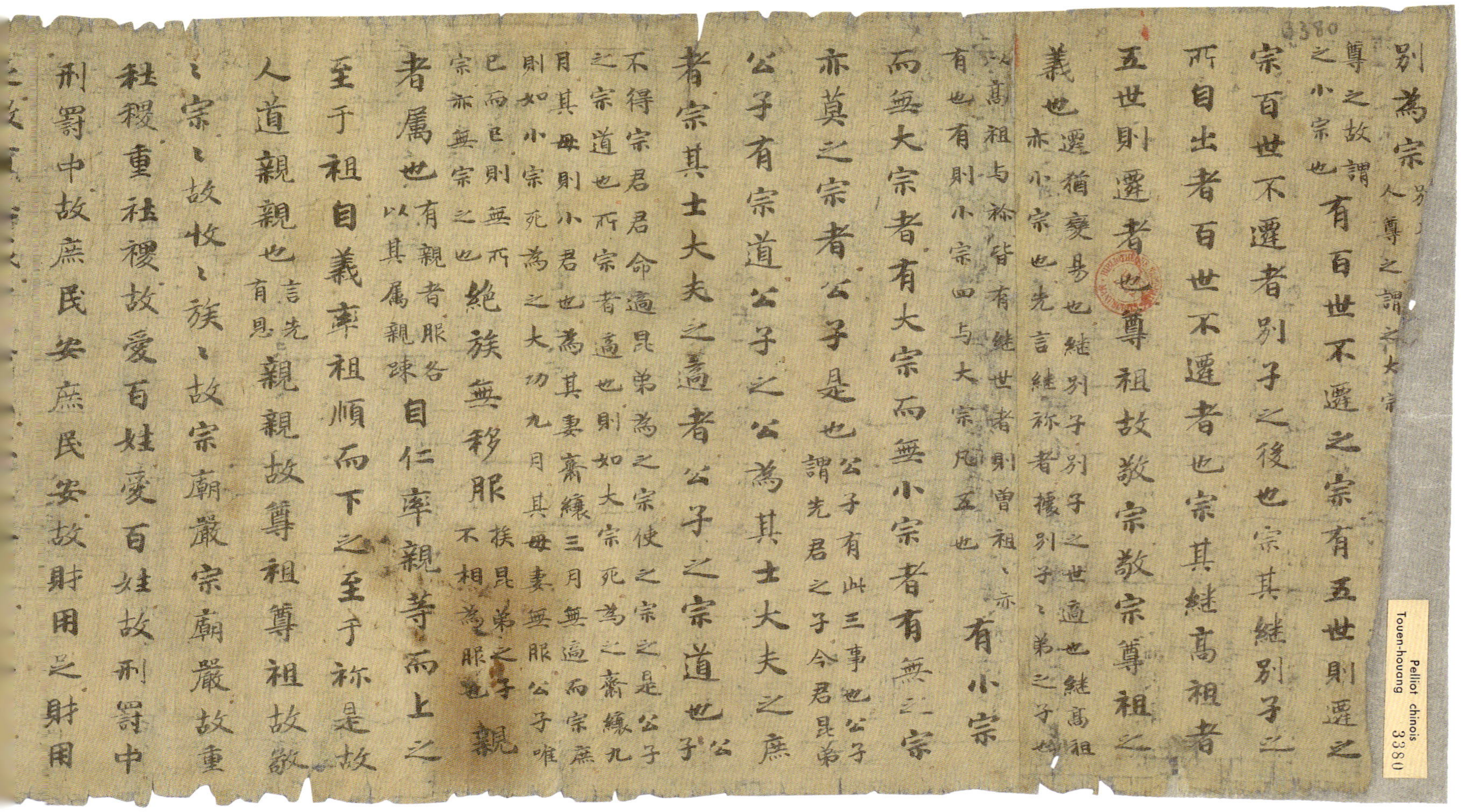

別為宗別人尊之謂之大宗
尊之故謂之小宗也有百世不遷之宗有五世則遷之
宗百世不遷者別子之後也宗其繼別子之
所自出者百世不遷者也宗其繼高祖者
五世則遷者也尊祖故敬宗敬宗尊祖之
義也遷猶變易也繼別子別子之世適也繼高祖亦小宗也先言繼禰者據別子〻弟之子也
以高祖与禰皆有繼世者則曾祖〻亦有也有則小宗四与大宗凡五也有小宗
而無大宗者有大宗而無小宗者有無〻宗
亦莫之宗者公子是也公子有此三事也公子謂先君之子今君昆弟
公子有宗道公子之公為其士大夫之庶
者宗其士大夫之適者公子之宗道也公子
不得宗君君命適昆弟為之宗使之宗之是公子之宗道也所宗者適也則如大宗死為之齋縗九
月其母則小君也為其妻齋縗三月無適而宗庶則如小宗死為之大功九月其母妻無服公子唯
已而已則無所宗亦無宗之也絕族無移服族昆弟之子不相為服也親
者屬也有親者服各以其屬親疏自仁率親等而上之
至于祖自義率祖順而下之至于禰是故
人道親親也言先有恩親親故尊祖尊祖故敬
〻宗〻故收〻族〻故宗廟嚴〻宗廟嚴故重
社稷重社稷故愛百姓愛百姓故刑罰中
刑罰中故庶民安庶民安故財用足財用

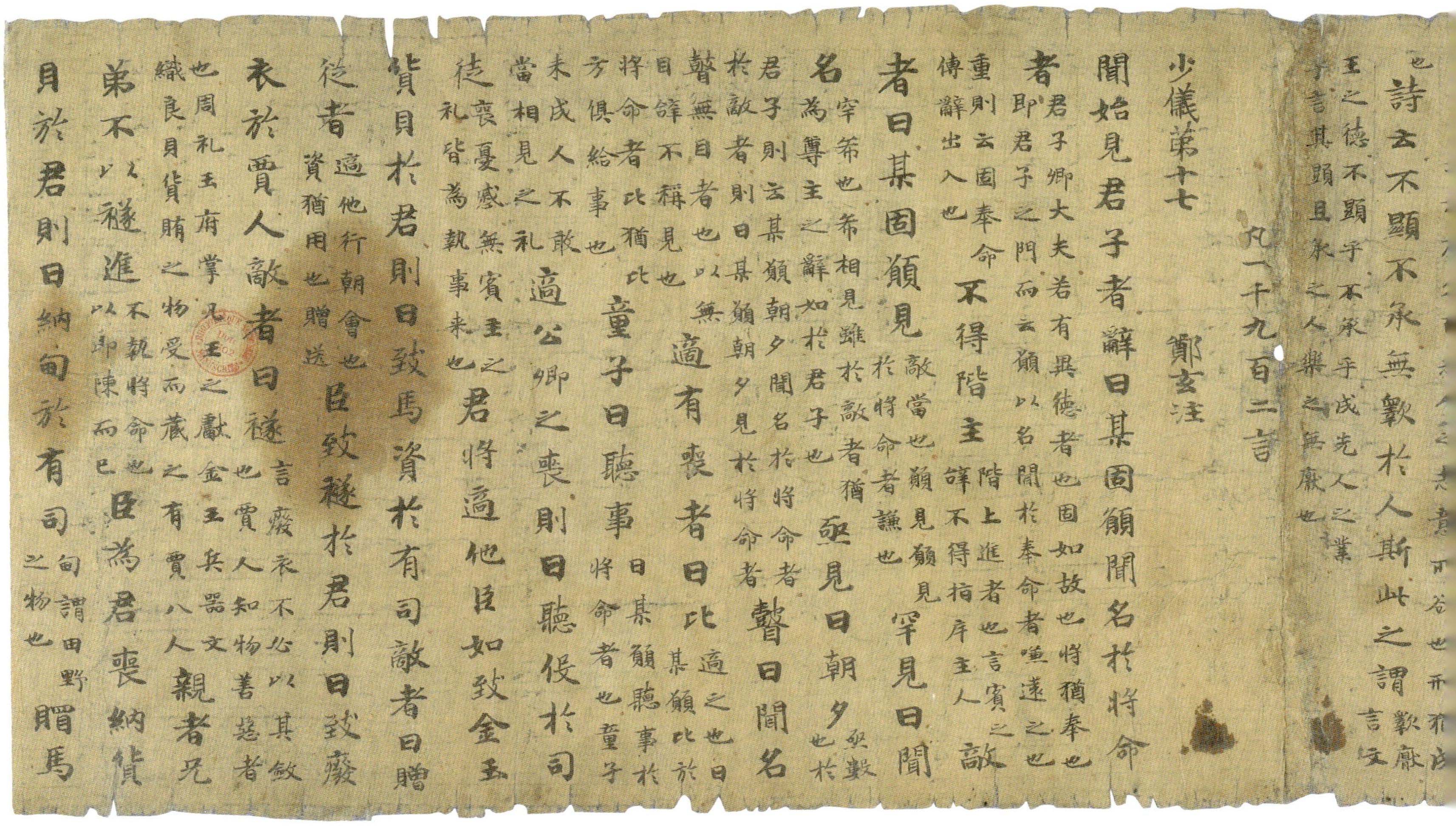
也
詩云不顯不承無斆於人斯此之謂王之德不顯乎不承乎成先人之業言其顯且承之人樂之無厭也歡厭言文
凡一千九百二言
少儀第十七　鄭玄注
聞始見君子者辭曰某固願聞名於將命者君子卿大夫若有異德者也固如故也將猶奉也即君子之門而云願以名聞於奉命者喻遠之也重則云固奉命傳辭出入也不得階主階上進者也言賓之謙不得指斥主人敵者曰某固願見敵當也願見於將命者謙也罕見曰聞名罕希也希相見雖於君子也為尊主之辭如於敵者猶亟見曰朝夕亟數也於君子則云某願朝夕聞名於將命者於敵者則曰某願朝夕見於將命者瞽曰聞名瞽無目者也以無目辭不稱見也適有喪者曰比適之也曰某願比於將命者比猶比方俱給事也童子曰聽事曰某願聽事於將命者也童子未成人不敢當相見之禮適公卿之喪則曰聽役於司徒喪憂感無賓主之礼皆為執事來也君將適他臣如致金玉貨貝於君則曰致馬資於有司敵者曰贈從者適他行朝會也資猶用也贈送臣致襚於君則曰致廢衣於賈人敵者曰襚言廢衣不必以其斂也賈人知物善惡者也周礼玉府掌凡王之獻金玉兵器文織良貝貨賄之物受而藏之有賈八人親者兄弟不以襚進不執將命也以即陳而已臣為君喪納貨貝於君則曰納甸於有司甸謂田野之物也賵馬

P.3380　禮記注卷一〇（總圖）

別為宗 別[子]人尊之謂之大宗

尊之故謂之小宗也

有百世不遷之宗有五世則遷之

宗百世不遷者別子之後也宗其繼別子之

所自出者百世不遷者也宗其繼高祖者

五世則遷者也尊祖故敬宗敬宗尊祖之

義也 遷猶變易也繼別子別子之世適也繼高祖亦小宗也先言繼祢者據別子〻弟之子也

以高祖与祢皆有繼世者則曾祖〻亦有也有則小宗四与大宗凡五也 有小宗

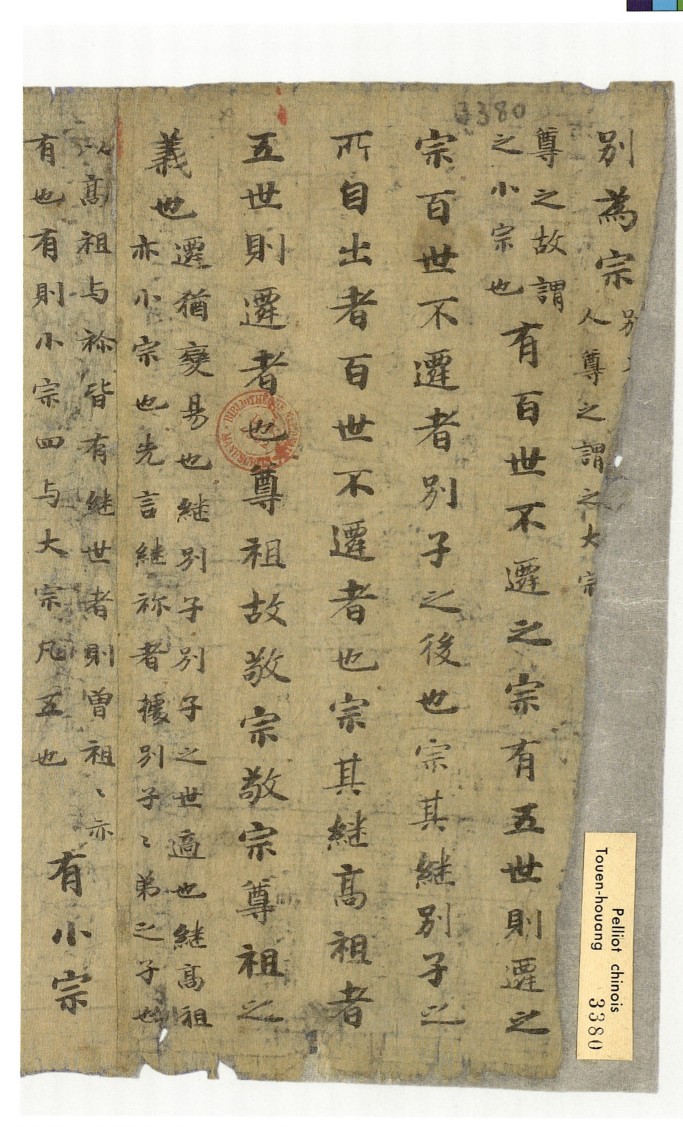

P.3380　禮記注卷一〇　（6—1）

義也遷猶變易也繼別子別子之世適也繼高祖亦小宗也先言繼祢者據別子〻弟之子也以高祖与祢皆有繼世者則曾祖、亦有也有則小宗四与大宗凡五也有小宗

而無大宗者有大宗而無小宗者有無〻宗

亦莫之宗者公子是也公子有此三事也公子謂先君之子今君昆弟

公子有宗道公子之公為其士大夫之庶

者宗其士大夫之適者公子之宗道也公子

不得宗君君命適昆弟為之宗使之宗之是公子之宗道也所宗者適也則如大宗死為之齋纕九

月其母則小君也為其妻齋纕三月無適而宗庶則如小宗死為之大功九月其母妻無服公子唯

已而已則無所宗亦無宗之也絕族無移服族昆弟之子不相為服也親

第一一二冊　伯三三五五至伯三三八〇背

P.3380　禮記注卷一〇　（6—2）

月其母則小君也為其妻齋縗三月無適而宗庶
則如小宗死為之大功九月其母妻無服公子唯
已而已則無所宗亦無宗之也絕族無移服族昆弟之子不相為服也親
者屬也有親者服各以其屬親踈自仁率親等而上之
至于祖自義率祖順而下之至于禰是故
人道親親也言先有恩親親故尊祖尊祖故敬
〻宗〻故收〻族〻故宗廟嚴宗廟嚴故重
社稷重社稷故愛百姓愛百姓故刑罰中
刑罰中故庶民安庶民安故財用足財用
足故百志成百志成故禮俗刑禮俗刑然
[illegible]

P.3380　　禮記注卷一〇　　（6—3）

刑罰中故庶民安庶民安故財用足財用
足故百志成百志成故禮俗刑禮俗刑然
後樂 牧挨序以昭穆也嚴猶尊也孝經曰孝莫大於嚴父百志人之志意所欲也刑猶成也
詩云不顯不承無斁於人斯此之謂 言文王之德不顯乎不承乎成先人之業言其顯且承之人樂之無厭也
凡一千九百二言

少儀第十七　鄭玄注

聞始見君子者辭曰某固願聞名於將命
者 君子卿大夫若有異德者也固如故也將猶奉也即君子之門而云願以名聞於奉命者謙遠之也

P.3380　禮記注卷一〇　（6—4）

聞始見君子者辭曰某固願聞名於將命
者君子卿大夫若有異德者也固如故也將猶奉也
即君子之門而云願以名聞於奉命者嗛遠之也
重則云固奉命不得階主階上進者也言賓之敵
傳辭出入也諱不得指斥主人
者曰某固願見敵當也願見願見
於將命者謙也罕見曰聞
名罕希也希相見雖於敵者猶亟見曰朝夕亟數
為尊主之辭如於君子也也於
君子則云某願朝夕聞名於將命者
於敵者則曰某願朝夕見於將命者瞽曰聞名
瞽無目者也以無適有喪者曰比適之也日
目諱不稱見也某願比於
將命者比猶比童子曰聽事日某願聽事於
方俱給事也將命者也童子
未成人不敢適公卿之喪則曰聽役於司
當相見之礼

P.3380　禮記注卷一〇　（6—5）

將命者比猶比方俱給事也童子曰聽事日鼎願聽事扌將命者也童子

未成人不敢當相見之礼適公卿之喪則曰聽役於司

徒喪憂慼無賓主之礼皆為執事来也君將適他臣如致金玉

貨貝於君則曰致馬資於有司敵者曰贈

從者適他行朝會也資猶用也贈送臣致襚於君則曰致廢

衣於賈人敵者曰襚言廢衣不必以其斂也賈人知物善惡者親者兄

也周礼玉府掌凡王之獻金玉兵器文織良貝貨賄之物受而藏之有賈八人

弟不以襚進不執將命也以即陳而已臣為君喪納貨

貝於君則曰納甸於有司甸謂田野之物也賵馬

P.3380　禮記注卷一〇　（6—6）

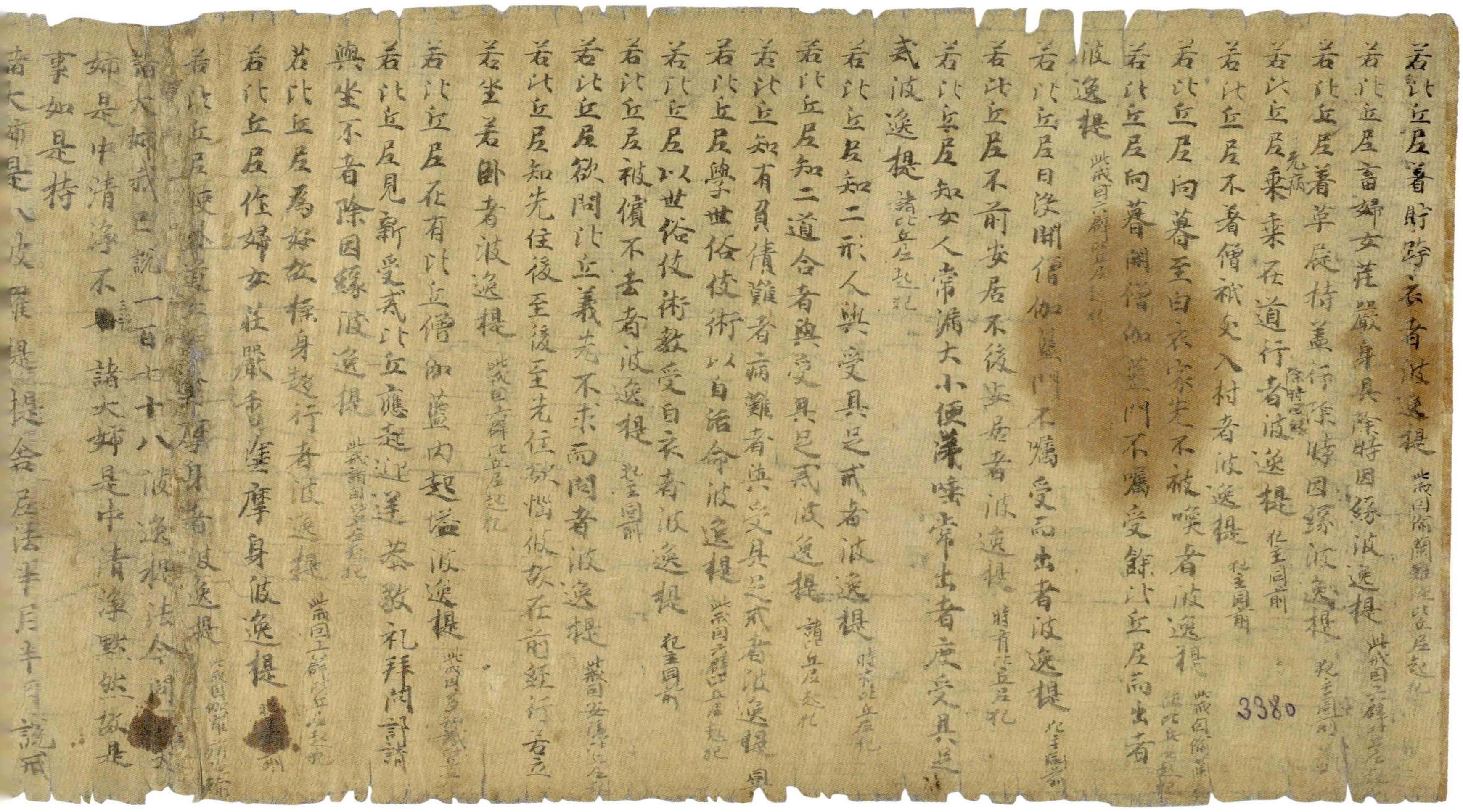
若比丘尼著貯跨衣者波逸提 此戒因偷蘭難陀比丘尼起
若比丘尼畜婦女莊嚴身具除時因緣波逸提 此戒因六群比丘尼起
若比丘尼著草屣持蓋行除時因緣波逸提 犯主同前
若比丘尼乘乘在道行者除時因緣波逸提 犯主同前
若比丘尼不著僧祇支入村者波逸提 犯主同前
若比丘尼向暮至白衣家先不被喚者波逸提 此戒因偷蘭難陀比丘尼起
若比丘尼向暮開僧伽藍門不囑受餘比丘尼而出者
波逸提 此戒因六群比丘尼起
若比丘尼日沒開僧伽藍門不囑受而出者波逸提 犯主同前
若比丘尼不前安居不後安居者波逸提 時有比丘尼犯
若比丘尼知女人常漏大小便涕唾常出者度受具足
戒波逸提 諸比丘尼起犯
若比丘尼知二形人與受具足戒者波逸提 時有比丘尼犯
若比丘尼知二道合者與受具足戒波逸提 諸比丘尼起犯
若比丘知有負債難者病難者與受具足戒者波逸提
若比丘尼學世俗伎術以自活命波逸提 此戒因六群比丘尼起
若比丘尼以世俗伎術教受白衣者波逸提 犯主同前
若比丘尼被擯不去者波逸提 犯主同前
若比丘尼欲問比丘義先不求而問者波逸提 此戒因安隱比丘尼起
若比丘尼知先住後至後至先住欲惱彼故在前經行若立
若坐若卧者波逸提 此戒因六群比丘尼起
若比丘尼在有比丘僧伽藍內起塔波逸提
若比丘尼見新受戒比丘應起迎逆恭敬礼拜問訊請
與坐不者除因緣波逸提
若比丘尼為好故搖身趍行者波逸提
若比丘尼作婦女莊嚴香塗摩身波逸提
若比丘尼使外道女香塗摩身者波逸提
諸大姊我已說一百七十八波逸提法今問
諸大姊是中清淨不 諸大姊是中清淨默然故是
事如是持
諸大姊是八波羅提提舍尼法半月半月說戒

3380

法國國家圖書館藏敦煌文獻

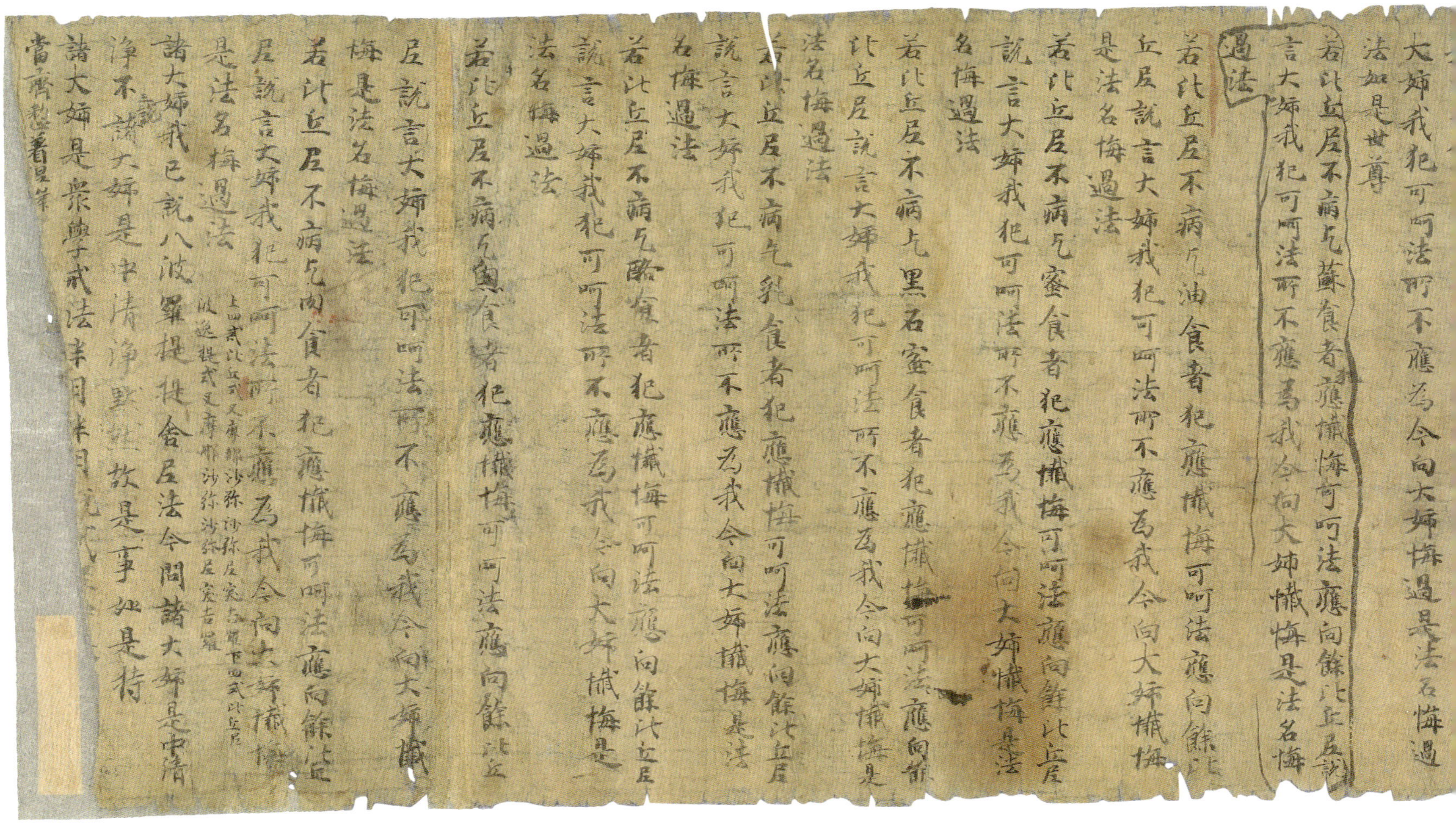

大姊我犯可呵法所不應為今向大姊悔過是法名悔過
法如是世尊
若比丘尼不病乞蘇食者應懺悔可呵法應向餘比丘尼說
言大姊我犯可呵法所不應為我今向大姊懺悔是法名悔
過法
若比丘尼不病乞油食者犯應懺悔可呵法應向餘比
丘尼說言大姊我犯可呵法所不應為我今向大姊懺悔
是法名悔過法
若比丘尼不病乞蜜食者犯應懺悔可呵法應向餘比丘尼
說言大姊我犯可呵法所不應為我今向大姊懺悔是法
名悔過法
若比丘尼不病乞黑石蜜食者犯應懺悔可呵法應向餘
比丘尼說言大姊我犯可呵法所不應為我今向大姊懺悔是
法名悔過法
若比丘尼不病乞乳食者犯應懺悔可呵法應向餘比丘尼
說言大姊我犯可呵法所不應為我今向大姊懺悔是法
名悔過法
若比丘尼不病乞酪食者犯應懺悔可呵法應向餘比丘尼
說言大姊我犯可呵法所不應為我今向大姊懺悔是
法名悔過法
若比丘尼不病乞魚食者犯應懺悔可呵法應向餘比丘
尼說言大姊我犯可呵法所不應為我今向大姊懺
悔是法名悔過法
若比丘尼不病乞肉食者犯應懺悔可呵法應向餘比丘
尼說言大姊我犯可呵法所不應為我今向大姊懺悔
是法名悔過法
（上四戒比丘式叉摩那沙弥沙弥尼突吉羅下四戒比丘尼
波逸提式叉摩那沙弥沙弥尼突吉羅）
諸大姊我已說八波羅提提舍尼法今問諸大姊是中清
淨不（說）諸大姊是中清淨默然故是事如是持
諸大姊是衆學戒法半月半月說戒
當齊整著涅槃

P.3380v　　四分尼戒本（總圖）

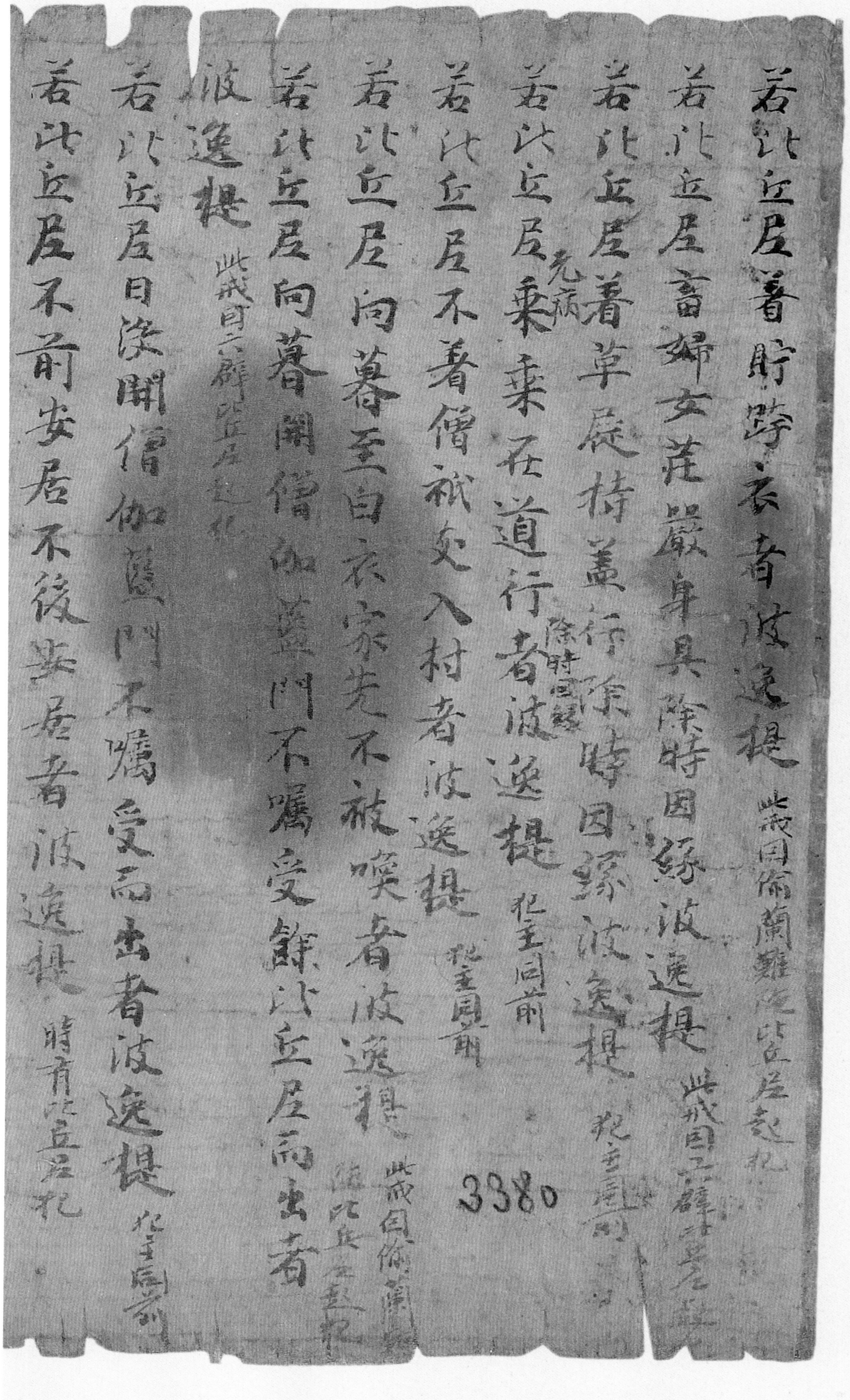

若比丘尼著貯跨衣者波逸提　此戒因偷蘭難陀比丘尼起

若比丘尼畜婦女莊嚴身具除時因緣波逸提　此戒因六群比丘尼起

若比丘尼著革屣持蓋行除時因緣波逸提　犯主同前

若比丘尼無病乘乘在道行除時因緣者波逸提　犯主同前

若比丘尼不著僧祇支入村者波逸提　犯主同前

若比丘尼向暮至白衣家先不被喚者波逸提　此戒因偷蘭難

若比丘尼向暮開僧伽藍門不囑受餘比丘尼而出者　陀比丘尼起

波逸提　此戒因六群比丘尼起

若比丘尼日沒開僧伽藍門不囑受而出者波逸提　犯主同前

若比丘尼不前安居不後安居者波逸提　時有比丘尼犯

P.3380v　　四分尼戒本　　（6—1）

若比丘尼日没開僧伽藍門不囑授而出者波逸提　祇桓因制
若比丘尼不前安居不後安居者波逸提　時有比丘尼犯
若比丘尼知女人常漏大小便涕唾常出者度受具足
戒波逸提　諸比丘尼起犯
若比丘尼知二形人與受具足戒者波逸提　時有比丘尼犯
若比丘尼知二道合者與受具足戒波逸提　諸比丘尼起犯
若比丘知有負債難者病難者與受具足戒者波逸提　具
若比丘尼學世俗伎術以自活命波逸提　舍衛國六群比丘尼起犯
若比丘尼以世俗伎術教授白衣者波逸提　祇桓因制
若比丘尼被擯不去者波逸提　祇桓因制
若比丘尼欲問比丘義先不求而問者波逸提　舍衛國安隱比丘尼起
若比丘尼知先住後至後至先住欲惱彼故在前經行若立
若坐若卧者波逸提　舍衛國六群比丘尼起犯
若比丘尼在有比丘僧伽藍內起塔波逸提　舍衛國多知識比丘尼

P.3380v　四分尼戒本　（6—2）

若坐若卧者波逸提 此戒因六群比丘尼起犯

若比丘尼在有比丘僧伽藍内起塔波逸提 此戒因多[illegible]

若比丘尼見新受戒比丘應起迎逆恭敬礼拜問訊請

與坐不者除因緣波逸提 此戒因[illegible]比丘尼起犯

若比丘尼為好故摇身趍行者波逸提 此戒因六群比丘尼起犯

若比丘尼作婦女莊嚴香塗摩身波逸提 戒[illegible]制

若比丘尼使外道女香塗摩身者波逸提 此戒因偷羅難陀[illegible]

諸大姉我已說一百七十八波逸提法今問

諸大姉是中清淨不 三說 諸大姉是中清淨默然故是

事如是持

諸大姉是八波羅提提舍尼法半月半月說戒

經中來 此之八戒因六群比丘尼起犯故制之

若比丘尼乞酥而食犯應懺可呵法應向餘比丘尼說言

大姉我犯可呵法所不應為今向大姉悔過是名悔過

若比丘尼乞蘇而食犯應懺可呵法應向餘比丘尼説言
大姊我犯可呵法所不應為今向大姊悔過是法名悔過
法如是世尊
若比丘尼不病乞蘇食者應懺悔可呵法應向餘比丘尼説
言大姊我犯可呵法所不應為我今向大姊懺悔是法名悔
過法
若比丘尼不病乞油食者犯應懺悔可呵法應向餘比
丘尼説言大姊我犯可呵法所不應為我今向大姊懺悔
是法名悔過法
若比丘尼不病乞蜜食者犯應懺悔可呵法應向餘比丘尼
説言大姊我犯可呵法所不應為我今向大姊懺悔是法
名悔過法
若比丘尼不病乞黑石蜜食者犯應懺悔可呵法應向餘
比丘尼説言大姊我犯可呵法所不應為我今向大姊懺悔是

P.3380v　四分尼戒本　（6—4）

若比丘尼不病乞黑石蜜食者犯應懺悔可呵法應向餘
比丘尼說言大姊我犯可呵法所不應為我今向大姊懺悔是
法名悔過法
若比丘尼不病乞乳食者犯應懺悔可呵法應向餘比丘尼
說言大姊我犯可呵法所不應為我今向大姊懺悔是法
名悔過法
若比丘尼不病乞酪食者犯應懺悔可呵法應向餘比丘尼
說言大姊我犯可呵法所不應為我今向大姊懺悔是
法名悔過法
若比丘尼不病乞魚食者犯應懺悔可呵法應向餘比丘
尼說言大姊我犯可呵法所不應為我今向大姊懺
悔是法名悔過法
若比丘尼不病乞肉食者犯應懺悔可呵法應向餘比丘

P.3380v　　四分尼戒本　　（6—5）

尼說言大姉我犯可呵法所不應為我今向大姉懺
悔是法名悔過法
若比丘尼不病乞肉食者犯應懺悔可呵法應向餘比丘
尼說言大姉我犯可呵法所不應為我今向大姉懺悔
是法名悔過法
上四式比丘式叉摩那沙弥沙弥尼突吉羅下四式比丘尼
波逸提式叉摩那沙弥沙弥尼突吉羅
諸大姉我已說八波羅提提舍尼法今問諸大姉是中清
淨不說諸大姉是中清淨默然故是事如是持
諸大姉是衆學戒法半月半月說戒
當齊整著涅槃

P.3380v　四分尼戒本　（6—6）

MANUSCRITS DE DUNHUANG CONSERVÉS À LA
BIBLIOTHÈQUE NATIONALE DE FRANCE

VOLUME 112

Directeur par
RONG Xinjiang
Publiés par
Les Éditions des Classiques Chinois, Shanghai
(Bâtiment A 5F, No.1-5, Haojing Route 159, Minhang Régions, Shanghai, 201101, China)
Téléphone : 0086-21-64339287
Site Web : www.guji.com.cn
E-mail : guji1@guji.com.cn
www.ewen.co
Imprimé par
Impression artistique Yachang de Shanghai S.A.R.L.

787×1092mm 1/8 54 feuilles in-plano 4 encart
Premiére édition : Mai 2025 Premiére impression : Mai 2025
ISBN 978-7-5732-1595-6/K.3849
Prix : ¥3800.00

DUNHUANG MANUSCRIPTS IN THE
BIBLIOTHÈQUE NATIONALE DE FRANCE

VOLUME 112

Editor in Chief
RONG Xinjiang
Publisher
Shanghai Chinese Classics Publishing House
(Block A 5F, No.1-5, Haojing Road 159, Minhang District, Shanghai, 201101, China)
Tel : 0086-21-64339287
Website : www.guji.com.cn
Email : guji1@guji.com.cn
www.ewen.co
Printer
Shanghai Artron Art Printing Co., Ltd.

8 mo 787×1092mm 54 printed sheets 4 insets
First Editon : May 2025 First Printing : May 2025
ISBN 978-7-5732-1595-6/K.3849
Price : ¥3800.00

圖書在版編目（CIP）數據

法國國家圖書館藏敦煌文獻. 112 / 榮新江主編.
上海 : 上海古籍出版社, 2025. 5. -- ISBN 978-7-5732-1595-6

Ⅰ. K870.6

中國國家版本館 CIP 數據核字第 2025QH3525 號

法國國家圖書館藏敦煌文獻　第一一二册

主 編
榮新江
出 版 發 行
上海古籍出版社
上海市閔行區號景路 159 弄 1-5 號 A 座 5F
郵編 201101　傳真（86－21）64339287
網址：www.guji.com.cn
電子郵件：guji1@guji.com.cn
易文網：www.ewen.co
印 刷
上海雅昌藝術印刷有限公司

開本：787×1092　1/8　印張：54　插頁：4
版次：2025 年 5 月第 1 版　印次：2025 年 5 月第 1 次印刷
ISBN 978-7-5732-1595-6/K.3849
定價：3800.00 元